国家社科基金
GUOJIA SHEKE JIJIN HOUQI ZIZHU XIANGMU
后期资助项目

政策环境、系统性金融风险和宏观政策调控

赵向琴　等著

中国财经出版传媒集团
经济科学出版社
Economic Science Press
北京

图书在版编目（CIP）数据

政策环境、系统性金融风险和宏观政策调控 / 赵向琴等著 . -- 北京 ： 经济科学出版社，2024. 6. -- ISBN 978 - 7 - 5218 - 6070 - 2

Ⅰ. F123. 16

中国国家版本馆 CIP 数据核字第 2024QC5144 号

责任编辑：孙丽丽　撤晓宇
责任校对：隗立娜
责任印制：范　艳

政策环境、系统性金融风险和宏观政策调控

赵向琴　等著

经济科学出版社出版、发行　新华书店经销

社址：北京市海淀区阜成路甲 28 号　邮编：100142

总编部电话：010 - 88191217　发行部电话：010 - 88191522

网址：www. esp. com. cn

电子邮箱：esp@ esp. com. cn

天猫网店：经济科学出版社旗舰店

网址：http：// jjkxcbs. tmall. com

北京季蜂印刷有限公司印装

710 × 1000　16 开　26 印张　470000 字

2024 年 6 月第 1 版　2024 年 6 月第 1 次印刷

ISBN 978 - 7 - 5218 - 6070 - 2　定价：98. 00 元

（图书出现印装问题，本社负责调换。电话：010 - 88191545）

（版权所有　侵权必究　打击盗版　举报热线：010 - 88191661

QQ：2242791300　营销中心电话：010 - 88191537

电子邮箱：dbts@ esp. com. cn）

国家社科基金后期资助项目
出版说明

后期资助项目是国家社科基金设立的一类重要项目，旨在鼓励广大社科研究者潜心治学，支持基础研究多出优秀成果。它是经过严格评审，从接近完成的科研成果中遴选立项的。为扩大后期资助项目的影响，更好地推动学术发展，促进成果转化，全国哲学社会科学工作办公室按照"统一设计、统一标识、统一版式、形成系列"的总体要求，组织出版国家社科基金后期资助项目成果。

全国哲学社会科学工作办公室

课题组成员

赵向琴　陈国进　杨　翱　蒋晓宇　刘彦臻　陈凌凌

目　　录

第一章 导　　论

第一节　研究背景

　　我国历来高度重视经济金融领域风险的防范和化解。1997 年中央经济工作会议就强调在稳中求进的方针下"防止和化解金融风险，搞好社会保障，保持稳定的宏观经济环境和社会环境"，从此以后风险防范和化解尤其是金融风险的防范和化解成为历年中央经济工作会议的重要议题。党的十八大以来，国内外形势发生了深刻复杂的变化，国际环境面临"百年未有之大变局"，国内经济发展遭遇增长速度进入换挡期、结构调整面临阵痛期和前期刺激政策消化期"三期叠加"的阶段性特征，在战略机遇和挑战并存的情况下，进一步强调"要把防控金融风险放到更加重要的位置"。党的十九大报告明确提出"要坚决打好防范化解重大风险、精准脱贫、污染防治的攻坚战"，并要求"健全金融监管体系，守住不发生系统性金融风险的底线"。

　　党的十九大以来防范和化解经济金融领域风险取得了重要的阶段性成果。根据《中国金融稳定报告》的数据，2017～2019 年宏观杠杆率稳定在 250% 左右，年均涨幅明显低于 2008～2016 年的平均涨幅，宏观杠杆率过快增长的势头得到有效遏制。在银行业方面，2017 年至 2020 年累计处置不良贷款 8.8 万亿元，超过之前 12 年总和。截至 2020 年末，商业银行资本充足率和一级资本充足率均有所提升。影子银行规模继续压缩，地方政府隐性债务增量风险基本可控，房地产金融化和泡沫化势头明显遏制，P2P 网贷机构得以全面治理。

　　党的二十大报告明确指出，在建设社会主义强国、实现第二个百年奋斗目标，以中国式现代化全面推进中华民族伟大复兴的新征程中，我国发展进入战略机遇和风险挑战并存、不确定难预料因素增多的时期，各种

"黑天鹅""灰犀牛"事件随时可能发生。在此背景下，为了构建高水平的社会主义市场经济体制以着力推进我国经济的高质量发展，需要健全资本市场的功能、守住不发生系统性金融风险的底线，这就需要我们对资本市场定价理论，特别是资产市场定价、金融风险和宏观经济运行之间内在关系有一个深刻的理解，为我国资本市场的监管提供科学指导。

虽然我国防范化解金融风险攻坚战已经取得了关键进展，但是新冠疫情冲击带来的各国政府对经济的大规模刺激和中央银行对货币的量化宽松，通货膨胀预期增加、资产价格上扬，2021 年初以来大宗商品价格暴涨，叠加复杂多变的国际形势使得防范和化解系统性金融风险、通过宏观政策调控保证我国经济金融的稳定和发展面临新的挑战。

系统性金融风险是一个很宽泛的概念，学者们从不同的角度对系统性金融风险进行了定义和分析。比如 Diamond 和 Dybvig（1983）、Diamond 和 Rajan（2001）对系统性金融风险的定义强调部分金融机构的损失可能导致整个金融系统或实体经济发生的潜在损失；Minsky（1982）和 Borio（2009）对系统性金融风险的分析主要关注金融系统本身的脆弱性以及金融系统和宏观经济波动之间的相互影响和相互关联，指出系统性金融风险的起因是个体机构遭受到较大的风险冲击，进而对金融经济造成负面影响，且这种负面影响程度较大、影响面较广，即系统性冲击；Kupiec 和 Nickerson（2004）强调系统性金融风险是由某个经济冲击引起，进一步引起资产价格大幅波动、公司流动性显著降低、公司破产潜在风险的增大以及资产重大损失等的潜在威胁；Borio（2009）则定义系统性金融风险为由于各个银行资产之间的相似性而产生共同风险暴露（共振）以及银行与银行之间过度紧密的联系导致的金融风险。翟金林（2001）进一步强调，系统性金融风险是系统性事件与系统性危机叠加的产物。系统性事件指的是单一金融机构或单一金融部门遭遇负面冲击后导致的其余金融机构或金融部门的连锁反应。系统性事件的发生又常常伴随着系统性危机的爆发，即大多数或者全部金融机构和金融部门的稳定性受到根本性的影响，无法保持健康可持续的良性发展。从这个角度出发，Bernanke（2009）定义系统性金融风险为：由严重的系统性事件的发生引发的多数金融机构破产，进而导致甚至整个金融系统崩溃的风险。

我们比较倾向于 2011 年由金融稳定理事会（FSB）、国际货币基金组织（IMF）和国际清算银行（BIS）联合发布的报告中关于系统性金融风险的定义，将系统性金融风险定义为全部或部分金融机构、金融市场的损失导致金融服务或金融功能受到破坏，并且对经济增长和社会福利带来严重负溢出效应的潜在风险。在本书后续的理论研究和实证建模中，也将根据具体研究问题的不同关注系统性金融风险不同的侧面。

本书探讨政策环境如何影响系统性金融风险、系统性金融风险与宏观经济波动之间关系，以及如何通过宏观经济政策调控来防范和化解系统性风险和减少宏观经济波动。主要包括：（1）政策环境与系统性金融风险之间关系研究。首先探讨宽松政策环境（主要包括货币政策环境和监管环境）如何影响到银行的风险承担行为，宽松政策环境如何影响到房地产市场和股票市场上投资者投机行为（泡沫骑乘行为），从而引发和加剧银行、房地产市场和股票市场的系统性金融风险，以及银行和房地产市场的资产负债关联是否会通过跨部门风险传染进一步加剧系统性金融风险。（2）系统性金融与宏观经济波动之间关系研究。基于我国资本市场数据，运用最新的计量经济模型和方法构建我国系统性金融风险的综合指标，系统性金融风险指标对我国宏观经济波动（宏观经济下行）的预测作用，为我国防范系统性金融风险和宏观经济下行提供预测预警。（3）讨论如何通过宏观经济调控政策（包括财政政策、货币政策和宏观审慎政策）来应对系统性金融风险冲击，减少宏观经济波动，保持我国宏观经济的稳定发展。

本书试图回答以下主要问题：（1）宽松的货币政策环境和银行监管环境是否和通过什么渠道助长了银行的风险承担行为，从而导致更高的系统性金融风险？（2）宽松的货币政策环境和银行监管环境是否和通过什么渠道助长了房地产市场和股票市场上投资者的投机行为，影响银行和房地产市场泡沫的形成、膨胀和破灭，进而导致系统性金融风险？（3）银行和房地产市场之间是否存在和通过什么渠道实现了金融风险的跨部门传染，进而加剧系统性金融风险？（4）如何结合我国金融市场实际，构建我国系统性金融风险综合指标对我国宏观经济波动（宏观经济下行）进行预测预警？（5）如何通过宏观经济政策的协调配合（包括财政政策、货币政策和宏观审慎政策）来应对系统性金融风险的冲击，保持我国宏观经济的健康稳定增长？对这些问题的深入研究和探索不仅可以拓展相关学术研究，也将为我国的宏观经济调控提供政策建议，也成为本书的主要研究内容。

第二节　研究内容、研究框架和研究方法

本书的研究内容将从政策环境与系统性金融风险承担：银行视角研究、市场环境与系统性金融风险：理性资产泡沫视角研究、系统性风险与

跨部门风险传染：银行房地产视角研究、系统性金融风险与宏观经济波动关系研究和系统性金融风险与宏观经济政策调控关系研究这五个方面具体展开分析。

一、主要研究内容

本书分析政策环境（特别是货币政策环境、监管政策环境和财政政策环境）如何影响银行等金融中介机构和金融市场主体的行为，进而导致金融系统性风险，分析金融系统性风险如何导致宏观经济下行，以及如何通过宏观经济政策调控来防范和管理系统性风险，从而保证我国宏观经济稳定和高质量发展。主要包括以下几个方面的内容。

（一）政策环境、银行风险承担与系统性金融风险

这里的政策环境主要指货币政策环境和银行监管政策环境，2008年全球金融危机的实践表明，宽松的货币政策环境往往会刺激银行等金融中介提高杠杆率和承担过度的金融风险（Adrian and Shin，2009；Borio and Zhu，2008），严重情况下甚至会导致金融危机（Farhi and Tirole，2012）。同样地，在宽松的银行监管环境下，银行等金融中介机构更容易产生监管套利行为，从而更有可能引发系统性金融风险。

关于政策环境与金融风险关系的经典理论文献一般聚焦于个体银行风险承担行为的研究，认为诸如利率变动等政策变量的变化将通过影响个体金融机构的风险认知和风险承受能力进而影响其风险承担行为，然而，个体决策的外部性使得只考虑政策环境变化对个体风险承担的影响会造成整体风险的低估（Bernanke et al.，1999），尤其是在银行等金融中介机构过度关联与交叉持有情况下尤其如此。因此，研究政策环境变化以怎样的机制影响到银行等金融中介机构的系统性风险承担行为自然成为一个重要课题。该部分主要从银行的角度研究货币政策环境和银行监管环境对银行系统性风险承担行为的影响。宽松货币政策环境下的低利率和存款准备金比率，以及由于低的银行资产透明度和金融创新导致银行监管不足从而产生的银行监管套利，都可能诱导银行更大的风险承担行为，并通过金融机构间资产负债间的高度关联，导致系统性金融风险的增加。

（1）货币政策环境、银行风险承担与系统性金融风险。2008年全球金融危机的爆发表明，全球大型商业银行或其他金融机构之间通过担保、金融合同网络等资产负债之间的高度关联是导致银行系统性金融风险的重要原因，正是金融危机爆发前的宽松货币政策环境强化了金融机构间资产负债表之间的关联，从而加剧了金融风险的传染。基于此，我们首先构建

一个包括银行、存款人和中央银行三方的动态博弈模型，模型中我们用银行的破产概率代表系统性金融风险，由于银行之间的高度关联，一个银行的倒闭往往会引起多米诺骨牌效应，导致其他银行的倒闭。政策利率变动会影响存款者的机会成本，银行的道德风险问题反映在银行的系统性风险承担中。为了约束银行的系统性风险承担行为，银行必须付出一定的内部监管成本，但是由于经济中其他的代理人难以观察到银行的系统性风险承担行为，银行缺少投入监管成本的激励机制。基于上述关键设定，从理论上分析宽松货币政策环境（包括低利率和低的存款准备金等）下，银行通过哪些机制承担更大的风险和导致银行更高的违约概率。其次在理论建模的基础上，基于我国上市银行的数据，利用面板数据回归的计量经济学方法进行实证检验，研究发现：过度宽松的货币政策即低利率政策、低的存款准备金政策等都会通过银行杠杆的中介效应间接影响银行的系统性风险承担行为（详见第三章）。

（2）监管政策环境、银行风险承担与系统性金融风险。在宽松的监管环境下，银行有更多的监管套利机会，而银行的资产不透明和金融市场创新给银行监管套利提供了新的空间，给银行监管提出了新的挑战。为防范重大金融风险的发生，2008年金融危机后监管部门更加担忧银行过高的系统性风险（Hanson et al.，2011；Acharya and Ryan，2016），开始关注银行批发型融资（以同业存单为代表）因政府监管薄弱而存在监管套利的现实。不同于存贷款等传统资产负债，批发型融资绕开了投资者和存款人的监督、规避了资本监管，使得银行资产透明度下降，银行有动机承担更大风险和过度关联。我们首先通过建立银行、存款人和监管当局的动态博弈模型，分析监管套利和银行资产透明度如何相互作用，导致银行的系统性金融风险承担，加大银行系统的风险。其次在理论建模的基础上，利用我国上市银行的数据，建立了实证模型，实证检验银行资产透明和监管套利等对我国银行系统性风险水平的影响。研究发现，资产的不透明、监管套利的上升会显著提高银行的系统性风险水平，增加银行资产透明度成为强化银行监管的重要内容（详见第四章）。

（二）政策环境、资产泡沫和系统性金融风险

纵观整个世界金融市场的发展史，资产价格泡沫的阶段性产生、膨胀以及破灭时有发生，典型的案例包括17世纪的荷兰郁金香泡沫、18世纪的南海泡沫以及2000年美国科技股泡沫等。资产价格泡沫破灭后随之而来的价格暴跌，不仅使投资者遭受惨重损失，加剧市场波动，引发系统性金融风险，进而严重威胁宏观经济金融稳定。在宽松的政策环境下（特别是宽松货币政策环境）下，不论是股票市场还是房地产市场的投资者都更容易获得资金，加大投资杠杆，从而成为股市泡沫和房地产泡沫的生成和膨胀的重要推手，宽松的货币政策环境一方面会使银行信贷扩张，导致由银行信贷驱动的资产泡沫的生成；另一方面会直接影响资本市场的泡沫形成和膨胀。更有甚者，在宽松货币政策下，信贷资金驱动甚至可以使得投资者的泡沫骑乘成为一种理性行为，在不需要投资者非理性的假设前提下，资产泡沫可在投资者的理性的泡沫骑乘行为驱动下自发形成和膨胀，相较于非理性资产泡沫，理性资产泡沫的破灭带来的负面影响可能更大，泡沫破灭带来的系统性风险爆发对宏观经济的破坏程度也更大。

（1）货币政策环境、房地产泡沫与系统性金融风险。宽松的货币政策是信贷驱动—房价（资产价格）正反馈机制的前提，而信贷驱动—房价正反馈机制又是投资者泡沫骑乘行为导致房价（资产价格）泡沫生成和膨胀直至最后崩溃的重要先决条件之一。大量实证证据表明泡沫骑乘行为普遍存在于股票市场和其他金融市场（Temin and Voth，2004；Brunnermeier and Nagel，2004；陈国进，2010），在房地产市场上曾有投机"炒房团"四处"攻城略地"，这表明房地产市场的泡沫骑乘行为同样不容忽视，信贷驱动尤其是家庭部门信贷驱动的房价泡沫远比其他类型泡沫更具危险性（Jordà et al.，2015；Anundsen et al.，2016；Brunnermeier et al.，2017）。该部分主要通过建立信贷驱动的资产泡沫模型，分析信贷—房产价格正反馈机制和投资者泡沫骑乘行为如何导致泡沫的形成、膨胀和最终破灭过程，我们通过理论建模推导，发现在银行信贷驱动和投资者异质信念的假设前提下，泡沫的生成、膨胀和破灭不需要投资者非理性的假设。基于跨国面板数据和面板 VAR 模型实证了银行的信贷驱动对理性泡沫的生成、膨胀和破灭过程中的重要影响。研究发现：信贷—房价正反馈、投资者向银行的风险转移动机、市场主体异质信念、利率环境和宏观审慎信贷监管是影响投资者博傻投机和骑乘房价泡沫的主要因素，家庭部门信贷—房价正反馈会显著增加房价泡沫的发生概率，对房价泡沫具有较好的预测能力，紧缩性利率政策和宏观审慎监管均有助于抑制房价泡沫（详见第五章）。

（2）货币政策环境、股市泡沫与系统性金融风险。股票价格泡沫化过程中机构投资者的作用不容忽视。机构投资者会持续增持高股价暴跌概率的股票（泡沫型股票）并在股价暴跌风险达到最大之前精准减持，机构投资者的这种理性泡沫骑乘行为助推了股价泡沫的进一步膨胀，加剧了股价的暴涨暴跌，造成市场剧烈波动、导致系统性金融风险增加。该部分基于股价（先验）暴跌概率指标测度个股股价泡沫化程度，结合中国机构投资者季度投资明细，实证检验了中国 A 股的机构投资者是否存在理性泡沫骑乘行为，并对其理性泡沫骑乘的动因进行了探究。研究发现，中国 A 股机构投资者存在明显的理性泡沫骑乘行为，即机构投资者会持续增持高股价暴跌概率的股票（泡沫型股票）并在股价暴跌风险达到最大之前精准减持，而且机构投资者的泡沫骑乘行为能够使其获得较高的超额收益。内幕信息与机构"抱团"是影响机构投资者理性泡沫骑乘的重要动因，宽松货币政策环境下机构投资者的融资融券行为是股市泡沫骑乘的重要环境因素，持有越多融资融券标的股票等将进一步加剧机构投资者的泡沫骑乘，加剧股市泡沫的生成和膨胀（详见第六章）。

（三）网络关联与系统性风险跨部门传染

银行部门和房地产部门之间存在密切的资产负债表关联，长期以来我国银行部门资金大量流向房地产部门，国内与房地产或土地关联的贷款占商业银行贷款总量的近 40%，房地产企业贷款占银行部门总资产的比例长期超过 10%（方意，2016）。在防范和化解系统性金融风险的攻坚战中，系统性风险的跨部门传染是一个重要的研究课题。由于房地产部门与银行部门的资产负债高度关联，在外部冲击下容易产生风险相互传染，导致银行等金融机构资产质量恶化，加剧系统性风险发生的可能。尤其在极端事件下，房地产部门可能率先暴露风险，起到"风险加速器"的作用，房地产作为信贷抵押品在泡沫破裂时将可能导致银行部门资产质量恶化甚至引发经济金融危机（Cerutti et al.，2017）。基于此，本部分以未定权益方法（CCA）为基础，对结合亚式期权的受限流通股模型改进了权益估值，并对中国银行和房地产部门的系统性风险分别进行了测度，在此基础上，进一步从资产负债失衡和网络关联的角度从静态和动态两方面分析了系统性风险的跨部门传染效应。研究发现，由于资产负债的高度关联，系统性风险在银行部门和房地产部门两部门之间存在双向的传染效应，特别是在极端经济冲击下即金融危机的样本区间内，系统性风险传染更强、显著水平更高，不同部门之间的网络联结度也更紧密，且存在加速效应（详见第七章）。

（四）系统性金融风险与宏观经济波动关系研究

近年来，金融市场不断创新、金融工具日益复杂，金融市场的潜在风险成为宏观经济波动不容忽视的影响因素之一，特别是自 2008 年全球金融危机以来，金融领域的系统性风险引起了监管者和学术界的高度关注。系统性风险产生与爆发的根源来自金融体系固有的脆弱性，对单一金融机构的风险疏于防范是系统性风险爆发的导火索，金融机构的共同暴露和过度关联会使得系统性风险在金融系统内的快速蔓延。系统性金融风险在直接导致金融服务功能失灵（如金融机构大面积瘫痪、金融服务中断）后，必然会对实体经济造成负面影响（De Bandt et al.，2000；Trichet，2011；沈悦和逯仙茹，2013），不仅如此，系统性金融风险还会加剧经济的衰退程度、延缓经济的复苏速度，严重的还会将经济拖入全面危机。系统性金融风险与宏观经济波动之间关系研究的一个重要方面是，系统性金融风险将对未来的宏观经济增长造成冲击，可能会影响未来宏观经济波动。因此，系统性金融风险对宏观经济波动是否有预测作用，以及如何更好地利用系统性金融风险对宏观经济的下行风险做出预测无疑非常重要，而且系统性金融风险的一系列衡量指标对宏观经济活动冲击的影响已经得到一定程度上的证实（如 Brownlees and Engle，2017；Krishnamurthy and Muir，2016；Hartmann et al.，2012；Aboura and van Roye，2017；Allen et al.，2012，等）。基于中国现实，该部分主要研究如何运用最新的计量经济模型和方法从预测角度实证检验系统性金融风险对我国未来宏观经济波动的影响，包括对线性关系（均值）的影响和非线性关系（分位数和全分布）的影响。

（1）系统性金融风险与宏观经济波动线性关系分析。现有的基于系统性风险的宏观经济预测文献大多关注经济变量的中心趋势（均值）变化，最常见的做法是使用标准向量自回归（VAR）或结构性因素方法估计各国是否以及在多大程度上受到各种金融变量和冲击的影响，例如，经济增长和通货膨胀（Kremer，2016；Abildgren，2012；Fornari and Stracca，2012；Guarda and Jeanfls，2012；Alessi，2011；Tamási and Világi，2011）。然而，系统性金融风险与未来宏观经济波动之间经典的线性实证模型存在内生性、持续性、异方差和结构突变等问题，进而会影响实证结果的稳健性。该部分在对中国的系统性风险衡量指标进行测度的基础上，通过将拟广义最小二乘估计法（FQGLS）引入实证模型，较好地解决了目前主流线性回归模型中的结构突变等问题，增加了基本结论的稳健性。研究发现宏观经济波动和系统性风险衡量指标中都发现了重大的结构突变，利用含结构突变的预测模型（FQGLS），进行了基于系统性风险衡量指标的宏观经济波动的样本外预测，结果发现在线性框架下，系统性风险对宏观经济波动的外溢效应不明显，仅在经济危机时期对宏观经济波动具有显著的样本外预测能力。需要重视研究系统性金融风险对宏观经济波动的非线性影响（详见第八章）。

（2）系统性金融风险与宏观经济波动非线性关系分析。在系统性金融风险与未来宏观经济波动之间的关系中，线性关系的研究可能严重低估系统性风险对宏观经济的预测能力，针对这一问题，在非线性关系的研究中，最常见的解决办法是将马尔可夫区制转换引入宏观—金融向量自回归模型（macro-finance VAR），通过区制特征识别实现非线性研究，这一方法可以有效地反映系统性风险宏观溢出的状态依存特征（Aboura and van Roye，2017；Hubrich and Tetlow，2015；Hartmann et al.，2012；Davig and Hakkio，2010），然而忽略了系统性金融风险累积的负面影响，无法对未来宏观经济波动起到很好的预测预警效果。De Nicolò 和 Lucchetta（2011）、Giglio 等（2016）将分位数回归方法引入到宏观经济预测中，重点关注了系统性金融风险对宏观经济下行风险的影响，但只能估计单个分位数，Adrian 等（2019）通过半参数估计法进一步完善分位数预测方法，拟合出宏观经济波动预测的整体分布，以期实现对经济增长变化的全面理解。基于此，在本部分我们将分位数回归引入到宏观经济预测中研究系统性金融风险与宏观经济波动之间的非线性关系，并参考 Adrian 等（2019）的做法，致力于预测中国宏观经济波动的完整分布。鉴于单个系统性金融风险指标与未来宏观经济波动之间缺乏显著关系（如 Kourentzes et al.，2019；Zhang et al.，2018；Kleinow et al.，2017；Civitarese，2016；Sedunov，2016；Ellis et al.，2014；Benoit et al.，2013；等等），我们利用组合预测法将基于单个系统性风险衡量指标对宏观经济增长的冲击的影响，进行加权平均，得到组合分位数回归结果，并利用半参数估计法拟合出系统性金融风险对宏观经济波动整体分布的影响。主要的研究结论有：多数系统性金融风险衡量指标包含了关于宏观经济两侧尾部风险的预测信息，而对宏观经济波动的中心趋势变化没有显著的预测能力；在对左侧尾部风险的预测中，系统性金融风险衡量指标的预测能力集中于对重度衰退风险的预测，即系统性金融风险的负向外溢效应主要是系统性金融风险爆发对宏观经济产生的灾难性冲击（详见第九章）。

（五）系统性金融风险与宏观经济政策调控关系研究

系统性金融风险对宏观经济波动的影响概况来看体现在两种不同的情形下：一是在极端情形下，系统性金融风险爆发对宏观经济产生的灾难性冲击上，系统性金融风险的负向外溢效应对于宏观经济尾部风险（严重经济衰退）的影响更显著。二是在经济受到各种常规冲击的更一般的情形下，在扩张性货币政策环境中，一方面过高的商业银行杠杆往往造成商业银行过度风险承担和加剧金融不稳定性；另一方面由于实体经济部门持有的资产与商业银行资产负债表存在一定联系，实体经济部门的债务过高也会导致商业银行杠杆水平的剧烈波动，甚至可能引发金融系统的不稳定。鉴于此，如何通过宏观经济政策调控实现金融系统和宏观经济系统的两方面同时稳定，受到政府部门和学者的广泛关注。因此，该部分研究财政、货币政策和宏观审慎政策在防范金融风险和抑制泡沫的形成过程中的作用，分为两部分进行：一是从对经济金融的极端负向冲击即灾难冲击出发，一方面在封闭经济环境下研究灾难冲击对金融稳定和宏观经济波动的影响，并从财政政策和货币政策应对角度探讨政策调控的效果；另一方面在开放经济环境下从灾难冲击和宽松货币政策应对角度探讨对两国宏观经济波动的跨国风险传导的作用效果。二是从更一般的常规冲击视角研究金融冲击、货币政策冲击和技术冲击对金融稳定和宏观经济波动的影响，并从宏观审慎监管政策、宏观审慎货币政策及两种政策组合探讨对经济金融稳定的调控效果。

（1）系统性金融风险与财政货币政策调控。系统性金融风险对宏观经济重度衰退风险的影响要大于对中度衰退风险的影响。系统性金融风险的负向外溢效应主要是系统性金融风险爆发对宏观经济产生的灾难性冲击，当系统性金融风险爆发时，违约激增、资产价格大幅波动等问题会增强金融体系的加速作用，导致经济增长持续螺旋式下降，使经济从衰退中复苏变得更加困难。此外，历史经验还表明，灾难性事件也可能引发大规模的企业破产或停工停产，这将导致消费、投资以及总需求的不足，严重时会造成经济危机。因此，学术界对灾难冲击的研究主要集中于灾难冲击的经济波动效应、灾难冲击的金融效应以及对应的宏观经济政策调控三个方面。本部分首先构建了包含信贷供给和信贷需求的"双金融摩擦"的新凯恩斯 DSGE 模型，并从商品需求侧与商品供给侧引入灾难冲击，通过引入商品税后价值的抵押约束，从企业的违约风险视角讨论灾难冲击对中国经济波动与金融风险的影响以及财政货币政策对灾难冲击的调控效果，并分别从灾难冲击的持续性、预期性与不确定性三个角度扩展分析了灾难冲击的经济波动效应与金融风险效应。研究发现：灾难冲击对经济金融的负面影响不是一蹴而就，而是分阶段逐步扩大深入的，尤其要注意灾难冲击对商品需求侧的影响。财政货币政策调控方面，相比于下调无风险利率，下调企业所得税更有助于企业与商业银行各自的资产负债表的修复，引导风险下行；特别要防止对货币政策的过度依赖，以免会给金融稳定带来危害。政策组合方面，相对于下调无风险利率与增加政府支出的政策组合，下调无风险利率与下调企业所得税的政策组合对产出的长期刺激效果更好，且社会福利损失相对更小（详见第十章）。

（2）开放经济下系统性金融风险与宏观经济政策调控。经济的运行常常因为受到外生冲击的影响而产生周期性波动。作为外生冲击的一种极端形式，灾难冲击是指一旦发生会给一国经济带来灾难性影响的小概率事件。在经济全球化背景下，灾难冲击往往表现出极强的国际"传染性"，而且为了应对灾难冲击对宏观经济的不利冲击，全球主要发达经济体中央银行往往实施过度宽松的货币政策，如自 2020 年初新冠疫情以来，美、欧、日等主要发达经济体的中央银行出台大规模货币刺激方案，向市场注入了大量的流动性，出现境内流动性向境外漏损的趋势，货币政策同时也表现出一定的溢出效应，而这可能影响到其他国家对灾难冲击的调控效果。如何规避国内外不利因素对中国经济冲击，加强化解风险的能力是现有研究需要解决的问题。基于此，我们首先构建了一个包含两国 TFP 灾难冲击的 DSGE 模型，对两国不同贸易开放度、中国不同资本账户开放度下两国 TFP 灾难冲击的跨国传导效应进行分析。其次，我们进一步考察了两国不同经济开放度与中国不同资本账户开放度下，两国宽松货币政策对两国 TFP 灾难冲击的调控效果以及两国宽松货币政策对两国 TFP 灾难冲击跨国传导效应的影响。研究发现：极端负面的经济冲击具有跨国传导效应，利用灵活适度的稳健货币政策可以在缓解灾难冲击负面效应的同时货币政策的过度使用造成不必要的社会福利损失（详见第十一章）。

（3）系统性金融风险与宏观审慎政策调控。大量研究表明：一方面，金融杠杆波动会导致内生性的系统性风险并可能诱发金融危机；另一方面，实体经济部门的债务过高将通过与商业银行资产负债的关联也会导致商业银行杠杆水平的剧烈波动甚至可能引发金融危机。因此，防范商业银行高杠杆、维持合理的商业银行杠杆水平是防范系统性金融风险的重要举措，本部分首先构建了包含商业银行杠杆水平作为内生变量的新凯恩斯DSGE 模型，以商业银行资本充足率作为宏观审慎监管目标，并引入利率惩罚机制，在这一理论框架下分别分析了金融冲击、货币政策冲击和技术冲击对金融稳定和宏观经济波动的影响。其次在标准泰勒规则中引入盯住市场融资溢价与宏观金融杠杆的宏观审慎货币政策，考察了宏观审慎货币政策对社会福利的影响。最后比较了宏观审慎监管政策、宏观审慎货币政策及两种政策组合对经济金融稳定的调控效果。研究发现，金融冲击是造成我国宏观经济波动的主要驱动因素，而宏观审慎监管政策和宏观审慎货币政策的设计需要考虑到不同的经济周期驱动因素。以商业银行资本充足率为核心目标的宏观审慎政策能够有效地稳定金融系统，但可能削弱传统货币政策对金融系统的调控效果（详见第十二章）。

二、总体研究框架和内在逻辑关系

本书的研究目的、研究内容和研究切入点如图 1 - 1 所示。

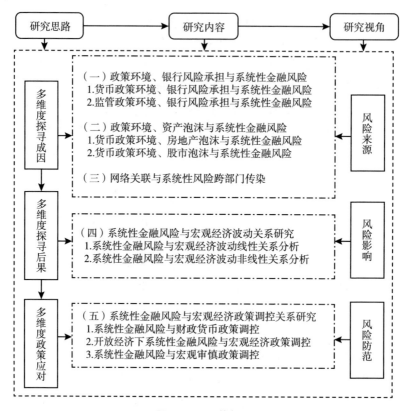

图 1 - 1　总体框架

从图 1 - 1 可以看出，各章之间总体上沿着政策环境与系统性金融风险的成因→系统性金融风险对宏观经济波动的影响→宏观经济波动与宏观经济政策调控这样的研究思路展开。具体而言：

（1）政策环境与系统性金融风险成因的研究，主要体现在第三章到第七章。第三章和第四章分别探讨宽松货币政策环境和监管政策环境如何助长银行的风险承担行为从而可能导致系统性金融风险的生成和强化。第五章和第六章分别探讨了宽松的货币政策环境下信贷驱动和融资融券行为更容易导致房地产市场和股票市场中投资者泡沫骑乘的投机行为，房地产市场和股票市场泡沫的生成、膨胀和破灭无疑会增加系统性金融风险。而第七章在第三章到第六章研究的基础上，进一步分析了资产负债关联如何导致系统性风险在银行和房地产等部门之间的相互传染进而加剧系统性金融风险。

（2）系统性金融风险与宏观经济波动关系研究，主要体现在第八章和第九章，在第三章到第七章从政策环境角度分析我国系统性风险成因的基础上，进一步分析系统性金融风险将如何影响宏观经济波动，特别是系统性风险指标测度对宏观经济下行的预测预警作用。第八章主要分析系统性风险指标对宏观经济增长中心趋势（均值）的预测预警作用，而第九章进一步地从均值回归（线性关系）拓展到分位数和全分布的非线性关系分析。

（3）宏观经济波动与宏观经济政策调控，主要体现在第十章到第十二章。在第三章到第九章关于政策环境对系统性金融风险的影响，以及系统性金融风险对宏观经济波动影响分析的基础上，分析如何通过财政政策、货币政策和宏观审慎政策等宏观经济政策尽量熨平宏观经济波动，以及减少由于宏观经济波动带来的福利损失。第十章主要在封闭经济视角下分析财政货币政策调控效果，第十一章在开放经济条件下考虑到风险冲击跨国传染时宏观经济政策调控问题。第十二章进一步从财政货币政策拓展到宏观审慎政策，分析宏观审慎政策调控宏观经济波动的政策效果。在政策分析的基础上进一步提出一系列的政策建议。

三、主要研究方法

本书综合运用了理论建模和实证分析等各种研究方法。

（一）在理论建模方面

运用了博弈均衡和动态随机一般均衡（DSGE）等多种建模方法。

（1）基于对称信息的动态博弈模型。已有主流的银行风险承担理论模型——DLM模型（Dell'Ariccia et al.，2014；2017）是将银行个体风险承担采用贷款信用风险的形式引入银行最优化问题，被广泛用于研究货币政策的个体风险承担渠道问题。在DLM理论模型基础上，我们通过引入贷款信用风险（银行破产）将其拓展到银行系统性金融风险承担层面的研究，构建了一个包括银行、存款人和中央银行三方基于对称信息的动态博弈模型，分析不同货币政策环境（包括低利率和低的存款准备金等）下，存款人和银行之间的相互博弈如何导致银行金融风险承担行为的发生（见第三章）。

经典的银行道德风险模型很少考虑风险的关联性或传染性，而是在独立性假设下讨论银行个体风险。我们放松了银行道德风险模型中的独立性假设（Brunnermeir，2009；Allen et al.，2011），通过引入反映银行关联性的监管套利投资，构建了一个包括银行、存款人和监管当局的动态博弈模型，分析存款人、银行和监管当局之间的博弈如何导致银行的监管套利，以及银行系统性金融风险承担行为的发生（见第四章）。

（2）基于非对称信息的动态博弈模型。通过引入信贷市场分析和放松无风险转移假设，我们构建了一个更一般框架下的基于不对称信息的博傻理论泡沫模型，分析异质信念的投资者之间以及投资者和银行之间的相互博弈，投资者的泡沫骑乘行为如何导致资产泡沫的形成、膨胀和破灭的过程（见第五章）。

（3）基于动态随机一般模型（DSGE）模型。动态随机一般均衡模型是当前对宏观经济金融问题进行理论建模与机理分析的主流模型，在刻画经济系统的具体结构尤其是政策分析方面具有突出优势，适用于分析各部门间的动态关联。结合我国宏观经济和宏观经济政策调控的基本现实与最新特征，拓展改进并灵活构建了嵌入灾难冲击的 DSGE 模型和嵌入常规冲击的 DSGE 模型，并以反映中国经济特征的数据进行模型校准和模拟。

包含灾难冲击的 DSGE 模型包括：构建了一个包含金融部门脆弱性的新凯恩斯动态随机一般均衡（DSGE）模型，从商品需求侧与商品供给侧引入灾难冲击，探究不同灾难冲击对实体经济波动和金融风险的影响，并研究财政货币政策在防范灾难冲击引发的经济波动效应与金融风险效应中的作用（见第十章）。

在一个两国 DSGE 模型中引入极端的负向全要素生产率（TFP）冲击，考察了在不同经济开放度与不同资本账户开放度下 TFP 灾难冲击给两国宏观经济波动带来的跨国风险传导效应，以及利用宽松的货币政策进行应对的调控效果（见第十一章）。

嵌入常规冲击的 DSGE 模型：在经典的包含金融中介的新凯恩斯主要模型（Gertler and Karadi，2011）基础上，引入金融杠杆，建立一个包含信贷需求和供给摩擦的 DSGE 模型，分析不同冲击下银行杠杆率对宏观审慎政策效果的影响（见第十二章）。

（二）实证检验方面

本书综合运用了各种前沿计量经济方法和技术。

（1）基于面板数据回归模型。固定效应面板模型已被广泛运用于系统性风险的相关研究中（Brunnermeir et al.，2017；Karolyi et al.，2017），我们使用我国上市银行和宏观经济等数据，分析在货币政策环境和银行监管政策环境对银行系统性金融风险承担行为的影响（第三章和第四章）。

（2）基于 GSADF 技术。尽管 SADF 统计量在检测单一泡沫时效果较好，但是在检测多重泡沫（Multiple bubbles）时效果并不尽如人意。为了应对这一问题，我们采用 Phillips 等（2015）提出的 GSADF 方法来识别和估计房价泡沫，为避免单一国家样本所得结果存在的偏误性，同时考虑数据可得性，使用包含中国在内的 22 个国家非平衡面板数据集，并运用面板 VAR 模型实证分析信贷—资产价格循环正反馈机制和投资者异质信念对资产泡沫的影响和传导机制（第五章）。

（3）基于广义逻辑回归模型。借鉴 Jang 和 Kang（2019）的做法，将二元逻辑回归模型拓展至多元情形，广义逻辑回归本质上是多个二元逻辑回归的联立估计。我们采用广义逻辑回归模型使用中国 A 股上市的所有公司数据对股价暴跌概率进行估计，并用股价（先验）暴跌概率指标对个股股价泡沫化程度进行测度，以及结合中国机构投资者季度投资明细，从行为（对高暴跌概率即泡沫型股票的持股比例变化）和结果（追涨高暴跌概率即泡沫型股票的投资收益表现）两个角度实证检验机构投资者的理性泡沫骑乘行为（第六章）。

（4）未定权益分析（CCA）方法。CCA 方法的分析框架由 Gray 等（2007，2010）完善并应用于宏观金融风险的相关研究，主要是利用公司账面及市场信息估计隐含资产价值和隐含波动率，进而计算相关风险指标。我们以未定权益方法（CCA）为基础，利用亚式期权的受限流通股模型改进了权益估值，并对我国银行和房地产部门的系统性风险进行测度，进而分析系统性风险的跨部门传染效应（第七章）。

（5）基于带结构突变的广义最小二乘法回归模型（FQGLS）。Wester-lund 和 Narayan（2012，2015）以及 Devpura 等（2019）提出了含结构突变的可行拟广义最小二乘估计法（Feasible Quasi - Generalized Least Squares，FQGLS），通过将该方法引入实证模型，可以有效地解决我国系统性金融风险与宏观经济波动之间线性预测关系检验中的内生性和结构突变等问题（第八章）。

（6）基于分位数回归模型。De Nicolò 和 Lucchetta（2011）、Giglio 等（2016）将分位数回归方法引入到宏观经济预测中，重点关注了系统性金融风险对宏观经济下行风险的影响。分位数回归允许回归系数在分位数之间有所不同，因此提供了比条件均值函数更全面的目标分布估计，而且基于系统性金融风险的分位数回归可以实现时间序列上的连续预测。鉴于此，我们将分位数回归引入到宏观经济预测中，重点考察系统性金融风险衡量指标对宏观经济波动非线性、非对称的影响，用于检验单一系统性风险衡量指标对宏观经济尾部冲击关系的研究，以及基于组合分位数方法，检验系统性金融风险综合衡量指标对宏观经济尾部冲击的影响，并进一步利用半参数估计法拟合我国系统性金融风险对宏观经济冲击整体分布的影响（第九章）。

第三节　重要观点和学术创新

本书在选题上结合了我国防范化解系统性金融风险的国家重大需求，选取了一些新的切入点进行研究，在研究方法上理论建模和实证分析相互结合、相互印证，并基于扎实的研究结论给出相应的政策建议。

一、重要观点

本书从系统性金融风险的成因、后果和应对出发，立足于中国经济现实，研究了政策环境、系统性金融风险与宏观经济政策调控之间相互影响的关系，通过分析政策环境对银行的系统性风险承担行为的影响（包括低利率环境下银行信贷行为对资产泡沫的影响），分析系统性风险在银行和房地产部门之间的风险传染，分析系统性金融风险与未来宏观经济波动之间的关系，以及分析宏观经济调控政策包括财政货币政策、宏观审慎监管政策在防范和化解系统性金融风险、维护经济金融稳定中的作用和效果。本书得出的重要观点有：

（1）过度宽松的货币政策会增加银行的风险承担行为，低利率政策、低的存款准备金政策等都会通过银行杠杆的中介效应间接影响银行的系统性风险承担行为，因此，货币政策选择上尽量实行稳健货币政策，不搞"大水漫灌"。

（2）宽松监管政策下监管套利和银行资产不透明会增加银行的系统性风险承担行为。监管套利弱化了资本充足率监管对银行系统性风险承担行为的约束，增强银行资产的透明度和加强银行的宏观审慎监管，可以减少银行监管套利的发生。建议加强银行借同业通道规避监管和同业套利的行为；设定更高金融机构的信息披露标准、提高银行投资透明度以减少银行的风险积累；注意规范银行间市场债务债权方的投融资行为；通过不同政策工具间的配合对不同重要性银行的监管应当建立更加灵活动态的差异化监管。

（3）银行信贷—资产价格循环正反馈机制是导致资产泡沫的主要因素。为了防范银行信贷驱动对投资者理性泡沫骑乘的影响，密切监控家庭部门信贷和房价增长动态，尤其是在经济上行期，及时提示相关风险，积极干预、提前预防，警惕低利率和宽松信贷监管下爆发房价泡沫的风险；对房价的调控中利率工具尤其是贷款利率是较好的选择；而对家庭部门信贷的调控中，宏观审慎监管工具则更为合适。

（4）机构投资者的泡沫骑乘行为是导致泡沫膨胀和破灭的重要因素。在注重培育机构投资者的同时，也应加强对机构投资者的监管和引导，充分发挥机构投资者稳定市场、提升定价效率的作用；要继续强化对内幕交易和股价炒作的打击力度，保持对机构集中抱团投资行为的密切关注；同时，也要注意改善资本市场信息环境，规范企业信息披露，切实提高机构投资者的信息挖掘能力；通过降低融券交易成本、扩大券源等方式进一步提升融券交易的活跃度，同时对融资交易杠杆实行逆周期调节，以降低估值泡沫和平抑市场剧烈波动。

（5）由于资产负债的高度关联，系统性风险在银行部门和房地产部门两部门之间存在双向的传染效应，在防范系统性金融风险中不能忽略不同行业、不同经济部门之间风险的跨部门、跨行业的传染，尤其要密切关注不同部门间资产负债之间的关联，尤其是资产负债紧密联系的不同经济部门，防止一方资产负债失衡对另一方的波及及传染。

（6）系统性金融风险显著放大了宏观经济冲击的尾部风险。当经济向好时，经济波动的预测分布右移；当经济趋冷时，经济波动的预测分布左移且通常伴随明显的左偏，即极端下行风险大幅度增加；当经济处于平稳期，经济波动的预测分布趋于对称，且方差减小，要特别关注极端风险对宏观经济的非线性影响。

（7）宏观经济政策调控缓解灾难冲击对金融风险和宏观经济波动的影响，建议发展新消费、培育新供给，弱化灾难冲击对传统消费与生产的影响；对困难企业予以财政支持与信贷支持，防范灾难冲击对商品供给侧的影响；积极引导利率下行，降低企业融资成本，但同时避免由于过度使用宽松货币政策可能带来的金融风险。

（8）极端负面的经济冲击具有跨国传导效应，考虑到外国的灾难冲击将通过贸易渠道和投资渠道传染影响到我国经济运行和经济增长，建议通过运用灵活适度的稳健货币政策可缓解外国灾难冲击负面效应的同时，避免货币政策的过度使用造成不必要的社会福利损失。

（9）金融冲击是我国宏观经济波动的主要驱动因素，而宏观审慎监管政策和宏观审慎货币政策的设计需要考虑到不同的经济周期驱动因素。以商业银行资本充足率为核心目标的宏观审慎政策能够有效地稳定金融系统，但可能削弱传统货币政策对金融系统的调控效果。由于金融"去杠杆"可能导致经济下滑，在实施宏观审慎监管政策时应控制好监管力度，要控制金融系统中存在的风险，也要避免因为过度的监管带来的过度金融"去杠杆"问题。

二、学术创新

本书立足于国际国内前沿研究，不论是在研究内容、还是研究方法和学术观点上都有着重要的创新和贡献，主要如下。

（一）研究内容和研究视角的创新

第一，在基于政策环境与银行系统性金融风险承担研究中，本书分别从货币政策环境和监管政策环境两个视角探讨了银行系统性风险承担行为。在基于货币政策环境与银行系统性金融风险承担的研究中，在主流的银行风险承担理论模型引入贷款信用风险（银行破产）将其拓展到银行系统性金融风险承担层面的研究。基于监管政策环境与银行系统性金融风险承担的研究，放松了经典银行道德风险模型中的独立性假设并引入反映银行关联性的监管套利投资，将其拓展到银行系统性金融风险承担行为的研究。

第二，在资产泡沫和系统性风险的研究中，本书主要基于理性泡沫和投资者泡沫骑乘行为的视角展开研究。在基于银行信贷驱动视角的理性资产泡沫与投资者泡沫骑乘行为研究中，通过引入信贷市场分析和放松无风险转移假设，构建了一个更一般框架下的基于不对称信息的博傻理论泡沫模型；在基于资本市场视角的理性资产泡沫与投资者泡沫骑乘行为研究中，结合中国机构投资者季度投资明细，从行为和结果两个角度实证检验了机构投资者的理性泡沫骑乘行为。

第三，在系统性风险跨部门传染研究中，本书主要基于银行和房地产视角展开研究，把系统性风险溢出效应的研究从单一风险点扩展到两个关键风险点的分析，同时对我国银行和房地产部门的系统性风险进行了测度，从而更全面地分析系统性风险的跨部门传染效应。

第四，在基于系统性金融风险与宏观经济波动关系研究中，本书主要基于线性和非线性关系视角展开研究，从单个系统性风险指标的研究拓展到基于系统性金融风险综合指标的研究，从分位数关系拓展到全概率分布的研究。

第五，在基于系统性金融风险与宏观经济政策调控关系的研究中，本书主要基于外生冲击视角展开研究，从基于正常的外生冲击即常规冲击的研究拓展到基于极端负面的经济冲击即灾难冲击的研究；在灾难冲击方面，从封闭经济的分析拓展到小型开放经济的分析；在常规冲击研究方面，从单一金融风险研究扩展到企业违约风险和金融部门风险同时存在并相互传导的研究，更加完整地刻画了系统性风险。

（二）研究方法创新

本书综合运用了理论建模和实证分析等研究方法。在理论建模方面，运用了动态博弈均衡和动态随机一般均衡（DSGE）等多种建模方法。实证检验方面，综合运用了各种前沿计量经济方法和技术，包括 GSADF 技术、广义逻辑回归模型、未定权益分析（CCA）方法、基于带结构突变的广义最小二乘法回归模型（FQGLS）、基于分位数回归模型等。具体表现在：

第一，在基于政策环境与银行系统性金融风险承担研究中，本书构建了一个包括银行、存款人和中央银行或监管当局的、基于对称信息的动态博弈模型，分析不同货币政策环境或监管环境下，各行为主体之间的相互博弈如何导致银行金融风险承担行为的发生。

第二，在基于理性资产泡沫视角的市场环境与系统性金融风险研究中，使用 GSADF 方法来识别和估计了房价泡沫、采用广义逻辑回归模型使用中国 A 股上市的所有公司数据对股价暴跌概率进行估计，并用股价（先验）暴跌概率指标对个股股价泡沫化程度进行了测度。

第三，在基于银行和房地产视角的系统性风险与跨部门风险传染研究中，本书针对中国股票市场限售流通股现象，以未定权益方法为基础，利用亚式期权的受限流通股模型改进了权益估值。

第四，在基于系统性金融风险与宏观经济波动关系研究中，本书综合运用了多种先进的计量分析方法。具体包括：在基于线性视角的系统性金融风险与宏观经济波动关系研究中，通过引入带有结构性突变的预测模型（FQGLS），在宏观经济预测中引入一种成熟的研究范式，能够同时处理内生性、异方差、持续性和结构突变等问题，提供了一个比单独预测更可靠的组合预测方法。在基于非线性视角的系统性金融风险与宏观经济波动关系研究中，将分位数回归引入到宏观经济预测中，全面剖析了系统性风险对未来宏观经济波动的非线性、非对称冲击的影响。

第五，在基于系统性金融风险与宏观经济政策调控关系的研究中，基于中国经济典型特征，对 DSGE 模型进行了不同场景下的设定和灵活运用，系统地考察了不同政策及政策组合的相互作用和经济效应，为防范系统性金融风险过程中合理地使用宏观经济政策组合提供了理论参考。

（三）学术观点创新

第一，过度宽松的货币政策即低利率政策、低存款准备金政策等都会通过银行杠杆的中介效应间接影响银行的系统性风险承担行为；监管套利弱化了我国资本充足率监管对银行系统性风险承担行为的约束，以大银行为主的债权银行的监管套利行为更为显著。

第二，银行信贷—资产价格循环正反馈机制和投资者的异质信念是导致理性资产泡沫和投资者泡沫骑乘的重要原因，而理性资产泡沫，不论是房价泡沫还是股价泡沫，主要源于投资者的理性泡沫骑乘行为。

第三，系统性风险在银行部门和房地产部门两部门之间存在双向的传染效应，特别是在极端经济冲击下即金融危机的样本区间内，系统性风险传染更强。

第四，系统性金融风险对未来宏观经济增长的冲击是显著的，特别是对于宏观经济尾部风险（严重经济衰退）具有显著影响。系统性金融风险显著放大了宏观经济冲击的尾部风险，尤其对于金融体系相对不成熟的国家，系统性金融风险对宏观经济冲击的影响更大。

第五，针对灾难冲击对经济金融的负面影响，财政货币政策调控方面，相比下调无风险利率，下调企业所得税更有助于企业与商业银行各自的资产负债表的修复，引导风险下行；极端负面的经济冲击具有跨国传导效应，利用灵活适度的稳健货币政策可以在缓解灾难冲击负面效应的同时避免货币政策的过度使用造成不必要的社会福利损失；宏观审慎监管政策和宏观审慎货币政策的设计需要考虑到不同的经济周期驱动因素。

第四节　学术价值和未来研究拓展

一、学术价值

第一，本书拓展了宏观经济学前沿的研究。不论是政策环境与银行系统性金融风险承担行为研究、市场环境下的资产泡沫研究（特别是理性泡沫和投资者泡沫骑乘行为的研究）、系统性金融风险的跨部门传导、系统性金融风险与宏观经济波动关系研究，还是系统性金融风险与宏观经济政策调控的研究，都将拓展宏观经济学学术前沿研究。

第二，本书深化了房地产泡沫的研究。房地产泡沫是最大的"灰犀牛"之一，本书的研究有助于更好地识别房地产泡沫，有助于了解房地产泡沫生成、膨胀和破灭全过程，有助于对房地产理性投机行为和机制的理解，以及如何通过货币政策和宏观审慎政策抑制房地产泡沫的形成和膨胀的理解。

第三，本书拓展了宏观经济政策调控的学术前沿。迄今关于财政政策、货币政策和宏观审慎监管政策的研究比较多，但是关于灾难冲击下的财政货币政策协调配合的研究以及关于宏观审慎货币政策和宏观审慎监管政策的叠加效应的研究还比较少。

二、未来研究拓展

政策环境、系统性金融风险与宏观政策调控的研究是一个系统性的研究课题，随着研究的深入展开，还有一些重要的问题需要我们进一步研究，如除了商业银行之外，影子银行对我国系统性金融风险的影响；除了股票市场外，债券市场（包括公司债券和地方债券等）对我国系统性金融风险的影响等，都是重要的研究课题。我们将在后续的研究中拓展到这些领域的研究。

第二章 文 献 综 述

第一节 相关研究的学术梳理和综述

自 2008 年全球金融危机爆发以来，政策环境、系统性金融风险与宏观经济政策调控的相关研究受到广泛关注，大量国内外文献从系统性金融风险的测度、传染机制、影响因素、风险成因、监管制度等不同视角，进行了深入的研究，基于此，我们从系统性金融风险的成因、后果和应对的视角出发，分别从政策环境与银行系统性风险承担、市场环境与理性资产泡沫、系统性风险的跨部门传染、系统性风险对未来宏观经济波动的影响后果，以及不同冲击下宏观经济政策对系统性风险的调控应对这五个方面对现有研究进行简要的回顾和评述。

一、政策环境、银行系统性风险承担与系统性金融风险

2008 年全球金融危机的发生表明宽松的政策环境（包括货币政策环境和银行监管环境）不仅会刺激银行等金融中介提高杠杆率和承担过度的金融风险（Adrian and Shin，2009；Borio and Zhu，2008），严重情况下甚至会导致金融危机（Farhi and Tirole，2012）。

关于政策环境与金融风险关系的经典理论文献一般聚焦于个体银行风险承担行为的研究，认为诸如利率变动等政策变量的变化将通过影响个体金融机构的风险认知和风险承受能力进而影响其风险承担行为（Borio and Zhu，2012），然而，个体决策的外部性使得只考虑政策环境变化对个体风险承担的影响会造成对整体风险的低估（Bernake，2009），在银行等金融中介机构过度关联与交叉持有情况下尤其如此。与个体信用风险不同，系统性风险具有风险外溢和网络关联的特点，属于宏观金融风险的范畴。Brunnermeir 和 Snikov（2016）的中介货币理论认为货币政策具备重新分配

风险的功能，为货币政策影响银行系统性风险承担提供了理论依据。Valencia（2014）基于一个动态银行模型框架发现，在扩张性货币政策环境下，高杠杆更容易导致商业银行过度风险承担和金融不稳定性加剧。Barroso 等（2016）以巴西银行部门为样本研究了本国货币政策与外国货币政策对系统性风险的影响，发现货币政策与系统性风险承担存在显著的负向关系。

宽松货币政策除了直接刺激银行等金融中介提高杠杆率和承担过度的金融风险（Adrian and Shin，2009；Borio and Zhu，2008）之外，也会通过降低银行等金融中介部门的监管激励提高系统性金融风险（Martinez - Miera and Repullo，2015）。基于影子银行和互联网金融的大量研究表明，缺乏监管部门的约束会加剧金融机构的道德风险问题，增加金融机构的风险水平（Mistrulli，2011；Demyanyk and Loutskina，2016；Buchak et al.，2018）。

二、市场环境、理性资产泡沫与系统性金融风险

无论在发达国家还是发展中国家，大量研究表明资产价格泡沫往往可能导致金融危机的发生（Borio and Lowe，2002），资产价格泡沫破裂会对金融系统产生极为致命影响，使系统性风险急剧增加甚至引发系统性金融危机。

对泡沫的理论建模可追溯至 20 世纪七八十年代，从资产稀缺（asset scarcity）的内在属性角度（如 Tirole，1985；Caballero and Krishnamurthy，2006；Farhi and Tirole，2011；Miao et al.，2015）、风险转移（risk shifting）角度（Allen and Gorton，1993；Allen and Gale，2000；Barlevy，2014）以及博傻理论（greater fool theory）角度（Miller，1977；Harrison and Kreps，1978；Scheinkman and Xiong，2003；Hong and Stein，2003；陈国进等，2009）等解释了泡沫产生的原因。Abreu 和 Brunnermeier（2003）首次从理论模型角度对"泡沫骑乘"行为进行了分析，在此基础上 Doblas - Madrid（2012）构建了理性投资者"泡沫骑乘"模型且严格证明了泡沫的存在性。大量实证证据也表明泡沫骑乘行为普遍存在于股票市场和其他金融市场（Temin and Voth，2004；Brunnermeier and Nagel，2004；陈国进，2010）。

在投资者泡沫骑乘行为驱动下，宽松的政策环境叠加市场环境可能为资产泡沫的生成和膨胀提供更为便利的条件。宽松的货币政策环境一方面会使银行信贷扩张，导致由银行信贷驱动的资产泡沫尤其是房产泡沫的生

成，信贷驱动尤其是家庭部门信贷驱动的房价泡沫远比其他类型泡沫更具危险性（Jordà et al.，2015；Anundsen et al.，2016；Brunnermeier et al.，2017）；另一方面会直接影响资本市场的泡沫形成。资产泡沫可在投资者的理性的泡沫骑乘行为驱动下自发形成和膨胀。当面临资产泡沫时机构投资者的理性选择既不是反向套利也不是作壁上观，而是可能通过主动骑乘泡沫来获利（De Long et al.，1990b；Abreu and Brunnermeier，2003；周为，2019；陈国进等，2021）。

Brunnermeier 和 Nagel（2004）、Greenwood 和 Nagel（2009）和 Griffin 等（2011）等发现在美国 2000 年科技股泡沫期间，机构投资者尤其是对冲基金并没有纠正市场错误定价，而是在泡沫膨胀期大量买入科技股并在股价出现反转迹象后大幅抛售，诱导个人投资者入场接盘，存在明显的泡沫骑乘行为。Jang 和 Kang（2019）使用股票未来实现极端负收益的事前概率来衡量股价泡沫化程度，研究发现机构投资者更偏好股价被高估的股票，存在理性投机行为，并且机构投资者的这一理性投机行为无法被套利限制理论所解释。

三、系统性风险与跨部门风险传染：银行和房地产视角

当前学术界对系统性风险传染效应的研究，主要集中在个体金融机构间或金融部门间的风险传染。以银行体系内部为例，银行的有限责任以及一家银行对其他银行健康状况的负的外部性，导致了系统性风险的转移机制，从而增加经济的整体风险（范小云等，2013；陈国进等，2010；Bruyckere et al.，2013；Acharya et al.，2009；方意，2015；2016）。基于网络关联视角，Acemoglu 等（2015）构建了金融网络架构和系统性风险蔓延关系的研究框架，认为银行间关联性引导的传播冲击机制会导致金融体系不稳定性增加。Billio 等（2012）利用主成分分析法（PCA）和格兰杰网络方法分析了对冲基金、银行、交易商和保险四个部门的高度相关性以及风险传染网络。

对系统性风险的跨部门传染方面的研究主要从政策干预和网络关联两个视角展开，研究对象包括银行、政府和保险部门之间的风险外溢和传染效应等。基于政策干预视角，Alter 等（2012）利用"纾困"前后主权信用违约互换（CDS）的日度数据研究了欧洲各国政府和银行信用风险之间的"依赖"关系，并分析了政府的银行救助计划对本国银行部门和其他国家银行部门的不同影响。Acharya 等（2014）则利用主权 CDS 数据研究了金融部门和政府信用风险的双向反馈关系。基于网络关联视角，Billio 等

（2015）将未定权益方法（Contingent Claims Analysis，CCA）与风险传染网络相结合，测度了欧盟、中国、美国和日本包括政府部门、银行部门和保险部门的风险指标预期损失比率，并构建了风险传染网络，发现银行和保险企业的风险指标平均值高于政府，银行部门和保险部门存在双向风险传染关系，并且不同时期的传染效应和网络特性存在很大差别等特征。

四、系统性金融风险与宏观经济波动

系统性金融风险与宏观经济波动之间关系研究的一个重要方面是，系统性风险对未来宏观经济波动的影响如何，即系统性金融风险对未来的宏观经济下行是否有预测作用，以及如何更好地利用系统性金融风险对宏观经济的下行风险做出预测。迄今文献已经提出了一系列衡量系统性金融风险的指标，这些系统性风险衡量指标对宏观经济活动冲击的影响已经得到一定程度上的证实，如系统性风险衡量指标对美国宏观经济（Brownlees and Engle；2017；Krishnamurthy and Muir，2016）、欧洲地区宏观经济（Hartmann et al.，2012）以及多国（或地区）宏观经济（Allen et al.，2012）等都具有很好的预测能力。

现有的基于系统性风险的宏观经济预测文献大多关注经济变量的中心趋势（均值）变化，最常见的做法是使用标准向量自回归（VAR）或结构性因素方法估计各国是否以及在多大程度上受到各种金融变量和冲击的影响，例如 Guarda 和 Jeanfls（2012）利用 19 个工业化国家 1980～2010 年的季度数据构建了包含 5 个金融变量的 VAR 模型（实际股票价格、实际房价、期限价差、贷款与国内生产总值比率和贷存比），研究发现金融冲击对实际经济波动的影响高达30%以上，其中资产价格的影响力最大，而金融冲击对投资波动的综合贡献通常高于消费波动，另外金融冲击在金融繁荣和萧条时期的贡献更大。Brownlees 和 Engle（2017）和 Allen 等（2012）则使用普通线性回归模型研究了系统性风险对宏观经济增长的溢出效应。线性框架下的一般性结论是，金融不稳定因素在宏观经济预测中确实发挥了重要作用，它们能在多大程度上捕捉到广泛的金融不稳定，很大程度上取决于这些冲击的性质、严重性和广度。

有关系统性金融风险与宏观经济波动之间线性关系的研究，如果忽略两者之间的非线性关系（Brownlees and Engle，2017；Kremer，2016；Roye，2014；Allen et al.，2012；Fornari and Stracca，2012），有可能严重低估系统性金融风险对宏观经济的预测能力。欧洲中央银行体系（ESCB）强调，金融不稳定对宏观经济的溢出效应是非线性、非对称的，会随着经

济状态的变化而变化。Gertler 等（2020）、He 和 Krishnamurthy（2019）、Boissay 等（2013）、Aoki 和 Nikolov（2011）等在动态一般均衡模型（DSGE）中引入多重均衡或危机概率研究系统性风险对宏观经济的非线性溢出，为基于系统性风险的宏观经济非线性预测提供了理论支持。Giglio et al.（2016）发现系统性金融风险对美国的宏观经济下行风险（20%分位数）的预测能力部分依赖于宏观经济指标的选择，且对欧洲国家的宏观经济下行风险并没有显著的预测能力。

De Nicolò 和 Lucchetta（2011）、Giglio 等（2016）将分位数回归引入宏观经济预测中，重点关注系统性风险对宏观经济下行风险的影响。考虑到分位数回归只能估计单个分位数，尚不能得到对经济增长变化的全概率分布的理解，Adrian 等（2019）在分位数预测的基础上通过半参数估计法进一步拟合出宏观经济波动预测的整体分布，拓宽了研究的视野。张晓晶和刘磊（2020）在 Adrian 等（2019）的基础上率先研究了我国整体金融状况对宏观经济的分布预测。

五、系统性金融风险与宏观经济政策调控

经济的运行常常因为受到外生冲击的影响而产生周期性波动。外生冲击主要包括常规冲击与灾难冲击。常规冲击为一种正向或者负向的一般性外生冲击，具体特征表现为发生的频率相对较高，但对经济的冲击幅度较小。作为外生冲击的一种极端形式，灾难冲击是指一旦发生会给一国经济带来灾难性影响的小概率事件。迄今为止的国内外文献表明，不论是灾难冲击还是常规冲击都会造成或加剧金融的不稳定和宏观经济的波动，需要宏观经济政策来消除上述不利影响。

（一）灾难冲击视角下的系统性金融风险与宏观经济政策调控

目前关于灾难冲击的研究大致分为对灾害性事件的研究和对预期灾难冲击的研究两个方向。对于灾害性事件的研究，主要分析灾害性事件的事后影响，如突发的公共卫生事件、气象灾害（洪水、台风等）、地质灾害、金融危机等灾害性事件对宏观经济与金融系统的影响。Frédéric 等（2016）构建 DSGE 模型来解释银行业危机对宏观经济波动与金融市场的影响，研究发现银行间存在的道德风险和信息不对称现象可能导致突发的市场冻结、信贷紧缩和严重的"金融"衰退。Baron 等（2021）通过构建 1870～2016 年 46 个国家银行股本回报和银行恐慌信息的数据集来考察历史上的银行危机，研究发现在没有恐慌的情况下银行股价的大幅下跌与信贷收缩和产出缺口相关。灾害性事件更多地表现为事后效应，对其进行预期管理

的难度较大，因此更多的研究聚焦在预期灾难冲击上。

对于预期灾难冲击的研究，主要分析 TFP 灾难、资本灾难以及双重灾难等灾难性事件概率的上升导致经济主体行为发生变化从而对宏观经济与金融系统造成的影响。早期的研究主要集中在使用灾难冲击解释金融市场上资产价格的异常波动（Barro，2006；Bansal and Yaron，2004；Tyler，2017；Lanfearet al.，2019）以及灾难冲击在金融部门之间的传导过程（Frédéric et al.，2016；杨子晖等，2020）。Gourio（2012）将 TFP 灾难冲击与资本灾难冲击植入真实经济周期（RBC）模型，探讨了封闭经济下预期灾难冲击的经济波动效应。除了 TFP 灾难冲击和资本灾难冲击之外，陈国进等（2014）在 RBC 模型中还引入了双重灾难冲击，研究发现，双重灾难冲击对中国经济的负面影响以及对中国经济的解释能力大于其他两种灾难冲击。

除了量化灾难冲击的经济金融效应，如何合理利用宏观经济政策来削弱灾难冲击对宏观经济与金融市场的负面影响是历来研究的重点问题。庄子罐等（2012）研究了预期灾难冲击与中国宏观稳定政策的关系，认为中国宏观稳定政策的收益主要来源于降低灾难发生的概率。目前关于灾难冲击下财政政策工具的讨论主要集中于政府防减灾投资支出、生产性财政支出与居民结构性减税（卓志和段胜，2012；赵向琴等，2017；丁志帆和孔存玉，2020；潘敏和张新平，2021）。货币政策对灾难冲击的调控效果方面，已有关于货币政策的讨论主要集中于比较不同货币政策规则对灾难冲击的调控效果，具体包括承诺规则与相机抉择的比较（Niemann and Pichler，2011）、数量型货币机制与价格型货币机制的比较（郭栋，2020）。

以上有关宏观经济政策对预期灾难冲击的调控效果的研究主要是在封闭经济分析框架下进行，已有研究表明，全球主要央行采取的货币政策往往表现出较强的溢出效应（胡小文，2017；李政等，2021），2008 年全球金融危机与 2020 年灾难冲击下货币政策的溢出效应表现更为明显，Obstfeld 和 Rogoff（1995）最早构建了开放经济 DSGE 模型来解释货币政策和财政政策的社会福利效应。近年来，开放经济 DSGE 模型在宏观经济政策的跨国传导效应方面得到了广泛运用，如不同类型的货币政策对小国开放经济的影响（Gali and Monacelli，2005），不同冲击如货币政策冲击、资本流动冲击等的国际传导和社会福利效应分析（Lubik and Schorfheide，2005；黄志刚和郭桂霞，2016；范爱军和卜学字，2018），外国的利率调整与税率调整对中国经济的影响（马理和文程浩，2021），以及关税与汇率之间的互动关系及央行干预下的最优汇率安排制度（朱孟楠和徐云娇，2021）。

（二）常规冲击视角下的系统性金融风险与宏观经济政策调控

系统性金融风险中宏观杠杆尤其是商业银行高杠杆是主要的风险点。近年来文献证明了过高的商业银行杠杆往往造成金融系统的不稳定甚至引发经济金融危机，在杠杆乘数的作用下演变成"繁荣—衰退—萧条—复苏"的经济循环。

Wagner（2010）基于一个三期的银行模型发现，商业银行高杠杆带来的过度投机提高了金融系统的不确定性，同时，商业银行的高杠杆抑制居民的储蓄意愿，从而增大宏观经济风险。Adrian 和 Boyarchenko（2012）构建了一个包含家庭部门流动性冲击的动态随机一般均衡（DSGE）模型，研究发现金融部门的风险约束会导致金融杠杆的顺周期性波动，金融杠杆波动会导致内生性的系统性风险并可能诱发金融危机。Valencia（2014）基于一个动态银行模型框架发现，在扩张性货币政策环境下，高杠杆更容易导致商业银行过度风险承担和金融不稳定性加剧。国内文献方面，林琳等（2016）在 DSGE 模型中引入影子银行对中国金融系统脆弱性进行研究发现，影子银行的发展推高了商业银行总体杠杆水平，加剧了系统性金融风险。马勇和陈雨露（2017）基于 68 个国家 1981～2012 年的动态面板数据发现金融杠杆波动对金融系统的稳定性产生负面影响。

而且由于实体经济部门持有的资产与商业银行资产负债表存在一定联系，实体经济部门的债务过高会导致商业银行杠杆水平的剧烈波动，甚至可能引发商业银行危机。鉴于此，致力于通过宏观调控实现金融系统稳定的宏观审慎政策受到政府部门和学者的广泛关注。在已有的研究中，根据引入方式的不同，宏观审慎政策可以分为宏观审慎监管政策研究和宏观审慎货币政策研究。宏观审慎监管政策研究直接引入央行对商业银行金融指标（包括信贷类、资本类和流动类）进行逆周期管理（王爱俭和王璟怡，2014；方意，2016a；李天宇等，2017）。宏观审慎货币政策的研究主要在标准泰勒规则中加入反映金融周期变量的关注（Faia and Monacelli，2007；马勇，2013；侯成琪和龚六堂，2014；Cúrdia and Woodford，2016），金融周期变量主要包括市场融资溢价、资产价格和银行信贷总量等。

研究方法方面，宏观审慎政策的理论模型本质上是包含金融摩擦DSGE 模型的政策应用（Suh，2012）。包含金融摩擦 DSGE 模型主要分为两类，一类为信贷需求摩擦模型，主要从企业作为信贷需求方的信息摩擦出发进行研究（Bernanke et al.，1999；Kiyotaki and Moore，1997），这类模型虽然引入了金融风险传导的信用渠道与商业银行相关的摩擦因素，但不足之处是缺乏对商业银行的具体建模分析。另一类为信贷供给摩擦模型，主要引入了商业银行即信贷供给方的资产负债表（如 Gerali et al.，2010），但不足之处是设定商业银行杠杆是外生性的。Gertler 和 Karadi（2011）、Gertler 等（2017）在 DSGE 模型中内生了商业银行杠杆，从而提高了 DSGE 模型对金融中间行为的解释能力。

第二节　简 要 评 述

从以上文献综述可以看出，政策环境、系统性金融风险和宏观政策调控之间关系的相关研究虽然已经取得了丰硕的研究成果，但尚有不足之处，有进一步拓展的空间。

一、从银行系统性风险承担视角的政策环境与系统性金融风险关系研究方面

目前文献大多支持货币政策的宽松会提升系统性风险，主要侧重货币政策与系统性风险的因果关系，分析以线性关系为主，很少有货币政策系统性风险承担的非线性证据，由于银行的个体风险偏向于事前风险承担，而银行的系统性金融风险承担却无法预测，属于事后型。此外，现有文献很少关注银行监管环境对银行系统性风险承担行为的影响。低的银行资产透明度和金融创新导致的银行监管不足将产生银行监管套利问题，可能诱导银行更大的风险承担行为，导致系统性金融风险的增加。

二、从理性资产泡沫视角的市场环境与系统性金融风险关系研究方面

众多学者围绕资产泡沫从理论和经验角度展开了卓有成效的讨论，但现有研究在理论建模和实证研究方面仍存在进一步完善的空间。在理论建模方面，已有的泡沫理论模型大多忽略了对信贷市场的分析。Doblas - Madrid（2016）虽然加入了信贷市场的分析，但其模型中的无风险转移假设使其无法对信贷市场的另一重要参与者——银行的行为进行有效讨论。在实证研究方面，现有实证文献大多使用指标法或还原法对泡沫进行测度，但指标法主观性较强而还原法泡沫测度误差较大。相比之下，目前前沿的 GSADF 方法相对较为客观且测度误差较小，对不同类型泡沫都有较好的检测效果。遗憾的是，目前国内使用 GSADF 方法进行房价泡沫测度

的研究较少，对房价泡沫影响因素及具体传导机制的深入探讨也相对不足。

此外，目前国内有关机构投资者与股价泡沫关系的研究大多从市场或行业层面切入，主要使用剩余收益估价模型、股价收益率或换手率等方法进行泡沫检测，鲜有从个股横截面收益角度构造泡沫测度指标开展机构泡沫骑乘行为的研究，还有在对机构投资者泡沫骑乘的动因探究方面，随着社会网络分析在金融学领域广泛的运用，很少有从信息网络视角出发探究机构投资者行为。

三、从银行部门与房地产部门的两部门视角对系统性风险的跨部门传染的研究方面

迄今关于系统性风险传递的研究大多集中于研究银行部门内部个体间的传递，系统性风险跨部门传递的研究较少。长期以来我国银行部门资金大量流向房地产部门，国内与房地产或土地关联的贷款占商业银行贷款总量的近40%，房地产企业贷款占银行部门总资产的比例长期超过10%（方意，2016）。由于房地产部门与银行部门的资产负债高度关联，在外部冲击下容易产生风险相互传染，尤其在极端事件下，房地产部门可能率先暴露风险，房地产作为信贷抵押品在泡沫破裂时将可能导致银行部门资产质量恶化甚至引发经济金融危机（Cerutti et al. ，2017）。因此在防范和化解系统性金融风险的攻坚战中，研究银行部门与房地产部门之间系统性风险的跨部门传染很有必要。

另外，在系统性风险的测度方面，综合了市场数据和公司资产负债表数据的未定权益方法（Contingent Claims Analysis，CCA）因为具有综合性和前瞻性受到了广泛的关注（Gray et al. ，2007，2010）。在国内文献中，出现了包括银行系统的风险测度（范小云等，2013）、宏观金融风险测度（宫晓琳，2012）、CCA方法改进（李志辉等，2016；张立华等，2016；唐文进等，2017）等重要文献，但是通常将限售股、流通股等同计算市值，可能造成高估或低估。

四、从系统性金融风险对未来的宏观经济波动影响的研究方面

虽然2008年金融危机之后，各国学者对金融系统性风险有了深入的研究，但系统性风险测度问题仍未形成完整有效的研究体系，而且由于我国与西方尤其是美国的金融制度有较大的差异性，西方主流文献提出的系统性金融风险衡量指标在我国的适用性的研究还比较缺乏，需要做进一步

的实证检验。另外，大量实证检验表明系统性风险衡量指标表现出显著的异方差、内生性和持续性等特征，宏观经济波动否定了"无 ARCH 效应"的原假设，宏观经济波动和系统性风险衡量指标中都存在着重大的结构突变，因此，含结构突变的预测模型更适用于分析系统性风险衡量指标对宏观经济波动的影响。Devpura 等（2019）提出将带有结构突变的预测模型（FQGLS）引入宏观经济预测模型中，该模型可以有效地解决内生性、持续性、异方差以及结构突变等问题。

此外，在线性回归分析框架下，系统性风险对宏观经济波动的外溢效应不明显，仅在经济危机时期对宏观经济波动具有显著的样本外预测能力，因此需要进一步引入非线性框架，研究系统性金融风险对宏观经济波动的非线性影响。考虑到分位数回归只能估计单个分位数，尚不能得到对经济增长变化的全概率分布的理解，参考 Adrian 等（2019）的做法，需要研究系统性金融风险对宏观经济波动整体分布的影响，尤其是预测中国宏观经济波动的完整分布。

五、从系统性金融风险与宏观经济政策调控之间的关系研究方面

（一）从灾难冲击视角对系统性金融风险与宏观经济政策调控关系的研究方面

现有文献虽然大多聚集于灾难冲击下的宏观经济政策调控分析，但缺乏对灾难冲击性质的区分，即灾难冲击如何分别从商品需求侧与商品供给侧导致中国经济波动与引发金融风险。还有灾难冲击的影响很大程度上取决于其持续性、预期效应与不确定性，已有关于灾难冲击的文献主要关注灾难冲击的水平效应，缺乏针对灾难冲击的持续性效应、预期效应与不确定性效应的分析。另外，历次灾难冲击下，政府对财政货币政策组合的使用比单一的财政货币政策更为常见，但已有文献主要关注单一财政货币政策的调控效果，缺乏对不同财政货币政策的比较以及对财政货币政策协调机制的研究。此外，在现实的灾难冲击期间，政府往往通过向居民发放消费券以及采取降低企业税费等方式来改善需求与供给两端，但目前在 DSGE 模型框架下研究上述两类财政政策工具对灾难冲击调控效果的文献较少。在货币政策规则的设定方面，现有相关文献主要基于传统的货币政策形式，这可能弱化货币政策与灾难冲击之间的联动机理。

还有已有研究表明，全球主要央行采取的货币政策往往表现出较强的溢出效应（胡小文，2017；李政等，2021），2008 年全球金融危机与 2020 年灾难冲击下货币政策的溢出效应表现更为明显，因此，全球范围内的货币政策协调合作日益受到重视。然而，目前对于灾难冲击下货币政策调控效果的研究仅关注本国货币政策对本国经济的调控效果，缺少预期灾难冲击跨国传导效应下的货币政策调控分析。

（二）常规冲击视角下的系统性金融风险与宏观经济政策调控关系研究方面

在模型设定方面，目前包含金融摩擦的 DSGE 模型主要关注单一金融摩擦的经济效应，即基于信贷供给摩擦或信贷需求摩擦的 DSGE 模型往往不能刻画导致商业银行杠杆波动的最终来源，而现实经济中的"双金融摩擦"现象普遍存在。另外，对宏观审慎政策的理论研究尚需要大量的理论分析和数值模拟支撑，特别是我国的金融稳定机构设置与国外并不相同，我国的双支柱调控都集中于中央银行，且货币政策与宏观审慎政策是明确分开的，如何针对我国金融稳定监管的实际状况进行研究尚需进一步讨论。目前关于宏观审慎货币政策应该选择盯住哪种金融变量还存在争议，如 Faia 和 Monacelli（2007）认为盯住市场融资溢价的货币政策具有稳定金融市场的作用，Cecchetti 等（2002）认为盯住资产价格的泰勒型货币政策规则有利于经济稳定，李天宇等（2017）认为宏观审慎的货币政策规则应该盯住银行信贷总量或者市场融资溢价。

第三章 货币政策环境与系统性金融风险承担：银行视角

本章主要研究货币政策环境对银行系统性风险承担行为的影响。宽松货币政策环境下的低利率和存款准备金比率，都会通过银行杠杆的中介效应间接影响银行的系统性风险承担行为，导致系统性金融风险增加。在货币政策环境与银行系统性风险承担之间关系的文献综述基础上，首先在一个包括银行、存款人和中央银行三方的动态博弈模型中，从理论上分析不同宽松货币政策环境（包括低利率和低的存款准备金等）下，银行通过哪些机制承担更大的风险和导致银行更高的违约概率。其次在理论建模的基础上，基于我国上市银行的数据，利用面板数据回归的计量经济学方法进行实证检验。最后给出相关的政策建议。

第一节 货币政策环境与银行系统性风险承担文献综述

2007~2009 年全球金融危机爆发后，各国监管当局开始致力于恢复金融系统稳定和防范系统性金融风险。传统观点中，货币政策的侧重点是保持物价稳定，而宏观审慎政策的侧重点主要是保证金融稳定，因此有些观点认为货币政策工具不应被用于风险管理。然而，金融稳定与价格稳定是相互影响相互依存的。一些研究就发现了宽松的货币政策（如低利率货币政策）会刺激银行等金融中介提高杠杆率和承担过度的金融风险（Adrian and Shin，2009；Borio and Zhu，2008），严重情况下甚至会导致金融危机（Farhi and Tirole，2012）。也有些研究认为，在历次金融危机中，中央银行的利率政策的确在金融风险中扮演了重要角色（Brunnermeier，2016）。因此，货币政策环境与金融危机的关系、货币政策环境与银行系统性风险承担之间关系的探讨是一个重要的研究选题（Woodford，2012；Stein，

2014）。

防范化解重大风险是党中央提出来的决胜小康社会的三大攻坚战之首，守住不发生系统性风险的底线是防范化解重大风险的重点工作之一。为此，我国中央银行早在 2016 年就已将差别准备金动态调整和协议贷款管理机制上升为宏观审慎评估体系（MPA），同时也对金融中介的去杠杆提出具体要求。而货币政策和宏观审慎监管政策的双支柱的调控框架已成为我国监管改革的重点。在此背景下，货币政策环境以怎样的机制影响到银行等金融中介机构的系统性风险承担行为自然成为一个重要的研究课题。

迄今为止，关于货币政策环境与金融风险关系的经典理论文献一般以个体银行风险承担渠道为研究对象，认为政策利率变动将影响到金融机构的风险认知和风险承受，并进一步影响金融机构投资组合、资产定价和融资成本（Borio and Zhu，2012）。这些文献从不同角度为利率政策和银行风险承担之间的负相关关系做出了理论解释，这些影响机制包括逐利效应（Rajan，2005）、估值收入现金流效应（Borio and Zhu，2008）、央行预期效应（Diamond and Rajan，2009）、资产替代（De Nicolò et al.，2010）和杠杆顺周期效应（Adrian and Shin，2010）等。

当然，也有一些文献提出了不同的观点，例如风险转移渠道理论认为利率与银行风险承担存在正相关关系（Hellmann et al.，2000；Acharya and Viswanathan，2011）。也有些文献认为这些效应与银行的杠杆或资本结构密切相关（Dell'Ariccia，2014），货币政策对银行风险承担的影响是以上多种效应共同作用的结果。

从实证文献角度看，在个体风险承担理论的基础上，大量实证文献从两个角度展开研究：（1）基于银行道德风险模型研究货币政策的风险承担渠道，包括主要效应的存在性。（2）特定的银行资本等异质性对风险承担渠道的影响。许多学者就贷款层面或银行个体风险对货币政策的风险承担渠道进行研究，提供了 Z 值（Laeven and Levine，2009；王晋斌，2017）、风险资产占比和不良贷款率（Delis and Kouretas，2011；方意，2012）、贷款审批和风险评级（金鹏辉，2014；Dell'Ariccia，2017）等的证据，进而证明了个体风险承担的收入估值效应、逐利效应、竞争效应（徐明东等，2012）、央行交互效应（王晋斌，2017）的存在性等。在银行异质性上，有研究指出货币政策对银行个体风险承担的影响会受到银行的流动性资产比例、资本充足率、非利息收入等（徐明东等，2012；Dell'Ariccia et al.，2017）的影响。以上的研究大多着眼于银行个体的资产端风险，较少考虑负债端的因素。其结果也多是从线性关系上支持了货币政策的银行风险承担效应大于风险转移效应，即货币政策对银行个体风险的影响总体为负。另外，这些研究的关注重点属于信用风险而非流动性风险，然而流动性风险却是诱发金融危机的重要因素。

美国次贷危机的爆发，不仅源于银行个体风险，银行的过度关联与交叉持有更是难辞其咎。简单来说，个体决策的外部性使得只考虑货币政策对个体风险承担的影响会造成整体风险的低估（Bernanke et al.，1999）。个体层面上的政策评估已经无法有效维护金融稳定和防范系统性风险，传统的风险监管是以个体为核心的微观审慎，但2008年金融危机表明微观审慎会导致宏观不审慎，个体风险监管在系统性风险的防范上并不适用。

与个体信用风险不同，系统性风险具有风险外溢和网络关联的特点，是指个体金融机构发生损失①随即引发一系列对手方的损失和违约并可能引发市场崩溃和金融危机的风险，属于宏观金融风险的范畴。因此，巴塞尔协议Ⅲ的监管改革将围绕银行资本进行的宏观审慎确定为系统性风险监管的主要方式。Brunnermeir和Snikov（2014）的中介货币理论认为货币政策具备重新分配风险的功能，为货币政策影响银行系统性风险承担提供了理论依据。经济现实中，道德风险的存在导致系统性风险无法通过市场机制消除和事前观察，所以货币政策的银行系统性风险承担不仅客观存在而且成因复杂。系统性风险的发生可以直接来源于合同联系、交易对手方的信用风险上升，也可以间接来源于资产价格下跌、信用紧缩或流动性螺旋（Adrian et al.，2016）。从集体道德风险和整体风险的层面研究货币政策的系统性风险承担变得越来越重要（Farhi and Tirole，2012）。然而，货币政策如何影响系统性风险的相关研究还很少。

货币政策系统性风险承担渠道（Systemic RTC，Martinez‐Miera and Suarez，2014；Colletaz，2018）是对货币政策风险承担渠道理论的拓展，主要有三种机制：第一，银行在货币政策的刺激下倾向于选择高杠杆和高风险投资组合，最终提升了整体或系统性的风险。第二，低利率环境下，银行对同业市场筹集资金的依赖性增强，大量进行交叉持有。过度关联的负债端极易引发连环违约。第三，低利率下的"逐利效应"促使银行投资同样的风险资产，提高了交叉持有的风险敞口。资产的相似性和关联性使得银行在异质性冲击下，更容易发生传染效应，进而引发银行部门崩溃

---

① 这种损失可以由特定事件引发，如金融机构的偿付能力或流动性缓冲不足等（Blancher et al.，2013）。

（ECB，2016）。然而，主流文献对货币政策系统性风险承担的存在性和微观机制的研究尚处于初级阶段，还没有一致的结论。

在存在性的研究中，Martinez – Miera 和 Repullo（2015）构建了包含银行损失与利率政策的动态随机一般模型（DSGE 模型）并引入系统性风险的考量，发现低利率会降低监管激励从而提高系统性风险；Barroso 等（2016）以巴西银行部门为样本研究了本国货币政策与外国货币政策对系统性风险的影响，发现货币政策与系统性风险承担存在显著的负向关系；Faia 和 Karau（2017）基于 29 家全球系统性重要银行（GSIBs）的系统性风险指标 CoVaR 和 LMRES 构建时间序列模型，发现利率提高可以降低系统性风险，而市场杠杆在风险承担渠道的作用并不明显。

在银行特征的研究中，系统性风险的驱动因素与形成机制还存在很大争议，特别是银行杠杆。公司、家庭部门的加杠杆（债务累积）是日本、美国金融危机爆发的导火索，而所有经济部门的高杠杆最终都会反映在金融部门杠杆周期上。可以说，系统性风险的形成离不开高杠杆，包括个体银行的杠杆和金融系统总体杠杆。总体而言，迄今大多数文献支持了银行杠杆率和资产风险等对系统性金融风险的关键影响（Mayordomo et al.，2014；Hovakimian et al.，2014）。比如，Mayordomo 等（2014）基于美国银行的实证分析发现银行杠杆和不良贷款率会严重影响系统性风险。Hov-akimian 等（2014）认为银行规模、银行杠杆以及银行资产风险是系统性风险的关键驱动因素。当然，也有一些文献提出了与前述观点相反的结论（Wei B. et al.，2014）。Wei B. 等（2014）的实证研究发现银行规模、银行杠杆、银行非利息收入以及银行的信贷组合并不是系统性风险的决定因素。此外，还有很多学者从金融稳定背后的其他因素中提供了证据，认为资产价格泡沫（Gali，2014；Brunnermeir et al.，2016）、跨国资本流动（Karolyi et al.，2017）和影子银行（郭晔和赵静，2017）是影响金融稳定的重要因素。

综合上述文献，我们可以看出，已有理论和实证文献从信用风险、流动性风险等多个角度讨论了货币政策的个体银行风险承担问题，但对货币政策在整体或系统性层面如何影响银行风险承担的研究还比较缺乏。银行的个体风险偏向于事前风险承担，但银行的系统性金融风险承担却无法预测、属于事后型；已有研究大多支持货币政策的宽松会提升系统性风险，侧重货币政策与系统性风险的因果关系分析，分析以线性关系为主，很少有货币政策系统性风险承担的非线性证据。还有控制变量、模型设定上普遍存在问题，如个体金融机构的资本结构在货币政策风险承担渠道中扮演着重要的角色，但目前系统性风险层面的理论模型还很少涉及。银行异质性对货币政策系统性风险承担影响的机制分析上还存在不同的意见分歧，缺少对银行杠杆在货币政策影响系统性风险的中介作用的深入研究。

区别于已有文献，本章基于已有货币政策风险承担的 DLM 理论模型，加入系统性风险的设定，将其拓展到货币政策系统性风险承担渠道（SRTC），试图跳出"信用风险"的窠臼，研究利率政策、数量型货币政策以及银行杠杆对系统性风险的影响。在控制变量上综合考虑多种因素并加以限制；探讨货币政策系统性风险承担渠道的存在性以及"U"形曲线关系；研究货币政策影响系统性风险的机制，讨论银行杠杆在系统性风险承担中的中介效应、风险累积效应在不同政策环境下的变化。

第二节　货币政策环境和银行系统性
风险承担的理论建模

金融危机的经历告诉我们，全球大型商业银行或其他金融机构之间通过担保、金融合同网络等资产负债之间的高度关联是导致银行系统性金融风险的重要原因。由于大型金融机构之间的高度关联，一家大型金融机构出现财务困境或者破产的情况会迅速蔓延，导致其他金融机构的连环损失甚至出现银行的"倒闭潮"，引发系统性金融风险。"大而不能倒"的银行监管政策会进一步加剧银行和其他金融中介机构的道德风险（Acharya，2009；Farhi and Tirole，2012）。为了研究货币政策环境与银行系统性金融风险承担之间的关系，我们在主流的银行风险承担模型——DLM 模型（Dell'Ariccia et al.，2014，2017）的基础上，通过引入贷款信用风险（银行破产）拓展到银行系统性金融风险承担层面的研究[①]。中国的商业银行在数量上相较于西方国家较少，但无论是银行规模还是在系统重要性金融机构的排名上都处于全球银行业的前列。系统性风险指标如 CCA 方法也是基于破产概率的测度。因此，我们在理论模型中用银行没有发生破产的概率来刻画系统性风险水平是合适的，货币政策则表现为政策利率和准备金率。

假设监管成本包括两部分，一是监管当局（这里假设负责制定基准利

---

① DLM 模型将银行个体风险承担采用贷款信用风险的形式引入银行最优化问题，被广泛用于研究货币政策的个体风险承担渠道问题。

率的中央银行和负责宏观审慎监管的监管部门为同一主体，监管当局同时负责货币政策和宏观审慎监管政策）实施宏观审慎政策付出的成本，这部分是关于监督商业银行资本充足率（银行杠杆）监管要求而付出的外部成本；二是商业银行自身用于监督银行破产风险付出的内部成本，这部分体现的是银行自身对系统性风险承担行为内部监管而付出的成本。考虑到宏观审慎政策的现实情况普遍是以要求银行杠杆率为核心，我们假设外部监管成本与银行杠杆相关。在银行内部监督成本的设定上，指银行为确保继续经营或不发生破产的内部风控或监管激励①。外部的监管成本由银行监管当局承担，反映在社会福利函数中；内部监管成本由银行自身承担，反映在银行的预期利润函数中。

一、模型设定

本模型主要有三个假设条件，第一个假设条件是银行的有限责任和监督成本。模型中我们用银行的破产概率代表系统性金融风险，由于银行之间的高度关联，一个银行的倒闭往往会引起多米诺骨牌效应，导致其他银行的倒闭。银行对自身风险承担行为的监督需要负担一定的内部监管成本，监管当局负担宏观审慎的外部成本。第二个假设条件是存款人的机会成本等于无风险利率，模型中没有存款保险制度②。第三个假设条件是由于银行的有限责任，银行存在道德风险行为，银行增加系统性风险承担行为（如构成风险更大的贷款组合），如果成功了，存款人只能获得确定的存款利息，银行可以获得更大利益；如果风险承担行为失败，在有限责任制度下，银行申请破产由存款人承担损失。银行杠杆用借入资本与自有资本的比例来刻画。

假设银行没有发生破产的概率是 q，银行破产是 $1-q$。我们之所以用破产概率 q 代表系统性金融风险，是因为银行破产或者发生违约是金融风险的根本性来源。在理论模型中因为没有引入银行的异质性，这里的银行业可以表示为整个银行系统。

不同货币政策环境下，特别是在宽松货币政策环境下，如果个体银行大多选择了高杠杆，那么整个银行系统的金融风险就必然会增加。进一步

---

① 信用风险方面的理论模型中，一般认为银行的贷款有一定概率发生违约，贷款违约风险反映在银行监督成本中是银行监督的努力程度（Allen，2011；Dell'Ariccia et al.，2014）。

② 与发达国家相比，中国的存款保险制度推行时间较晚，于2015年5月1日出台，存款人可以在银行破产时获得最高50万元的赔付额。本章的数据区间是2007~2017年，在模型不加入存款保险制度的设定并不影响模型得出的结论。

地由于银行在同业拆借市场上有大量的交易，负债端的高度关联进一步加强了单个银行违约导致整个银行系统的风险，而在宽松货币政策下银行都倾向于自有高风险资产，单个银行在资产端高风险的同质性容易导致银行之间的风险共振，从而增加银行的系统性金融风险。因此，在模型中选择银行的破产风险作为系统性风险的代理指标有一定的合理性。

银行贷款需求函数为 $L(r_L) = a - br_L$，$L' \leq 0$，用 r_L 和 r_D 分别表示银行贷款利率和银行存款利率，$r_E = (r^* + \xi)/q$ 表示银行自有资本收益率，其中，$\xi \geq 0$ 为权益风险溢价，r^* 为政策利率，假设权益风险溢价与政策利率无关。参考相关文献的一般设定，假设银行负债端自有资本比例为 k，存款等借入资本比例为 $1 - k$，$0 < k < 1$。银行监督成本付出越高，银行继续经营不发生破产的概率也越高，假设银行内部监督成本为每单位 $cost_{intern} = cq^2/2$。监管当局宏观审慎监督成本为每单位信贷 $cost_{out} = d(1 - k)^2$，$0 < d < \xi$。因此在银行杠杆越高时，对杠杆监管标准会更加严格，监管当局外部成本也越高。反之，当银行杠杆水平较低时，监管当局放松宏观审慎中对杠杆的要求，外部成本也相应减小。

在该模型中，银行的道德风险问题反映在银行的系统性风险承担中。为了约束银行的系统性风险承担行为，银行必须付出一定的内部监管成本，而宏观审慎政策成本的高低则与银行杠杆密切相关。由于经济中其他的代理人难以观察到银行的系统性风险承担行为，银行缺少投入监管成本的激励机制。给定政策利率 r^*，政策利率变动会影响存款者的机会成本。银行通过最优决策实现预期利润最大化，宏观审慎监管部门的目标则是社会福利的最优化，包括银行预期利润、借款者剩余和宏观审慎政策成本三部分。

二、模型求解

（一）基准模型

基本模型为三期模型，在第 0 期，根据外生的政策利率 r^*，金融监管当局基于社会福利最大化目标选择最优杠杆水平 k。在第 1 期，根据监管当局确定的杠杆要求 $\hat{k}$，商业银行选择最优贷款利率 r_L。假设存款市场是一个完全竞争市场，存款人愿意接受的存款利率决定方程为：存款收益的期望值（银行破产情况下存款人收益为 0）等金融监管当局的基准利率，即 $r_D E[q|k] = r^*$。在第 2 期，商业银行基于监管当局规定的杠杆要求 $\hat{k}$ 和商业银行自身确定的最优贷款利率 $\hat{r}_L$，选择最优的内部监督成本，进而决定最优系统性风险承担水平 q。

监管当局、商业银行和存款人三方动态博弈的关系为：第一步，监管当局基于社会福利最大化确定最优监管要求（商业银行最优杠杆率，或者说最优资本充足率）；第二步，商业银行观察到监管当局给出的最优监管（最优杠杆率）要求信息后，基于银行利润最大化要求确定最优贷款利率；第三步，商业银行基于获得的监管当局最优监管要求（最优杠杆率）和自身确定的最优贷款利率两方面的信息，确定最优内部监管努力程度，进而确定风险承担水平。存款人主要是在完全竞争的存款市场上，根据监管当局确定的基准利率和商业银行风险承担水平确定存款利率。

我们从最后一期（第 2 期）开始使用逆向归纳法对模型进行求解。假定银行贷款利率随政策利率的增加而增加①，即 $dr_L/dr^* > 0$。模型中政策利率 r^* 为外生变量，杠杆水平 k 为内生变量。

基于以上假设，商业银行预期利润函数为：

$$\prod = q \times [r_L - r_D(1 - k) - r_E k - (cq/2)] \times L(r_L)$$
$$= [q \times (r_L - r_D(1 - k)) - (r^* + \xi)k - c \times q^2/2] \times L(r_L)$$
$$(3.1)$$

银行监管当局社会福利函数 SW 如式（3.2）所示，其中，BS 表示借款者剩余、R 表示借款人的保留贷款利率（即最大可以接受的贷款利率）。

$$SW = BS + \prod - cost_{out}$$
$$= q(R - r_L)L(r_L) + q[r_L - r_D(1 - k) - r_E k - (cq/2)]L(r_L)$$
$$- d(1 - k)^2 L(r_L)$$
$$= [q \times (R - r_D(1 - k)) - (r^* + \xi)k - d \times (1 - k)^2/2$$
$$- c \times q^2/2] \times L(r_L)$$
$$(3.2)$$

监管当局的约束条件如式（3.3）和式（3.4）所示：

$$\prod = q[r_L - r_D(1 - k) - d(1 - k)^2/2q - (cq/2)]L(r_L)$$
$$\geqslant (r^* + \xi)kL(r_L)$$
$$(3.3)$$
$$r_D \times E[q \mid k] = r^* \qquad (3.4)$$

约束条件式（3.3）表示，投资于银行的收益高于在同等风险水平下投资于其他项目的收益（机会成本），式（3.3）等式左边表示银行贷款扣除存款利息支付和各种监管成本后的期望收益，等式右边表示相

① 银行贷款利率对政策利率变动的反应可以由货币政策的利率传导渠道得到。

同风险水平下投资者投资与其他投资项目的收益。在后续模型求解中，我们将不等式改成等式约束条件式（3.4）基于完全竞争存款市场假设，如果银行没有倒闭存款人可以获得的收益为 r_D，如果银行没有倒闭存款人可以获得的收益存为 0，存款人的期望收益等于监管当局确定的基准利率。

在模型的第 2 期，为实现银行预期利润最大化目标，对 q 求一阶条件可得：

$$\frac{\partial \prod}{\partial q} = (r_L - r_D(1 - k) - cq)L(r_L) = 0 \tag{3.5}$$

式（3.5）整理后可得：

$$\hat{q} = \frac{r_L - r_D(1 - k)}{c} \tag{3.6}$$

由于均衡状态下有 $E[q \mid k] = \hat{q}$，可得：

$$r_D = \frac{r^*}{E[q \mid k]} = \frac{r^*}{\hat{q}} \tag{3.7}$$

将 r_D 的表达式代入到式（3.6）可得式（3.8）：

$$\hat{q} = \frac{r_L + \sqrt{r_L^2 - 4cr^*(1 - k)}}{2c} \tag{3.8}$$

我们再将式（3.5）中 $\hat{q}$ 的表达式代入到式（3.1），可得式（3.9）：

$$\prod(\hat{q}) = \left(\frac{(r_L - r_D(1 - k))^2}{2c} - (r^* + \xi)k \right) \times L(r_L) \tag{3.9}$$

在模型的第 1 期，为了实现最优系统性风险承担 $\hat{q}$ 下的预期利润，对 r_L 求一阶条件并化简整理后可得：

$$\frac{\partial \prod(\hat{q})}{\partial r_L} = \left(\hat{q}r_L - r^*(1 - k) - (r^* + \xi)k - \frac{c\hat{q}^2}{2} \right) \times \frac{\partial L(r_L)}{\partial r_L}$$

$$+ qL(r_L) + \frac{\partial \prod}{\partial q} \times \frac{\partial q}{\partial r_L} = 0 \tag{3.10}$$

$$\frac{\partial \prod(\hat{q})}{\partial r_L} = \left[\frac{(r_L - r_D(1 - k))^2}{2c} - (r^* + \xi)k \right] \times \frac{\partial L(r_L)}{\partial r_L}$$

$$+ \frac{r_L - r_D(1 - k)}{c} \times L(r_L) = 0 \tag{3.11}$$

第 0 期，给定第 1 期和第 2 期的最优选择条件 $\hat{q} = \hat{q}(r_L; k)$，$\hat{r}_L = \hat{r}_L(k)$ 和 $r_D = r^*/\hat{q}$，可得社会福利对 k 求一阶条件决定最优杠杆要求如式（3.12）：

$$SW = \hat{q} \times \left(R - \frac{r^*(1-k)}{\hat{q}} - \frac{(r^*+\xi)k}{\hat{q}} - \frac{d(1-k)^2}{2\hat{q}} - \frac{c\hat{q}}{2} \right) \times L(\hat{r}_L)$$

$$= \left(\hat{q}R - r^*(1-k) - (r^*+\xi)k - \frac{d(1-k)^2}{2} - \frac{c\hat{q}^2}{2} \right) \times L(\hat{r}_L)$$

$$(3.12)$$

$$\frac{\mathrm{d}SW}{\mathrm{d}k} = \frac{\partial SW}{\partial k} + \frac{\partial SW}{\partial r_L} \times \frac{\mathrm{d}r_L}{\mathrm{d}k} + \frac{\partial SW}{\partial q} \times \frac{\mathrm{d}q}{\mathrm{d}k} = \frac{\partial SW(\hat{q})}{\partial k} = 0 \qquad (3.13)$$

$$\frac{\mathrm{d}SW}{\mathrm{d}k} = \frac{\partial SW}{\partial k} = \left[\frac{\partial q}{\partial k} \times (\hat{r}_L - cq) - \xi + d(1-k) \right] \times L(\hat{r}_L) = 0 \quad (3.14)$$

由 $L(\hat{r}_L) \geqslant 0$ 可得 $\left[d \times (1-k) - \xi \right] + \partial \hat{q}/\partial k \times (\hat{r}_L - c\hat{q}) = 0$，根据包络引理，$\xi - d + dk > 0$ 以及式 (3.4) 中的 $\hat{r}_L - c\hat{q} = r_D(1-k) > 0$，可得 $\partial \hat{q}/\partial k > 0$。利用式 (3.13) 对 r^* 求导可得式 (3.15)：

$$\frac{\mathrm{d}(\partial \prod / \partial k)}{\mathrm{d}r^*} = \frac{\partial \hat{q}}{\partial k} \left(\frac{\mathrm{d}\hat{r}_L}{\mathrm{d}r^*} - c \times \frac{\mathrm{d}\hat{q}}{\mathrm{d}r^*} \right) + \frac{\partial q^2}{\partial k \partial r^*} \times (\hat{r}_L - c\hat{q}) = 0$$

$$(3.15)$$

由式 (3.15) 结合 $\hat{r}_L - c\hat{q} > 0$ 和 $\mathrm{d}\hat{r}_L/\mathrm{d}r^* > 0$，可得 $\mathrm{d}\hat{q}/\mathrm{d}r^* > 0$，据此我们可以发现政策利率对银行系统性风险承担的影响，得到下面的定理3.1。

定理3.1：给定最优杠杆要求水平 $\hat{k}$，政策利率会影响到银行系统性风险的监督成本，银行系统性风险承担 q 将随着政策利率 r^* 的上升而下降。

（二）扩展模型之一：银行杠杆的影响

为了进一步研究银行杠杆率高低对银行系统性风险承担行为的影响，以及货币政策环境的系统性风险承担渠道是否依赖于银行杠杆，银行杠杆的设定必须由模型之外决定。因此，我们在基准模型的基础上将银行杠杆设定为外生变量。假设为两期模型，政策利率 r^* 和杠杆水平 k 都是外生变量。在第0期，商业银行机遇政策利率 r^* 和杠杆水平 k 选择最优贷款利率 r_L。继续假设完全竞争的存款市场，政策利率等于存款者机会成本仍然成立，即 $r_D E[q|k] = r^*$。在第1期，银行在最优贷款利率 $\hat{r}_L$ 条件下选择监督成本以及决定系统性风险承担 q。我们同样使用逆向归纳法对模型进行求解。

利用基准模型的结果式 (3.7) 对银行杠杆 k 求偏导可得式 (3.16) 和定理3.2：

$$\frac{\partial \hat{q}(r_L; k)}{\partial k} = \frac{\partial r_L}{\partial k} + \frac{r_L \times \partial r_L/\partial k + 4cr^*}{\sqrt{r_L^2 - 4cr^*(1-k)}} > 0 \qquad (3.16)$$

定理 3.2：在相同政策利率 r^* 下，银行杠杆水平越大（k 越小），银行的最优系统性风险水平也越大（$\hat{q}$ 越小），银行系统性风险承担 q 将随着政策利率 r^* 的上升而下降。

进一步地，我们分析银行杠杆是否是货币政策系统性风险承担渠道。为此，我们先求解最优贷款利率对银行杠杆的反应函数，也即 $\partial \hat{r}_L / \partial k$。同样利用逆向归纳法，在第 0 期，存在最优系统性风险承担 $\hat{q}$ 的条件下，令 $Z \equiv \partial \prod(\hat{q}) / \partial r_L$，是 $\hat{r}_L$ 和 k 的隐函数。利用隐函数定理可知 $\partial \hat{r}_L / \partial k = -\partial Z / \partial k / \partial Z / \partial r_L$。

$$Z \equiv \partial \prod(\hat{q}) / \partial r_L = \left(\hat{q} r_L - r^*(1-k) - (r^* + \xi)k - \frac{d(1-k)^2}{2} - \frac{c\hat{q}^2}{2} \right)$$

$$\times \frac{\partial L(r_L)}{\partial r_L} + qL(r_L) + \frac{\partial \prod}{\partial q} \times \frac{\partial q}{\partial r_L} = 0 \qquad (3.17)$$

$$\frac{\partial Z}{\partial k} = \frac{\partial \left[(\hat{q}\hat{r}_L - r^*(1-k) - (r^* + \xi)k - d(1-k)^2/2) \times \partial L(r_L)/\partial r_L + qL(r_L) \right]}{\partial k}$$

$$= \frac{\partial \hat{q}}{\partial k} \times L(r_L) + \frac{\partial L(r_L)}{\partial r_L} \times \left[r^* - (r^* + \xi) + d(1-k) \right] + \left[r_L - c\hat{q} \right] \times$$

$$\frac{\partial \hat{q}}{\partial k} \times \frac{\partial L(r_L)}{\partial r_L}$$

$$= \frac{\partial \hat{q}}{\partial k} \times L(r_L) + \frac{\partial L(r_L)}{\partial r_L} \times \left\{ \left[d(1-k) - \xi \right] + \frac{\partial \hat{q}}{\partial k} \times (\hat{r}_L - c\hat{q}) \right\} \qquad (3.18)$$

利用式（3.12）可知 $\partial Z / \partial k = \partial \hat{q} / \partial k \times L(r_L) > 0$。

$$\frac{\partial Z}{\partial \hat{r}_L} = \frac{\partial \left[\hat{q}\hat{r}_L - r^*(1-k) - (r^* + \xi)k - d(1-k)^2/2 - c\hat{q}^2/2 \right.}{\left. \times \partial L(r_L)/\partial r_L + qL(r_L) \right]}{\partial \hat{r}_L}$$

$$= 2\hat{q} \times \frac{\partial L(r_L)}{\partial r_L} + \left[\hat{q}\hat{r}_L - r^*(1-k) - (r^* + \xi)k - d(1-k)^2/2 \right.$$

$$\left. - c\hat{q}^2/2 \right] \times \frac{\partial^2 L(r_L)}{\partial r_L^2} + L(r_L) \times \frac{\partial \hat{q}}{\partial r_L} \qquad (3.19)$$

商业银行在最优 r_L 下实现利润最大化时，$\partial Z / \partial \hat{r}_L = \partial^2 \prod / \partial r_L^2 < 0$，由式（3.18）、式（3.19）可知 $\partial \hat{r}_L / \partial k > 0$，利用式（3.7）对最优系统性风险承担 $\hat{q}$ 求 r_L 和 k 的二阶偏导，可得：

$$\frac{\partial \hat{q}}{\partial r^*} = \frac{\partial r_L / \partial r^* + \left[2r_L \partial r_L / \partial r^* - 4c(1-k) \right] / \sqrt{r_L^2 - 4cr^*(1-k)}}{2c}$$

$$(3.20)$$

$$\frac{\partial \hat{q}^2}{\partial r^* \partial k} = \frac{\partial \left[(k-1)/\sqrt{r_L^2 - 4cr^*(1-k)} \right]}{\partial k}$$

$$= \frac{1}{\sqrt{r_L^2 - 4cr^*(1-k)}} + \frac{(1-k)(r_L \partial r_L/\partial k + 4cr^*)}{\left[r_L^2 - 4cr^*(1-k) \right]^{3/2}} \quad (3.21)$$

由于 $\partial \hat{r}_L/\partial k > 0$，所以 $\partial \hat{q}^2/\partial r^* \partial k > 0$，由此我们得到定理 3.3。

定理 3.3：政策利率对系统性风险承担的影响依赖于资本要求。资本要求越高（k 越大），紧缩的政策利率（r^* 越大）越容易降低银行的系统性风险承担，也即紧缩的货币政策在严格的宏观审慎监管下对银行系统性风险承担的约束作用将更强。

（三）扩展模型之二：加入存款准备金率的系统性风险承担模型

在这一部分，我们将在基准模型的基础上引入存款准备金比率 ϵ，从而讨论存款准备金比率对系统性风险承担的影响和银行杠杆的调节作用。除此之外，模型设定与基准模型基本一致。政策利率 r^* 和存款准备金率 ϵ 均为外生变量，杠杆水平为内生变量。银行根据给定的存款准备金率 ϵ 先后在第 0、1、2 三期分别选择最优杠杆水平 k、最优贷款利率 r_L 和最优系统性风险承担 q。银行贷款利率随存款准备金率的增加而增加[1]，即 $\mathrm{d}r_L/\mathrm{d}e > 0$。因此，在模型中加入存款准备金比率后的银行的预期利润为：

$$\prod = q \times \left[\left(r_L - r_D \frac{1-k}{1-e} \right) - r_E k - \frac{d(1-k)^2}{2q} - \frac{cq}{2} \right] L(r_L)$$

$$= \left[qr_L - qr_D \frac{1-k}{1-e} - (r^* + \xi)k - c \times \frac{q^2}{2} - d \times \frac{(1-k)^2}{2} \right] \times L(r_L)$$

$$(3.22)$$

在模型的第 2 期，令银行预期利润最大化，对 q 的求一阶条件，再次使用式（3.6）可得：

$$\frac{\partial \prod}{\partial q} = \left(r_L - r_D \frac{1-k}{1-e} - cq \right) L(r_L) = 0 \quad (3.23)$$

$$\hat{q} = \min \left\{ \frac{r_L - r_D(1-k)/(1-e)}{c}, \ 1 \right\} \quad (3.24)$$

$$\hat{q} = \frac{r_L + \sqrt{r_L^2 - 4cr^*(1-k)/(1-e)}}{2c} \quad (3.25)$$

在模型的第 1 期，银行选择最优贷款利率 $\hat{r}_L$。在模型的第 0 期，给定最优 $\hat{q}$ 和 $\hat{r}_L$，均衡条件下 $r_D = r^*/\hat{q}$，银行选择最优杠杆水平 k：

---

① 银行贷款利率对存款准备金率的反应可以参考货币政策的利率传导渠道理论。

$$\prod = \hat{q} \times \left(\hat{r}_L - r^* \frac{1-k}{\hat{q}(1-e)} - \frac{(r^*+\xi)k}{\hat{q}} - \frac{d(1-k)^2}{2\hat{q}} - \frac{c\hat{q}}{2} \right) \times L(\hat{r}_L)$$

$$= \left(\hat{q}\hat{r}_L - r^* \frac{1-k}{1-e} - (r^*+\xi)k - \frac{d(1-k)^2}{2} - \frac{c\hat{q}^2}{2} \right) \times L(\hat{r}_L)$$

$$(3.26)$$

$$\frac{\partial \prod}{\partial k} = \left(\frac{er^*}{1-e} - d \times (1-k) - \xi \right) + \frac{\partial \hat{q}}{\partial k} \times (\hat{r}_L - c\hat{q}) \qquad (3.27)$$

$$\frac{d(\partial \prod / \partial k)}{de} = \frac{r^*}{(1-e)^2} + \frac{\partial \hat{q}}{\partial k} \left(\frac{d\hat{r}_L}{de} - c \times \frac{d\hat{q}}{de} \right) + \frac{\partial q^2}{\partial k \partial e} \times (\hat{r}_L - c\hat{q}) = 0$$

$$(3.28)$$

利用 $\partial q / \partial k > 0$、$\hat{r}_L - c\hat{q} > 0$、$r^*/(1-e)^2 > 0$ 和 $d\hat{r}_L / de > 0$ 可知 $d\hat{q}/de > c \times d\hat{r}_L / de > 0$，由此我们可以得到定理 3.4。

定理 3.4：在银行选择最优杠杆水平 k 和最优贷款利率 $\hat{r}_L$ 的条件下，银行的系统性风险承担水平随存款准备金率的上升而下降，即 $d\hat{q}/de > 0$。

$$Z \equiv \partial \prod (\hat{q}) / \partial r_L = \left(\hat{q}\hat{r}_L - r^*(1-k) - (r^*+\xi)k - \frac{d(1-k)^2}{2} - \frac{c\hat{q}^2}{2} \right)$$

$$\times \frac{\partial L(r_L)}{\partial r_L} + qL(r_L) + \frac{\partial \prod}{\partial q} \times \frac{\partial q}{\partial r_L} = 0 \qquad (3.29)$$

以上结果从理论上支持了货币政策环境与银行系统性风险承担之间的负相关关系，这种关系依赖于银行资本结构的中介作用。基于以上分析，我们从理论建模分析中得到的研究结论有：（1）宽松的货币政策环境（利率下降、准备金下调等）将导致银行系统性风险承担行为的上升。（2）银行杠杆在货币政策系统性风险承担渠道中可能存在中介效应，宽松的货币政策环境（利率下降、准备金下调等）会通过影响银行杠杆对系统性风险造成间接影响。（3）政策环境和银行资本结构的差异将影响货币政策系统性风险承担的累积。

第三节　货币政策环境和银行系统性
金融风险承担的实证分析

一、样本选取与数据来源

我们选取了 16 家上市银行，这些银行的财务数据与股票交易数据均来自 Wind，样本跨度为 2007 年 9 月至 2018 年 6 月，共计 130 个月。其中，证券市场数据包括银行个体的股票市值、收益率日度数据，银行财务数据包括总资产、总存款、杠杆、债务资产比、非利息收入、核心资本、资本充足率、贷款存款比、资产收益率的季度数据。货币政策数据来自中国人民银行、Wind 和 BIS，包括基准利率、M2 月度同比增长率和存款准备金率的月度数据。宏观数据来源于国家统计局、OECD 和 BIS，包括 CPI 同比月度数据、实际 GDP 同比季度增长率、非金融机构信贷与 GDP 比值的季度数据。

后续的主要回归中，考虑到控制变量中的银行个体特征以及宏观变量频度，我们基于季度数据进行研究。此外，鉴于集中考察货币政策是否以及如何影响到银行系统性风险、是否存在中介效应，因此依次加入核心变量，进行分阶段和分样本回归。为了排除极端值的影响，我们对所有变量连续变量在前后 1% 的水平上进行缩尾（winsorize）处理。

二、变量定义

（一）系统性风险

1. $\Delta CoVaR$ 条件风险价值

自 2008 年全球金融危机爆发以来，许多学者就系统性风险的度量问题进行了研究。其中 $\Delta CoVaR$（Adrian and Brunnermeier，2016）是被广泛应用的系统性风险指标。我们采用分位数回归计算得到 $\Delta CoVaR$ 的周度数据，对于银行系统使用沪深 300 金融行业指数表示，银行周收益率由收盘价向前复权取对数变化获得。计算过程如下：

$$R_t^i = \alpha^i + \beta^i M_{t-1} + \varepsilon_t^i \tag{3.30}$$

$$R_t^{system} = \alpha^{system|i} + \gamma^{system|i} R_t^i + \beta^{system|i} M_{t-1} + \varepsilon_t^{system|i} \tag{3.31}$$

其中，R_t^i 代表银行 i 在 t 周的收益率；R_t^{system} 表示银行系统在 t 周的收益率，采用沪深 300 金融行业指数代理。在状态变量 M_t 的设定上，我们参考郭晔和赵静（2017）的做法，数据频度为周度。具体包括使用沪深 300 指数来度量中国股市收益率，沪深 300 指数的 30 日滚动历史波动率衡量市场波动，3 月期周度国债利率来估计利差趋势，3 月期银行质押回购与 3 月期国债利率之差来衡量短期流动性趋势，使用中国 10 年期与 3 月期国债收益率之差衡量中国信用利差，使用美国 10 年期与 3 月期国库券收益率之差衡量美国信用利差。

将 $q = 0.05$ 下分位数回归得到的系数估计值代入式（3.30）、式（3.31）得到所有银行的 $CoVaR_t^i(q)$ 和 $\Delta CoVaR_t^i(q)$ 周度数据，求平均得到对应的月度指标。$\Delta CoVaR_t^i(q)$ 通常为负，我们取绝对值进行后续分析，绝对值越大表示系统性风险水平越高，后续分析用 abs_covar 表示。

$$VaR_t^i(q) = \hat{\alpha}_q^i + \hat{\beta}_q^i M_{t-1} \qquad (3.32)$$

$$CoVaR_t^i(q) = \alpha_q^{\widehat{systerm}|i} + \gamma_q^{\widehat{systerm}|i} VaR_t^i(q) + \beta_q^{\widehat{systerm}|i} M_{t-1} \qquad (3.33)$$

$$\Delta CoVaR_t^i(q) = CoVaR_t^i(q) - CoVaR_t^i(50\%) \qquad (3.34)$$

2. CCA 违约距离

CCA 方法的分析框架由 Gray et al.（2007，2010）完善并应用于系统性风险的相关研究，主要是利用公司账面及市场信息估计隐含资产价值和隐含波动率，进而计算系统性风险指标违约距离（distance to default，DD）。

$$E = AN(d_1) - Be^{-rT}N(d_2) \qquad (3.35)$$

$$E\sigma_E = A\sigma_A N(d_1) \qquad (3.36)$$

$$d_1 = \frac{\ln(A/B) + (r + \sigma_A^2/2)T}{\sigma_A\sqrt{T}} \qquad (3.37)$$

$$d_2 = d_1 - \sigma_A\sqrt{T} \qquad (3.38)$$

在 Black – Shole 模型中将股票市值 E 视为买权则有式（3.35），其中违约边界为执行价格，到期时间 $T=1$。此外，我们还需要结合权益收益率与资产收益率的关系式（3.36）（Leland，2002）：数据选取上我们参考唐文进（2017）的设定，E、σ_E、B、r 分别为银行 i 在 t 期的总市值、股票 GARCH（1，1）波动率、总负债和资产收益率，利用牛顿迭代法由以上非线性方程组解出隐含资产价值和隐含波动率 A、σ_A，进一步可通过式（3.37）、式（3.38）计算出 d_2，即为违约距离。违约距离越大，代表系统性风险越小，后续分析用 DD 表示。

（二）货币政策

目前国内外有关货币政策风险承担或系统性风险承担的研究中，一般使用政策利率、泰勒规则残差等作为货币政策、货币环境的代理指标（张雪兰，2012；金鹏辉，2014；Dell'Ariccia，2017）。与发达国家相比，中国的利率市场化还不完全。基于中国的实际情况，这里我们同时考虑价格型、数量型货币政策，具体指标包括政策利率、中央银行一年期存款基准利率、M2 月度同比增长率、存款准备金率，分别用 *PolicyRate*、*Interest*、*M2_Growth*、*RRR* 表示。数据频度为季度，数据来源于国际结算银行（BIS）和中国人民银行。

（三）宏观审慎的杠杆率要求

中国的宏观审慎政策主要是围绕对银行的杠杆率要求进行的，如巴塞尔协议、MPA 监管。本章重点关注的中介变量是宏观审慎杠杆率要求。银行杠杆用来反映银行负债端的借入资本与自有资本比例，常见的计算方式有总负债与总权益之比、总资产与总权益之比。另外，有文献使用其倒数也即杠杆率作为研究变量。本章使用银行季报的总负债与总权益之比作为杠杆倍数指标。

（四）其他变量

由于系统性风险包含的因素很多，因此本章基于已有文献加入了大量的控制变量。为控制银行个体风险承担，加入风险加权资产、不良贷款率、不良贷款拨备覆盖率；为控制资产价格泡沫（Gali，2014；Brunnermeir et al.，2017）和银行交叉持有的因素，加入银行存放同业和其他金融机构款项、持有金融资产衍生品；此外，还控制了包括银行规模、风险加权资产、不良贷款率、非利息收入、净息差、一级核心资本等其他银行个体特征与 CPI、GDP 和信贷 GDP 比重的宏观经济变量。为了剔除异常值，相关变量都经过缩尾（winsorize）1% 和 99% 处理。各变量名称、定义、来源和文献出处的整理如表 3-1 所示。

表 3-1　　　　　　　　　　其他变量的定义和说明

变量名称	定义	文献出处	数据来源
银行个体特征			
Assets	银行规模，总资产的对数	Brunnermeir et al.（2017）	Wind
RwAssets	风险加权资产	方意等（2012）	Wind
NPL	不良贷款率	方意等（2012）	Wind
BadCo	不良贷款拨备覆盖率	王晋斌和李博（2017）	Wind
NII	非利息收入的对数	Karolyi et al.（2017）	Wind
NIM	净息差	郭晔和赵静（2017）	Wind
Loan	总贷款的对数	Dell'Ariccia et al.（2017）	Wind
Depo	总存款的对数	Dell'Ariccia et al.（2017）	Wind
Tier1	一级核心资本的对数	Dell'Ariccia et al.（2017）	Wind
NetCap	净资本的对数	Karolyi et al.（2017）	Wind
Inter	存放同业和其他金融机构款项的对数	邓向荣和张嘉明（2018）	Wind
Finance	持有金融资产、衍生品等的对数	邓向荣和张嘉明（2018）	Wind
ROE	股权收益率	Karolyi et al.（2017）	Wind
ROA	净资产收益率	Karolyi et al.（2017）	Wind

变量名称	定义	文献出处	数据来源
宏观经济变量			
Gdp_growth	实际 GDP 季节同比增长	Brunnermeir et al.（2017）	国家统计局
Inflation	消费价格指数月同比增长	Brunnermeir et al.（2017）	中国人民银行
Credit_to_GDP	非金融机构信贷总量/GDP	Brunnermeir et al.（2017）	BIS

注：以上变量绝对值均作对数处理，相对比率的单位统一为百分比。

　　本章主要关注的核心问题是货币政策与系统性风险的关系。在上述计算的基础上，以货币政策中的政策利率和 M2 同比增长与 16 家中国上市商业银行的 abs_covar 值作为代理变量置于图 3 - 1 中，时间频度为季度。

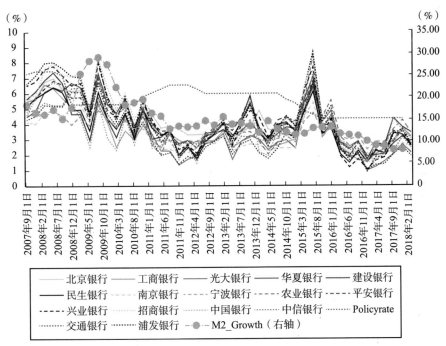

图 3 - 1　中国 16 家商业银行的 *CoVaR* 值与政策利率、M2 同比增长走势

资料来源：CoVaR 来自作者计算，Policyrate 来源于 BIS，M2 同比增长来源于中国人民银行。

　　其中，商业银行的 abs_covar 值和政策利率参照左侧坐标轴，政策利率的单位为百分比；M2 同比增长率参照右侧坐标轴，单位为百分比。我们的样本时间跨度包含了 2008 年全球金融危机和 2015 年股市波动两次极端金融风险事件。由图 3 - 1 我们发现 abs_covar 可以很好地刻画商业银行的系统性风险水平。中国商业银行的系统性风险水平在 2009 年三季度、2015 年三季度达到样本内极大值，随后大幅下降并于 2017 年后再次上升。政策利率在整个样本时期变化幅度相对较小，自 2008 年出现大幅下降以来长期稳定偶有回升，并且在 2014 年底再次出现下降并于 2016 年后趋于平稳。M2 同比增长率的变化则相对频繁，在 2008～2009 年出现了大幅上升，之后在波动中长期趋于下降。政策利率、M2 同比增长率与 abs_covar 在历史变动中有比较明显的关联。

（五）主要变量的描述性统计

从表 3 - 2 可以看出，条件风险价值的区间极大值为 9.40，违约距离的区间极小值为 1.27，均处于 2015 年股市波动期间。银行特征层面包括杠杆率、总资产规模、存贷比、非利息收入、净息差、资产收益率。其中，杠杆率最小为 7.65，最大为 32.00，说明银行的杠杆率变化较大。资产规模取对数值最小为 25.05，最大为 30.91，这是因为银行系统性金融风险需要基于上市银行，而这类银行的资产规模相对于非上市银行往往更大。非利息收入离差较小，是因为中国商业银行的经营业务类型和结构以利息收入为主，非利息部分的差异整体占比低且变化小。而净息差的离差较大，但同一时期不同银行间差别不大，而我国商业银行在不同时期的息差变化比较明显。十年来，商业银行息差呈波动中整体下降趋势。资产收益率变化比较一致，具有较强的季节性特征。

表 3 - 2　　　　　　　　　　描述性统计

变量名称	样本数	均值	标准差	最小值	中位数	最大值
Log（$\Delta CoVaR$）	694	1.25	0.38	0.29	1.25	2.24
$\Delta CoVaR$	694	3.81	1.53	1.07	3.51	9.40
DD	694	3.66	1.69	1.27	3.27	9.51
PolicyRate	45	5.61	0.95	4.35	5.6	7.47
Interest	45	2.58	0.83	1.5	2.635	4.14
M2_Growth	45	15.19	5.01	8.1	13.8	29.74
RRR	45	17.96	2.08	12.5	17.5	21.5
Lev	720	16.96	4.96	7.65	16.16	32.00
Assets	720	28.69	1.28	25.05	28.43	30.91
LDR	709	70.87	9.55	47.53	71.23	96.67
NII	720	24.97	1.29	21.71	25.06	27.27

变量名称	样本数	均值	标准差	最小值	中位数	最大值
NIM	720	2.53	0.41	1.52	2.51	3.54
ROA	720	0.72	0.34	0.09	0.71	1.72
GDP	45	8.51	2.03	6.40	7.60	14.30
Inflation	45	2.71	2.11	−1.80	2.15	8.70
Credit_to_GDP	43	164.69	31.46	114.20	158.80	211.10

宏观层面的变量包括政策利率、存准率、M2 同比增长率、实际 GDP 同比增长率（不变价季节）、消费价格指数同比变化率、信贷与 GDP 比值。BIS 发布的政策利率反映的主要是我国贷款基准利率，其与存款基准利率相关性颇高且变化趋势基本一致，整体呈下行。M2 同比增长率除 2008~2009 年大幅上升外，整体也趋于下行。GDP 方面，我国实际 GDP 的同比增长率呈现放缓趋势，区间极大值 14.3% 出现在 2007 年的 Q3。受金融危机影响，区间极小值 6.4% 出现在 2009 年的 Q3。2016 年以来稳中有降，在 7.0% 以内波动。消费价格指数整体相对平稳，受宏观经济调控政策影响 2007~2009 年出现大幅波动，极大值 8.7% 出现于 2008 年的 Q1，极小值 −1.8% 出现于 2009 年的 Q3。信贷与 GDP 比值主要反映的是宏观经济杠杆率，我国这一指标在 2007~2018 年出现了连续攀升，宏观债务压力凸显。区间极小值 114.2% 出现于 2008 年的 Q4，区间极大值 213.4% 位于 2018 年的 Q1。

三、货币政策的系统性风险承担渠道的存在性问题的实证分析

（一）实证设计

根据理论模型，为检验研究假设，我们建立基准实证模型。我们首先讨论货币政策的系统性风险承担渠道的存在性问题。基于已有文献，我们发现固定效应面板模型已被广泛运用于系统性风险的相关研究中（Brunnermeir et al.，2017；Karolyi et al.，2017），我们将基准模型设定为固定效应面板的形式，被解释变量为系统性风险，核心解释变量为货币政策环境，中间变量为银行杠杆。为了控制可能来源于宏观经济变量、银行个体风险承担水平、其他银行特征变量的影响，我们的控制变量包括了这些变量。模型形式如下：

$$Systemic_{i,t+1} = \alpha_0 + \beta PolicyRate_t + \delta Lev_{i,t} + \gamma Control_{i,t} + \varphi_i + \varepsilon_{i,t}$$

$$(3.39)$$

其中，被解释变量 $Systemic_{i,t}$ 是银行 i 在第 t 个季度的 $CoVaR$ 绝对值，用来代理银行的系统性风险；核心变量 $PolicyRate_t$ 是第 t 个季度的政策利率，用来代表我国的货币政策，在稳健性检验部分我们还使用了其他货币政策变量替代；$Lev_{i,t}$ 是银行 i 在第 t 个季度的杠杆，由季报中的总资产与总权益之比计算而得；$Control_{i,t}$ 控制变量包括第 t 个季度的宏观经济变量（GDP 同比增长、CPI 同比增长、非金融部门信贷与 GDP 之比）、银行 i 在第 t 个季度的个体风险承担（不良贷款率、不良覆盖率和风险加权资产）和其他银行特征（银行规模、非利息收入、净息差、总贷款、总存款、一级核心资本、净资本、资本充足率，资本净额/加权风险资产、存放同业和其他金融机构款项、持有的金融资产和衍生品、股权收益率、净资产收益率）。

除了实证检验货币政策环境与银行系统性风险承担之间关系之外，为了研究宏观审慎政策对货币政策与系统性风险的调节关系，我们首先在式 (3.39) 的基础上加入货币政策与杠杆的二次项 $Lev_{i,t} \times Policyrate_t$，剔除 $Policyrate_t$，增加控制时间效应 τ_t。其次，将宏观审慎杠杆 $Lev_{i,t}$ 替换为宏观审慎政策指数 MPI 重新做回归检验。如果 θ 显著则说明政策利率与宏观审慎政策/杠杆间存在调节效应，政策利率在不同的宏观审慎政策下效应不同。同时，考虑到杠杆与宏观审慎共线性以及遗漏变量问题，我们在 MPI 的回归中分别加入和去除杠杆进行回归，模型形式如下：

$$Systemic_{i,t+1} = \alpha_0 + \theta PolicyRate_t \times Lev_{i,t} + \delta Lev_{i,t} + \gamma Control_{i,t}$$
$$+ \varphi_i + \tau_t + \varepsilon_{i,t+1} \tag{3.40}$$

$$Systemic_{i,t+1} = \alpha_0 + \lambda Policyrate_t + \delta MPI_t + \theta PolicyRate_t \times MPI_t$$
$$+ \delta Lev_{i,t} + \gamma Control_{i,t} + \varphi_i + \varepsilon_{i,t+1} \tag{3.41}$$

考虑到货币政策、宏观审慎杠杆的影响在不同经济周期中可能存在差异，我们分别对危机时期和正常时期进行研究。参考 Berger 和 Bouwman (2013) 的研究，我们的样本中包括 2008 年全球金融危机以及 2015 年股市波动：模型设计如下：

$$Systemic_{i,t+1} = \alpha_0 + \beta_1 PolicyRate_t + \beta_2 PolicyRate_t \times Normal + \delta_1 Lev_{i,t}$$
$$+ \delta_2 Lev_{i,t} \times Normal + \gamma Control_{i,t} + \varphi_i + \varepsilon_{i,t} \tag{3.42}$$

其中，$Normal$ 为虚拟变量，当处于危机时期时（包括 2007 年三季度至 2009 年三季度、2015 年二季度至 2016 年一季度）为 0，其余时期为 1。此外，我们还按照 NBER 经济萧条周期的划分，对萧条期和非萧条期进行类似研究，$Nonrec$ 为虚拟变量，当处于萧条期时（2007 年四季度至 2009 年二季度）为 0，其余时期为 1。

（二）实证结果与分析

首先看基准模型的回归结果，即货币政策对银行系统性风险承担的影响。表3-3中的结果（1）~（2）列是全样本下的回归，核心变量分别包括宏观审慎杠杆、货币政策，依次加入银行个体特征以及宏观经济控制变量。由于核心变量中的货币政策只存在于时间维度，所有个体面临的货币政策立场是同质的，因此，我们固定了个体效应但不固定时间效应。在式（3.3）中，加入了宏观审慎的杠杆要求与货币政策利率的交互项，同时固定了个体效应和时间效应。控制变量中加入银行个体特征，不加入宏观经济变量。原因是宏观经济变量同样只存在于时间维度，加入时间固定效应后无法有效估计。类似地，我们剔除四家大型商业银行后进行回归，得到结果（4）~（6）列。

表3-3　　　　　　　　　　货币政策与系统性风险

解释变量	全样本			股份制商业银行		
	Log($\Delta CoVaR$)					
	（1）	（2）	（3）	（4）	（5）	（6）
PolicyRate	−0.133 *** （0.033）	−0.108 *** （0.031）		−0.147 *** （0.0371）	−0.134 *** （0.037）	
Lev	0.014 ** （0.005）	0.017 ** （0.006）	0.020 ** （0.009）	0.014 ** （0.00491）	0.015 ** （0.00694）	0.018 ** （0.008）
Lev × PolicyRate			−0.002 * （0.001）			−0.002 * （0.001）
Assets	−0.440 *** （0.083）	−0.612 *** （0.128）	−0.180 * （0.086）	−0.526 *** （0.074）	−0.664 *** （0.160）	−0.042 （0.104）
ROA	−0.080 （0.059）	−0.062 （0.062）	0.058 （0.057）	−0.135 ** （0.053）	−0.112 （0.068）	0.042 （0.060）
LDR	−0.011 *** （0.003）	−0.018 *** （0.003）	−0.009 *** （0.002）	−0.015 *** （0.002）	−0.022 *** （0.003）	−0.009 ** （0.003）
NII	0.056 （0.038）	0.038 （0.039）	−0.038 （0.026）	0.085 ** （0.032）	0.061 （0.039）	0.022 （0.027）
NIM	0.250 ** （0.087）	0.281 *** （0.090）	0.055 （0.047）	0.161 * （0.077）	0.193 ** （0.080）	0.041 （0.051）
CAR	0.006 （0.007）	0.005 （0.008）	−0.005 （0.006）	−0.001 （0.009）	0.001 （0.010）	−0.010 （0.007）

解释变量	全样本			股份制商业银行		
	Log(ΔCoVaR)					
	(1)	(2)	(3)	(4)	(5)	(6)
GDP		0.003 (0.009)			0.006 (0.011)	
Inflation		−0.004 (0.007)			−0.005 (0.007)	
Credit/GDP		0.004 ** (0.002)			0.004 (0.003)	
常数项	13.29 *** (1.918)	18.05 *** (3.268)	7.634 *** (2.428)	15.51 *** (1.703)	19.52 *** (4.279)	2.752 (2.733)
个体固定效应	Y	Y	Y	Y	Y	Y
年季固定效应	N	N	Y	N	N	Y
Obs	684	652	684	520	496	520
银行数量	16	16	16	12	12	12
Adj − R^2	0.421	0.470	0.704	0.486	0.542	0.750

注：*、** 和 *** 分别代表在10%、5%和1%的水平上显著。（）中为标准误。

结果表明货币政策与系统性风险呈现显著的负向关系，政策利率的上升会显著降低系统性风险水平。这说明货币政策是银行系统性风险的承担渠道。由于（3）列和（6）列中政策利率与宏观审慎杠杆的交互项系数显著为负，说明在越高的杠杆水平下货币政策对银行系统性风险承担的负向影响越大。这与我们的直觉和经济现实相符合。另外，银行杠杆水平的上升也导致系统性风险水平的显著提高。

分类回归结果进一步表明，虽然不同类型银行存在一定的异质性，但在货币政策系统性风险渠道存在性、杠杆的关键驱动性以及货币政策与宏观审慎杠杆的协调上是相互一致的。值得注意的是，欧美商业银行的系统性风险一般随着规模的扩大而增加，非利息收入比例高的银行系统性风险承担也更高（Brunnermeier et al.，2014）。而我们控制变量中总资产的系数为负，这说明中国商业银行系统性风险承担不会随着银行规模扩大而增加，我们的发现与杨子晖（2018）的结论一致。已有文献对中国商业银行规模的解释相对谨慎，规模越大的银行系统性风险承担更低可能是因为监管标准更加严格也可能是因为经营更加保守。

银行的利差外业务规模的扩大没有带来系统性风险的增加。这可能是因为发达国家的商业银行非利息收入主要来自金融衍生品、风险资产的交易等，而持有金融资产比例高的商业银行难以在抛售和流动性螺旋中独善其身。中国商业银行的非利息收入目前主要来自国债承销、结算业务等，交易业务受到极大限制。

表3-4给出了货币政策与宏观审慎政策对银行系统性风险的组合效应的结果。所有结果在控制时间趋势下结论依然稳健。MPI指数相较于审慎杠杆更具综合性的宏观审慎政策指标，MPI越高代表宏观审慎政策越严格。（1）~（2）列的结果显示，紧缩的利率政策和严格的宏观审慎政策能够有效降低银行系统性风险承担。（3）~（4）的结果则说明，宏观审慎政策越严格，提高政策利率对系统性风险承担的约束作用就越强。同样地，加强宏观审慎监管在紧缩的货币政策环境中更加有效。是否加入杠杆率是考虑到宏观审慎综合指标MPI与杠杆率可能存在的相关性问题。对比后可以发现杠杆率可能是利率政策影响银行系统性风险的途径之一，而资本要求是宏观审慎监管体系中的重要部分。

（5）~（6）列中政策利率与"严监管"虚拟变量的交乘项绝对值更大且更加显著，这说明合理的"双支柱"的调控体系可以显著降低银行系统性风险承担，货币当局和监管当局在维护金融稳定方面的政策效果往往是混合的，政策目标一致相对于独立或对立可能是更优的，也即宏观审慎与货币政策的"紧紧"组合在降低系统性风险上优于"紧松"组合。从商业银行系统重要性的角度考虑，我们希望研究"双支柱"政策对不同系统重要性银行的监管效果的差异。

（7）~（8）列中，"Global Systemically Important Bank（GSIB）"是按照Financial Stability Board（FSB）划分的全球系统重要性银行虚拟变量①，若某银行属于"GSIB"则为1，否则为0。$Policyrate \times GSIB$、$MPI \times GSIB$分别是政策利率、宏观审慎政策指数与全球系统重要性银行虚拟变量的交互项。通过回归结果，我们发现政策利率与宏观审慎监管对GSIB系统性风险的调控效果很差。这可能是因为GSIB在监管套利上空间更大。大型商业银行资金来源广且业务更加多样因而其受到的MPA监管体系中的资本资产考核要求以及惩罚性存款准备金率的冲击和影响可能比较小，造成

---

① FSB在全球范围内将29家大型商业银行划分为GSIB，旨在强调其在金融危机和系统性风险中的重要地位，其中包括4家中国商业银行。类似地，中国人民银行宏观审慎评估体系也考虑到商业银行的地位和发展水平的不同，将其分为全国性系统重要性机构（N-SIFIs）、区域性系统重要性机构（R-SIFIs）、普通机构（CFIs）三类。

表 3-4 货币政策与宏观审慎政策"双支柱"的组合效应

解释变量	Log(ΔCoVaR)							
	(1)	(2)	(3)	(4)	(5)	(6)	(7)	(8)
PolicyRate	-0.144*** (0.038)	-0.155*** (0.040)	-0.131*** (0.036)	-0.142*** (0.037)	0.070* (0.034)	0.061 (0.036)	-0.151*** (0.044)	-0.159*** (0.045)
MPI	-0.069** (0.027)	-0.050* (0.027)	-0.064** (0.028)	-0.044 (0.026)	-0.034 (0.031)	-0.014 (0.028)	-0.135*** (0.023)	-0.117*** (0.026)
Policy×MPI			-0.037*** (0.009)	-0.039*** (0.009)				
SP					1.400*** (0.162)	1.436*** (0.175)		
Policy×SP					-0.259*** (0.027)	-0.265*** (0.028)		
Policy×GSIB							0.081 (0.048)	0.078 (0.048)
MPI×GSIB							0.111*** (0.017)	0.103*** (0.014)
Lev		0.012* (0.006)		0.013** (0.006)		0.013** (0.005)		0.008 (0.006)

解释变量	Log($\Delta CoVaR$)							
	(1)	(2)	(3)	(4)	(5)	(6)	(7)	(8)
银行特征控制	Y	Y	Y	Y	Y	Y	Y	Y
宏观经济控制	Y	Y	Y	Y	Y	Y	Y	Y
个体固定效应	Y	Y	Y	Y	Y	Y	Y	Y
年季固定效应	N	N	N	N	N	N	N	N
Observations	623	623	623	623	623	623	623	623
个体	16	16	16	16	16	16	16	16
$Adj-R^2$	0.457	0.464	0.472	0.480	0.525	0.533	0.478	0.481

注：*、**和***分别代表在10%、5%和1%的水平上显著。（）中为标准误。

了监管政策的无效性。这给宏观审慎监管体系的设计带来挑战，宏观审慎在实施中可能需要考虑不同系统重要性银行的差异，同时增加更为有效的考核标准。

表3-5给出了区分不同时期下政策利率，杠杆率对银行系统性风险承担的影响。（1）~（2）为区分危机时期与非危机时期下的回归结果，（3）~（4）为区分萧条期与非萧条期的回归结果。可以发现所有结果在控制时间趋势的情况下依然是稳健的。我们发现不同时期下，政策利率、杠杆率对银行系统性风险承担的影响存在差异。利率政策在正常经济时期对银行系统性风险承担存在显著的负效应，但在危机时期不显著；并且政策利率这种负效应的强度在萧条期弱于非萧条期。这与经济现实是相符的，面对同样的利率宽松，正常经济时期/非萧条期银行选择提高风险敞口的意愿更强，提升系统性风险承担的空间也更大。而危机时期/萧条期，银行普遍面临资产暴跌和通缩进而对风险的容忍降低。与此同时，监管政策的执行更加严格，银行很难有空间从货币政策宽松中提升系统性风险承担。

表3-5　　　　　　　　　　不同经济时期下的货币政策与杠杆效应

解释变量	Log($\Delta CoVaR$)			
	（1）	（2）	（3）	（4）
PolicyRate	0.076 (0.109)	0.013 (0.122)	-0.083 ** (0.034)	-0.110 ** (0.042)
Lev	0.030 (0.025)	0.026 (0.025)	0.006 (0.005)	0.010 (0.006)
PolicyRate × Normal	-0.212 ** (0.094)	-0.221 ** (0.112)		
Lev × Normal	0.042 * (0.021)	0.054 ** (0.025)		
PolicyRate × NonRec			-0.156 *** (0.028)	-0.176 *** (0.034)
Lev × NonRec			0.017 ** (0.006)	0.018 ** (0.007)
银行特征控制	Y	Y	Y	Y
宏观经济控制	N	Y	N	Y
个体固定效应	Y	Y	Y	Y

解释变量	Log($\Delta CoVaR$)			
	（1）	（2）	（3）	（4）
年季固定效应	N	N	N	N
Obs	684	652	682	647
个体	16	16	16	16
Adj – R²	0.646	0.671	0.459	0.510

注：*、** 和 *** 分别代表在 10%、5% 和 1% 的水平上显著。（）中为标准误。

另一方面，杠杆水平对系统性风险承担的驱动作用在正常经济时期和非萧条期是显著的，而在危机时期和萧条期不显著。这充分表明，正常经济时期和非萧条期杠杆水平越高的商业银行系统性风险承担越高，遭受的损失越大。通过杠杆管理限制系统性风险在正常经济时期/非萧条期是有效的，而在危机时期/萧条期可能是无效的。这一发现从系统性风险管理的角度给目前中国 MPA 体系的杠杆率考核指标的有效性提供了参考。不同经济时期下的效应差异提升了监管难度，这要求监管当局在银行系统性风险监管中必须灵活调整策略。

四、宏观审慎杠杆要求的中介作用和稳健性分析

（一）宏观审慎杠杆要求的中介作用的实证设计

银行资本或其他变量的异质性对货币政策个体风险承担的影响可以通过在基准模型中加入交互项进行（Dell'Ariccia et al.，2017）。然而，银行个体杠杆在货币政策的系统性风险承担中存在的可能是中介效应，这与银行个体风险承担有很大不同。因而，银行个体杠杆在货币政策的系统性风险承担中的中介效应是一个重要的问题。

全球范围来看，日本、美国金融危机爆发的导火索分别是公司、家庭部门的持续加杠杆，欧债危机则是银行持有主权债务占比极高，经济部门高杠杆最终从金融部门杠杆周期中得到体现（Shin，2017）。2016 年我国提出的中国宏观审慎评估体系（MPA），将银行杠杆作为一票否决权的考核指标。已有不少文献支持银行杠杆是系统性风险的关键因素的观点（Mayordomo et al.，2014；Hovakimian et al.，2014）。Mayordomo 等（2014）基于美国银行的证据发现银行杠杆严重影响系统性风险，Hovakimian 等（2014）也认为银行杠杆是系统性风险的关键驱动因素。特别是，一些研究发现低利率可能会刺激银行选择高杠杆，从而导致银行过度

风险承担（Adrian and Shin，2009；Borio and Zhu，2012），为金融危机的爆发埋下种子（Farhi and Tirole，2012）。因此，下面通过实证方法检验银行杠杆是否是宽松货币政策导致银行系统性金融风险承担的重要机制。

我们构建以下模型来研究银行杠杆在货币政策的系统性风险承担渠道中的作用，相关系数采用 Bootstrap 联合检验，结果通过了依次检验和 Sobel – Z 检验并报告间接效应、直接效应的显著性。本章中介效应模型的具体形式和说明如下：

$$Systemic_{i,t+1} = \alpha_0 + \beta_1 PolicyRate_t + \gamma_1 Control_{i,t} + \varphi_i + \varepsilon_{i,t+1}$$

$$(3.43)$$

$$Lev_{i,t} = \alpha_0 + \beta_2 PolicyRate_t + \gamma Control_{i,t} + \varphi_i + \varepsilon_{i,t} \qquad (3.44)$$

$$Systemic_{i,t+1} = \alpha_0 + \beta_3 PolicyRate_t + \delta_3 Lev_{i,t} + \gamma Control_{i,t} + \varphi_i + \varepsilon_{i,t+1}$$

$$(3.45)$$

其中，$PolicyRate_t$ 货币政策为核心解释变量，$Lev_{i,t}$ 设定为中间变量。如果 $\beta_1 \neq 0$ 且 $\beta_2 \times \delta_3 \neq 0$ 显著，则存在中介效应。β_3 显著则中间变量部分中介，β_3 不显著则完全中介。通过 $\beta_2 \times \delta_3 / \beta_3$ 比值的正负来确定存在的中介效应的方向。比值为正称为中介效应，比值的绝对值代表间接效应占直接效应的比重。

（二）实证结果与分析

我们分别从价格型货币政策和数量型货币政策两个角度进行研究。首先选取政策利率研究货币政策系统性风险承担渠道中银行杠杆的中介作用，结果如表 3 – 6 示。固定效应面板与 OLS 的结果是高度一致的，银行杠杆对货币政策的系统性风险承担存在显著的中介效应，从而 $\beta_2 \times \delta_3 / \beta_3$ 系数的方向为负。

表 3 – 6 价格型货币政策下的银行杠杆中介效应

模型形式	Panel FE		
	1st stage	2nd stage	3rd stage
	Log($\Delta CoVaR$)	Lev	Log($\Delta CoVaR$)
RRR	– 0.049 *** (0.007)	– 0.145 *** (0.056)	– 0.047 *** (0.007)
Lev			0.014 *** (0.005)

模型形式	Panel FE		
	1st stage	2nd stage	3rd stage
	Log($\Delta CoVaR$)	Lev	Log($\Delta CoVaR$)
银行特征控制	Y	Y	Y
宏观经济控制	Y	Y	Y
个体固定效应	Y	Y	Y
年季固定效应	N	N	N
常数项	14. 706 *** (2. 142)	88. 308 *** (15. 585)	13. 463 *** (2. 187)
Obs	650	650	650
个体	16	16	16
Adj – R^2	0. 505	0. 753	0. 509
Sobel 检验	$Z = 1.83 > 0.97$，中介效应显著		

注： * 、 ** 和 *** 分别代表在 10% 、5% 和 1% 的水平上显著， ( ) 中为标准误。

可以看出，货币政策的系统性风险承担中，利率政策通过银行杠杆影响系统性风险的间接效应占直接效应的比例约为 6.8% ，间接效应与直接效应的方向相反。这说明政策利率的上升并不能显著降低杠杆水平。许多基于欧洲和美国市场的研究结论则不同，低利率会刺激金融中介选择高杠杆 （Adrian and Shin，2009；Borio and Zhu，2012）。这种结果与中国的实际情况是相符的，一方面的原因是，中国货币市场发展还不完善，政策利率调整与收益率、资产价格以及银行信贷的变化不一致，货币市场与央行的联系不够紧密。利率政策在货币市场的传导受阻必然导致中国基于利率的常规货币政策失效。政策利率下降对银行资金成本的降低影响有限，反之亦然。另一方面的原因是，中国的利率政策到目前为止对宏观审慎杠杆的关注还不够，导致利率政策的失效，同时造成流动性溢价的飙升和套利交易的减少。

我们选取存款准备金率作为数量型货币政策的代理变量进行回归，研究数量型货币政策下银行杠杆的中介效应，结果如表 3 - 7 所示。在数量型货币政策下，间接效应与直接效应方向相同，宏观审慎杠杆在货币政策的系统性风险承担渠道中存在稳健的中介效应，间接效应占直接效应的比例约为 4.3% 。可以看出，存款准备金率的上升会显著降低杠杆水平。这说明中国货币政策对杠杆水平的影响更多是通过数量型而非价格型来实现的。

表 3 - 7　　　　　　　　　数量型货币政策下的银行杠杆中介效应

模型形式	Panel FE		
	1st stage	2nd stage	3rd stage
	$Log(\Delta CoVaR)$	Lev	$Log(\Delta CoVaR)$
RRR	-0.049 *** (0.007)	-0.145 *** (0.056)	-0.047 *** (0.007)
Lev			0.014 *** (0.005)
银行特征控制	Y	Y	Y
宏观经济控制	Y	Y	Y
个体固定效应	Y	Y	Y
年季固定效应	N	N	N
常数项	14.706 *** (2.142)	88.308 *** (15.585)	13.463 *** (2.187)
Obs	650	650	650
个体	16	16	16
$Adj - R^2$	0.505	0.753	0.509
Sobel 检验	$Z = 1.83 > 0.97$，中介效应显著		

注：*、** 和 *** 分别代表在 10%、5% 和 1% 的水平上显著，（）中为标准误。

根据以上实证结果可知，银行杠杆在货币政策的系统性风险承担中有着显著的中介作用。具体而言，银行杠杆在价格型货币政策和数量型货币政策下都存在中介效应，且价格型货币政策的间接效应占总效应的比例大于数量型货币政策。这说明银行杠杆的调整对于利率政策变动的敏感性大于数量型货币政策，银行杠杆在利率政策系统性风险承担中的中介作用大于数量型货币政策系统性风险承担。进一步地，在维护金融稳定的背景下，利率政策在与宏观审慎政策的协调以及对银行资本监管上的有效性可能强于数量型货币政策。

（三）稳健性检验

在基准模型中，被解释变量我们选用了系统性风险代理变量 $\Delta CoVaR$ 的绝对值对数，而核心解释变量货币政策的代理变量为政策利率。在主要结果中，我们已经发现货币政策、宏观审慎杠杆对银行系统性风险承担的影响。稳健性检验部分，我们分别替换系统性风险和货币政策的相关代理变量并进行基准回归，结果是一致的，具体如表 3 - 8 示。在表 3 - 8 中的（1）~（3）列中，我们剔除 2007 年之后上市的商业银行，选用 CCA 方法的衍生指标违约距离 *DD* 作为被解释变量系统性风险的代理指标，核心解释变量货币政策的代理变量分别用存款准备金率和政策利率来反映数量型和价格型货币政策。在表 3 - 8 的（4）~（5）列中，我们仍然使用 $\Delta CoVaR$ 的绝对值对数作为系统性风险指标，同时将主回归中货币政策的代理变量由政策利率替换为存款准备金率和一年期存款基准利率。在表 3 - 8 的（6）~（7）列中，我们使用 $\Delta CoVaR$ 的绝对值作为系统性风险指标，分别用政策利率和一年期存款基准利率作为货币政策代理变量进行回归。

表 3 - 8　　　　　　　　　　　　　稳健性检验

被解释变量	DD	DD	DD	Log(ΔCo)	Log(ΔCo)	$\Delta CoVaR$	$\Delta CoVaR$
	(1)	(2)	(3)	(4)	(5)	(6)	(7)
Lev	-0.041 ** (0.018)	-0.048 ** (0.016)	-0.045 (0.027)	0.014 * (0.007)	0.018 ** (0.008)	0.082 ** (0.033)	0.081 *** (0.033)
RRR	0.153 *** (0.050)			-0.047 *** (0.008)			
Interest					-0.110 *** (0.033)		-0.514 *** (0.124)
PolicyRate		0.252 * (0.135)				-0.501 *** (0.118)	
Lev × Policy			0.004 ** (0.002)				
银行特征	Y	Y	Y	Y	Y	Y	Y
宏观经济	Y	Y	N	Y	Y	Y	Y
个体固定	Y	Y	Y	Y	Y	Y	Y
时间固定	N	N	Y	N	N	N	N
Obs	578	578	590	650	650	650	650
个体	14	14	14	16	16	16	16
$Adj - R^2$	0.326	0.312	0.582	0.486	0.468	0.459	0.458

注：*、**和***分别代表在10%、5%和1%的水平上显著，（ ）中为标准误。

需要注意的是 DD 与 $\Delta CoVaR$ 的意义不同，DD 越大则系统性风险水平越低，$\Delta CoVaR$ 越大则系统性风险水平越高。结合对货币政策、系统性风险的代理变量分别替换后的回归结果，（1）~（3）列中我们发现存款准备金率、政策利率的上升提高了违约距离 DD，也即降低了银行系统性风险承担。政策利率与杠杆水平的交互项为正，说明高杠杆水平下政策利率下调对银行系统性风险承担的提升作用更强，这与前文是一致的。（4）~（5）列中，存款准备金率、一年期存款基准利率的下降会提高 $\Delta CoVaR$ 绝对值对数，仍然支持了货币政策与银行系统性风险承担的负向关系。（6）~（7）列中，我们发现结果仍然一致。数量型和价格型货币政策的宽松、杠杆水平的提升都显著增加了银行系统性风险承担水平，反之亦然。

第四节　本 章 小 结

本章从系统性风险层面对货币政策风险承担渠道（RTC）理论进行拓展，选取 2007~2018 年 16 家上市银行的个体数据为样本，在对中国商业银行多个系统性风险指标进行估计的基础上，研究了中国价格型、数量型货币政策系统性风险承担渠道（Systemic RTC）的存在性以及银行杠杆在货币政策系统性风险承担中的作用。研究发现：第一，过度宽松的货币政策（低政策利率、低存款准备金率、高货币增速）会显著提高银行系统性风险承担；第二，政策利率、M2 同比增长率以及准备金政策均与系统性风险呈现非线性关系，过度宽松的货币政策会提高银行系统性风险承担，并且在非危机时期下的效应更强；第三，危机时期的高银行杠杆驱动了系统性风险，但非危机时期并不显著。利率政策、准备金政策都会通过银行杠杆的中介效应间接影响银行系统性风险。

以上研究结果表明，货币政策与系统性风险呈负向关系，这与传统的货币政策传导理论是相互佐证的。区别于已有文献中的线性关系，本章的货币政策系统性风险承担的"U"形曲线关系说明货币政策在合理与非合理范围内对金融稳定和银行系统性风险水平的影响有很大不同，其中货币政策系统性风险承担的中介渠道是多种多样的，我们的证据严格证实了银行杠杆是众多中介变量中的重要部分，间接说明了其他中介渠道的存在性。本章的研究对中国健全货币政策与宏观审慎监管政策的双支柱调控框架提供了支持，对多样化货币政策制定与金融杠杆监管实施具有重要的参考意义。

第四章　监管政策环境与系统性金融风险承担：银行视角

　　银行的资产不透明和金融市场的创新对银行监管提出了新的挑战，也给银行监管套利提供了新的空间。本章主要研究银行监管环境对银行系统性风险承担行为的影响。低的银行资产透明度和金融创新导致的银行监管不足将产生银行监管套利问题，可能诱导银行更大的风险承担行为，导致系统性金融风险的增加。在监管政策环境和银行系统性风险承担文献综述基础上，我们首先通过建立银行、存款人和监管当局的动态博弈模型，分析监管套利和银行资产透明度如何相互作用，导致银行的系统性金融风险承担，加大银行系统的风险。其次，在理论建模的基础上，利用我国上市银行的数据，建立了实证模型，实证检验银行资产透明和监管套利等对我国银行系统性风险水平的影响。最后给出相关的政策建议。

第一节　监管政策环境和银行系统性风险承担文献综述

　　监管套利一般指银行利用政府监管差异，通过将资金从监管完善的市场流向监管薄弱的市场以规避监管限制实现获利的行为（Houston et al.，2012），其形式多样如跨国银行并购（Karolyi and Taboada，2015）、影子银行（Demyanyk and Loutskina，2016；Buchak et al.，2018）等。为防范重大金融风险的发生，2008 年金融危机后监管部门更加担忧银行过高的系统性风险（Hanson et al.，2011；Acharya and Ryan，2016），开始关注银行批发型融资（以同业存单为代表）因政府监管薄弱而存在监管套利的现实。不同于存贷款等传统资产负债，批发型融资绕开了投资者和存款人的监督、规避了资本监管，使得银行资产透明度下降，银行有动机承担更大风险和过度关联。

与美国银行业不同，虽然我国银行批发型融资还处于初级发展阶段，但是我国的同业存单市场所起到的作用与美国银行批发型融资相类似。同业存单是 2013 年底推出的在银行间市场发行的记账式定期存款凭证。同业存单记为应付债券，不计入同业存款或负债①，因此不纳入存款考核和准备金缴纳范围、不受各项同业监管政策约束。银行持有同业存单可以向其他银行转让或质押回购，成本较低、流动性强。同业存单一方面赋予了银行实现规避资本占用、监管套利的"冲动"，大银行因为存款来源广、资金稳定等原因，往往担任同业市场的资金提供者，同业存单空转的利差套利、非标投资的期限套利成为我国的特有现象，监管套利无疑降低了银行对自身风险水平的管理（Houston et al.，2012）。同业存单给中小银行提供额外的资金来源，并且抬高其资金成本进而导致中小机构的加杠杆、信用下沉和违约率上升。另一方面，同业存单存在资产同质性特征，大量银行资产同质化在遭受冲击时也更易引发危机。资产价格冲击会导致大量同质资产减值并进一步引发抛售（fire - Sale）和系统性风险。包商银行被接管就是一个很好的例子。包商银行在 2019 年 6 月被接管前的不良贷款率仅为 1.68%②，资产透明度很低，同时包商银行过度依赖同业存单募集资金，其负债端存款占比持续下降而同业资金占比飙升③。

银行资产透明度指银行外部人（特别是存款人和监管者）从银行财务报表中获得的银行资产风险等重要信息的容易程度。银行资产透明度直接影响到银行的资产组合选择和风险水平。一方面，银行资产透明度越高，存款人就越容易基于银行资产的风险程度确定要求的存款利率。随着银行资产组合风险的上升，存款人要求的风险溢价上升，银行吸收融资的成本上升，存款人的监督将会约束银行的资产组合选择和风险水平。另一方面，银行资产透明度越高，越有利于银行监管，约束银行通过监管套利承担更大的系统性金融风险。正是基于这样的分析，不少学者认为银行资产缺乏透明度以及由此导致的监管套利是导致 2008 年金融危机的重要原因，银行资产不透明和同业关联被认为是金融危机的重要因素，特别是批发性

---

① 按照《关于规范金融机构同业业务的通知》对同业业务的定义："同业业务是指中华人民共和国境内依法设立的金融机构之间开展的以投融资为核心的各项业务，主要业务类型包括：同业拆借、同业存款、同业借款、同业代付、买入返售（卖出回购）等同业融资业务和同业投资业务"，并要求"单家商业银行同业融入资金余额不得超过该银行负债总额的三分之一"。

② 资料来源为 Wind，原为包商银行 2016 年披露的年报数据，直到 2019 年被接管，包商银行未及时更新年报数据。

③ 资料来源为 Wind 和恒大研究院的研究报告《包商银行事件：成因、影响及展望》。

融资缺乏透明度是 2008 年金融危机与以往危机的不同之处（Brunnermeir，2009）。

银行资产透明度对约束银行系统性风险的研究近年来也受到了学术界的广泛重视。许多文献认为银行资产透明度提高了市场纪律，促进了有效清算。高质量信息披露促使银行持有更多的缓冲资本（汪莉，2017），缓解监管压力导致的影子银行风险上升（刘莉亚等，2019）。市场参与者得以倚仗对银行风险定价（Cordella et al.，2018）或"挤兑"威胁限制银行资产组合的风险（Acharya and Ryan，2016）。因此，充分的信息披露会降低银行破产概率或系统性风险（Bushman et al.，2015；Granja，2018），高透明度的银行向外界传达偿付信息的能力更强，从而更容易吸引外部再融资，而不透明将导致偿付能力不确定，可能引发银行危机（Ratnovski，2013）[①]。实际上，新的巴塞尔协议也十分重视银行资产的信息透明度和市场纪律在保证银行系统稳定性中的作用。

传统银行理论认为银行风险是独立的（Borio and Zhu，2012；Dell'Ariccia et al.，2014），相关讨论以个体风险为主。2008 年金融危机发生后，银行风险关联性成为理论建模的焦点，银行系统性风险的研究在新的金融监管背景下迅速增加（Brunnermeir，2009；Anginer et al.，2014；Dell'Ariccia and Ratnovski，2019）[②]。系统性风险是个体风险系统演化的结果，任何一家金融机构的风险只有具备关联或传染性才视为系统性风险[③]。银行的系统性风险构成了金融系统整体的系统性风险，即单个银行对整个金融体系系统性风险的"贡献"。因此个体风险研究中的衡量标准如 Z 值、贷款评级等（Laeven and Levine，2009；Dell'Ariccia et al.，2017；郭晔和赵静，2017a；汪莉，2017）并不适用于衡量银行系统性风险。由于关联性强且尚无一致的结论，银行系统性风险的实证文献也在不断增加。基于一系列测度指标如 *CoVaR*、*MES*、*SRISK*，一些研究讨论了

---

① 另外一些文献从银行流动性共担和银行挤兑的角度出发，认为更高的透明度使银行与储户之间的风险分担机会更少，这增加了银行的脆弱性（Iyer et al.，2016；Goldstein and Leitner，2018）和展期风险（Moreno and Takalo，2016）。对银行风险来说，不透明可以帮助银行更好地投资非流动资产、与债权人进行风险分担。

② 2008 年金融危机的爆发是个体风险模型以及巴塞尔协议重大缺陷的集中体现。此后，基于系统性角度的银行风险管理体系取代了此前以个体风险为核心的管理体系，成为新的金融稳定衡量标准。这种转变在宏观审慎监管改革背景下更加重要。它避免造成风险的低估，对金融机构要求更大的资本补偿。

③ 全球化与金融市场一体化背景下，金融机构关联性大大加深。银行投资组合相似化程度提高造成了银行风险暴露的相似，为银行间传染提供了渠道。直接联系、资产同质以及信息传染是银行间风险传染最重要的三种渠道（Benoit，2017；Cai et al.，2018）。

银行非利息收入、资产价格泡沫、影子银行、监管政策等对银行系统性风险的影响（Engel et al.，2014；Brunnermeir et al.，2020a；2020b；郭晔和赵静，2017b；陈国进等，2020）。也有文献对个体、系统风险进行比较（Bushman et al.，2015；Strobl，2016）。目前关于资产透明度和监管套利对银行系统性风险影响的理论或实证研究还比较少。

由于宏观审慎监管迄今为止主要是基于资产负债表内业务的监管，比如银行资本充足率的监管，在这样的背景下，银行产生了将资产负债业务从表内移到表外的动机，从而躲避金融监管，获得监管套利的利润，基于影子银行和互联网金融的研究都表明，缺乏监管部门的约束必将加剧金融机构的道德风险问题，增加金融机构的风险水平（郭晔和赵静，2017b；邱晗等，2018）。对于同业存单市场，虽然同业存单市场提供了银行同业之间流动性风险共担的机制（Hachem and Song，2017），从而可以减少流动性风险（挤兑风险），有利于金融系统的稳定性（Dietrich，2019）①，但从系统性维度看，同业市场可能会加强银行间的过度关联和资产同质，为银行的风险转移提供便利，加剧金融风险的传染（Mistrulli，2011），特别是在监管缺失或银行不透明的情况下，这个问题可能更为严重。

为了进一步分析资产透明度和监管套利对银行系统性风险的影响，我们首先在经典银行道德风险模型的基础上引入了银行透明度以及关联性监管套利，从理论建模的角度，分析了资产透明度、监管套利等对银行系统性风险的影响。其次，在理论建模的基础上，基于我国上市银行的数据，对中国商业银行的资产透明度进行测度，基于 SRISK、MES 等方法对系统性风险进行测度，在充分控制可能影响银行系统性风险的银行层面特征、宏观经济因素的情况下，实证分析了银行资产透明、监管套利等对我国银行系统性风险水平的影响，探讨了资产透明度、监管套利影响银行系统性风险的机制。

低透明度、监管套利都会导致银行更高的系统性风险水平。监管套利情况下银行风险的关联性、"一损俱损"的风险外部性降低了银行监督的激励，这可能造成"集体失误"和银行系统性风险的提高。在同业存单这

① 银行与监管当局之间的风险分担也可以缓解挤兑，这主要是通过各国普遍实行存款保险和最低资本金制度来实现。未保险存款流动对信息透明度更敏感（Chen et al.，2019），因此存款保险和最低资本金通过减少银行受到的未保险存款流动的影响缓解储户恐慌式"挤兑"的可能性（Petrella and Resti，2013；Egan et al.，2017），进而影响银行个体风险（Lambert et al.，2017）和金融危机或系统性风险（纪洋等，2018）。本章主要从银行间市场同业风险外部性角度关注系统性金融风险。

一监管套利形式下，银行再融资不再全部依赖存款市场。透明度对银行风险的约束作用遭到削弱，道德风险问题进一步恶化。具体来说，低透明度削弱了其存款市场的融资能力，银行更加积极地通过监管套利（通过同业存单市场）进行批发型融资。这绕开了存款市场监督，透明度的约束能力弱化。银行可能会选择更加不透明和更高风险的投资，同业存单带来的资产同质和"风险传染"使整个银行系统更容易遭受冲击。低透明度、监管套利还会削弱资本监管对银行系统性风险的调控效果。

本章可能的学术贡献有：（1）从个体银行风险拓展到银行系统性风险的研究。大量银行文献从个体风险角度进行研究，Allen 等（2011）、Dell'Ariccia 等（2014）是独立投资组合的情形，我们放松了独立性设定，在异质投资组合情形下（允许关联性）引入资产透明度。Bushman 等（2015）基于美国商业银行的延迟预计损失（DELR）实证研究了银行会计选择与个体风险和系统风险（银行间风险依赖）的关系。本章的研究在一定程度上丰富了资产透明度对银行系统性风险影响这一研究领域，提供了监管套利的机制以及与资本监管的协调。（2）利用关联性和债权债务银行的设定，我们得以研究系统重要性银行对存款市场监督的非对称性反应。这也从另一角度支持和拓展了 Iyer（2019）对"大而不能倒"银行扭曲零售存款市场的研究。（3）相比于零售型存款市场领域（Iyer et al.，2016；Chen，2019），我们增加了批发型融资市场、银行系统性风险视角的研究，也填补了影子银行、互联网金融等（Buchak et al.，2018；郭晔和赵静，2017b；邱晗等，2018；刘莉亚等，2019）批发型融资相关研究在银行透明度方面的不足。

第二节　监管政策环境与银行系统性风险承担的理论建模

我们从风险关联性的角度建立银行系统性风险承担模型。经典的银行道德风险模型很少考虑风险的关联性或传染性，而是在独立性假设下讨论银行个体风险。金融危机后，银行风险的关联性成为理论研究的焦点之一。虽然我们对单个银行的风险还是用银行破产概率来表示，对于系统性金融风险承担的分析，我们主要是通过放松银行道德风险模型中的独立性假设来实现的（Brunnermeir，2009；Allen et al.，2011）。在我们的理论建模中，银行的投资组合不再是独立的①。我们在模型中引入了银行关联性以区别个体风险，这种关联性在模型中刻画为监管套利投资，反映银行间的资产同质及直接联系的经济现实（Hachem and Song，2017；Dell'Ariccia and Ratnovski，2019）。在此基础上引入银行透明度（Cordella et al.，2018）的设定研究其对银行系统性风险的影响。

透明度体现在银行负债成本的变化上，这会通过债权的敏感风险定价约束机制来影响银行选择的系统性风险水平。银行的同业套利投资往往通过银行间市场进行，交易对手也从普通企业变成了同业其他银行，同业市场的资金空转更容易形成银行间的风险传染链条（Hachem and Song，2017）。这种外部性弱化了银行监督努力的回报②，其监督收益低于普通信贷的部分。银行风险的关联性导致银行所承担的风险不再是独立的。因此，模型中对风险敏感和非敏感债权、普通信贷和同业套利业务（监管套利的形式之一）进行了区分。

我们的基准模型对银行投资组合进行了细分。一是对同业套利投资/普通信贷业务进行区分。与普通信贷相比，同业套利部分的投融资会受到同业银行风险传染的外部性影响。二是利用债权的风险定价刻画透明度，债权人一旦发现银行披露高风险投资组合可能会赎回存款，这种银行的透明性可能通过影响银行负债成本、加剧银行负债波动或挤兑提高银行的违约风险。利用基准模型，我们研究了透明度、同业套利对银行系统性风险水平的影响。此外，在拓展模型部分，我们引入了银行的异质性，允许大银行和小银行的存在，这更接近中国的银行体系的经济现实。

中国银行体系决定了大银行与中小型银行资金供给与需求的"角色"不同（Song and Xiong，2017），这种差异在银行间市场中的体现是资金流向和风险传染的非对称性。中小型银行借助大银行的"输血"实现其过度风险承担行为③，导致系统性风险水平的上升。大量同业套利还会造成资

---

① 银行风险模型大多基于"独特的贷方为独特的借方提供信贷"这一假定。现实中存在银团贷款等资产同质的情况（Cai et al.，2018）。金融机构同时扮演借方和贷方的角色（Brunnermeir，2009）。本章理论模型中允许关联性和风险传染，与 Dell'Ariccia and Ratnovski（2019）的设定类似。这与多数讨论银行个体风险的理论模型（如 Dell'Ariccia and Marquez，2006；Allen et al.，2011；Dell'Ariccia and Marquez，2014；汪莉，2017；邓向荣等，2018）存在区别。

② 同业套利投资的部分造成银行的资产同质，银行不再独立而是关联性的。这部分投资是否违约不单取决于银行本身的监督，还包括其他银行的监督，因而会促使"搭便车"。银行风险的关联性意味着银行在考虑对手的行动后决定自身的系统性风险水平。

③ 2018 年一季度中国人民银行将同业存单纳入宏观审慎评估体系（MPA）前，这种现象更加严重。

产同质性和外部关联性，这提高了银行的风险传染和"集体失误"的可能性，进而引发金融危机和系统性金融风险。

一、模型设定与假设

模型中主要有三个假设条件。假设条件一是银行具备有限责任和监督成本。监督成本的设定一方面允许银行观察贷款人行为来改善投资组合的表现；另一方面也减轻了代理人的道德风险问题。银行仅在投资成功时支付存款者收益，监管当局的效用函数包含银行利润和宏观审慎监管成本[1]。监管成本的设定反映监管当局对金融稳定的关注。模型中的不违约概率（同时也是监督努力程度）在风险关联性情形下反映了银行系统性风险水平，宏观审慎监管成本作为外部成本反映在监管当局的效用函数中。其中，信息披露成本与银行透明度相关，宏观审慎成本与要求的银行杠杆水平相关。

假设条件二是债权（存款）机会成本等于无风险利率，股权投资人风险中性，不考虑存款保险制度。假设条件三是银行存在道德风险，同业套利投资一旦违约，所有银行都发生损失。

我们建立多阶段的动态博弈模型。监管部门在 $t=0$ 期解决效用最大化问题，监管部门基于套利投资比例决定最优资本要求；银行在 $t=1$ 选择最优透明度（风险敏感定价型债券比例）θ；债权人（包括风险敏感定价型债权人和存款人）在 $t=2$ 期分别确定要求的回报率，银行在 $t=3$ 期选择最优监督努力程度 q[2]。通过以上基本设定，该模型将分析在银行资产不同透明度下银行通过监管套利的风险承担行为。银行体系由风险中性、利润最大化的同质银行 i 组成。给定政策利率 $\bar{r}$，设银行初始投资组合规模为1，银行选择的系统性风险水平表现为投资违约率，设投资不违约的概率是 $q_i(0 \leqslant q_i \leqslant 1)$[3]。银行可以通过监督贷款人增加其投资组合成

---

[1]　金融监管的目的是维护金融稳定或在控制风险的同时允许金融机构能够正常盈利。

[2]　债权人（存款者）获取信息和银行决定信息披露中可能存在互动。我们将其抽象理解为银行根据信息披露成本选择了一个债权比例 θ，这部分债权的定价对风险更敏感（Cordella et al.，2018）。我们在模型中允许银行在选择监督努力水平 q 前选择透明度 θ。

[3]　我们通过银行与银行之间风险的关联性来体现银行的系统性风险。理论模型中投资不违约（如贷款没有发生坏账的部分）的变量 q_i，表面上看起来是代表银行的个体风险，在一些文献中确实用来代表银行的个体风险，但是在本章中用来代表该银行的系统性风险。用 q_i 代表银行个别风险的文献中（Dell'Ariccia and Marquez，2006；Allen et al.，2011；Dell'Ariccia and Marquez，2014；汪莉，2017；邓向荣等，2018），一般都没有考虑银行和银行之间的关联性，仅受到 i 银行本身特征如资本率等的影响，即 $q_i = F(x_i)$。而在我们的模型中，专门考虑了个体银行之间的风险的关联性，每一个 q_i 都会受到 q_j 的影响，而不仅仅由 i 银行本身特征来决定，即 $q_i = F(x_i, q_j)$，因此银行决定最优的系统性风险水平是考虑了其他银行的选择。

功的可能性。银行付出的监督努力成本设为 $cq_i^2/2$[1]。银行投资组合包括两种投资项目。第一种投资项目是普通企业信贷，比例为 $1-\gamma_i$，收益率为 R_A。这部分收益为 $(1-\gamma_i)q_iR_A$。第二种投资项目是某种监管套利业务，这里我们称为同业套利投资，比例为 γ_i，$(0<\gamma_i<1)$，收益率为 R_N。这种同业套利市场存在风险传染[2]，投资收益违约概率由系统内同业银行共担，即银行 i 投资该项目的收益还受到银行 j 的系统性风险水平 q_j 的影响。这部分投资的收益为 $\gamma_iq_iq_jR_N$。套利投资存在关联性，一旦违约所有银行均无法获得收益。这样的设定能够捕捉资产同质化导致的交叉风险传染，允许了银行的关联性。

银行的股权与债权的比例分别为 k 和 $1-k$。股权要求的回报率为 r_E。透明度的引入通过异质性债权的设定刻画。债权部分包括比例为 θ 的风险敏感债权和比例为 $1-\theta$ 的风险不敏感债权，要求的回报率分别为 $\bar{r}/q_i$ 和 $r_D=\bar{r}/E[q_i]$。比例 θ 的风险敏感债权基于银行系统性风险水平进行边际定价[3]。银行透明度或信息披露的监管可能是从负债端缓解银行系统性风险或道德风险问题的有效途径之一。从银行经营的角度考虑，银行透明度可以看作债权人获得银行投资组合风险信息等的难度。银行为此付出的相应成本[4]为 $\phi\theta_i^2/2$。由于银行的有限责任，银行的债权成本（吸收存款的总成本）为 $q_i(1-k)[\theta_i\bar{r}/q_i+(1-\theta_i)r_D]$。股权成本为 r_Ek。银行的资产负

----

① 我们对监督努力成本的设定与主流的基于信息不对称的银行理论模型设定一致。这种设定形式最早可参见 Besanko and Kanatas（1993），而 Boot and Greenbaum（1993）、Boot and Thakor（2000）、Carletti（2004）、Dell'Ariccia and Marquez（2006）、Allen et al.（2011）也使用了相似的技术设定。总体而言，银行监督成本设定为 $cq_i^2/2$，由于银行和借款人信息不对称，银行付出的监督成本越高，银行贷款（银行投资组合）不发生违约的概率就越高（银行获取借款人信息同时会提升借款人表现），因此不少主流的银行文献直接用 q_i 作为监督成本的核心变量。进一步地，银行监督成本与银行资产安全性往往不是线性关系，随着银行资产安全性的上升，银行再进一步获取借款人信息难度变大，银行付出的成本是递增的，成本函数是凸函数，在银行文献中一般用平方项 q_i^2 来表示，再除以 2 只是为了求解模型的方便，边际成本正好为 cq_i，c 是调整系数，用来刻画成本对利润的影响程度。

② 在基准模型中，银行作为投资方，仅从资产同质角度加入风险传染而不考虑资金具体去向，可以解释为共同持有资产（同业存单）、银团贷款（Cai et al.，2018）等。在拓展模型中，我们会建立资金供给方银行、资金需求方银行的传染模型，在同业市场出清条件下（即资金在银行内部空转）考虑两类银行系统性风险的影响机制。本章的模型简化了 Dell'Ariccia and Ratnovski（2019）关于传染概率 $[1-\alpha(1-q_j)]$ 的设定。关于传染概率的影响可参考原文。

③ 透明度内生时，银行基于信息披露成本来决定透明度水平。高透明度意味着银行负债端资金成本更接近于银行风险的边际定价。而透明度 θ 外生可解释为银行面临的知情存款者比例。透明度外生时主要结论不变。

④ 这种形式的经济解释与监督成本类似，获取信息的难度和成本同样是越来越高的。具体参见 Cordella et al.（2018）。

债表形式如图 4 - 1 所示：

资产	负债
套利投资比例 γ 普通信贷比例 $1 - \gamma$	债权比例 $(1 - k)$：风险敏感债权 $\theta_i(1 - k)$ 非风险敏感债权 $(1 - \theta_i)(1 - k)$
	股权比例 k

图 4 - 1　银行资产负债表

基于图 4 - 1 的资产负债表，得到银行的预期利润函数形式如下：

$$\prod_i = q_i\left[(1 - \gamma_i)R_A + \gamma_i q_j R_N - (1 - k)(\theta_i \bar{r}/q_i + (1 - \theta_i)r_D)\right] -$$
$$r_E k - \frac{cq_i^2}{2} - \frac{\phi\theta_i^2}{2} \tag{4.1}$$

从利润函数中可见，透明度 θ 会缓解银行的有限责任问题。银行透明度反映为存款者获取信息的难度（Dang et al.，2017）。本章模型中关于透明度的设定与 Cordella 等（2018）类似，用 θ_i，$0 \leqslant \theta_i \leqslant 1$ 表示银行风险敏感债权的比例，以刻画银行的透明度。高透明度下，债权人可以准确地对银行风险进行定价，高透明度下银行"冒险"的回报降低。这种竞争力量通过约束银行行为降低了金融危机的可能性。相反，低透明度降低了银行对债权人的承诺利率，有限责任产生的道德风险问题无法改善（Iyer et al.，2016；Cordella et al.，2018）。

银行投资组合中，我们假设套利投资比例外生，用来刻画银行进行监管套利的空间。它取决于外部环境如信贷要求等。由于融资形式的多样性，银行间市场的同业业务等批发型融资相对于企业贷款是必要的存在，但它同时也绕开了存款市场监督和政府监管获得额外资金，属于监管套利的形式之一。它在缓解银行资金压力、流动性约束的同时也造成了同业机构资产同质化、过度关联，这使得套利投资成为风险传染的渠道。

监管当局可以观察到银行利润。对监管当局来说，其效用包括银行的预期利润以及付出的资本监管成本。因此监管当局的效用最大化问题如下：

$$\max_k U = \prod - Cost_{Regu} \tag{4.2}$$

s. t

$$\prod \geqslant 0 \tag{4.3}$$

$$q_i = \hat{q}_i \qquad (4.4)$$

$$r_D^* = \bar{r}/E[q_i] \qquad (4.5)$$

监管当局的效用函数综合考虑了银行的利润和监管当局的监管成本，其中资本监管成本表示为 $Cost_{Regu} = d(1-k)^2/2$，其中 k 为自有资本比例，$1-k$ 为银行杠杆率。[1] 金融危机后金融监管普遍以杠杆率为核心，高杠杆或低资本充足率不利于金融稳定。监管成本与杠杆水平呈正相关，要求越高的杠杆水平对应越高的监管成本。严格的资本充足率要求有利于降低风险外溢和控制银行的系统性风险水平（Anginer et al.，2014）。这是因为，高杠杆下银行道德风险问题严重，错配问题也更加严峻。这给金融监管带来了更大的困难和成本。银行资本要求是监管当局当前审慎政策的核心工具，因而这种效用函数设定符合经济现实。d 反映了监管当局对金融稳定的关注程度。约束条件式（4.3）为激励相容原则，使投资者有激励投资于银行股票，使得银行得以继续存在下去。约束条件式（4.4）是先发信息优势，监管当局预测到银行后续阶段的最优选择后再作出决定。约束条件式（4.5）指存款人（非风险敏感债权人）银行存款的期望收益等于金融监管当局决定的无风险利率（机会成本）。

二、基准模型

根据上述假设，我们建立商业银行与监管部门之间动态博弈的基准模型。同业套利投资比例 γ_i 外生，杠杆率 k、透明度 θ_i 和银行系统性风险水平 q_i 内生。对于银行 i，在第 0 期，监管当局根据同业套利投资比例 γ 选择最优资本要求 k 实现效用最大化。在第 1 期，银行选择一个债权比例 θ_i，这部分债权对风险定价敏感，要求回报率为 $\bar{r}/q_i$。在第 2 期，债权市场出清，非敏感债权成本由存款者的机会成本决定，$r_D E[q_i|k] = \bar{r}$。在第 3 期，银行在套利投资比例 γ_i 下选择最优系统性风险水平。

图 4-2 通过时间轴展示了这一多期博弈模型。模型的求解从最后一期使用逆向归纳法进行。

---

[1] 监管当局关心的是银行部门的安全和稳定性，高杠杆带来极大的系统性风险隐患，是诱发金融危机最重要的因素之一。同样地，监管成本不是银行杠杆率的线性函数，随着银行杠杆水平升高，监管当局对银行的监管难度会越来越大，付出的边际成本也越来越高，参考银行主流文献的模型设定，其凸函数性质用平方项 $(1-k)^2$ 来表示，除以 2 只是为了模型求导方便。另外，常数 d 代表调整因子，可以刻画监管当局多大程度关注金融稳定。Dell'Ariccia and Marquez (2006) 和邓向荣等（2018）等都采用了类似的设定。

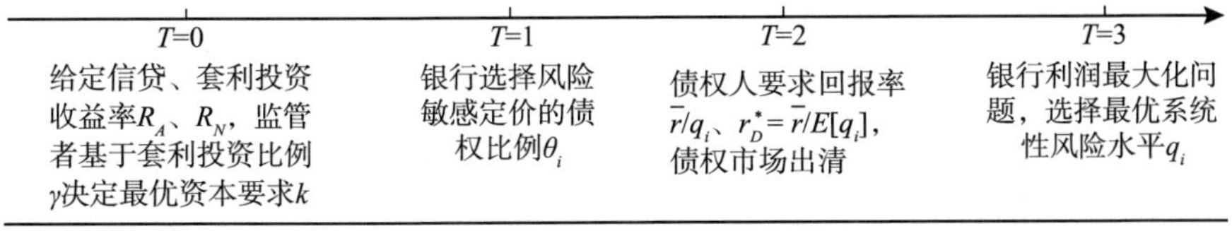

T=0
给定信贷、套利投资收益率R_A、R_N，监管者基于套利投资比例γ决定最优资本要求k
T=1
银行选择风险敏感定价的债权比例θ_i
T=2
债权人要求回报率$\bar{r}/q_i$、$r_D^*=\bar{r}/E[q_i]$，债权市场出清
T=3
银行利润最大化问题，选择最优系统性风险水平q_i

图 4-2 理论模型的时间轴

在模型的第 3 期，银行预期利润最大化，对 q_i 求一阶条件：

$$\partial \prod{}_i / \partial q_i = [q_j \gamma_i R_N + (1-\gamma_i) R_A - (1-k)(1-\theta_i) r_D - c q_i] = 0 \tag{4.6}$$

$$\hat{q}_i = [(1-\gamma_i) R_A + \gamma_i q_j R_N - (1-k)(1-\theta_i) r_D] / c \tag{4.7}$$

观察式（4.7）可以发现，监管套利投资比例 γ_i 越大，银行间关联性的风险水平越高。银行提高监督努力 q_i 的激励下降，倾向于“搭便车”。这种“关联”可能会带来连续违约也即银行风险的系统化，引发系统性风险。

可得纳什均衡的对称解，均衡状态下有 $E[q_i | k_i] = \hat{q}_i$、$\hat{q}_i = \hat{q}_j$，代入上式消除 q_j 化简可得一阶条件：

$$\hat{q}_i = [(1-\gamma_i) R_A - (1-k)(1-\theta_i) r_D] / (c - \gamma_i R_N) \tag{4.8}$$

通过式（4.8）可知：（1）$\gamma_i = 0$、$k = 1$ 时不存在有限责任道德风险和监管套利问题。此时银行负债结构全部为自有资本，不存在套利投资。监管当局效用函数中的外部成本均为 0，银行的监督努力均衡解更大，此时为社会最优解，表示为 $\tilde{q}_i = R_A / c$，否则必有 $\hat{q}_i < \tilde{q}$。（2）而存在监管套利时，传统的资本监管可能失灵，令 $\gamma_i \neq 0$、$k = 1$ 可得 $\hat{q}_{i,\gamma_i \neq 0, k=1} < \tilde{q}$。

$$\hat{q}_{i,\gamma_i \neq 0, k=1} = [(1-\gamma) R_A] / (c - \gamma R_N) \tag{4.9}$$

式（4.9）说明监管套利带来了额外的银行道德风险问题，并且这种道德风险无法通过传统的资本监管来消除。从模型可知，额外的道德风险并非经典框架下的有限责任问题，而是来源于银行外风险传染导致的监督激励下降。利用式（4.9）对 γ_i 求偏导可得：

$$\partial \hat{q}_i / \partial \gamma_i = -R_A (c - R_N) / (c - \gamma_i R_N)^2 < 0 \tag{4.10}$$

这说明越高的监管套利比例带来了越多的银行违约，提高了银行的系统性风险水平。这是因为监管套利越多，银行面临的系统性风险外部性也越强，这进一步降低了银行努力监督的激励。

对式（4.8）再次利用债券市场出清条件 $E[q_i] = \hat{q}_i$ 消去 r_D 代入求解，为便于表述令 $V \equiv [(1-\gamma) R_A]^2 - 4(c - \gamma R_N)(1-k)(1-\theta_i)\bar{r}$。与 Allen 等

(2011) 相同，我们取较大的解：

$$q_i^* = \left[(1 - \gamma_i) R_A + V^{1/2} \right] / 2 (c - \gamma_i R_N) \tag{4.11}$$

银行选择监督努力水平 q 前的 $t = 1$ 期首先选择透明度 θ。银行将付出每单位信贷相应的信息披露成本 $\phi\theta^2/2$，$(0 < \theta < 1)$①。利用逆向归纳法，银行 $t = 3$ 期最优监督努力水平由式 (4.11) 给出 $q_i = q_j = q^*$，银行在 $t = 1$ 期选择 θ 来解决以下最大化问题：

$$\max_\theta \prod_i = (1 - \gamma_i) q_i^* R_A + \gamma_i (q_i^*)^2 R_N - q_i^* \left[(1 - k)(\theta_i \bar{r}/q_i^* + \right.$$
$$\left. (1 - \theta_i) r_D) \right] - r_E k - \frac{\phi\theta_i^2}{2} - \frac{cq_i^{*2}}{2} \tag{4.12}$$

令 $\gamma_i = 0$，式 (4.13) 对 θ 求一阶条件为：

$$\theta_i^* = (1 - k)(q_i^* r_D - \bar{r})/\phi \tag{4.13}$$

与直觉相符，信息成本调整系数 ϕ 越大，银行选择的透明度水平越低。当信息成本较低时，银行倾向于选择更大的透明度。存在 $\phi = \bar{\phi}$，使得 $0 \leq \theta^* \leq 1$。由式 (4.11) 对透明度 θ 求偏导数后可得：

$$\partial q_i^* / \partial \theta_i = \bar{r}(1 - k)/V^{1/2} > 0 \tag{4.14}$$

因此，银行资产的透明度越高，银行违约概率越低，银行系统性风险随透明度的上升而下降，据此得到定理 4.1。

定理 4.1：当资本充足率要求 $k < 1$ 时，高银行资产透明度会缓解银行道德风险而使监督努力提高，银行系统性风险水平随着资产透明度 θ 的上升而下降。

利用式 (4.14) 进一步对 γ_i 求偏导，得到银行系统性风险水平对透明度和监管套利的混合偏导：

$$\partial^2 q_i^* / \partial\theta\partial\gamma_i = \bar{r}(1 - k) \left[(1 - \gamma_i) R_A^2 - 2\bar{r} R_N (1 - \theta_i)(1 - k) \right] / V^{3/2}$$
$$\tag{4.15}$$

根据式 (4.15) 易知存在 $\bar{\gamma} > 0$，当 $\gamma_i > \bar{\gamma}$ 时，必有 $\partial q_i^{*2}/\partial\theta_i\partial\gamma < 0$，即套利投资比例较高时，透明度对银行最优系统性风险水平的影响会被监管套利削弱，此时透明度对防范风险更加乏力。而当 $\gamma_i < \bar{\gamma}$ 时，必有 $\partial q_i^{*2}/\partial\theta_i\partial\gamma > 0$，即套利投资比例较低时，资产透明度对银行最优系统性风险承担的影响会因为监管套利而加强，此时透明度对防范风险更加有效。据此我们得到定理 4.2。

定理 4.2：对 $\theta_i = \theta^*$，存在 $\bar{\gamma} > 0$，当 $\gamma_i > \bar{\gamma}$ 时，即套利投资比例较高

---

① 信息成本是昂贵的，当银行透明程度越高时，银行需要付出更多的信息披露成本（Cordella et al.，2018）。

时，银行透明度对银行系统性风险的影响会被削弱；反之，银行资产透明度对银行系统性风险的影响则会被加强。

利用式（4.14）对资本要求 k 求偏导，利用特殊值法可知在 $\theta = \theta^*$ 时有：

$$\partial^2 q_i^* / \partial \theta_i \partial k = \bar{r}[4\bar{r}(1 - \theta_i)(1 - k)(c - \gamma_i R_N) - V^{1/2}]/V < 0 \quad (4.16)$$

根据式（4.16），透明度与资本要求在影响监督努力中存在替代效应，得到定理4.3。

定理4.3：银行资产透明度越高，银行监管当局规定的资本充足率要求 k 对银行最优系统性风险水平的影响越弱。

为研究监管套利对系统性风险与资本要求的调节作用，利用表达式（4.11）依次求偏导：

$$\partial^2 q_i^* / \partial k \partial \gamma_i = \bar{r}(1 - \theta_i)[(1 - \gamma_i)R_A^2 - 2\bar{r}R_N(1 - \theta_i)(1 - k)]/V^{3/2}$$

$$(4.17)$$

由式（4.17）知，存在 $\bar{\gamma} > 0$，当 $\gamma_i > \bar{\gamma}$ 时，必有 $\partial^2 q_i^* / \partial k \partial \gamma_i < 0$，即套利投资比例较高时，资本要求对银行最优系统性风险的影响被削弱，资本监管对防范风险的作用相对较差。当 $\gamma_i < \bar{\gamma}$ 时，必有 $\partial^2 q_i^* / \partial k \partial \gamma_i > 0$，即套利投资比例较低时，资本要求对银行最优系统性风险的影响被加强，资本监管对防范风险更加有效。据此我们得到定理4.4。

定理4.4：对 $\theta_i = \theta^*$，在银行高套利投资比例下，监管当局规定的资本充足率要求 k 对银行最优系统性风险承担水平的影响被削弱；反之则被增强。

接下来我们关心套利投资比例对银行系统性风险的影响。我们在模型中考虑了资产同质化的交叉风险，将套利投资与普通信贷在风险传染上进行了区分设定。需要注意的是，套利投资比例会影响监管当局的资本要求选择。这要求我们利用包络引理。第 0 期，给定第 3 期的最优选择 $\hat{q} = \hat{q}(\gamma; k)$、$r_D = \bar{r}/\hat{q}$，监管当局效用函数对 k 求一阶条件决定最优资本要求：

$$dU/dk = \partial U/\partial k + \partial U/\partial q_i \times dq_i/dk = \partial U(\hat{q}_i)/\partial k = 0 \quad (4.18)$$

$$dU/dk = [\partial q_i/\partial k(q_j \gamma_i R + (1 - \gamma_i)R - cq_i) - r_E + d(1 - k)] = 0$$

$$(4.19)$$

利用式（4.19）对 γ_i 求导可得：

$$d(\partial U/\partial k)/d\gamma_i = \partial \hat{q}_i/\partial k(q_j R_N - R_N - cd\hat{q}_i/d\gamma_i) + \partial^2 q_i^2/\partial k \partial \gamma[q_j \gamma_i R_N +$$
$$(1 - \gamma_i)R_A - cq_i] = 0 \quad (4.20)$$

由式（4.7）知 $q_i \gamma_i R_N + (1 - \gamma_i)R_A - cq_i = (1 - k)(1 - \theta_i)r_D > 0$。当 $\gamma_i > \bar{\gamma}$ 时，由式（4.8）、式（4.17）知 $\partial \hat{q}_i/\partial k > 0$、$\partial^2 q_i^* / \partial k \partial \gamma_i < 0$，可知

$\mathrm{d}\hat{q}_i/\mathrm{d}\gamma_i < 0$。据此我们得到套利比例对系统性风险的影响，得到定理4.5。

定理4.5：银行套利投资比例 γ_i 影响系统性风险的监督成本，银行系统性风险水平总是随着套利投资比例 γ_i 的上升而上升。

三、拓展模型：引入小银行和大银行

在基准模型中，我们考虑资产同质，这些银行投资组合包括普通信贷和套利投资两种项目。在套利投资中，我们考虑银行间的风险共担。从资产负债表上看，银行均从存款市场吸收资金并进行信贷和套利投资，银行在监管套利中作为资金的净融出方（债权方：大银行）。而经济现实中，银行在监管套利中也可能作为资金的净融入方（债务方：小银行）。这可能造成不同系统重要性、规模的银行受到透明度、监管套利的影响也是不同的。具体来说，某些银行的系统重要性强，容易对其他银行产生影响和引发系统性风险。"太大而不能倒"（Too Big To Fail，TBTF）是全球金融体系面临的现实问题。而在中国金融体系中，相对较小的银行从家庭储蓄获得资金的能力远弱于大银行，这类银行通过同业市场从大银行获得大量批发型融资（Song and Xiong，2017），其发行与购买的同业存单数量比远高于大银行。

我们参考 Hachem 和 Song（2017）、Dell'Ariccia 等（2019）在拓展模型中引入两种类型的银行，即小银行 j 与大银行 i。监管当局在宏观审慎中给予大银行更多的关注①，这类银行往往是大型银行。这里的大银行与基准模型中的同质银行的形式类似。这部分，监管当局的目标函数与基准模型一致，效用函数只关注大银行②。我们设定小银行在资本要求 k、透明度 θ 上均为接受方，即 $k_j = k_i = k^*$、$\theta_j = \theta_i = \theta^*$。此时，同业资金只来源于银行体系内的相互借贷，即同业套利的资金只在两种银行间流动。同业套利市场出清的条件表示为 $\sum \gamma_i - \sum \gamma_j(1-k) = 0$。

考虑到小银行往往资金不足，因此没有多余的资金融出套利。其全部资金用于投资收益率为 R_A 普通信贷，获得收益 q_iR_A。在同业套利市场上小银行是资金净融入方，因此其负债端的借入资本包括 $\gamma_j(1-k)$ 的同业

---

① 2019 年 11 月中国人民银行先后发布了《2019 中国金融稳定报告》以及《系统重要性银行评估办法（征求意见稿）》，文件中指出央行对系统重要性银行将提出额外的监管要求，国内系统重要性评分标准具体包括规模、关联度、可替代性、复杂性指标，全球系统重要性在此基础上增加了全球活跃程度等指标。

② 基于 2008 年金融危机的经验，各国监管当局特别重视对大型金融机构（太大而不能倒）的监管。这样的设定也使模型简化。

套利资金和 $(1-\gamma_j)(1-k)$ 的普通储蓄资金。资金提供方的银行 i 对风险进行边际定价。因此其要求收益率 $R_N = \bar{r}/q_i$。在风险共担和有限责任下,同业套利资金成本为 $q_i q_j \gamma_j (1-k) R_N$,普通储蓄资金成本为 $q_j(1-\gamma_j)$ $(1-k)r_D$,股东成本以及监督成本与基准模型相同。具体形式如图 4-3 所示。

债务银行(小银行 j)		债权银行(大银行 i)	
资产	负债	资产	负债
普通信贷	债权比例 $1-k$: 同业套利资金 $\gamma_j(1-k)$ 普通储蓄资金 (θ_i 设定同) $(1-\gamma_j)(1-k)$ ⇐	同业套利投资 γ_i 普通信贷 $1-\gamma_i$	债权比例 $1-k$: 风险敏感债权 $\theta_i(1-k)$ 非风险敏感债权 $(1-\theta_i)(1-k)$
	股权比例 k		股权比例 k

图 4-3 异质银行资产负债表

上述资产负债表中大银行的预期利润以及相关设定与基准模型一致,即式(4.1)。这部分我们主要讨论债务方小银行,这种资产负债表分类更加贴近中国银行间同业市场的现状。中小银行往往面临资金不足的约束,同业资金解决了中小银行资金不足问题的同时,也可能带来负债成本提高与过度信贷等问题。由上述设定得到小银行 j 的预期利润具体形式如下:

$$\prod_j = q_j R_A - q_i q_j \gamma_j (1-k) R_N - q_j(1-\gamma_j)(1-k)\left[\theta^*\bar{r}/q_j + (1-\theta^*)r_D\right]$$
$$- r_E k - \phi\theta^{*2}/2 - cq_j^2/2 \tag{4.21}$$

$$R_N = \bar{r}/q_j \tag{4.22}$$

利用式(4.7)可得 $\partial\hat{q}_i/\partial q_j = \gamma_i R_N/c > 0$,小银行 j 关于 q_j 的一阶条件如下:

$$\hat{q}_j = \left[cR_A - \gamma_i\gamma_j\bar{r}^2(1-k)/\hat{q}_j - c(1-\gamma_j)(1-k)(1-\theta^*)r_D\right]/c^2 \tag{4.23}$$

利用式(4.23)理性预期替代 r_D 可得均衡解:

$$q_j^* = \left[R_A + \sqrt{cR_A^2 - 4\gamma_i\gamma_j\bar{r}(1-k) - 4c\bar{r}(1-\gamma_j)(1-k)(1-\theta^*)}\right]/2c \tag{4.24}$$

利用式(4.24)对 γ_j 求偏导可得:

$$\partial q_j^*/\partial\gamma_j = \left[c(1-\theta^*) - \gamma_j\right]\bar{r}(1-k)/$$
$$c\sqrt{cR_A^2 - 4\gamma_i\gamma_j\bar{r}(1-k) - 4c\bar{r}(1-\gamma_j)(1-k)(1-\theta^*)} \tag{4.25}$$

对于式（4.25），我们发现不同透明度下同业套利融资对银行系统性风险水平的影响也是不同的。具体来说，ϕ 较小时 θ^* 较大，即透明度较高时，$\partial \hat{q}_i / \partial \gamma_i < 0$；反之，$\partial \hat{q}_i / \partial \gamma_i > 0$。出现这种结果是因为融资成本敏感性的变化。高透明度会削弱银行通过有限责任冒险的激励。这种情况下提高同业融资比例，小银行对批发性融资市场依赖性提高，对零售存款市场的依赖性降低。同业融资带来的外部性进一步降低了监督激励，债务方的小银行存在风险转嫁的动机，最终导致银行系统性风险水平的提高。结合定理 4.5 可以发现，套利投资和透明度对小银行和大银行的影响是不同的。小银行系统性风险在监管套利中可能对透明度变化更为敏感，而大银行系统性风险可能对监管套利更为敏感。据此我们得出定理 4.6。

定理 4.6：异质性情况下，套利投资同样会提高小银行的系统性风险，但小银行银行系统性风险对透明度变化更为敏感，大银行则对套利投资的变化更为敏感。

我们从理论模型的分析中可以发现监管套利投资、透明度会影响银行的系统性风险，并且套利投资和透明度会影响资本监管的有效性。根据分析，我们得到具体结论如下：

结论一：银行资产缺乏透明度会带来银行系统性风险水平的上升。

结论二：银行监管套利投资比例的上升会带来银行系统性风险水平的上升。

结论三：高透明度、高套利投资都会削弱资本充足率要求对银行系统性风险水平的影响。

结论四：监管套利投资和银行透明度对大银行和小银行的影响存在差异。

第三节　监管政策环境与银行系统性风险承担的实证分析

一、样本选取与数据来源

本章采用面板数据进行分析，样本跨度为 2007 年 9 月 26 日～2018 年 9 月 30 日，共计 133 个月、45 个季度，包括样本区间内中国 A 股共计 16 家上市银行，所有银行的财务数据与股票交易数据均来自 Wind。其中，证券市场数据包括银行个体的股票市值、收益率的日度数据，银行层面的数据包括总资产、非利息收入、贷款存款比、资本收益率等的季度数据。宏观数据来源于中国人民银行、国家统计局、OECD 和 BIS，包括同业存单托管量、存贷基准利率、CPI 同比月度数据、实际 GDP 同比季度增长率。

后续的主要回归中，考虑到控制变量中的银行特征以及宏观变量频度，我们基于季度数据进行研究。此外，鉴于我们集中于考察资产透明度、监管套利是否以及如何影响到银行系统性风险水平，与资本监管的协调关系如何。因此，我们依次加入核心变量，进行分阶段和分样本回归。为了排除极端值的影响，我们对所有连续变量在前后 1% 的水平上进行缩尾（winsorize）处理。

（一）核心解释变量

1. 资产透明度

Dang et al.（2017）认为透明度可以看作获取信息的难度，这里我们主要关心银行资产透明度。如果银行披露的财务数据能够解释其资产不确定性越多，其资产透明度也越高。资产透明度可以帮助债权人量化银行资产的信用质量，打消对银行偿付能力不确定性的疑虑。参考 Chen 等（2019）的做法，令 Ω_d 表示存款者在 t 期可获得的信息集，ΔV 表示银行在 $t+1$ 期的资产损失。从概念上讲，回归的 R^2 对应于基于 Ω_d 的 ΔV 的不确定性的减小比例，如下式：

$$R^2_{v,d} = \frac{Var(\Delta V) - Var(\Delta V \mid \Omega_d)}{Var(\Delta V)} \tag{4.26}$$

信息理论中，随机变量 Y 对 X 的信息量是由 Y 和 X 之间的相互信息量量化的，即 $H(X, Y) = H(X) - H(X \mid Y)$。其中 $H(X)$ 为 X 的边际熵，$H(X \mid Y)$ 为条件熵（Cover and Thomas，2001）。回归的 R^2 对应相互信息的等比例缩小（Veldkamp，2011），此前已有研究使用（Chen et al.，2007；Bai，2016）。参考 Bushman 等（2015）、Chen 等（2019）的方法，我们利用银行季度报表的数据构建以下计量模型提取 $AdjustedR^2_{i,t}$，并用 $1 - AdjustedR^2_{i,t}$ 作为银行 i 在第 t 期的不透明度：

$$WriteOff_{i,t} = \alpha_0 + \beta_1 LLP_{t-1} + \beta_2 LLP_{t-2} + \gamma_1 NPL_{t-1} + \gamma_2 NPL_{t-2}$$
$$+ \delta EBLLP_{t-1} + \rho Capital_{t-1} + \varepsilon_t \tag{4.27}$$

其中，$WriteOff_{i,t}$ 是银行 i 在第 t 期的资产减值损失，LLP_{t-1}、NPL_{t-1}、$EBLLP_{t-1}$、$Capital_{t-1}$ 分别表示银行在 $t-1$ 期的贷款损失准备占总贷款比例、不良贷款占总贷款比例、扣除贷款损失准备前收入占总贷款比重、总资本占总资产比例。使用前 12 个季度到前 1 季度作为样本观测区间并以 1

季度为步长逐一进行滚动窗口估计。得到的 $AdjustedR_{i,t}^2$ 代表银行过去披露的 12 个季度的财务报表数据对当期资产减值损失的解释力，也即利用银行财报信息披露预测资产损失的难度。我们提取不能被解释的部分 $1 - AdjustedR_{i,t}^2$（也即无效解释力）来刻画不透明度，表示为 TPY1。

在备选指标上，我们改变计量模型的设定，被解释变量为 $WriteOff_{i,t+4}$，得到的 $1 - AdjustedR_{i,t}^2$ 表示为 TPY2。TPY 越大意味着不能被解释的部分越多，储户获取有效信息的难度越大，银行资产越不透明。备选指标的测度模型如下：

$$WriteOff_{i,t+4} = \alpha_0 + \beta_1 LLP_{t-1} + \beta_2 LLP_{t-2} + \gamma_1 NPL_{t-1} + \gamma_2 NPL_{t-2} +$$
$$\delta EBLLP_{t-1} + \rho Capital_{t-1} + \varepsilon_t \qquad (4.28)$$

2. 监管套利

中国的同业存单是 2013 年后新兴的银行间业务，同业存单的推出是为了拓宽银行融资渠道，但随着同业存单市场规模不断扩大，同业存单进一步衍生出监管套利的功能，成为银行规避资本监管和 MPA 考核的重要工具。银行持有同业存单可以与其他银行进行转让或质押回购，同业存单具有成本较低、流动性强，且不影响银行同业负债占比统计的优点。由于同业存单不计入同业存款或同业负债，因此不受各项同业监管政策约束。同业存单规模的上升实际上为银行规避监管提供了更大空间，银行通过发行和认购同业存单完成批发型投融资，同时绕开了存款市场监督，还规避了同业负债、存款准备金等的监管要求。本章搜集了 2013 年 12 月以来的商业银行同业存单托管数据，并将商业银行同业存单托管量季度变化表示为 $\Delta NCDs_t$。

由于同业存单业务中既包含金融机构正常的资金融通，又反映了银行监管套利。我们通过固定银行内外部环境，剥离同业存单业务中资金配置需求，用下列回归的残差代表银行的监管套利，表示为 RA1$_t$[①]：

$$\Delta NCDs_t = \alpha_0 + \beta CREDIT_t + \gamma TED_t + \delta TERM_t + \lambda SMALL_t + \varepsilon_t \qquad (4.29)$$

备选指标 RA2$_t$ 的测度基于下式：

$$\Delta NCDs_t = \alpha_0 + \beta CREDIT_t + \gamma TED_t + \delta TERM_t + \varepsilon_t$$

选取的控制变量分别为：信用利差（$CREDIT_t$）、流动利差（TED_t）、期限利差（$TERM_t$）和中小银行净融入（$SMALL_t$）（见表 4-1）。

---

① 回归残差的构建思路已在大量文献中得到运用，如 Jiang et al.（2016）、王永钦等（2016）、刘莉亚等（2019）。监管套利的测度思路和变量选取说明详见附录 A。

表4-1　　　　　　　透明度、监管套利的相关变量说明

变量名称	定义
数据类型：银行面板数据	
WriteOff	资产减值损失
LLP	贷款损失准备/贷款总额
NPL	不良贷款余额/贷款总额
EBLLP	扣除贷款损失准备前收入/贷款总额
Capital	总资本/总资产
数据类型：时间序列数据	
SMALL（小银行净融入）	小型银行净融入资金余额（回购+拆借）
TED（流动利差）	3 月期 Shibor 与 3 月期国债利率差
TERM（期限利差）	10 年期与 3 月期国债收益率之差
CREDIT（信用利差）	1 年期政策金融债与 1 年期国债收益率之差

资料来源：Bankscope，Wind。

信用利差反映融资市场上的信用风险，信用风险越高，银行越倾向于资金的同业投放；流动利差反映了市场上资金 ε_t 流动性的充足程度，资金流动性充足的情况下，银行会将多余的资金配置到同业市场；期限利差反映内容较广，总的来看，期限利差走阔预示未来经济增长加快，实体经济资金需求较旺，资金在银行同业间的配置随之降低；同业存单市场上，大银行常为资金净拆出方，而小型银行则为资金净拆入方，净融入资金余额反映了银行的资金短缺程度，小型银行资金越短缺，同业存单业务的需求量也越大[①]。回归的残差（RA_t）[②] 反映了银行同业存单业务中超出正常资金配置需求的部分，用以实现监管套利。稳健性检验部分，我们用同业存单原始指标 $\Delta NCDs_t$，再次考察对系统性风险水平的影响。

（二）被解释变量：系统性风险

理论模型部分，我们从关联性设定出发在理论上分析了银行系统性风

---

① 根据中国货币网统计，2013 年 12 月至 2017 年 6 月，全部同业存单中的 97.80% 以上由股份制银行、城市商业银行、农村商业银行等中小银行发行，而大型商业银行发行量占比仅为 0.83%。

② 我们对预回归监管套利的模型拟合效果、残差分布进行检验，结果不存在明显自相关。详见附录。

险的经济机理。实证部分我们需要构建在机构层面可以有效捕捉系统性风险水平的代理变量。系统性风险强调关联性，因此反映个体风险的主流指标如 Z 值、贷款评级等并不适用于衡量银行的系统性风险水平（Engel et al.，2014；Dell'Ariccia et al.，2017）。①，实证设计中表示为 $Risk$。这些指标有效度量了机构的系统性金融风险边际贡献，在中国的适用性已得到主流文献证明（梁琪等，2013；陈湘鹏等，2019）。

1. SRISK 指标

市场危机中个体金融机构的资金短缺会导致破产进而影响整个金融系统、损害实体经济。SRISK 由 Brownless 和 Engle（2017）提出，衡量潜在危机期间国家或金融机构预期资本短缺，概念上与压力测试类似，包括整体和机构层面两类。SRISK 具有可加性，可以捕捉的信息包括机构的规模、杠杆率、关联性等，数值越大则系统性风险水平也越高，在系统重要性排序上更高。

$$CapitalShortfall_{i,t} = kA_{i,t} - W_{i,t} = k(D_{i,t} + W_{i,t}) - W_{i,t} \qquad (4.30)$$

$$SRISK_{i,t} = E_{t-1}(Captalshortfall_i \mid Crisis) \qquad (4.31)$$

其中，$W_{i,t}$ 是机构 i 在 t 时的股票市值，$D_{i,t}$ 是账面债务，$A_{i,t}$ 是准资产价值，k 是审慎资本比例。SRISK 的构建可以既通过短期边际预期损失（MES）也可以通过长期边际预期损失（Long - Run - MES）完成，分别是指市场指数当天下降 2% 和 6 个月内下降 40% 对应的机构 i 市值下降比例。我们使用 Brownless 和 Engle（2017）提出的 DCC - GARCH 的非参数估计方法进行计算，具体如下：第一步，估计市场下跌对应个体机构的短期、长期边际预期损失（MES、LRMES）。第二步，危机中的预期市值损失、当前市值以及未偿还债务共同决定公司渡过该程度金融危机需要的资本储备。通常一家公司应有相对资产净值至少 8% 的资本储备。

2. 边际期望损失（MES）

MES 指标由 Acharya et al.（2017）根据经典风险指标 ES 拓展而成，具体测算方法如下。

$$ES_{\alpha,t-1} = -\sum_i w_i E_{t-1}(r_{i,t} \mid r_{m,t} < -VaR_{\alpha,m,t}) \qquad (4.32)$$

$$MES_{\alpha,i,t-1} = \partial ES_{\alpha,m,t-1}/\partial w_i = -E_{t-1}(r_{i,t} \mid r_{m,t} < -VaR_{\alpha,m,t}) \qquad (4.33)$$

---

① 根据 Hansen（2012）、Benoit et al.（2017）的研究，国际上最能有效反映系统性金融风险水平的指标有 MES、SES、SRISK、ΔCoVaR、DIP 等。限于数据可得性，国内研究主要选用 MES、SES、SRISK、ΔCoVaR。这些指标刻画了微观金融机构的系统性金融风险边际贡献值。

$MES_{i,t-1}(C)$ 是在已知银行整体系统性风险的情况下，将风险在系统内各个银行间进行适当分配。$r_{i,t}$、$r_{m,t}$ 分别是银行个体和部门整体回报率，VaR 是在险价值，一般设定 $\alpha = 5\%$。本章运用 DCC – GARCH 的方法计算得出 DCC – MES 指标，指银行部门整体回报低于下分位 5% 时个股的平均回报率。

（三）控制变量：银行特征及宏观经济变量

由于在银行资产缺乏透明度时银行的监管套利行为之一是银行和银行之间通过同业市场来完成的，因此在考察透明度与系统性风险之间的关系时，我们控制一些可能也会影响银行系统性风险的因素，这些特征已被证明会驱动金融机构的系统性风险"贡献"。银行层面包括规模（总资产的对数）、贷存比（贷款总额除以存款总额）、非利息收入份额（非利息收入除以总营业收入）、资本效率（净利润除以总资本）。规模过大（Brownless and Engle，2017）、非利息收入过高（Engle et al.，2014）的银行也被认为具有更大的系统风险，而贷存比、资本效率高的银行面临的期限错配和流动性风险也更大（郭晔和赵静，2017b）。

宏观经济变量包括危机①、通货膨胀（CPI，消费价格指数月度同比增长）、经济增长（实际 GDP 季节同比增长）、中国宏观审慎指数②（MPI指数）和利率（政策利率）。MPI 综合了宏观审慎的 12 个重要方面相关变量均为连续变量。银行在危机、经济停滞等不稳定中经营环境更恶劣，通胀可能影响债务实际价值、还款率、资产质量等，进而降低银行资本比率。而宽松利率和宏观审慎政策环境都会提高银行风险偏好。这些因素都可能影响机构的风险水平（Brunnermeier et al.，2020a）。以上变量经过 winsorize 1% 和 99% 处理，以减少异常值和潜在数据错误的影响。各变量名称、定义、计算方法、文献出处和数据来源的整理如表 4 – 2所示。

---

① 虚拟变量，金融危机期间（2008 ~ 2009 年）和股市波动期间（2015 年 2 季度至 2016 年 1 季度）为 1，其余为 0。

② Cerruti et al.（2017）利用 IMF 公布的宏观审慎调查报告测度了各国宏观审慎指数，它包括 12 个重要方面，具体有贷款价值比（Loan-to – Value）、债务收入比（Debt-to – Income Ratio）、杠杆率（Leverage Ratio）、动态贷款损失准备（Varying/Dynamic loan-loss Provisioning）、广义逆周期资本要求（General Countercyclical Capital Buffer/Requirement）、资本附加费（Capital Surchargeson SIFIs）、限制银行间风险暴露（Limit on Interbank Exposures）、集中度限制（Concentration Limits）、外汇贷款限制（Limits on Foreign Currency Loans）、准备金率（Reserve Requirement Ratios）、限制国内货币贷款（Limits on Domestic Currency Loans）、对金融机构征税（Levy/Tax on Financial Institutions Institutions）。

表 4 - 2　　　　　　　　　　变量的定义和说明

变量名称	定义	文献出处	数据来源
银行层面变量			
TPY1	透明度：财报信息不可解释度	Chen et al.（2019）	作者计算
TPY2	主指标改变估计窗口 t 为 t + 4	Chen et al.（2019）	作者计算
SRISK	危机期间单个机构预期资本缺口	Brownless and Engle（2017）	作者计算
MES	市场回报低于下分 5% 个股平均回报	Acharya et al.（2017）	作者计算
Size	银行规模：总资产对数	Brownless and Engle（2017）	Wind
LDR	贷款存款比值	郭晔和赵静（2017b）	Wind
NIIR	非利息收入/总利息收入	Engle et al.（2014）	Wind
ROE	税前营业利润/总资本	Engle et al.（2014）	Wind
时间序列变量			
RA1	监管套利：未被解释的残差	作者计算	上海清算所
RA2	改变估计方法	作者计算	上海清算所
ΔNCDs	同业存单托管量季度变化	作者计算	上海清算所
Crisis	虚拟变量：危机时期为 1	Brunnermeier et al.（2020a）	Wind
GDP	实际 GDP 季同比增长	Brunnermeier et al.（2020a）	国家统计局
Inflation	消费价格指数季同比增长	Brunnermeier et al.（2020a）	人民银行
MPI	宏观审慎政策指数	Cerutti et al.（2017）	IMF
Policyrate	政策利率	Brunnermeier et al.（2020a）	BIS

注：以上变量相对比率统一为百分比。

　　根据数据，我们发现 SRISK 等指标均可以很好地反映商业银行的系统性风险水平，指标的稳健性和适用性较好（梁琪等，2013；陈湘鹏等，2019）。中国商业银行的系统性风险水平在 2015 年三季度达到样本内极大值，随后大幅下降并于 2017 年后再次上升。中国商业银行 SRISK 历史走势图如图 4 - 4 所示。

　　同业存单从 2014 年之后开始发行并迅猛扩张。据 Wind 统计，2014 ~ 2016 年，每年同业存单募集资金规模占全年债券市场整体比例分别约为 10%、36% 和 70%。资产透明度方面，根据图 4 - 5，大型商业银行资产透明度水平相对其他银行较高，多数银行资产透明度近期呈现上升趋势，这可能是银行监管趋严的一种体现。

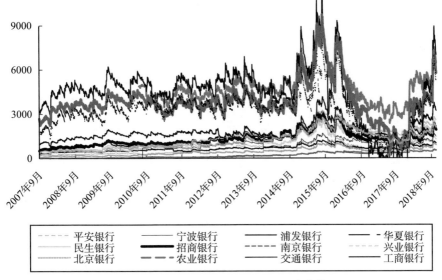

图 4 - 4　中国商业银行 SRISK 历史走势

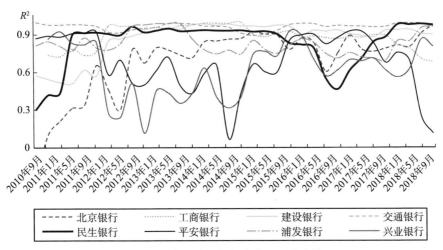

图 4 - 5　部分商业银行资产透明度走势

（四）主要变量的描述性统计

我们的样本数据跨度从 2007 年 9 月至 2018 年 9 月，是非平衡面板数据。样本中农业银行、光大银行上市时间较晚。同时，为保证样本的可靠性，我们剔除包商银行被接管事件的前两个季度的数据，即删除 2018 年 9 月之后的数据。我们的关键解释变量资产透明度的测算（过去财务报表对下一期资产损失的解释度，滚动窗口为 12 个季度）需要观测期前三年的历史数据窗口，因此实际形成的透明度数据序列比原始数据区间更短。另外，同业存单在我国发行时间较晚，且早期总量整体远低于后续年份。我们选取了上海清算所公布的2014年四季度之后的数据形成季度总体托管量规模变化（见表4-3）。

表4-3　　　　　　　　　　　　描述性统计

变量名称	样本数	均值	标准差	最小值	中位数	最大值
$TPY1$	519	0.26	0.25	0.01	0.17	1.24
$TPY2$	517	0.34	0.39	0.01	0.23	0.98
$RA1$	240	0.00	0.19	-0.32	-0.03	0.32
$RA2$	240	0.00	0.20	-0.32	-0.02	0.35
ΔNCD	240	0.16	0.22	-0.26	0.20	0.63
$LogSRISK$	696	6.87	1.20	2.45	6.97	9.10
$LogMES$	651	3.60	0.60	2.50	3.55	5.87
$SIZE$	720	28.69	1.28	25.05	28.43	30.91
$NIIR$	717	22.16	9.08	6.07	21.45	42.92
ROE	720	12.25	6.21	2.53	11.92	41.12
LDR	720	70.87	9.55	47.53	71.23	96.67
$Crisis$	720	0.28	0.45	0	0	1
GDP	45	8.51	2.03	6.40	7.60	14.30
$Inflation$	45	2.71	2.11	-1.80	2.15	8.70
$Policyrate$	45	5.55	0.97	4.35	5.35	7.47
MPI	45	7.20	1.61	4.00	8.00	9.00

注：变量经过 winsorize 1% 和 99% 处理。

二、实证模型设计

根据理论模型，为检验研究假设，我们建立基准实证模型，采用已被广泛运用于银行系统性风险相关研究的固定效应面板模型。其中，被解释变量为银行系统性风险水平，核心解释变量为资产透明度、监管套利。为了控制可能来源于个体特征、宏观经济等的影响，我们的控制变量包括上述的银行特征和宏观经济变量。对于可能存在的反向因果导致的内生性问题，我们左侧使用向前一期的被解释变量[①]。模型形式如下：

---

① 考虑到可能存在时间粘性导致的反向因果问题，我们也使用左侧被解释变量向前2、3、4、5期对透明度指标进行简单回归，结果仍然稳健。

$$Risk_{i,t+1} = \alpha_0 + \beta RA_t + \delta TPY_{i,t} + \gamma Control_{i,t} + \varphi_i + \varepsilon_{i,t+1}$$

为检验资产透明度在监管套利中影响银行系统性风险水平的机制，我们在基准模型中加入监管套利和资产透明度的交互项 $RA_t \times TPY_{i,t}$。根据预期，交互项的回归系数应是显著的。加入交互项后的模型形式如下：

$$Risk_{i,t+1} = \alpha_0 + \beta RA_t + \delta TPY_{i,t} + \lambda RA_t \times TPY_{i,t} + \gamma Control_{i,t} + \varphi_i + \varepsilon_{i,t+1}$$

为研究资产透明度、监管套利对审慎监管的调节效应，我们加入资产透明度、同业监管套利与审慎监管主要资本指标虚拟变量的交互项。其中 $HPR_{i,t}$ 为虚拟变量，当银行资本比率（资本与总资产比值，EAR）、资本充足率（CAR）、一级核心资本充足率（$Tier1$）高于样本均值时 $HPR_{i,t}$ 分别为 1，否则为 0。拓展后的模型形式如下：

$$Risk_{i,t+1} = \alpha_0 + \beta RA_t + \delta TPY_{i,t} + \lambda RA_t \times HPR_{i,t} + \lambda TPY_{i,t} \times HPR_{i,t}$$
$$+ \gamma Control_{i,t} + \varphi_i + \varepsilon_{i,t+1}$$

目前，我国的中国银行等四家被 IMF 列入全球系统重要性银行（$SIBs$），全球系统重要性银行的规模远大于其他股份制商业银行的规模、银行影响力也存在显著差异，因而在金融市场上扮演的角色也有所不同，我们有必要加以区分。为了研究全球系统重要性银行的调节效应，我们在基准方程中加入全球系统重要性银行虚拟变量与监管套利、透明度的交互项 $RA_t \times SIBs_i$、$TPY_{i,t} \times SIBs_i$，其中 $SIBs_i$ 为虚拟变量，当银行属于全球重要性银行时取值为 1，其他商业银行取值为 0。交互项系数显著则说明全球系统重要性银行的划分存在调节效应，透明度、监管套利对不同银行的系统性风险影响不同。拓展后的模型形式如下：

$$Risk_{i,t+1} = \alpha_0 + \beta RA_t + \delta TPY_{i,t} + \lambda RA_t \times SIBs_i + \lambda TPY_{i,t} \times SIBs_i$$
$$+ \gamma Control_{i,t} + \varphi_i + \varepsilon_{i,t+1}$$

其中，被解释变量 $Risk_{i,t}$ 是银行 i 在第 $t+1$ 个季度的 $SRISK$ 的对数，用来代理银行系统性风险水平；核心变量 RA_t 是第七个季度的监管套利代理变量；$TPY_{i,t}$ 是银行 i 在第 t 个季度的透明度，由笔者计算而得；稳健性检验部分被解释变量以及核心变量均使用其他代理变量替代；$Control_{i,t}$ 控制变量包括第 t 个季度的宏观经济变量（GDP 同比增长、CPI 同比增长等）、银行 i 在第 t 个季度的个体特征（银行规模、非利息收入等）。为修正残差项中可能存在的横截面和序列相关，本章的实证回归均采取标准差聚集到（cluster）个体和季度层面。

三、实证结果与分析

我们首先对基准模型进行回归，研究监管套利、资产透明度对银行系统性风险水平的影响。表4-4中的结果是全样本下机构层面的回归，核心变量分别包括商业银行资产透明度、监管套利指标。依次加入银行个体特征以及宏观经济控制变量。监管套利、宏观经济变量只存在于时间维度，因此，我们固定了个体效应但不固定时间效应。

表4-4　　　　　资产透明度、监管套利与银行系统性风险

被解释变量	logSRISK				
解释变量	(1)	(2)	(3)	(4)	(5)
TPY1	0.533 ** (0.187)		0.328 ** (0.142)	0.379 ** (0.147)	0.312 * (0.149)
RA		0.572 * (0.302)	0.562 * (0.302)	0.572 * (0.321)	0.754 * (0.412)
SIZE				1.302 ** (0.596)	1.307 ** (0.576)
NIIR				0.011 (0.008)	0.013 (0.008)
ROE				0.014 (0.009)	-0.007 (0.007)
LDR				0.008 (0.008)	0.004 (0.005)
Crisis	0.487 *** (0.072)	0.380 *** (0.062)	0.376 *** (0.060)		0.480 *** (0.128)
GDP	-0.230 *** (0.060)	-2.193 ** (0.786)	-2.169 ** (0.778)		-2.168 ** (0.790)
CPI	0.060 * (0.030)	-0.176 * (0.085)	-0.161 * (0.083)		-0.203 (0.142)
Policyrate	0.043 (0.062)	0.353 *** (0.096)	0.336 *** (0.094)		0.421 * (0.216)
MPI	-0.018 (0.061)	-0.289 * (0.147)	-0.308 * (0.148)		-0.604 *** (0.175)
常数项	8.383 *** (0.553)	23.312 *** (6.409)	23.273 *** (6.360)	44.221 ** (16.716)	-13.405 (13.487)
个体固定效应	Y	Y	Y	Y	Y
时间固定效应	N	N	N	N	N

被解释变量	logSRISK				
解释变量	（1）	（2）	（3）	（4）	（5）
Obs	506	240	240	240	240
调整 R^2	0.294	0.316	0.326	0.112	0.376
银行数量	16	16	16	16	16

注：*、** 和 *** 分别代表在 10%、5% 和 1% 的水平上显著。（ ）中为标准误，为稳健 cluster 标准误。

在表（1）~（2）列，我们首先依次分别加入核心变量，研究透明度、监管套利对银行系统性风险的影响，同时控制了宏观层面变量。（3）~（4）列中我们同时加入透明度、监管套利，并分别先后加入宏观层面变量、银行层面特征变量进行控制。（5）列则是同时加入银行层面特征变量、宏观层面变量，我们发现结果是稳健的。

基准回归均显示资产不透明、监管套利的增加都会提高银行的系统性风险水平。这与构建的理论模型结论一致。银行资产透明度提高了市场纪律，债权人得以实施有效的风险定价。这有效约束了银行的系统性风险。同业存单可以灵活避开传统存款考核的限制以及审慎资本监管，导致信用杠杆过度扩张，而同业存单最终的资金去向多为高风险资产，进一步增加了银行风险积累。

此外，同业存单发行扩张最直接的影响是增大了银行间联系，风险在银行间的传染变得更容易。同业存单中市场因素之外的部分可以认为是监管套利的重要途径，这种监管套利最终导致了银行系统性风险的增加。

控制变量的系数方向基本符合预期，与已有文献一致（Brunnermeier et al.，2020a）。银行特征变量中，银行系统性风险随规模的增加而增加。宏观控制变量中，危机增加了银行系统性风险水平。更高的资本回报率、GDP 同比增长都会有效降低银行的系统性风险水平。此外，严格的宏观审慎政策显著降低了银行的系统性风险，监管越严使得商业银行系统性风险水平越低。

在表 4-5 中，我们关注监管套利在资产透明度影响银行系统性风险中的调节效应。（1）~（3）列使用 TPY1 作为透明度的代理变量。我们在基准模型中加入了监管套利与资产透明度的交互项。（1）、（3）、（5）列控制宏观经济变量。（2）、（4）、（6）列则是控制了时间固定效应，这要求我们剔除其他所有时间序列变量。

表 4 - 5

表 4 - 5 　　　　　　　监管套利与资产透明度的调节效应

被解释变量	logSRISK					
透明度测度	TPY1			TPY2		
解释变量	(1)	(2)	(3)	(4)	(5)	(6)
TPY	0.365 ** (0.140)	0.303 * (0.150)	0.110 (0.125)	0.122 (0.133)	0.235 ** (0.089)	0.008 (0.075)
RA	0.597 * (0.322)	0.786 * (0.417)		0.637 * (0.340)	0.848 * (0.435)	
RA × TPY	- 1.203 * (0.617)	- 1.213 * (0.578)	- 1.173 * (0.597)	1.504 * (0.797)	1.631 * (0.813)	1.475 * (0.747)
Constant	43.272 ** (16.348)	- 13.022 (12.877)	- 96.169 *** (28.948)	39.266 ** (15.494)	- 16.993 (11.349)	- 100.215 *** (29.066)
个体固定效应	Y	Y	Y	Y	Y	Y
时间固定效应	N	N	Y	N	N	N
银行特征变量	Y	Y	Y	Y	Y	Y
宏观经济变量	N	Y	N	N	Y	N
Obs	240	240	240	238	238	238
调整 R^2	0.124	0.389	0.474	0.114	0.388	0.475
银行数量	16	16	16	16	16	16

注：*、** 和 *** 分别代表在 10%、5% 和 1% 的水平上显著。（ ）中为标准误，为稳健 cluster 标准误。

　　根据结果，我们发现监管套利对于资产透明度存在调节效应，符号均显著为负。在更大的监管套利下，透明度对系统性风险的约束作用是被削弱的。这可能是两种原因导致的。一是，银行大量监管套利时，零售存款市场不再是唯一的融资渠道。这时，即使拥有信息的存款者可以"用脚投票"，但银行对零售存款市场融资的依赖性降低，"威胁"也不再有效。因此，透明度对银行系统性风险的约束作用被削弱（Chen et al.，2019）。透明度带来的存款市场监督约束力越弱，银行降低透明度和加大银行风险的激励越强。二是，银行监管套利更可能进行高风险投资等，在这种情况下银行可能寻求其他银行的"风险共担"，对外部人也会更不透明。这时，银行的同业关联和相互持有更强，也更容易引发系统性金融风险和金融危机。在（4）~（6）列，我们改变资产透明度的估计窗口，使用基于 Write-$eOff_{i,t+4}$ 到 TPY2 作为透明度的代理变量，结果与之前仍然是一致的。

四、进一步分析

（一）透明度、监管套利对审慎监管的调节效应

进一步地，宏观审慎政策主要用于限制银行系统性风险。考虑到不同的监管环境下，银行道德风险问题也发生变化。这部分我们研究审慎监管与监管套利、资产透明度的调节作用。HPR 是基于审慎监管指标生成的虚拟变量，当银行资本比率（资本与总资产比值，EAR）高于样本均值时 HPR 为 1，否则为 0。

在表 4-6 的 (1)、(3)、(5) 列中控制宏观经济变量，(2)、(4)、(6) 列则控制了时间固定效应。(1)~(2) 列中，我们加入监管套利、资产透明度与资本比率虚拟变量的交互项，结果显示监管套利与资本比率的交互项系数为正，资产透明度与资本比率的交互项不显著。这说明监管套利上升时，资本监管对银行系统性风险的约束作用受到了抑制，监管效果变弱。而资产透明度与资本监管在限制银行系统性风险上配合效果不明显。实际上，现有的 MPA 宏观审慎监管体系中并未对透明度提出明确的要求。因此，上述结果与我们的理论模型基本一致，也是符合经济直觉的。

表 4-6　　　　　　　透明度、监管套利对审慎监管的调节效应

被解释变量	logSRISK					
审慎监管工具解释变量	EAR		CAR		Tier1	
	(1)	(2)	(3)	(4)	(5)	(6)
TPY	0.399 * (0.210)	0.325 (0.192)	0.264 (0.172)	0.049 (0.153)	0.214 * (0.122)	0.016 (0.131)
RA	0.099 (0.241)		0.299 (0.172)		0.310 (0.193)	
HPR	-0.047 (0.083)	0.148 (0.093)	-0.068 (0.135)	-0.167 (0.278)	-0.376 ** (0.137)	-0.279 * (0.152)
RA × HPR	0.790 ** (0.315)	0.515 * (0.285)	0.882 * (0.464)	0.764 (0.453)	0.965 * (0.494)	0.886 * (0.470)
TPY × HPR	-0.142 (0.178)	-0.294 (0.191)	0.227 (0.255)	0.271 (0.380)	0.781 (0.532)	0.836 (0.749)
Constant	-9.393 (11.658)	-97.978 *** (30.235)	-6.917 (13.220)	-86.271 *** (23.834)	-16.634 (13.752)	-99.181 *** (32.543)

被解释变量	logSRISK					
审慎监管工具解释变量	EAR		CAR		Tier1	
	（1）	（2）	（3）	（4）	（5）	（6）
个体固定效应	Y	Y	Y	Y	Y	Y
时间固定效应	N	Y	N	Y	N	Y
银行特征变量	Y	Y	Y	Y	Y	Y
宏观经济变量	Y	N	Y	N	Y	N
Obs	240	240	240	238	238	238
调整 R^2	0.388	0.472	0.399	0.482	0.410	0.492
银行数量	16	16	16	16	16	16

注：*、** 和 *** 分别代表在 10%、5% 和 1% 的水平上显著。（ ）中为标准误，为稳健 cluster 标准误。

此外，考虑到 MPA 宏观审慎还包括其他重要考核指标，以及可能的动态调整和差异监管。这使得不同考核指标对银行的影响可能也存在差异。除资本比率（EAR）外，资本充足率（CAR）、一级核心资本率（Tier1）也是宏观审慎体系在监管银行系统性风险的核心考核指标，因此我们进一步设计（3）~（4）列、（5）~（6）列回归作为对（1）~（2）列的补充。当银行资本充足率（一级核心资本率）高于样本均值时 HPR 为 1，否则为 0。严格的监管下资本要求往往很高，高资本率说明银行所处的监管环境相对严格。通过对应的交互项系数结果，我们发现结果仍然与前文吻合。在监管套利上升时，资本监管对银行系统性风险的约束相对被削弱。这与（1）、（2）列一致，也即同业存单的监管套利会"挤出"审慎监管对系统性风险的影响。总之，同业存单等监管套利会明显削弱宏观审慎监管对银行系统性风险的约束作用。在防范系统性金融风险中，监管当局应当注意弥补同业存单等监管空白，合理控制监管套利空间。同时，应当注意资产透明度等信息披露的要求与资本要求等宏观审慎工具的配合。

（二）对系统重要性银行影响的差异

在表 4-7 中，我们从规模和系统重要性银行目录两种标准对银行进行分类（type）并加入相应的交互项。

表 4 -7　　　　　　　　　　　　对系统重要性银行影响的差异

被解释变量	logSRISK					
银行分类	SIZE		SIBs		SIZE	SIBs
解释变量	(1)	(2)	(3)	(4)	(5)	(6)
TPY1	0.233 (0.168)	0.102 (0.216)	0.309 ** (0.133)	0.069 (0.129)	0.080 * (0.045)	0.100 (0.062)
RA	0.248 (0.215)		0.284 (0.180)			
RA × Type	0.658 ** (0.297)	0.518 * (0.264)	1.405 ** (0.647)	1.256 * (0.596)		
TPY1 × Type	0.108 (0.253)	− 0.008 (0.318)	0.734 (1.779)	2.552 (2.730)	0.038 (0.109)	− 0.747 ** (0.343)
Constant	− 11.198 (13.663)	− 91.827 *** (28.082)	− 12.808 (12.057)	− 96.978 ** (35.458)	− 44.307 *** (8.326)	− 60.788 *** (10.735)
个体固定效应	Y	Y	Y	Y	Y	Y
时间固定效应	N	Y	N	Y	Y	N
银行特征变量	Y	Y	Y	Y	Y	Y
宏观经济变量	Y	N	Y	N	N	Y
Obs	240	240	240	240	506	518
调整 R^2	0.387	0.469	0.429	0.515	0.484	0.656
银行数量	16	16	16	16	16	16

注：*、** 和 *** 分别代表在 10%、5% 和 1% 的水平上显著。（ ）中为标准误，为稳健 cluster 标准误。

SIZE 为银行规模，SIBs 则是按照 IMF 评定的系统重要性银行目录设置的虚拟变量，当银行属于全球系统重要性银行[①]时，SIBs 为 1，否则为 0。中国仅四家大型商业银行属于 SIBs。

在表 4 - 7（1）~（2）列，我们加入监管套利、资产透明度与银行规模的交互项。（3）~（4）列加入了监管套利、资产透明度与 SIBs 的交互项。（5）、（6）列则是控制时间效应下的估计。（1）~（2）、（3）~（4）列监管套利与 SIZE、SIBs 的交互项系数显著为正，说明监管套利对 SIBs 银行系统性风险的影响更强。这是因为中国的银行间市场中，系统重要性银行是作为债权银行的大银行，而其他银行则作为债务银行从债权银行处获得融资。大银行资金来源充足，很少通过发行同业存单获得债务融资。而

---

① 本章的系统重要性银行（SIBs）指 IMF 评定的全球系统重要性银行（G - SIBs）。国内系统重要性银行评定则由中国人民银行提出。

中小型银行发行同业存单获得资金，借助同业理财等方式将资金注入资管计划、信托产品等并利用信用杠杆、信用下沉获得超额收益。这种信用风险最终通过风险传染回到债权银行，造成债权银行系统性风险的上升。多为债权方或资金拆出方的大银行相较于债务方或资金拆入方的其他银行，监管套利对银行系统性风险的影响更强。小银行到大银行的风险传染可能是单向的，同业存单对大银行的系统性风险影响强于小银行。

表 4 - 7（1）～（4）列、（5）列中资产透明度与 $SIZE$、$SIBs$ 的交互项均不显著，说明资产透明度对两类银行系统性风险的约束作用无明显差别。（6）列显著为负则说明透明度对 $SIBs$ 银行的约束可能更弱。这可能是因为：一方面，$SIBs$ 银行往往是大银行，存款来源更加稳定充裕。大银行的流动性管理及承压能力都远高于普通商业银行，资产透明度水平也远高于普通商业银行。大银行中存款方议价能力较弱，不能对银行行为产生有效的约束。因此，透明度提高并不会通过债权端监督而降低银行的系统性风险。另一方面，我国存款人普遍存在隐性担保的认知，大银行风险预期也不会明显加剧存款人对银行的破产恐慌，在实质性违约之前，大银行的挤兑风险发生概率较低。因此，提高风险披露不会显著影响大银行流动性，进而影响其系统性风险水平。我们的结果从银行系统性风险的角度对 Chen 等（2019）的结论进行了有效验证。

（三）稳健性检验

我们从以下几个方面开展稳健性检验。

针对系统性风险的代理指标，使用取对数的 MES 指标测度银行系统性风险，结果仍然与前文一致。替换透明度与监管套利的代理指标进行回归，结果不变。我们还调整了样本的时间跨度，剔除样本两端的观测值，发现子样本结果仍然是稳健的。限于篇幅，这里我们仅报告部分结果。

表 4 - 8 是对基准回归部分的检验，其中（1）～（4）、（7）列使用了同业存单托管量变化（$\Delta NCDs$）作为监管套利的替代指标，（5）～（6）列使用了替换测度方法的 $RA2$ 作为监管套利的替代指标。系统性风险方面，（4）～（8）列使用了 MES 的对数值作为代理变量。表 4 - 8 透明度的测度上，（3）、（6）列使用了 $TPY2$ 作为代理变量。为处理可能存在的时间粘性问题，（7）、（8）列先后使用两种透明度指标之差（$TPY2 - TPY1$）、透明度指标的差分（$\Delta TPY1$）作为替代变量。其余各列仍为 $TPY1$。基于长期（$t + 4$）相对于短期（t）估计窗口得到的两种透明度指标之差，差为正则长期的无效解释力更大，银行往往更不透明（Beatty and Liao，2011）。（2）～（6）列基于替换指标的交互项进行检验仍然一致。

表 4 - 8

稳健性检验（基准回归）

被解释变量	logSRISK				logMES			
透明度测度	TPY1	TPY2	TPY2	TPY1	TPY1	TPY2	TPY2 - TPY1	ΔTPY1
监管套利测度	ΔNCDs	ΔNCDs	ΔNCDs	RA2	RA2	RA2	ΔNCDs	/
解释变量	(1)	(2)	(3)	(4)	(5)	(6)	(7)	(8)
TPY	0.295* (0.145)	0.426** (0.188)	0.310** (0.109)	0.407* (0.218)	0.288 (0.199)	0.184 (0.128)	0.270** (0.114)	0.164** (0.074)
RA	0.766* (0.395)	0.793* (0.395)	0.856* (0.424)	1.070*** (0.158)	1.140*** (0.196)	1.165*** (0.191)	0.973*** (0.150)	
$TPY \times RA$		-1.072* (0.543)	-0.913* (0.499)	-0.599* (0.319)	-0.760* (0.384)	-0.828* (0.416)		
$Constant$	-23.141 (15.548)	-19.686 (13.763)	-26.379 (13.946)	89.350*** (17.879)	92.302*** (18.256)	87.665*** (16.294)	77.337*** (16.268)	-8.418 (15.236)
个体固定效应	Y	Y	Y	Y	Y	Y	Y	Y
时间固定效应	N	N	N	N	N	N	N	Y
银行特征变量	Y	Y	Y	Y	Y	Y	Y	Y
宏观经济变量	Y	Y	Y	Y	Y	Y	Y	N
Obs	240	240	240	240	240	240	238	490
调整 R^2	0.391	0.406	0.399	0.831	0.825	0.822	0.837	0.758
银行数量	16	16	16	16	16	16	16	16

注：*、**和***分别代表在10%、5%和1%的水平上显著。()中为标准误，为稳健 cluster 标准误。

表4-9是对拓展回归结果的检验。样本选择上除（1）列为剔除 *SIBs* 的子样本外，其余均为全样本。透明度测度上除（1）列为 *TPY2* 作为代理变量，其余各列仍为 *TPY1*。（2）~（4）列是加入了替换指标与 HPR（三类审慎监管指标）的交互项后对各个调节效应的检验。（5）~（6）列是对银行异质性风险传染的检验。

表4-9　　　　　　　　　稳健性检验（拓展回归）

被解释变量	logSRISK					
样本选取 透明度测度	剔除 *SIBs* *TPY2*	全样本 *TPY1*				
交互指标 解释变量	/	*EAR*	*CAR*	*Tier*1	*SIZE*	*SIBs*
	（1）	（2）	（3）	（4）	（5）	（6）
TPY	0.217 *** (0.036)	0.319 * (0.151)	0.239 (0.181)	0.194 (0.111)	0.136 (0.116)	0.262 * (0.127)
$\Delta NCDs$	0.072 * (0.036)	0.064 (0.179)	0.351 * (0.172)	0.423 * (0.222)	0.265 (0.166)	0.295 * (0.153)
HPR		−0.204 ** (0.089)	−0.286 (0.233)	−0.355 ** (0.128)		
$\Delta NCDs \times HPR$		0.782 ** (0.311)	0.706 * (0.372)	0.813 * (0.429)		
$TPY \times HPR$		−0.058 (0.136)	0.204 (0.265)	0.790 (0.522)		
$\Delta NCDs \times Type$					0.549 ** (0.247)	1.234 * (0.592)
$TPY \times Type$					0.059 (0.185)	1.487 (2.091)
Constant	−8.976 (6.455)	−16.984 (12.999)	−15.880 (13.367)	−21.509 (14.546)	−15.142 (13.813)	−21.083 (13.579)
个体固定效应	Y	Y	Y	Y	Y	Y
时间固定效应	N	N	N	N	N	N
银行特征变量	Y	Y	Y	Y	Y	Y
宏观经济变量	Y	Y	Y	Y	Y	Y
Obs	180	240	240	240	240	240
调整 R^2	0.699	0.433	0.444	0.450	0.430	0.478
银行数量	12	16	16	16	16	16

注：*、** 和 *** 分别代表在 10%、5% 和 1% 的水平上显著。（）中为标准误，为稳健 cluster 标准误。

第四节　本章小结

本章在道德风险理论模型中考虑银行风险的关联性特征。加入套利投资和透明度设定，探讨其对银行系统性风险的影响，并且基于资产透明度和系统性风险的测度指标进行了实证检验。主要的研究结论有：

（1）资产的不透明、监管套利的上升会提高银行的系统性风险水平。使用 SRISK 和 MES 测度指标和不同的监管套利、资产透明度计算方法，结论仍然一致。

（2）对透明度、监管套利的调节作用及二者分别与审慎监管的协调作用进行研究，发现监管套利弱化了资产透明度（存款市场监督）、审慎资本监管对银行系统性风险的约束作用。资产透明度与资本监管在约束系统性风险上协调作用不明显。

（3）债务银行和债权银行间存在异质性风险传染。以大银行为主的债权银行受到同业套利的影响更显著，而债务方的中小银行受到资产透明度的约束可能更明显。

基于上述研究结论，我们得到如下政策启示：首先，在当前利率并轨阶段，银行普遍存在借同业通道规避监管行为，同业套利的监管缺失不利于系统性风险防范。其次，银行的不透明可能是造成风险累积的重要因素。包商银行被接管、债券市场违约事件频发等事件表明市场资金存在大量违规使用和信用下沉，设定更高金融机构的信息披露标准、提高银行投资透明度是防范风险的有效手段。最后，银行的宏观审慎监管政策是复杂的评估体系，不同国家的银行监管情况也存在差异。监管当局应当结合我国金融系统的特点，注意规范银行间市场债务债权方的投融资行为。同时，应当讲究不同政策工具间的配合、及时完善评估体系，对不同重要性银行的监管应当建立更加灵活动态的差异化监管。积极探索建立适合我国金融体系的有效风险监管框架，守住不发生系统性风险的底线。

第五节　本章附录

一、附录A同业存单VS监管套利

（一）测度思路

同业存单（可转让存单，CDs）属于存款凭证，是银行投融资的重要部分。同业存单托管量指市场上已发行未到期的同业存单总量。同业存单的批发型融资以及规避监管的特性，我们认为其存量的变化不仅包含了资金融通方面的主要因素，也包含了市场整体通过同业存单市场进行的监管套利。虽然原序列一定程度上反映了监管套利，但我们考虑到其中也可能涉及正常同业资金融通的部分。

同业存单为商业银行增加了主动融资的渠道。对于中小型银行而言，规模和存款吸收能力不如大银行，这体现了主动负债的重要性。传统主动负债主要依靠同业之间的批发性融资，包括信用拆借（同业借款）、同业存款等，而同业存单拓宽了主动融资渠道。但同时同业存单也为监管套利提供了便利（不占用 MPA 广义信贷规模、同业负债）。监管套利的特征决定了同业存单中监管套利的这部分难以被市场、流动性因素或实体经济活动完全解释。

同业存单涉及流动性分配。它与市场上其他类型投融资相竞争（如存贷款、商业票据和银行承兑票据等），也受到监管额度限制。银行的同业存单投融资行为会受到投融资主体（银行）特征和市场总体特征的影响。目前对存单市场的定量研究还比较少（Fama，1985；Perignon et al.，2017）。

从欧美可转让存单（CDs）或银行间回购市场（Repo Market）的研究来看，存单的规模受到一系列市场、流动性、实体经济活动等的影响（Gorton and Metrick，2012，Krishnamurthy et al.，2014；Copeland et al.，2014；Mancini et al.，2015；Boissel et al.，2017）：（1）存单作为无担保证券在资本市场上与有担保等其他证券形成了竞争（Fama，1985）；（2）CDs 是无担保的，信用风险成为信息不对称的来源。而回购市场等有担保市场，抵押品的质量也可能存在不确定性（Perignon et al.，2017）；（3）与银行间市场类似，存单市场上的大多数银行都是货币市场基金，其总量受到流动性风险的影响（Bolton et al.，2011）；（4）由于不同压力时期下存单的期限选择不同，总量也会受到期限利差的影响（Krishnamurthy et al.，2014；Perignon et al.，2017）。我们选取了其中具有代表性和数据可得的变量。以剔除可被市场、实体因素解释的部分，将残差部分理解为超出正常需求的同业存单监管套利。

具体来说，考虑到数据可得性，我们在预处理剔除了利差、需求的部分因素，将不能被以下因素解释的部分作为监管套利的代理变量。本章使用的托管量属于总体层面，较难受到银行微观特征的影响，因而没有控制银行质量等因素。相关变量的具体解释如下：

1. Ted 利差（Ted spread，TED）

Ted 利差的定义是三个月期 LIBOR（伦敦银行间同业拆放利率）与三

个月期政府债券之差，我们用SHIBOR（上海银行间同业拆放利率）代替LIBOR以适应中国市场。一般来说，当金融市场不稳定，投资者风险厌恶程度上升时，市场借贷活动往往需要更高的回报，这使得市场资本供给趋于萎缩，导致泰德价差扩大。相反，当市场相对稳定时，投资者愿意以较低的利率出借资金，利差就会收窄。可以看出，Ted 利差越大，流动性状况越差（Gorton and Metrick，2012；Mancini et al.，2015）。

2. 期限利差（Term spread，TERM）

短期利率和长期利率之间的期限利差反映了对未来经济活动的预期。期限利差预测未来衰退的解释是基于货币政策和对未来经济状况的预期。长期息差越高，未来的 GDP 增长率就越高（Bauer and Mertens，2018；Bordo and Haubrich，2004）。

3. 信用利差（Credit spread，CREDIT）

信用利差的定义是一年期政府债券和一年期金融政策债的收益率之差。信用价差直接反映了金融体系中的信用风险。大量违约容易引发连锁反应，对金融体系的稳定构成巨大挑战。信用利差也是实体经济活动的有效反映（Gilchrist and Zakrajšek，2012；Gilchrist，Yankov，and Zakrajšek，2009）。

（二）结果报告

图 4 - 6、表 4 - 10 是监管套利的模型拟合效果、残差分布的相关图表。观察残差图可以发现，残差的分布均匀且随机，不存在明显的自相关性。

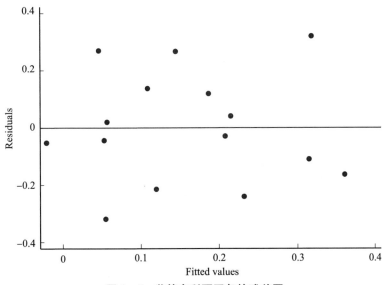

图 4 - 6　监管套利预回归的残差图

表4-10

主要变量相关系数

变量	RA_t	TPY_{it}	$SIZE_{it}$	$NIIR_{it}$	ROE_{it}	LDR_{it}	$Crisis_t$	GDP_t	CPI	$Policyrate$	MPI
RA_t	1.000										
TPY_{it}	0.0190	1									
$SIZE_{it}$	-0.0350	-0.384***	1								
$NIIR_{it}$	-0.0160	-0.108**	0.568***	1							
ROE_{it}	-0.368***	-0.00400	-0.092**	-0.346***	1						
LDR_{it}	-0.137**	-0.326***	0.190***	0.470***	-0.124***	1					
$Crisis_t$	0.0270	-0.00200	-0.208***	-0.227***	0.137***	-0.096**	1				
GDP_t	0.0450	0.00200	-0.349***	-0.538***	0.267***	-0.192***	0.191***	1			
CPI_t	0.243***	-0.0380	-0.184***	-0.320***	0.176***	-0.128***	-0.0600	0.626***	1		
$Policyrate_t$	-0.0290	-0.0150	0.433***	0.643***	-0.307***	0.277***	-0.428***	-0.810***	-0.352***	1	
MPI_t	0.342***	-0.075*	-0.324***	-0.587***	0.303***	-0.328***	0.103***	0.649***	0.691***	-0.640***	1

二、变量相关说明

从相关性结果（表4-10）看，关键变量 *RA* 和 *TPY* 与其他大部分变量的相关系数为个位数，其中比较高的 *TPY* 与 *SIZE* 仅为 -0.384。为进一步检验多重共线性问题，我们也将本章的面板数据当作 Pooled Data 进行 VIF 膨胀因子检验，检验结果基于 OLS 截面回归，变量与主回归结果一致。结果如表4-11显示，发现 VIF 值均小于 10，不存在明显的多重共线性问题。

表4-11   VIF 膨胀因子检验结果

变量	VIF	1/VIF
MPI_t	7.91	0.12
$Policyrate_t$	7.60	0.13
GDP_t	5.07	0.19
CPI_t	4.68	0.21
$Crisis_t$	4.33	0.23
ROE_{it}	2.24	0.45
LDR_{it}	2.19	0.46
TPY_{it}	2.16	0.46
$NIIR_{it}$	1.88	0.53
RA_t	1.84	0.54
$SIZE_{it}$	1.80	0.56

三、指标计算方法一览

表4-12是本章主要变量的定义、计算方法和说明一览表。其中，*SRISK*、*MES* 详见正文变量定义部分。

表4-12   变量的定义、计算方法和说明

变量名称	定义和计算方法	文献出处	数据来源
银行层面变量			
*TPY*1	透明度：财报信息不可解释度	Chen et al. (2019)	作者计算

变量名称	定义和计算方法	文献出处	数据来源
银行层面变量			
	使用预回归得到的 $1 - AdjustedR^2_{i,t}$ 作为银行 i 在第 t 期的不透明度。回归模型如下：$WriteOff_{i,t} = \alpha_0 + \beta_1 LLP_{t-1} + \beta_2 LLP_{t-2} + \gamma_1 NPL_{t-1} + \gamma_2 NPL_{t-2} + \delta EBLLP_{t-1} + \rho Capital_{t-1} + \varepsilon_t$ 其中，$WriteOff_{i,t}$ 是银行 i 在第 t 期的资产减值损失，LLP_{t-1}、NPL_{t-1}、$EBLLP_{t-1}$、$Capital_{t-1}$ 分别表示银行在 $t-1$ 期的贷款损失准备占总贷款比例、不良贷款占总贷款比例、扣除贷款损失准备前收入占总贷款比重，总资本占总资产比例		
TPY2	主指标改变估计窗口 t 为 $t+4$	Chen et al.（2019）	作者计算
	方法同 TPY1，使用 $WriteOff_{i,t}$ 作为预回归的被解释变量，模型变为：$WriteOff_{i,t+4} = \alpha_0 + \beta_1 LLP_{t-1} + \beta_2 LLP_{t-2} + \gamma_1 NPL_{t-1} + \gamma_2 NPL_{t-2} + \delta EBLLP_{t-1} + \rho Capital_{t-1} + \varepsilon_t$		
SRISK	危机期间单个机构预期资本缺口	Brownless and Engle（2017）	作者计算
	详见正文变量定义部分：2、被解释变量：系统性风险：（1）SRISK 指标		
MES	市场回报低于下分 5% 个股平均回报	Acharya et al.（2017）	作者计算
	银行部门整体回报小于下分位 5% 时个股的平均回报率。详见正文变量定义部分：2. 被解释变量：系统性风险：（2）边际期望损失（MES）		
Size	银行规模：总资产对数	Brownless and Engle（2017）	WIND
	资产总额的对数		
LDR	贷款存款比例	郭晔和赵静（2017b）	WIND
	贷款总额/存款总额 ×100%		
NIIR	非利息收入占比	Engle et al.（2014）	WIND
	非利息收入/总利息收入 ×100%		
ROE	净资本收益率	Engle et al.（2014）	WIND
	税前营业利润/总资本：归属母公司股东净利润/[（期初归属母公司股东的权益 + 期末归属母公司股东的权益)/2]×100%		
时间序列变量			
RA1	监管套利：未被解释的残差	作者计算	上海清算所
	基于 $\Delta NCDs_t = \alpha_0 + \beta CREDIT_t + \gamma TED_t + \delta TERM_t + \lambda SMALL_t + \varepsilon_t$ 得到的残差，其中控制变量分别为：信用利差（$CREDIT_t$）、流动利差（TED_t）、期限利差（$TERM_t$）和中小银行净融入（$SMALL_t$）。		
RA2	改变估计方法	作者计算	上海清算所
	方法同 RA1，预回归模型改为 $\Delta NCDs_t = \alpha_0 + \beta CREDIT_t + \gamma TED_t + \delta TERM_t + \varepsilon_t$		
ΔNCDs	同业存单托管量季度变化	作者计算	上海清算所
	商业银行的同业存单托管量总额，按季度计算变化，来源为上海清算所		

变量名称	定义和计算方法	文献出处	数据来源
时间序列变量			
Crisis	虚拟变量：危机时期为1，其余为0	Brunnermeier et al.（2020a）	WIND
	虚拟变量，金融危机期间（2008～2009年）和股灾期间（2015年2季度～2016年1季度）为1，其余为0		
GDP	实际GDP季节同比增长	Brunnermeier et al.（2020a）	国家统计局
	国家统计局提供的实际GDP按季计算的同比增长率		
Inflation	消费价格指数季同比增长	Brunnermeier et al.（2020a）	中国人民银行
	消费价格指数按季计算的同比增长率取季末值		
MPI	宏观审慎政策指数	Cerutti et al.（2017）	IMF
	Cerruti et al.（2017）利用IMF公布的宏观审慎调查报告测度了各国宏观审慎指数，详细参考正文控制变量部分的脚注		
Policyrate	政策利率	Brunnermeier et al.（2020a）	BIS
	使用中国政策利率，资料来源为国际清算银行BIS		

注：以上变量相对比率统一为百分比。

四、交互项回归的解释

本章的实证检验中使用了交互项回归。部分结果出现主项不显著、交互项显著的结果。这种结果被认为是存在调节效应。这是因为在交互项回归中，主要关注交互项系数显著性，来判断相互作用机制是否存在。对于各个主项的一般做法是控制，不显著并无实质含义，也不影响相互作用机制存在的结论（Wooldridge，2010）。

交互效应可能会掩盖或歪曲两个因子中任何一个因子的主效应。主效应考察一个变量是否会对因变量的变化发生影响的时候，不考虑其他研究变量的变化，或者说将其他变量的变化效应平均掉。但存在交互效应时，该效应的影响依赖于其他变量，其主项的系数则不再有解释意义。

第五章 货币政策环境、房地产泡沫
与系统性金融风险

本章主要研究银行信贷行为对资产泡沫生成、膨胀和破灭的影响。在对信贷驱动与资产泡沫之间关系的文献评述基础上，首先，通过建立信贷驱动的资产泡沫模型，分析信贷—资产价格正反馈机制和投资者泡沫骑乘行为如何导致泡沫的形成、膨胀和最终破灭过程，我们通过理论建模推导，发现在银行信贷驱动和投资者异质信念的假设前提下，泡沫的生成、膨胀和破灭不需要投资者非理性的假设。其次，基于跨国面板数据和面板 VAR 模型实证了银行的信贷驱动对理性泡沫的生成、膨胀和破灭过程中的重要影响。最后，在总结本章主要结论基础上给出了相关的政策建议。

第一节 货币政策环境与房地产泡沫文献综述

无论在发达国家还是发展中国家，资产价格泡沫和金融危机相伴出现已成为金融系统的重要周期性特征之一（Borio and Lowe，2002）。资产价格泡沫尤其是房地产价格泡沫破裂会对金融系统产生极为致命影响，使系统性风险急剧增加甚至引发系统性金融危机。然而，并非所有泡沫对经济都具有同等危害，信贷驱动尤其是家庭部门信贷驱动的房价泡沫远比其他类型泡沫更具危险性（Jordà et al.，2015；Anundsen et al.，2016；Brunnermeier et al.，2017）。与此同时，不乏实证证据表明泡沫骑乘行为普遍存在于股票市场和其他金融市场（Temin and Voth，2004；Brunnermeier and Nagel，2004；陈国进，2010），而投机"炒房团"四处"攻城略地"则表明在房地产市场泡沫骑乘行为同样不容忽视。鉴于信贷驱动房价泡沫对金融稳定的巨大威胁，有必要从微观市场主体角度对房价泡沫骑乘行为进行深入研究。那么，从理论模型角度应如何刻画信贷驱动下的泡沫形成机制以及投资者房价泡沫骑乘行为？微观主体骑乘房价泡沫的动因及其背后的经济机理为何？在现有的政策监管框架下，"双支柱"政策调控将如何影响房价泡沫，其具体的传导渠道又如何？对上述问题的深入回答不仅可以拓展相关学术研究，对金融风险监管和危机预防也无疑具有重要意义。

对泡沫的理论建模可追溯至 20 世纪七八十年代，根据对泡沫产生原因的不同解释，可将已有泡沫理论模型概括为三类。第一类，泡沫模型与资产稀缺（asset scarcity）解释相关，该类模型认为由于资产具有诸如价值储藏（store of value）（Tirole，1985）、价值增值和流动性（liquidity）（Caballero and Krishnamurthy，2006；Farhi and Tirole，2011；Wang and Wen，2012；Miao et al.，2015）等内在属性，当价格等于资产基本价值时，投资者对资产的需求大于供给，出现资产短缺。因此，尽管价格高于基本价值出现泡沫，投资者依然愿意买进。第二类，泡沫模型与风险转移（risk shifting）解释相关。所谓风险转移是指当引入银行中介时，投资者以风险资产为抵押向银行借入资金购买风险资产，投资者可以在风险资产价格下行时选择违约将风险转移给银行。当存在风险转移时，投资者愿意以高于其期望支付的价格购入风险资产进而导致泡沫，最具代表性的研究有 Allen 和 Gorton（1993）、Allen 和 Gale（2000）和 Barlevy（2014）。第三类，泡沫模型则与博傻理论（Greater fool theory）解释相关，该类模型的核心思想为：投资者明知资产被高估，但仍愿意继续购入资产并相信可以将资产出售给"更大的傻子"（greater fool）进而获利。根据 Barlevy（2015），博傻理论泡沫模型又可进一步分为异质信念泡沫模型和信息不对称泡沫模型。异质信念泡沫模型认为"过度自信"（overconfidence）或信念扭曲（distorted beliefs）导致的投资者异质信念将使投资者参与投机交易，促使价格超过基本价值进而引发泡沫（Miller，1977；Harrison and Kreps，1978；Scheinkman and Xiong，2003；Hong and Stein，2003；陈国进等，2009）。与异质信念泡沫模型不同，信息不对称泡沫模型虽然也具有异质信念这一特征，但并不要求投资者初始信念不同或出现信念扭曲。在信息不对称泡沫模型下，投资者接收的信息虽然为非公开，但投资者总是认为存在一定概率使自身处于信息相对优势地位。基于这一判断，投资者利用自身的信息优势地位参与投机交易、买入被高估资产，寄希望于出售给处于信息相对劣势的投资者进行获利。Allen 等（1993）率先基于信息不对称思想对泡沫进行建模，随后 Conlon（2004）对 Allen 等的模型进行了完善，但在他们的模型中无法刻画投资者的"泡沫骑乘"行为。Abreu 和 Brunnermeier（2003）首次从理论模型角度对"泡沫骑乘"行为进行了分析，但遗憾的是该模型需引入非理性投资者假设且未对泡沫存在性进行严格证明。Doblas – Madrid（2012）随后在 Abreu 和 Brunnermeier（2003）的基础上构建了理性投资者"泡沫骑乘"模型且严格证明了泡沫的存在性，但在该模型中投资者不允许借贷的假定使其无法就信贷市场在泡沫产生中扮演的角色展开讨论。Doblas – Madrid（2016）则进一步放松了投资者无借贷假设，引入信贷市场分析，探讨了信贷—价格正反馈①下泡沫的产生。

国内学术界对泡沫理论模型的探索起步较晚且长期以来集中于股市泡沫的研究（刘愰松，2005；陈国进等，2010），关于房价泡沫理论模型的研究相对较少。袁志刚和樊潇彦（2003）借鉴 Allen 和 Gale（2000）的建模思路，在一个局部均衡模型中推导了房地产理性泡沫产生、存在以及破灭的条件。周京奎（2005）在信息不对称框架下，分析了开发商和置业者的战略选择，认为在信念和反馈效应的作用下投机行为将不断蔓延，泡沫由此产生。王永钦和包特（2011）则建立了包含普通消费者、理性投机者和追涨杀跌交易者的房地产泡沫模型，探讨交易者异质性对房价泡沫的影响。

在房价泡沫实证研究方面，已有文献主要集中于房价泡沫存在性、房价泡沫测度和房价泡沫成因及影响因素三个方面的讨论。在房价泡沫存在性问题上，国内外学术界和业界争论一直很大，不同学者从不同研究角度出发往往得到不同甚至是截然相反的结论（Case and Shiller，2003；Himmelberg et al.，2005；况伟大，2008；Dreger and Zhang，2013）。究其根源，在于缺乏各界公认较好的房地产泡沫测度方法且难以界定相关指标的合理区间。因此，房价泡沫实证研究的首要问题就是对房价泡沫的测度。

概括来看，已有的房价泡沫测度方法主要有指标法、还原法和统计检验法三类。指标法直接选取房价收入比、租售比、住房空置率、房地产企业的利润率等指标反映房价泡沫程度（Case and Shiller，2003；Brunnermeier and Julliard，2008；吕江林，2010）。指标法简单直接，运用十分广泛，但指标合理区间界定无统一的标准，存在较大的主观性。第二类还原法主要利用宏观基本面因素（Abraham and Hendershott，1996）、房租或资产收益率数据（Alessandri，2006）构建模型推断资产的基本价值，而后

① Miao and Wang（2018）同样关注了信贷—价格正反馈机制并讨论了泡沫对放松厂商信贷约束的影响。但与 Doblas – Madrid（2016）不同的是，Miao and Wang（2018）认为泡沫产生的原因是流动性溢价而非信息不对称。

从价格中分离出泡沫成分（Hott and Monnin, 2008；高波等, 2014；孟庆斌和荣晨, 2017）。与指标法相比，还原法能够直接分离出价格中的基本价值和泡沫成分，具有天然的优势。但还原法对模型参数的常数假定往往与现实经济情况相去甚远（Miles, 2016；刘海云和吕龙, 2018），影响资产基本价值还原的准确度，泡沫测度误差较大。此外，房租数据的获取往往较为困难，这也极大地限制了其运用。第三类方法为统计检验法，该类方法的核心思想为：将房价序列中的周期成分或爆炸性增长（explosive growth）视为泡沫，常见的有 HP 滤波法、单位根检验、协整检验、West 两步检验法等。其中，Phillips et al.（2015）基于单位根检验和滚动递归（Rolling recursive）思想提出的 GSADF 方法则代表了泡沫测度的最新前沿。GSADF 方法不仅能检测泡沫还能界定泡沫的开始和结束时间，对间歇性泡沫（periodically collapsing bubbles）和多重泡沫（multiple bubbles）也具有较好的检测效果。

在房价泡沫成因及其影响因素的分析方面，已有大量文献从不同角度出发探讨了住房供给（Glaeser et al., 2008；Ihlanfeldt and Mayock, 2014）、预期和投机活动（Case et al., 2012；高波等, 2014）、货币政策（Dokko et al., 2011；李健、邓瑛, 2011）、信贷政策（Glaeser et al., 2012；Mian and Sufi, 2018b）、收入不平等（张川川等, 2016）、城市化移民（陆铭等, 2014）等诸多因素对房价泡沫的影响。

众多学者围绕房价泡沫从理论和经验角度展开了卓有成效的讨论，但现有的房价泡沫研究在理论建模和实证研究方面仍存在进一步完善的空间。在理论建模方面，已有的泡沫理论模型大多忽略了对信贷市场的分析。Doblas-Madrid（2016）虽然加入了信贷市场的分析，但其模型中的无风险转移假设使其无法对信贷市场的另一重要参与者——银行的行为进行有效讨论。在实证研究方面，现有实证文献大多使用指标法或还原法对泡沫进行测度，但指标法主观性较强而还原法泡沫测度误差较大。相比之下，目前前沿的 GSADF 方法相对较为客观且测度误差较小，对不同类型泡沫都有较好的检测效果。遗憾的是，目前国内使用 GSADF 方法进行房价泡沫测度的研究较少，对房价泡沫影响因素及具体传导机制的深入探讨也相对不足。此外，中国的房价数据较短，房价泡沫样本较少，仅仅基于中国的数据研究得到的结论也缺乏信服力。最后，由于信贷和房价往往受货币政策、宏观审慎政策影响较大，探讨"双支柱"政策对房价泡沫的调控效果及传导机制也应当是题中之义。

基于上述不足，我们将拓展信息不对称框架下的信贷驱动房价泡沫模型，刻画在信贷—房价正反馈、异质信念和风险转移等机制共同作用下房价泡沫的产生和演变，重点探讨影响投资者博傻投机和房价泡沫骑乘行为的关键因素并形成相关理论命题。在此基础上，基于跨国季度面板数据，首先采用 GSADF 方法对各国房价泡沫进行测度，而后使用 IV – Probit 两步法对前述理论命题进行实证检验，探究家庭部门信贷—房价正反馈、异质信念、利率政策以及宏观审慎监管对房价泡沫发生概率的影响；在此基础上，本章将进一步构建面板 VAR 模型，利用脉冲响应分析技术揭示"双支柱"政策对房价泡沫的动态调控效果及其传导渠道，以期弥补相关实证研究的不足。

第二节　货币政策环境与房地产泡沫理论建模

本章理论模型的主要思想为：由于信息不完全，一个未知规模的利好冲击将使拥有异质信念的投资者以房产为抵押向银行贷款进一步购入房产，并在房价超过基本价值后选择博傻、骑乘泡沫，进而引发房价泡沫。

与其他基于信息不对称框架的博傻理论泡沫模型不同，本章主要作了如下两处改进：（1）引入信贷市场分析，直接讨论了信贷与房价的正反馈机制如何强化了投资者的博傻投机和泡沫骑乘行为；（2）在 Doblas – Madrid（2016）（以下简称 DM 模型）基础上进一步放松无风险转移假设，以期在更一般的框架下讨论泡沫骑乘行为。

一、模型设定

本章在 DM 模型基础上，沿用信息不对称分析框架，基于离散时间、无穷期界、两类资产、两大主体和两个市场的设定对泡沫的产生及演变进行建模。

假定存在两类资产分别为房产和银行存款，其中房产总供给固定为 1 且不允许卖空。假定存在两类主体分别为投资者和银行，其中假定投资者存在财富约束（wealth constraint）。每一期根据投资者是否遭受独立同分布的消费冲击（consumption shock）将投资者进一步划分为非耐心投资者和耐心投资者，其中非耐心投资者将总是卖出房产以用于消费，占比为 θ。假定存在房产和信贷两个市场。房产市场遵循两步交易结构，即投资者先提交订单后撮合成交产生均衡价格。在信贷市场中，投资者以房产为抵押向银行贷款，每笔贷款仅存续一期；银行以抵押房产的当期市场价值为基础确定贷款价值比（loan-to-value ratio）$\overline{\phi}_t$，进而确定每期向投资者发放贷款的金额。假定存在法定最高贷款价值比 $\overline{\phi}$，因而 $\overline{\phi}_t \leq \overline{\phi}$。银行贷款利率为 $\widetilde{R}$[1]，等于无风险利率 R 加上固定溢价率 $\overline{C}$。同时假定每一期可划分为两个子时期，子时期 1 投资者于房产市场进行交易，当产生均衡价格后在子时期 2 进行信贷市场借贷；银行不参与房产交易，仅在信贷市场发放贷款。

在 0 时点之前，房产价格等于基本价值。假定在 0 时点向市场主体释放利好冲击信号，但冲击规模 $\overline{F}$（$\overline{F} > 1$）和利好支付时点 $t_{pay} > 0$ 未知，投资者之间、银行之间以及投资者和银行之间无法观测对方接收的信号。给定这一冲击，房产真实价值为 $\overline{F}R^t$；定义 $t_0 \equiv \{t > 0 \mid p_t = \overline{F}R^t\}$，因而对房产真实基本价值的判断等同于对 t_0 的判断。根据 0 时点观测信号的先后次序，投资者信号函数分布为：$v(i): [0, 1] \rightarrow \{t_0, \cdots, t_0 + N - 1\}$；银行信号函数分布为：$\ell(j): [0, 1] \rightarrow \{t_0, \cdots, t_0 + N - 1\}$。

假定 t_0 服从参数为 λ 的几何分布，其概率密度函数如下：

$$\varphi(t_0) = (1 - \lambda)\lambda^{t_0}, \quad \forall t_0 = 0, 1, \cdots \tag{5.1}$$

投资者 i 虽仅能观测自身接收的信号 $v(i)$，但由于仅有 N 类信号，因此投资者推断 t_0 的取值范围为 $supp(t_0 \mid v(i)) = \{\max\{0, v(i) - (N - 1)\}, \cdots, v(i)\}$。类似地，银行 j 推断 t_0 的取值范围为 $supp(t_0 \mid \ell(j)) = \{\max\{0, \ell(j) - (N - 1)\}, \cdots, \ell(j)\}$。根据观测到的信号及推断的取值集合（support），投资者 i 和银行 j 形成对 t_0 的判断，即信念函数并根据新的价格信息进行更新。投资者 i 和银行 j 的信念函数及取值集合表达式分别如下：

$$\mu_{i,t}(t_0) = \frac{\varphi(t_0)}{\sum\limits_{\tau_0 \in supp_{i,t}(t_0)} \varphi(t_0)} \tag{5.2}$$

$$supp_{i,t}(t_0) = \begin{cases} \tau_0 \in \{\max\{0, t - \tau^* + 1, v(i) \\ \quad - (N-1)\}, \cdots, v(i)\} & if\ 0 \leq t < t_c \\ \{t_c - \tau^*\} & if\ t \geq t_c \end{cases} \tag{5.3}$$

$$\mu_{j,t}(t_0) = \frac{\varphi(t_0)}{\sum\limits_{\tau_0 \in supp_{j,t}(t_0)} \varphi(t_0)} \tag{5.4}$$

---

[1]　在实践中，各国银行的个人住房抵押贷款利率定价方式主要采用基准利率加上固定溢价，见郑晓亚等（2016）。

$$supp_{j,t}(t_0) = \begin{cases} \tau_0 \in \left\{ \max\left\{0,\ t - \tau^* + 1, \right.\right. \\ \left.\left. \ell(i) - M\right\},\ \cdots,\ \ell(i) - 1 \right\} & if\ 0 \leqslant t < t_c \\ \{t_c - \tau^*\} & if\ t \geqslant t_c \end{cases} \tag{5.5}$$

其中，取值集合描述了投资者 i 或银行 j 认为的 t_0 的所有可能取值；信念函数则确定了取值集合中各个取值的取值概率。

二、决策集及均衡

已知历史房价 p_{t-1}、当期贴现率 $\delta_{i,t}$ 和初始资产组合 $\{b_{i,t},\ h_{i,t},\ l_{i,t}\}$，其中，$b_{i,t}$，$h_{i,t}$，$l_{i,t}$ 分别代表初始银行存款余额、持有的房产数量以及本期贷款金额。

在子时期 1 期初，投资者在房产市场的决策集为 $a_{i,t} = \{m_{i,t},\ s_{i,t},\ \tilde{l}_{i,t},\ \varepsilon_{i,t}\}$，各决策变量分别为：用于购入房产的金额、用于出售的房产数量、房贷存续余额以及用于消费的比例①。在子时期 1 期末，即房产市场交易后，投资者的资产组合为 $\{\tilde{b}_{i,t},\ \tilde{h}_{i,t},\ \tilde{l}_{i,t}\}$，其动态方程为：

$$\tilde{b}_{i,t} = (1 - \varepsilon_{i,t})\left[b_{i,t} - m_{i,t} + \max\left\{0,\ p_t - \frac{l_{i,t}}{h_{i,t}}\right\}s_{i,t} \right] \tag{5.6}$$

$$\tilde{h}_{i,t} = h_{i,t} + \frac{m_{i,t}}{p_t} - s_{i,t} \tag{5.7}$$

$$\tilde{l}_{i,t} = \frac{h_{i,t} - s_{i,t}}{h_{i,t}} l_{i,t} \tag{5.8}$$

在子时期 2，给定资产组合 $\{\tilde{b}_{i,t},\ \tilde{h}_{i,t},\ \tilde{l}_{i,t}\}$ 和信息集 $I_{i,t} = \{p_t,\ p_{t-1},\ \delta_{i,t}\}$，投资者在信贷市场的决策集为 $\tilde{a}_{i,t} = (r_{i,t},\ b_{i,t+1},\ l_{i,t+1},\ h_{i,t+1})$，各决策变量分别为：偿还上期贷款的比例（$0 \leqslant r_{i,t} \leqslant 1$）、下期银行存款余额、下期贷款金额以及下期持有的房产数量。$b_{i,t+1}$、$l_{i,t+1}$ 和 $h_{i,t+1}$ 满足如下动态约束条件：

$$\frac{b_{i,t+1}}{R} + r_{i,t}\tilde{l}_{i,t} = \tilde{b}_{i,t} + y_{i,t} + (1 - r_{i,t})(h_{i,t} - s_{i,t})e_{i,t} + \frac{l_{i,t+1}}{R} \tag{5.9}$$

$$l_{i,t+1} = \overline{\phi}_t p_t h_{i,t+1} \tag{5.10}$$

$$h_{i,t+1} = \tilde{h}_{i,t} - (1 - r_{i,t})(h_{i,t} - s_{i,t}) = \frac{m_{i,t}}{p_t} + r_{i,t}(h_{i,t} - s_{i,t}) \tag{5.11}$$

其中，R 为无风险利率；$y_{i,t}$ 为当期要素禀赋收入；$e_{i,t}$ 为银行处置抵押

---

① 对于非耐心投资者，$\varepsilon_{i,t} = 1$；耐心投资者在消费和继续持有房产之间无差异，为简化分析，假定 $\varepsilon_{i,t} = 0$。

房产时，处置价格高出贷款价值的部分。

通过进一步分析可知，投资者在两个市场实际需确定的变量仅为：在房产市场用于购买房产的金额 $m_{i,t}$、用于出售的房产数量 $s_{i,t}$ 以及在信贷市场偿还上期贷款的比例 $r_{i,t}$。一旦确定上述 3 大关键变量，其余决策变量均可由动态方程组式（6）～式（11）确定。因此，投资者的效用最大化问题可概括为：

$$\max_{(m_{i,t}, s_{i,t}, r_{i,t})} E[c_{i,t} + \delta_{i,t} EU_{i,t+1}] \quad \text{s. t.} \ 0 \leqslant m_{i,t} \leqslant b_{i,t}, \ 0 \leqslant s_{i,t} \leqslant h_{i,t}, \ 0 \leqslant r_{i,t} \leqslant 1$$

根据式（5.10），给定当期房价，银行 j 在子时期 2 的决策仅为确定贷款价值比水平，其利润最大化问题可概括为：

$$\max_{\phi_t} I(\cdot)[(1 - \beta_{j,t}) \times \overline{C} \overline{\phi}_t p_t h_{i,t} + \beta_{j,t} \times (1 - \alpha)(p_{t+1} h_{i,t} - \overline{\phi}_t p_t h_{i,t})]$$

其中，$\beta_{j,t}$ 为银行 j 认为无法足额收回贷款的主观概率；$\overline{C} = (1 - \alpha)$ $(G - R - R/\lambda)/\alpha\overline{\phi}$；$1 - \alpha$ 为贷款违约时银行承担的损失部分；$I(\cdot)$ 为示性函数，当银行发放贷款时取 1，不发放贷款时取 0。

参考 DM 模型的求解思路，采用替代法（guess-and-verify）推导得到投资者和银行在不对称信息下的完美贝叶斯博弈均衡策略解集。对于非耐心投资者，其均衡策略为：出售所有房产以用于消费并且偿还上期所有房贷；对于耐心投资者，在其预期泡沫破裂之前其均衡策略为：购入房产、不进行消费并偿还上期所有房贷；对于银行而言，在其预期泡沫破裂之前其均衡策略为：向耐心投资者发放贷款[①]。

三、博傻投机与房价泡沫产生

由于预期存在利好冲击，当前房产价值被低估，耐心投资者以持有的房产为抵押向银行贷款并进一步投资于房产市场。在信贷—价格的正反馈作用下，房价不断攀升直至 t_0 时刻，此时房价等于其基本价值。那么，房价上涨是否会就此戛然而止，位于队列第一位的投资者（$v(i) = t_0$）和银行（$\ell(j) = t_0$）是否会在 t_0 时刻选择退出市场呢？答案是否定的。尽管在 t_0 之后房价已经超过其基本价值，只有"傻子"才会购入高估的房产，但只要可以在下一期将资产出售给"更大的傻子"，投资者就会选择继续购入房产；同理，只要房价泡沫不会在下一期破灭，银行就会继续发放贷款。而房价泡沫正是"傻子"和"更大的傻子"之间博傻游戏的产物。在这一博傻逻辑支配下，所有耐心投资者继续购入房产、银行继续发放贷

---

① 完美贝叶斯博弈均衡完整策略解集见本章附录。

款，房价继续上涨。从 t_0 时刻开始，房价泡沫产生，投资者和银行开始博傻游戏并骑乘泡沫。

在 t_0 后的每一期，投资者和银行面临继续参与和退出博傻游戏两种选择。若选择退出，存在成功"逃顶"和过早退出两种可能；若继续博傻，存在成功骑乘泡沫和山顶套牢两种可能。无论继续参与或退出，均存在两种可能性，对应的概率分别由投资者和银行的信念函数式（5.2）和式（5.4）决定。根据信念函数给出的取值概率及每一种可能下投资者和银行对应的支付，投资者 i 和银行 j 权衡参与博傻游戏、骑乘泡沫的风险与收益。若风险大于收益则选择退出博傻游戏，反之则继续骑乘泡沫。可证明，对于投资者和银行而言，其最优策略是使骑乘泡沫时间等于 τ^*①。

因此，对于投资者 i 其最优策略为：在 $v(i)+\tau^*$ 时刻出售全部风险资产；而对于银行 j 其最优策略为在 $l(j)+\tau^*$ 时刻停止发放贷款。由于投资者的信号分布为 $v(i)：[0,1]\rightarrow\{t_0,\cdots,t_0+N-1\}$，银行的信号分布为 $\ell(j)：[0,1]\rightarrow\{t_0,\cdots,t_0+N-1\}$，因此，在 $t_0+\tau^*$ 时点仅有队列第一位的投资者和银行退出；在此之前，可证明房价增长率将趋近于一个常数 G②。一旦队列第一位的投资者开始出售房产，房价增长率将偏离 G，进而向所有市场主体揭示 t_0 的真实价值，泡沫由此破裂。为方便读者理解，将上述分析归纳见图 5-1。

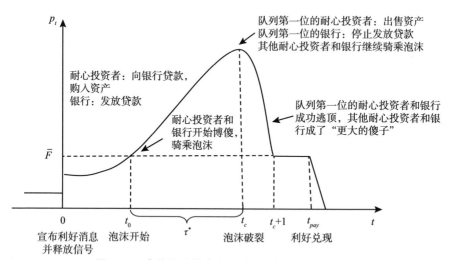

图 5-1 房价泡沫的产生、破裂及各主体均衡策略

---

① Abreu and Brunnermeier（2003）严格证明了投资者的最优策略是在 t_0 时刻后选择等待固定时间长度 τ^*，在 $t_0+\tau^*$ 出售资产，限于篇幅，我们将直接使用这一结论不再给出证明。

② 证明见本章附录。

概括来看，本模型泡沫的产生依赖于信息不对称和投资者面临财富约束这两个核心假设，而信贷市场在泡沫产生过程中则起了推波助澜的作用。信息不对称下市场参与者自认为自身处于信息（队列顺序）优势地位，参与博傻游戏，进行投机交易是导致泡沫产生的根本原因，而投资者面临财富约束（wealth constraint）则保证了价格无法一次性调整到位，使投机交易成为可能。通过引入信贷市场，信贷—价格正反馈以及投资者向银行的风险转移动机则进一步加剧了骑乘泡沫行为。在这个博傻游戏中，只有位于队列第一位的投资者和银行成功逃顶并获利，其他 $N-1$ 类投资者和银行都成了更大的"傻子"，需承担泡沫破裂带来的损失。

四、命题推导

具体地，为分析投资者和银行泡沫骑乘行为及影响因素，考虑投资者 i 和银行 j 在 t_0 后每一期的风险收益权衡。

由信念函数确定的取值概率及不同情况下对应的支付，可推导得到投资者 i 骑乘泡沫的权衡取舍表达式[①]如下：

$$1 = f(\alpha)\frac{1}{1+\lambda}\left(\frac{G}{R}\right)^{-\tau^*} + \frac{\lambda}{1+\lambda}\frac{G}{R} \tag{5.12}$$

等式（5.12）左边代表投资者退出博傻游戏的支付，为1单位确定性收益；式（5.12）右边则代表投资者继续博傻游戏的期望支付。其中，继续博傻且成功骑乘泡沫的概率为 $\lambda/(1+\lambda)$，对应多骑乘1期泡沫带来的资产增值收益为 G/R；继续博傻但骑乘泡沫失败的概率为 $1/(1+\lambda)$，对应泡沫破裂后的支付为 $(G/R)^{-\tau^*}$。但由于存在风险转移，投资者只需承担 α 部分损失，剩余部分则由银行承担，此时投资者对应的真实支付为 $f(\alpha) \times (G/R)^{-\tau^*}$，其中 $f(\alpha) > 1$ 且 $f'(\alpha) < 0$。由式（5.12）可知，影响投资者骑乘泡沫的因素主要有：房价增长率 G、无风险利率 R 以及风险转移参数 α。房价增长率 G 越高、无风险利率 R 越低，骑乘房价泡沫的风险溢价越大，投资者博傻投机和骑乘泡沫的动机越强；反之则越倾向于退出博傻游戏，出售房产。风险转移越严重即 α 越小，在泡沫破裂时投资者将损失转嫁给银行后自担损失的部分越少，投资者也越倾向于骑乘泡沫。

类似地，可推导得到银行 j 骑乘泡沫的权衡取舍表达式[②]：

$$0 = \frac{\lambda}{1+\lambda}\frac{\overline{\phi}\,\overline{C}}{R} + \frac{1}{1+\lambda}(1-\alpha)\left[\left(\frac{G}{R}\right)^{-\tau^*} - \overline{\phi}\right] \tag{5.13}$$

---

①② 详细推导过程见本章附录。

式（5.13）左边代表银行退出博傻游戏、不发放贷款获得的确定性支付。而式（5.13）右边则代表银行继续骑乘泡沫，向投资者发放贷款的期望支付。银行成功骑乘泡沫概率为 $\lambda/(1+\lambda)$，对应的支付为 $\bar{\phi}\,C/R$；骑乘泡沫失败概率为 $1/(1+\lambda)$，对应的支付为 $(1-\alpha)[(G/R)^{-\tau^*}-\bar{\phi}]$。由式（5.13）可知，影响银行骑乘泡沫行为的主要因素包括：房价增长率 G、无风险利率 R、风险转移参数 α 以及贷款价值比 $\bar{\phi}$。房价增长率 G 越高、无风险利率 R 越低、固定溢价率 $\bar{C}$ 越大，银行不发放贷款的机会成本越高，因而银行越有动力继续发放贷款、骑乘泡沫。风险转移参数 α 越大，发生损失后银行需承担的部分越少，银行继续发放贷款积极性也越高。而贷款价值比 $\bar{\phi}$ 上升则存在两种相反的效应。一方面，贷款价值比越大，银行可发放贷款的规模越大，利润越大；另一方面，贷款价值比越高同时意味着若发生违约损失也较大。但当房价增长率较高或泡沫破裂可能性较小时，前者效应占主导，贷款价值比上升将刺激银行更多地发放贷款。

通过联立式（5.12）和式（5.13），同时考虑投资者和银行的骑乘泡沫行为，可求解得到：当 $G/R<1/\varPhi+1/\lambda$ 时均衡状态下房价泡沫持续时间 τ^* 的表达式为：

$$\tau^* = \frac{\ln f(\alpha) - \ln(\varPhi + \lambda - \lambda\varPhi(G/R))}{\ln(G/R)} \tag{5.14}$$

其中，$\varPhi = \theta(N-1)/[1+\theta(N-1)]$。当 $G/R>1/\varPhi+1/\lambda$ 时，$\tau^*>0$ 恒成立，即任何长度的泡沫均可能存在。

由于 $f'(\alpha)<0$，将式（5.14）对风险转移参数 α 求导易知：$\partial\tau^*/\partial\alpha<0$，即投资者对银行的风险转移越严重，投资者需自行承担的损失部分（α）越小、可转移至银行承担的损失比例（$1-\alpha$）越高，投资者行为将更为激进，房价泡沫持续时间越长。因此，与 DM 模型相比，本模型在放松无风险转移假设后得到的均衡泡沫持续时间将较长。

根据上述分析，本章提出如下理论命题并进行证明。

命题5.1：信贷和房价存在正反馈且这一正反馈推动房价不断攀升，加剧房价泡沫。

证明：假定银行存款总金额为 B_t，在 $t_0+\tau^*$ 之前房产供给仅为非耐心投资者出售的 θ 单位，需求为耐心投资者持有的银行存款 $(1-\theta)B_t$，因此房价的决定式为：

$$p_{t+1} = \frac{1-\theta}{\theta}B_{t+1} \tag{5.15}$$

当不包含信贷市场即不存在信贷—房价正反馈时，此时 $B_{t+1} = Ry_t$ 等于上期要素禀赋收入 y_t 乘以 R。因而，当不存在信贷—房价正反馈时，

$$G_{t+1} = \frac{p_{t+1}}{p_t} = \frac{y_{t+1}}{y_t} = R$$

当允许信贷市场借贷时，根据动态方程有：$B_{t+1} = L_{t+1} + R[y_t - (1 - \theta)L_t]$、$L_t = \bar{\phi}p_{t-1}$ 和 $L_{t+1} = \bar{\phi}p_t$。代入式（5.15）整理可得：

$$G_{t+1} = \frac{1-\theta}{\theta}\Big[\bar{\phi} + R\frac{y_t}{p_t} - \frac{(1-\theta)R\bar{\phi}}{G_t}\Big]$$

可证明房价增长率存在稳态解 G 且 $G > R$[①]，即当存在信贷—房价正反馈时，房价增长率将较高。将式（5.14）对 G/R 求导，易证明 $\partial\tau^*/\partial(G/R) > 0$，表明信贷—房价正反馈加速了房价上涨，加剧了房价泡沫。命题5.1得证。

命题5.2：市场主体信念异质性越强，房价泡沫越严重。

证明：本模型使用 N 刻画主体信念异质性，N 越大代表投资者和银行对 t_0 的判断分化越严重，信念异质性越强。由于 $\Phi = \theta(N-1)/[1 + \theta(N-1)]$，$\partial\Phi/\partial N > 0$，由 τ^* 对 Φ 求导可得：

$$\frac{\partial\tau^*}{\partial\Phi} = -\frac{1 - \lambda(G/R)}{[\Phi + \lambda(1-\theta)(G/R)]}\frac{1}{\ln(G/R)}$$

当 $G/R \in (1/\lambda, 1/\lambda + 1/\Phi)$ 时，易知 $\partial\tau^*/\partial\Phi > 0$。可知当满足一定参数条件时，主体信念异质性越强、投资者和银行对泡沫开始时间判断分化越严重，投资者和银行越倾向于认为自己不是队列的最后一个，其博傻投机动力将越强，泡沫持续时间也将越长。在极端情况下，主体信念极度分散，N 趋于无穷大，此时泡沫将永久地持续下去。

命题5.3：宽松信贷政策（高贷款价值比）和低利率环境将加剧房价泡沫。

证明：稳态均衡下 G_t 趋于常数 $G = (1-\theta)\bar{\phi}[1 + \sqrt{1 - 4\theta R/\bar{\phi}}]/2\theta$，在稳态水平下分别对 $\bar{\phi}$ 和 R 求偏导数可得：

$$\frac{\partial G}{\partial\bar{\phi}} = \frac{1-\theta}{2\theta}[1 + \sqrt{1 - 4\theta R/\bar{\phi}}] + \frac{R(1-\theta)}{\bar{\phi}\sqrt{1 - 4\theta R/\bar{\phi}}} > 0$$

$$\frac{\partial G}{\partial R} = -(1-\theta)/\sqrt{(1 - 4\theta R/\bar{\phi})} < 0$$

由 $\partial\tau^*/\partial(G/R) > 0$，易知 $\partial\tau^*/\partial\bar{\phi} > 0$ 及 $\partial\tau^*/\partial R < 0$，命题5.3得证。因

[①] 详细证明过程见本章附录。

此，贷款价值比越高、无风险利率越低将加剧房价泡沫。由命题 5.3 得到的政策启示为：（1）宽松的信贷政策会助长泡沫，而下调贷款价值比的宏观审慎监管则有助于遏制泡沫；（2）低利率环境会鼓励泡沫骑乘行为而紧缩性货币政策则有助于戳破泡沫。

第三节　货币政策环境与房地产泡沫实证检验

一、实证设计

在理论模型部分，本章分析了信贷—房价正反馈、市场主体异质信念、利率环境和宏观审慎信贷监管等因素对房价泡沫的影响并得到一系列待检验命题。基于可获得的数据，本章将依次对上述命题进行实证检验，分析信贷—房价正反馈、异质信念、利率政策和宏观审慎监管等因素对房价泡沫发生概率的影响。

一个自然的想法是构建包含本章关心的各解释变量在内的面板 Logit 模型探究其对房价泡沫发生概率的影响。但应当指出的是，由于房价泡沫与宏观审慎监管 MPI 变量可能存在较为明显的反向因果关系，进而导致模型存在严重内生性问题。一方面，本章关心且试图检验的关系之一是宏观审慎监管对房价泡沫发生概率的可能影响；另一方面，爆发房价泡沫的可能性大小也会促使监管当局调整政策力度，加强或放松宏观审慎监管。为纠正可能存在的内生性偏误，考虑到本章使用的数据为跨国季度面板数据集，引入 MPI 变量的滞后项（1 期）[①] 作为工具变量，使用工具变量法（Ⅳ – Probit 两步法）对前述理论命题进行检验。本章第一部分的实证模型设定如下：

$$Bubble_{i,t} = \alpha_i + \beta_1 Credit_{i,t} + \beta_2 HP_{i,t} + \beta_3 Credit_{i,t} \times HP_{i,t} + \beta_4 TR_{i,t}$$
$$+ \beta_5 lr_{i,t} + \beta_6 MPI_{i,t} + \delta C_{i,t} + e_{i,t} \tag{5.16}$$

$$MPI_{i,t} = \tilde{\alpha}_i + \tilde{\beta}_1 Credit_{i,t} + \tilde{\beta}_2 HP_{i,t} + \tilde{\beta}_3 Credit_{i,t} \times HP_{i,t} + \tilde{\beta}_4 TR_{i,t}$$
$$+ \tilde{\beta}_5 lr_{i,t} + \tilde{\delta} C_{i,t} + \xi_1 IV_{i,t} + \zeta_{i,t} \tag{5.17}$$

其中，式（5.16）为结构方程，$Bubble_{i,t}$ 为房价泡沫变量，当 i 国在 t

[①]　目前，未有关于宏观审慎尤其是信贷监管政策时滞的测算。根据肖卫国和刘杰（2013）的研究，就中国的情况而言，利率作为货币政策工具时对产出和通胀的政策时滞约为 3 个月，以银行信贷增长率作为政策工具的时滞最短。因此，我们考虑到政策时滞因素，选取 3 个月作为滞后期。

期发生房价泡沫时取 1，反之取 0。$Credit_{i,t}$ 和 $HP_{i,t}$ 分别为 i 国在 t 期的信贷增长率和房价增长率，使用二者的交互项表示信贷－房价正反馈效应；$TR_{i,t}$ 为异质信念变量，使用一国股市换手率进行代理；$lr_{i,t}$ 为利率政策变量，用贷款利率表示；$MPI_{i,t}$ 为宏观审慎政策变量，用一国宏观审慎指数 MPI 表示；$C_{i,t}$ 为宏观经济控制变量。式（5.17）为第一阶段方程，其各外生解释变量和控制变量定义与式（5.16）一致，$IV_{i,t}$ 为内生解释变量 $MPI_{i,t}$ 的工具变量，即 $MPI_{i,t}$ 变量的滞后 1 期项。

在检验理论命题的基础上，为进一步揭示"双支柱"政策调控房价泡沫的作用机制，考察利率调控和宏观审慎监管对家庭部门信贷和房价的动态影响，依次建立如下面板 VAR 模型：

$$Y_{i,t} = \Gamma_0 + \Gamma_1 Y_{i,t-p} + \Phi C_{i,t} + u_{i,t}，\text{其中 } Y_{i,t} = (Credit,\ HP,\ lr)'$$
$$(5.18)$$

$$Y_{i,t} = \Gamma_0 + \Gamma_1 Y_{i,t-p} + \Phi C_{i,t} + u_{i,t}，\text{其中 } Y_{i,t} = (Credit,\ HP,\ MPI)'$$
$$(5.19)$$

$$Y_{i,t} = \Gamma_0 + \Gamma_1 Y_{i,t-p} + \Phi C_{i,t} + u_{i,t}，\text{其中 } Y_{i,t} = (Credit,\ HP,\ lr,\ MPI)'$$
$$(5.20)$$

其中，式（5.18）~式（5.20）分别表示单独实施利率调控、单独实施宏观审慎监管以及同时实施"双支柱"政策的情形；$Y_{i,t-p}$ 为 $Y_{i,t}$ 滞后 p 期的值；$C_{i,t} = (GDP,\ CPI,\ NX\_ratio)'$ 为实际 GDP 增长率、CPI 增长率和净出口比值组成的（3×1）维列向量。

二、房价泡沫变量构建

依据前文的实证模型设计，在具体实证研究之前首先需要解决的问题就是被解释变量房价泡沫变量的构建。鉴于其较于其他检测方法的优越性，本章将使用 GSADF 方法[①]构建房价泡沫变量。具体地，基于 ADF 检验的泡沫检测方法认为：资产价格 y 的爆炸性增长（explosive growth）与泡沫相关，若出现爆炸性增长则可视为出现泡沫。因而，价格序列中爆炸性增长的检测可转化为右侧单位根检验。借鉴这种思想，Phillips 等（2011）提出如下等式：

---

① 作为对照，我们同样使用了目前使用较广的 HP 滤波法进行泡沫检测，检测结果表明：大部分时期使用 HP 滤波法和 GSADF 方法可得到相同结论；而在部分时期当 HP 滤波法失效时，GSADF 法依然具有较好的检测效果。由于各类泡沫检测方法比较并非我们研究范畴，限于篇幅不做汇报，留存备索。

$$\Delta y_t = \alpha_{r_1,r_2} + \beta_{r_1,r_2} y_{t-1} + \sum_{i=1}^{k} \psi_{i,r_1,r_2} \Delta y_{t-i} + \varepsilon_t$$

其中，$\varepsilon_t \sim (0, \sigma^2_{r1,r2})$，$r_1 = T_1/T$，$r_2 = T_2/T$，$T_1$、$T_2$ 和 T 分别表示所要测度的样本起始点、终止点和总样本观测值个数。Phillips et al.（2011）将起点 r_1 固定为 0，使终点 r_2 从后不断向前递归得到 SADF 统计量：

$$SADF(r_0) = \sup_{r_2 \in [r_0,1]} ADF_0^{r_2}$$

其中，r_0 表示最小样本窗口长度。尽管 SADF 统计量在检测单一泡沫时效果较好，但是在检测多重泡沫（multiple bubbles）时效果不尽如人意。为了应对这一问题，Phillips et al.（2015）提出 GSADF 方法，即起点 r_1 不再固定为 0 而允许起点 r_1 在 0 至 $r_2 - r_0$ 之间滚动，从而得到 GSADF 统计量：

$$GSADF(r_0) = \sup_{\substack{r_1 \in [0,r_2-r_0] \\ r_2 \in [r_0,1]}} \{ ADF_{r_1}^{r_2} \}$$

通过滚动样本检测窗口，可以考察样本时间序列中的各个观测点是否处于泡沫阶段。由于 GSADF 统计量具有非标准的极限分布，需通过模拟的方法获取临界值。当 GSADF 统计量大于其分布临界值时，我们拒绝原假设，认为泡沫产生；当 GSADF 统计量小于分布临界值时，认为泡沫破裂。定义房价泡沫二值变量如下：

$$Bubble_{i,t} = \begin{cases} 1, & if\ GSADF(t) > c.v. \\ 0, & otherwise \end{cases}$$

其中，$GSADF(t)$ 为 t 期的 GSADF 统计量值，$c.v.$ 为分布临界值。同时，为排除市场非泡沫性极端波动的干扰，我们仅保留持续至少两个季度的泡沫。

三、数据来源及变量描述性统计

为避免单一国家样本所得结果存在的偏误性，同时考虑数据可得性，本章的样本为包含中国在内的 22 个主要发达和发展中国家非平衡面板数据集，时间跨度为 1975 年一季度至 2017 年四季度[1]。主要变量定义及数据来源如下：

信贷增长率 *Credit*：根据 Anundse 等（2016）的研究，与企业部门和

---

[1] 22 个样本国分别为：澳大利亚、奥地利、比利时、巴西、加拿大、智利、中国、芬兰、法国、德国、爱尔兰、以色列、意大利、日本、荷兰、新西兰、葡萄牙、南非、瑞典、瑞士、英国以及美国。

政府部门信贷不同，家庭部门信贷扩张对长期收入增加贡献较小，蕴藏的风险较大。换言之，家庭部门信贷扩张可能有更强的投机性，加上其与房价联动更为紧密，二者的正反馈效应可能更为明显。为此，本章将使用家庭部门信贷季度同比增长率进行研究，数据来源为 BIS 数据库。

房价增长率 *HP*：基于 OECD 数据库的房价季度数据计算得到房价季度增速。

异质信念变量：使用一国股市换手率 *TR* 作为房地产市场异质信念的代理变量，将年度换手率数据进行季度插值得到季度换手率，数据来源为 World Bank 数据库。

利率变量：在基准分析和稳健性检验中分别选取贷款利率 *lr* 和政策利率 *pr* 进行研究，数据来源分别为 IMF 的 IFS 数据库和 BIS 数据库。

宏观审慎监管变量 *MPI*：使用来自 IMF – GMPI 数据库的宏观审慎指数 *MPI* 对一国宏观审慎监管程度进行衡量。

宏观经济控制变量：参考 Jordà 等（2015），本章选取的控制变量主要包括：（1）实际产出增长率 *GDP*，对实际 GDP 年度数据进行季度插值并以此为基础计算实际 GDP 季度增长率，数据来源为 World Bank 数据库；（2）通货膨胀增长率 *CPI*，以各国季度 CPI 同比增长率来衡量，数据来源为 BIS 数据库；（3）净出口比值 *NX_ratio*，为去除量纲的影响，以各国净出口与平均进出口总额的比值来衡量，数据来源为 OECD 数据库。经过整理匹配，本章共得到共计 1114 条①样本观测值，主要变量的描述性统计如表 5 – 1 所示。

表 5 – 1   主要变量描述性统计

变量	均值	标准差	最小值	中位数	最大值
Credit	0.046	0.06	– 0.102	0.042	0.39
HP	0.02	0.062	– 0.23	0.023	0.21
TR	0.82	0.64	0.044	0.69	4.83
lr	0.067	0.086	0.001	0.047	0.58
MPI	2.2	1.93	0	2	10
GDP	0.023	0.033	– 0.07	0.021	0.29

①　匹配后样本观测值主要受限于宏观审慎指数（MPI），由于无法获得早期数据，MPI 数据长度为 2000 年 1 季度开始至 2017 年 4 季度。

变量	均值	标准差	最小值	中位数	最大值
CPI	0.02	0.019	− 0.066	0.019	0.10
NX_ratio	− 0.007	0.27	− 1.14	0.023	0.73
Bubble	0.55	0.48	0	1	1

特别地，表5－2和表5－3分别汇报了使用 GSADF 方法对样本国家在样本期内房价泡沫总体检测情况。可以看到，1975～2017 年 22 个样本国家共发生了 51 次房价泡沫，泡沫持续时间为 979 个季度。其中，发达国家发生房价泡沫次数 41 次，发展中国家 12 次。此外，样本期内的房价泡沫大多发生在 2008 年之前。就单个国家而言，以中国、美国和日本三国为例，在样本期内本章检测到的房价泡沫情况如表5－4 所示。总体来看，使用 GSADF 方法检测得到的泡沫次数和时间与现实观察较为吻合，具有较好的检测能力。

表 5－2   1975～2017 年样本国家房价泡沫情况

房价泡沫	持续时间（季度）	全样本（个数）	2008 年之前（个数）	2008 年之后（个数）
发达国家	828	41	31	10
发展中国家	151	10	4	6
总计	979	51	35	16

表 5－3   中、美、日三国样本期内房价泡沫监测情况

国家	房价泡沫个数	房价泡沫时间
中国	1	2010～2011 年
美国	2	1983～1987 年 1998～2007 年
日本	1	1989～1991 年

四、实证结果分析

（一）基准分析

为避免"伪回归"问题，在实证分析前首先对各变量进行面板数据单位根检验①，结果显示各变量在1%的显著性水平下通过检验，满足数据平稳性要求。

由于使用内生解释变量 *MPI* 的滞后项作为工具变量，从理论分析角度可预期工具变量与内生变量存在较强的相关性，表5－4中的弱工具变量检验结果也同样证实了这一点。此外，由于工具变量个数等于内生解释变量个数，因此无须进行过度识别检验。根据实证模型式（5.16）和式（5.17）的设定，使用Ⅳ－Probit两步法进行估计，表5－4（1）列和（2）列分别汇报了未控制和已控制宏观经济变量的回归结果。

表5－4　　　　　房价泡沫发生概率影响因素分析（Ⅳ－Probit 估计）

解释变量	被解释变量：房价泡沫			
	（1） 全样本	（2） 全样本	（3） 政策利率	（4） 含经济周期
家庭部门信贷	0.440 （0.861）	0.509 （0.973）	6.206 *** （1.106）	3.632 *** （1.031）
家庭部门信贷×房价	25.65 ** （10.72）	25.18 ** （11.15）	37.64 *** （7.292）	31.38 ** （13.33）
利率	－0.00788 * （0.0048）	－0.00778 * （0.0049）	－0.0686 *** （0.0147）	－0.015 *** （0.00540）
MPI	－0.113 *** （0.0223）	－0.112 *** （0.0231）	－0.0985 *** （0.0233）	－0.125 *** （0.0235）
换手率	0.00194 （0.00315）	0.00201 （0.0032）	0.00771 * （0.00433）	0.00137 （0.00379）
经济周期				－0.474 *** （0.101）
房价×家庭部门信贷× 经济周期				45.43 *** （16.81）
异质信念×经济周期				－0.00024 （0.00728）
常数项	0.215 *** （0.0668）	0.216 *** （0.0675）	0.133 （0.0945）	0.447 *** （0.0880）

---

① 由于我们使用的数据为非平衡面板数据，分别进行 IPS 检验和 Fisher－ADF 检验，检验结果见本章附录。

解释变量	被解释变量：房价泡沫			
	（1） 全样本	（2） 全样本	（3） 政策利率	（4） 含经济周期
宏观经济控制变量	未控制	控制	控制	控制
Weak IV AR Test （P 值）	22. 72 （0. 000）	22. 07 （0. 000）	18. 28 （0. 000）	26. 63 （0. 000）
Wald Test （P 值）	0. 69 （0. 4064）	0. 69 （0. 4068）	0. 03 （0. 8738）	0. 87 （0. 3507）
观测值	1054	1054	799	1054

可以看到，无论是否控制宏观经济变量，模型均取得了较好的拟合效果，主要变量的系数符号比较符合预期且较为显著。家庭部门信贷和房价的交互项系数在 5% 水平下均显著为正，表明家庭部门信贷—房价正反馈会显著增加房价泡沫发生概率，对房价泡沫具有较好的预测能力。与理论模型一致，利率变量和 MPI 变量系数则均显著为负，表明上调贷款利率和加强宏观审慎监管均能够有效降低房价泡沫发生概率，有助于抑制房价泡沫。但注意到，作为异质信念代理变量的股市换手率对房价泡沫发生概率存在正向影响但并不显著，表明异质信念对房价泡沫的预测能力较为有限[1]。

为进一步揭示"双支柱"政策调控对房价泡沫的动态影响和传导机制，根据模型式（5.18）~式（5.20）的设定分别建立单独包含利率政策、单独包含宏观审慎政策及同时包含"双支柱"政策在内的多变量面板 VAR 模型。根据 AIC 和 BIC 信息最小化准则，确定各面板 VAR 模型的最优滞后项。同时，为保证各模型的稳定性，进行 AR 单位根图表检验，检验结果显示：各模型的特征根均落入单位圆内，表明模型符合稳定性要求。

基于脉冲响应分析，观察外生政策冲击对房价和家庭部门信贷的动态影响，结果如图 5 -2 所示。

---

① 我们同时考虑了使用由 Baker et al.（2016）提出的经济政策不确定性指数（EPU）作为异质信念代理变量的情形。由于 EPU 指数目前覆盖的样本国家有限且得到的结论与使用股市换手率作为代理变量时类似，限于篇幅我们未进行汇报，有兴趣的读者可向作者索取。

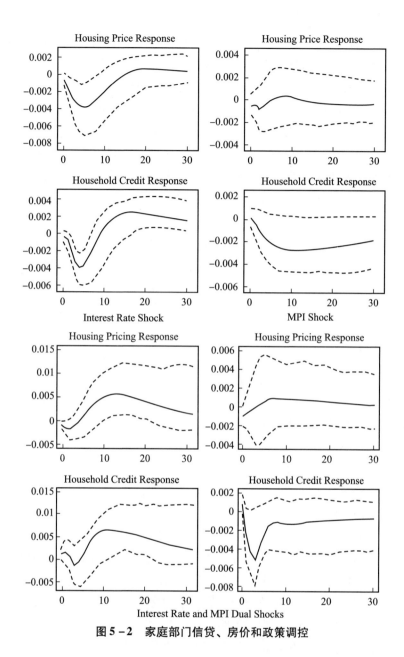

图 5 - 2　家庭部门信贷、房价和政策调控

　　首先考虑单独实施利率政策冲击对房价和家庭部门信贷的影响，如图 5 - 2 所示。当给予贷款利率 1 个标准差的正向冲击时，房价在第 3 期开始显著下滑，随后一直低于初始水平，直至第 17 期负向响应开始逐渐消失。这表明上调贷款利率可通过抑制房价过快上涨起到抑制房价泡沫的作用。而家庭部门信贷面对贷款利率的正向冲击，先降后升，在第 4 期达到低值后陡升，从第 10 期后保持高于初始水平。从这一响应轨迹我们发现：上调贷款利率对家庭部门信贷增长似乎无明显抑制效果，甚至在短期内会刺激家庭部门信贷扩张。本章认为这一现象主要与初始利率水平高低和房价增速有关。上调利率存在刺激信贷供给增加和抑制信贷需求两种相反的效应；当利率不是很高时，上调利率对信贷供给增加的刺激要大于对信贷需求的抑制，可能出现利率上升信贷不降反增的"异象"，而这一"异象"在房价高速上涨时期尤其明显。从前文的描述性统计可以看到，样本国家的利率总体处于一个较低水平，中位数仅为4.7%；叠加样本期内尤其是2000年以来的全球房价普涨，出现贷款利率上调后家庭部门信贷不降反增也就不足为奇。

图5-2也展示了单独实施宏观审慎监管时家庭部门信贷和房价的脉冲响应分析结果。可以看到，对MPI施加1个标准差的正向冲击后，房价无明显响应；而家庭部门信贷存在一个持久的负向响应，直至第30期响应仍未消失。该结果表明加强宏观审慎监管可通过调节家庭部门信贷扩张起到抑制房价泡沫的效果。

同时实行"双支柱"政策即同时施加贷款利率冲击和MPI冲击时，家庭部门信贷和房价的响应如图5-2所示。与单独实行利率政策或宏观审慎政策时一致，我们同样发现：上调利率可通过调节房价来抑制房价泡沫；宏观审慎监管可调节家庭部门信贷扩张在一定程度上起到抑制房价泡沫的效果。不同的是，当同时考虑"双支柱"政策时，房价对利率冲击的响应持续时间大大缩短，调控效果不如单独考虑利率政策时明显。我们认为可能的解释是不同政策之间未能较好地协调和配合，出现政策冲突进而弱化政策调控效果。

通过上述Ⅳ-Probit回归和脉冲响应分析，本部分得到的基本结论如下：（1）家庭部门信贷—房价正反馈、异质信念、利率环境和宏观审慎监管是影响房价泡沫概率的重要因素；（2）家庭部门信贷—房价正反馈、低利率环境和宽松的宏观审慎监管会显著增加房价泡沫的发生概率而异质信念对房价泡沫的预测能力则并不明显；（3）紧缩性利率政策和宏观审慎监管可分别通过遏制房价过快增长和调节家庭部门信贷扩张起到抑制房价泡沫的效果。

（二）稳健性检验

1. 利率变量选择

在基准回归中，我们使用贷款利率进行了分析。为了验证前文结论的可靠性，我们将使用政策利率进行稳健性检验。

首先，使用政策利率重新进行Ⅳ-Probit两步法回归，估计结果如

表5-4（3）列所示。可以看到，核心解释变量系数均为统计显著，符号和大小与使用贷款利率的回归结果无明显差异。特别地，政策利率变量的系数在1%水平上显著为负，即上调政策利率同样可有效降低房价泡沫发生概率。

其次，为考察政策利率和贷款利率变动对房价和家庭部门信贷的动态影响是否存在差异，对比使用两种利率进行分析的脉冲响应结果，如图5-3所示。

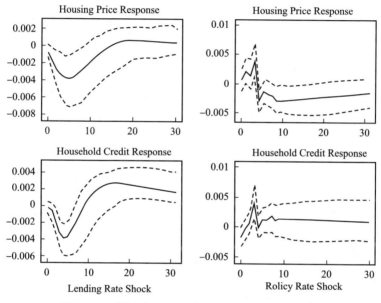

图5-3 家庭部门信贷、房价和不同利率变量选择

由图5-3第1行可知，与贷款利率类似，上调政策利率同样能够在短期抑制房价上涨，紧缩性利率政策对房价泡沫调控具有较好效果这一结论维持不变。与贷款利率不同的是，我们发现：上调政策利率，甚至在短期对家庭部门信贷增长也无明显抑制效果。

不难理解，家庭部门信贷直接受到贷款利率的影响，二者相关性较高，通过上调贷款利率对家庭部门信贷进行调节，在短期可以收到立竿见影的效果；而政策利率则需兼顾除房价、信贷以外的其他宏观调控目标，与家庭部门信贷的相关性相对较低，上调政策利率对家庭部门信贷抑制效果有限。

为进一步验证这一观点，表5-5分别给出了使用政策利率和贷款利率作为利率政策代理变量时，对房价和家庭部门信贷的方差分解结果。

表 5 - 5　　　　　　　　　　　不同利率变量选择下的方差分解

时期 （季度）	房价的方差分解		家庭部门信贷的方差分解	
	政策利率	贷款利率	政策利率	贷款利率
5	2.8956	0.3828	1.2984	0.8169
10	2.6206	1.5718	4.0117	3.9745
15	2.7619	6.4290	6.3920	12.2583
20	2.9125	10.0034	7.9775	18.2573
30	3.0506	12.0287	9.6680	22.4179

可以看到，当使用与房价和信贷更为相关的贷款利率进行调控时，利率对房价和家庭部门信贷波动的贡献率显著提升，贷款利率冲击对房价和家庭部门信贷此时具有更显著的调节效果。这也表明在基准分析中使用贷款利率进行分析是合适的选择。

2. 加入经济周期

Mian 和 Sufi（2018a）的研究表明，经济周期、房价周期和信贷周期三者具有高度相关性，在经济繁荣期常出现信贷和房价双双高速增长的局面。因此，从理论分析角度可以预期家庭部门信贷和房价正反馈在经济上行时期更为明显。为了验证家庭部门信贷—房价正反馈在不同经济状态下是否存在非对称特征，考虑加入经济周期因素展开进一步分析。

参考 Anundsen 等（2016）的做法，利用实际产出缺口率构造经济周期变量 $B.C.$ 。具体地，首先利用 HP 滤波法（$\lambda = 400000$）计算实际 GDP 的趋势项。产出缺口为实际 GDP 减去趋势项，而产出缺口率即为产出缺口与趋势项二者的比值。

$$gap\_ratio = \frac{RGDP_{i,t} - RGDP_{i,t}^{trend}}{RGDP_{i,t}^{trend}}$$

其次，通过定义产出缺口率大于 0 的时期为经济繁荣期，否则为经济非繁荣期，可构造经济周期变量 $B.C.$ ，其表达式如下：

$$B.C. = \begin{cases} 1, & if\ gap\_ratio > 0 \\ 0, & otherwise \end{cases}$$

为考察家庭部门信贷—房价正反馈对房价泡沫的影响在不同经济状态下是否具有非线性特征，在模型式（5.16）和式（5.17）的基础上进一步加入家庭部门信贷—房价—经济周期三变量交互项，具体设定如下：

$$Bubble_{i,t} = \alpha_i + \beta_1 Credit_{i,t} + \beta_2 B.C._{i,t} + \beta_3 Credit_{i,t} \times HP_{i,t} +$$
$$\beta_4 Credit_{i,t} \times B.C._{i,t} + \beta_5 Credit_{i,t} \times HP_{i,t} \times B.C._{i,t} +$$
$$\beta_6 TR_{i,t} + \beta_7 TR_{i,t} \times B.C._{i,t} + \beta_8 lr_{i,t} + \beta_9 MPI_{i,t} +$$
$$\delta C_{i,t} + f_i + e_{i,t} \tag{5.21}$$
$$MPI_{i,t} = \tilde{\alpha}_i + \tilde{\beta}_1 Credit_{i,t} + \tilde{\beta}_2 B.C._{i,t} + \tilde{\beta}_3 Credit_{i,t} \times HP_{i,t} +$$
$$\tilde{\beta}_4 Credit_{i,t} \times B.C._{i,t} + \tilde{\beta}_5 Credit_{i,t} \times HP_{i,t} \times B.C._{i,t} +$$
$$\tilde{\beta}_6 TR_{i,t} + \tilde{\beta}_7 TR_{i,t} \times B.C._{i,t} + \tilde{\beta}_8 lr_{i,t} + \tilde{\delta} C_{i,t} +$$
$$\tilde{\xi} IV_{i,t} + e_{i,t} \tag{5.22}$$

其中，β_5 为我们最为关心的解释变量系数，Ⅳ - Probit 估计结果汇报见表 5 - 4 第（4）列。与预期一致，主要解释变量的系数符号大小与基准分析并无明显差异，再次表明基准回归结果较为稳健。而本章关心的核心解释变量——家庭部门信贷、房价和经济周期三变量交互项的系数在 1% 的显著性水平下为正，该结果表明：相比经济非繁荣时期，在经济繁荣时期家庭部门信贷—房价的正反馈带来的自我强化机制更有可能导致房价泡沫的产生。因而，在经济繁荣期，为规避房价泡沫及其对金融体系可能造成的威胁，我们应当更加关注家庭部门信贷和房价二者的联动。

进一步将经济周期变量加入面板 VAR 模型并进行脉冲响应分析，结果如图 5 - 4 所示。

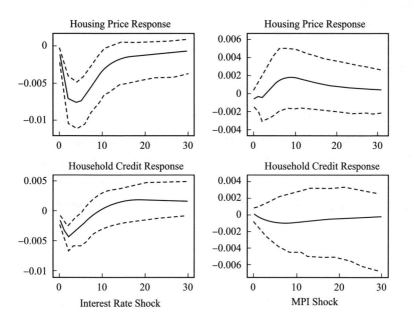

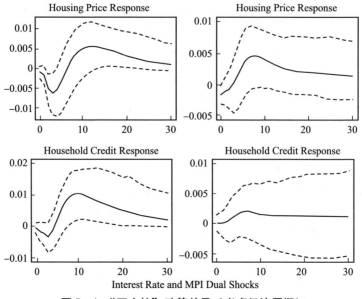

图5-4 "双支柱"政策效果（考虑经济周期）

从图5-4可见，在短期利率政策对房价依旧有较好的调节效果但对家庭部门信贷的效果则不明显。宏观审慎政策在考虑经济周期因素后对家庭部门信贷的调节作用明显弱化。此外，通过对房价和家庭部门信贷的方差分解①发现：（1）考虑经济周期因素后，利率对房价和家庭部门信贷波动的贡献率均有明显增加。在经济繁荣期，家庭部门信贷和房价处于高位，此时上调利率会引发投资者较为剧烈的反应，因此利率的调控效果得到加强；（2）考虑经济周期因素后，宏观审慎政策对家庭部门信贷的影响则明显弱化。

3. 分样本回归

为探究"双支柱"政策调控对房价泡沫的传导机制是否因一国经济发展水平高低而存在差异，将22个样本国家划分为发达国家和发展中国家两个子样本再次进行分析②。其中，发达国家样本包括15个国家，时间跨度为1971年1季度至2017年3季度；发展中国家样本包括7个国家，时间跨度为1981年4季度至2017年3季度。基于发达国家和发展中国家子

---

① 为节省篇幅，我们未汇报相关方差分解结果，有兴趣的读者可向作者索取。
② 发达国家子样本包括：澳大利亚、奥地利、比利时、加拿大、芬兰、法国、德国、意大利、日本、荷兰、新西兰、瑞典、瑞士、英国以及美国；发展中国家子样本包括：巴西、智利、中国、爱尔兰、以色列、葡萄牙、南非。

样本，本章分别对利率调控、宏观审慎监管以及"双支柱"政策对信贷和房价的动态影响进行了分析，脉冲响应结果分别如图5-5和图5-6所示。

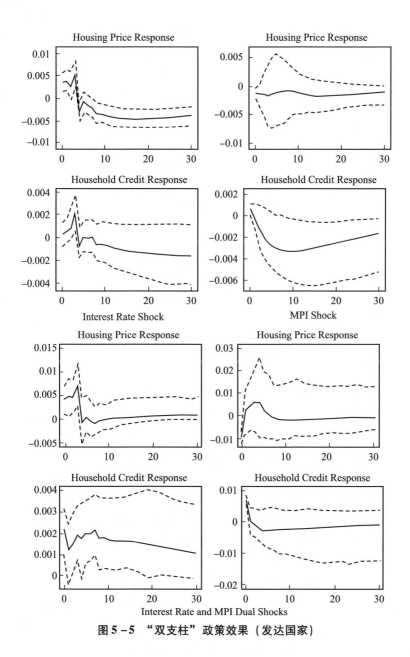

图5-5 "双支柱"政策效果（发达国家）

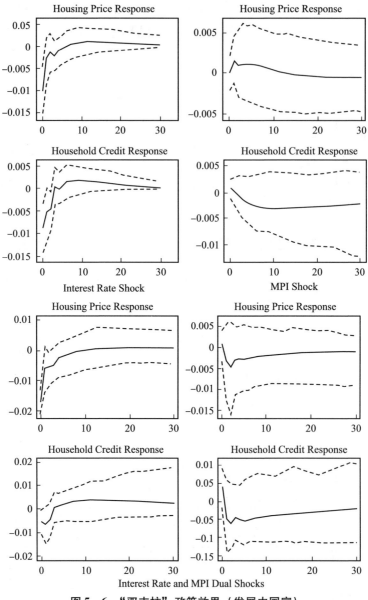

图5-6 "双支柱"政策效果（发展中国家）

可以看到，无论是在发达国家还是发展中国家样本中，基准分析得到的结论维持不变。上调利率能有效抑制房价，而宏观审慎监管对抑制家庭部门信贷过快上涨有一定效果。值得指出的是，通过对比图5-5和图5-6可发现：宏观审慎监管对家庭部门信贷和房价的调控效果在发展中国家的效果要好于发达国家。我们认为可能的解释是宏观审慎监管的政策效果与不同国家积累的宏观审慎监管经验多少相关。发展中国家开始使用宏观审慎政策工具的时间较早，使用频率较高，积累了较丰富的宏观审慎监管经验。而大部分发达国家是在 2008 年金融危机之后才开始建立"双支柱"监管框架，宏观审慎政策工具使用频率较低。因此，宏观审慎政策对家庭部门信贷和房价的调控效果在发展中国家相对较好。

第四节　本 章 小 结

本章基于信息不对称框架建立了信贷驱动的资产泡沫模型，分析影响投资者和博傻投机和泡沫骑乘行为的主要因素并形成一系列理论命题。在此基础上，基于 22 国 1975～2017 年跨国面板数据，构建实证模型分析信贷—房价正反馈、异质信念、利率政策、宏观审慎监管等因素对房地产泡沫发生概率的影响，并对货币政策和宏观审慎政策"双支柱"政策影响房价泡沫的传导机制和动态影响进行了深入的探讨。在前述分析的基础上，我们得到的主要结论如下。

（1）信贷—房价正反馈、投资者向银行的风险转移动机、市场主体异质信念、利率环境和宏观审慎信贷监管是影响投资者博傻投机和骑乘房价泡沫的主要因素。

（2）家庭部门信贷—房价正反馈会显著增加房价泡沫的发生概率，对房价泡沫具有较好的预测能力；相对于经济萧条时期，这一效应在经济繁荣时期尤为明显。

（3）市场主体（投资者）的异质信念对房价泡沫存在正向影响。

（4）紧缩性利率政策和宏观审慎监管均有助于抑制房价泡沫。特别地，上调贷款利率和宏观审慎监管可分别通过遏制房价过快上涨和调节家庭部门信贷扩张起到抑制房价泡沫的效果。此外，在发展中国家，"双支柱"政策对房价泡沫的抑制效果要好于发达国家。

基于上述研究结论，我们相应提出如下几点政策建议：（1）密切监控家庭部门信贷和房价增长动态，尤其是在经济上行期，及时提示相关风险，积极干预、提前预防。同时，要特别警惕低利率和宽松信贷监管下爆发房价泡沫的风险。（2）对家庭部门信贷和房价的监管应当有所区分。对房价的调控中，利率工具尤其是贷款利率是个较好的选择；而对家庭部门信贷的调控中，宏观审慎监管工具则更为合适。（3）在"双支柱"监管框架下，为避免政策冲突带来的政策效果弱化或"失灵"，相关监管部门应当形成协同监管机制，注重不同政策的协调配合。

第五节　本章附录

一、附录A

（一）各主体均衡策略解集

（1）对于非耐心投资者而言，$\delta_{i,t}=0$，其效用最大化问题为：

$$\max_{(m_{i,t},\,s_{i,t},\,r_{i,t})} E(c_{i,t}) \quad \text{s. t.} \ 0\leqslant m_{i,t}\leqslant b_{i,t}, \ 0\leqslant s_{i,t}\leqslant h_{i,t}, \ 0\leqslant r_{i,t}\leqslant 1$$

其在房产市场和信贷市场的最优策略分别为：

$$a_{i,t}=(m_{i,t},\ s_{i,t},\ \tilde{l}_{i,t},\ \varepsilon_{i,t})=\begin{cases}(0,\ h_{i,t},\ 0,\ 1) & t\leqslant t_{pay}\\ (0,\ 0,\ 0,\ 1) & t>t_{pay}\end{cases}$$

$$\tilde{a}_{i,t}=(r_{i,t},\ b_{i,t+1},\ l_{i,t+1},\ h_{i,t+1})=(1,\ y_t R,\ 0,\ 0)$$

也即非耐心投资者总是选择出售所有房产以用于消费并且偿还上期所有房贷。

（2）对于耐心投资者而言，$\delta_{i,t}=1$，其效用最大化问题为：

$$\max_{(m_{i,t},\,s_{i,t},\,r_{i,t})} E[c_{i,t}+EU_{i,t+1}] \quad \text{s. t.} \ 0\leqslant m_{i,t}\leqslant b_{i,t}, \ 0\leqslant s_{i,t}\leqslant h_{i,t}, \ 0\leqslant r_{i,t}\leqslant 1$$

其在房产市场的最优策略视泡沫不同阶段而定，表达式如下：

$$a_{i,t}=(m_{i,t},\ s_{i,t},\ \tilde{l}_{i,t},\ \varepsilon_{i,t})$$

$$=\begin{cases}\left(\dfrac{\theta}{1-\theta}\dfrac{R^t}{B_t}b_{i,t},\ 0,\ l_{i,t},\ 0\right), & t<0\\[2mm] (b_{i,t},\ 0,\ l_{i,t},\ 0), & 0\leqslant t<\min\{v(i)+\tau^*,\ t_c+1\}\\[2mm] (0,\ h_{i,t},\ 0,\ 0), & t=v(i)+\tau^*<t_c+1\\[2mm] \left(\dfrac{\theta}{1-\theta}\dfrac{\overline{F}R^t}{B_t}b_{i,t},\ 0,\ l_{i,t},\ 0\right), & t_c+1\leqslant t\leqslant t_{pay}\\[2mm] (0,\ 0,\ 0,\ 0), & t>t_{pay}\end{cases}$$

也即耐心投资者将在预期泡沫破裂之前最大限度购入房产以获取房产升值收益，而在预期泡沫破裂时点选择出售所有房产。

耐心投资者在信贷市场的均衡决策集为：

$$r_{i,t}=\begin{cases}1, & t\neq t_c\\ 0, & t=t_c\end{cases}$$

$$b_{i,t+1} = \begin{cases} R\left[\tilde{b}_{i,t} + y_t + (1-r_{i,t})(h_{i,t} - s_{i,t})e_{i,t} - \bar{r}_{i,t}\,\tilde{l}_{i,t}\right] + l_{i,t+1}, & t < t_{pay} \\ R\left[\tilde{b}_{i,t} + y_t + d_t\,\tilde{h}_{i,t} - l_{i,t}\right], & t = t_{pay} \\ R\left[\tilde{b}_{i,t} + y_t\right], & t > t_{pay} \end{cases}$$

$$h_{i,t+1} = \tilde{h}_{i,t} - (1-r_{i,t})(h_{i,t} - s_{i,t}) = \frac{m_{i,t}}{p_t} + r_{i,t}(h_{i,t} - s_{i,t})$$

$$l_{i,t+1} = \bar{\phi}_t p_t h_{i,t+1}$$

可以看到，在均衡状态下耐心投资者将在泡沫实际破裂之前选择全额偿还上期房贷，而若在泡沫破裂时刻耐心投资者仍未退出市场，他们将选择违约令 $r_{i,t}=0$，向银行转嫁房价下跌风险。

（3）银行的均衡策略解同样需视泡沫不同阶段而定。给定抵押房产的当期市场价值，银行贷款价值比的确定取决于其对下期房价的判断，其均衡策略解如下：

$$\bar{\phi}_t = \begin{cases} \bar{\phi} & \text{if } t < \min\{\ell(j) + \tau^*, \ t_c + 1\} \text{ and } t_c + 1 \leqslant t \leqslant t_{pay} \\ 0 & \text{if } t = \ell(j) + \tau^* < t_c + 1 \text{ and } t > t_{pay} \end{cases}$$

也即银行在预期房价泡沫破裂之前以法定最高额贷款价值比 $\bar{\phi}$ 向投资者发放贷款；在预期泡沫破裂时刻则选择停止发放贷款。

（二）投资者泡沫骑乘决定式

从 t_0 开始的每一期，投资者根据信念函数给出的 t_0 可能点的取值概率以及每一个可能点下的支付权衡骑乘泡沫的风险和收益。若风险大于收益则停止骑乘泡沫，反之则继续骑乘泡沫。随着时间不断推移，投资者信念函数的取值集合不断缩小，骑乘泡沫的风险不断增加并在其预期泡沫破裂前一期 $v(i) + \tau^* - 1$ 达到最大。因此，若在预期泡沫破裂前一期 $v(i) + \tau^* - 1$ 投资者仍选择骑乘泡沫则可以推知从 t_0 到 $v(i) + \tau^* - 2$ 的每一期投资者均会选择骑乘泡沫。

考虑投资者 i 在 $v(i) + \tau^* - 1$ 期初决定本期是否继续骑乘泡沫的权衡取舍。此时信念函数的取值集合仅剩两个可能值，

$$supp_{i,t}(t_0) = \{v(i) - 1, \ v(i)\}$$

根据信念函数可以计算 $t_0 = v(i) - 1$ 和 $t_0 = v(i)$ 的取值概率分别为 $1/1 + \lambda$ 和 $\lambda/1 + \lambda$。投资者面临停止和继续骑乘泡沫两种选择：若停止骑乘泡沫，在当期出售房产，存在成功逃顶和过早退出两种可能，两种可能对应的支付分别为 $[\theta(N-1)/1 + \theta(N-1)]p_{t_0}G^{\tau^* - 1}$ 和 $p_{t_0}G^{\tau^* - 1}$，两种可能发生的概率分别对应 $t_0 = v(i) - 1$ 和 $t_0 = v(i)$ 的概率。若继续骑乘泡沫，存在骑乘泡沫失败和成功两种可能，两种可能对应的贴现后的支付分别为

$f(\alpha)p_{t_0}R^{\tau^*}/G$ 和 $[\theta(N-1)/1+\theta(N-1)]p_{t_0}G^{\tau^*}/R$，两种可能发生的概率分别对应 $t_0 = v(i) - 1$ 和 $t_0 = v(i)$ 的概率。因此，在 $v(i) + \tau^* - 1$ 期投资者 i 选择骑乘泡沫的条件为：

$$\frac{1}{1+\lambda}\left[\frac{\theta(N-1)}{1+\theta(N-1)}p_{t_0}G^{\tau^*-1}\right] + \frac{\lambda}{1+\lambda}(p_{t_0}G^{\tau^*-1}) \leqslant$$

$$\frac{1}{1+\lambda}\left(\frac{f(\alpha)p_{t_0}R^{\tau^*}}{G}\right) + \frac{\lambda}{1+\lambda}\left[\frac{\theta(N-1)}{1+\theta(N-1)}\frac{p_{t_0}G^{\tau^*}}{R}\right]$$

不等式左边为停止骑乘泡沫的期望支付，而右边则为继续骑乘泡沫的期望支付。对上式两边同除 $p_{t_0}G^{\tau^*-1}$，当 N 较大时进行整理可得到如下表达式：

$$1 \leqslant f(\alpha)\frac{1}{1+\lambda}\left(\frac{G}{R}\right)^{-\tau^*} + \frac{\lambda}{1+\lambda}\frac{G}{R}$$

均衡状态下上式取等号即得到式（5.5）。

（三）银行泡沫骑乘决定式

从 t_0 开始的每一期，银行 j 根据信念函数给出的 t_0 可能点的取值概率以及每一个可能点下的支付权衡继续发放贷款、骑乘泡沫的风险和收益。若风险大于收益则停止发放贷款，反之则继续发放贷款、骑乘泡沫。随着时间不断推移，银行 j 信念函数的取值集合不断缩小，继续发放贷款、骑乘泡沫的风险不断增加并在其预期泡沫破裂前一期 $\ell(j) + \tau^* - 1$ 达到最大。因此，若在预期泡沫破裂前一期 $\ell(j) + \tau^* - 1$ 银行仍选择继续发放贷款、骑乘泡沫则可以推知从 t_0 到 $\ell(j) + \tau^* - 2$ 的每一期银行均会选择骑乘泡沫。

考虑银行 j 在 $\ell(j) + \tau^* - 1$ 期初决定本期是否继续发放贷款、骑乘泡沫的权衡取舍。此时银行 j 信念函数的取值集合仅剩两个可能值，

$$supp_{j,t}(t_0) = \{\ell(j) - 1, \ell(j)\}$$

根据信念函数可以计算 $t_0 = \ell(j) - 1$ 和 $t_0 = \ell(j)$ 的取值概率分别为 $1/1+\lambda$ 和 $\lambda/1+\lambda$。银行面临停止和继续骑乘泡沫两种选择：若停止骑乘泡沫，停止发放贷款，存在成功逃顶和过早退出两种可能，两种可能对应的支付均为 0。若继续骑乘泡沫，存在骑乘泡沫失败和成功两种可能，两种可能对应的贴现后的支付分别为 $\overline{\phi}\overline{C}(1-\theta)p_{t_0}G^{\tau^*-1}/RN$ 和 $(1-\alpha)(1-\theta)((p_{t_0}R^{\tau^*}/G) - \overline{\phi}p_{t_0}G^{\tau^*-1})/N$，两种可能发生的概率分别对应 $t_0 = \ell(j) - 1$ 和 $t_0 = \ell(j)$ 的概率。因此，在 $\ell(i) + \tau^* - 1$ 期银行 j 选择骑乘泡沫的条件为：

$$0 \leqslant \frac{1}{1+\lambda} \frac{\overline{\phi}\,\overline{C}(1-\theta)p_{t_0}G^{\tau^*-1}}{RN} + \frac{\lambda}{1+\lambda}\frac{(1-\alpha)(1-\theta)}{N}\left(\frac{p_{t_0}R^{\tau^*}}{G} - \overline{\phi}p_{t_0}G^{\tau^*-1}\right)$$

对上式两边同除 $(1-\theta)p_{t_0}G^{\tau^*-1}/N$，当 N 较大时进行整理可得到如下表达式：

$$0 = \frac{\lambda}{1+\lambda}\frac{\overline{\phi}\,\overline{C}}{R} + \frac{1}{1+\lambda}(1-\alpha)\left[\left(\frac{G}{R}\right)^{-\tau^*} - \overline{\phi}\right]$$

均衡状态下上式取等号即得到式（5.6）。

（四）房价增长率

为推导房价增长率，首先考虑从 0 时刻开始每一期房价的决定。由于假定每一期均有 θ 部分投资者遭受消费冲击成为非耐心投资者，他们将选择出售其持有的房产；而在耐心投资者预期泡沫破裂之前他们将选择不出售房产，最大限度买入房产。因此，在 $t_0 + \tau^*$ 之前，房产市场的供给为 θ 单位，需求为 $(1-\theta)B_t$，因而房价决定式为：

$$p_{t+1} = \frac{1-\theta}{\theta}B_{t+1}$$

将 $B_{t+1} = L_{t+1} + R(y_t - (1-\theta)L_t)$、$L_t = \overline{\phi}p_{t-1}$ 和 $L_{t+1} = \overline{\phi}p_t$ 代入上式，两边同除 p_t 整理可得到 $t+1$ 期房价增长率 G_{t+1} 的表达式为：

$$G_{t+1} = \frac{1-\theta}{\theta}\left[\overline{\phi} + R\frac{y_t}{p_t} - \frac{(1-\theta)R\overline{\phi}}{G_t}\right]$$

进一步假定房价增长率大于无风险利率 R 以及要素禀赋 y_t 的增长率不超过 R，随着时间的推移，上式的渐进表达式为：

$$G_{t+1} = \frac{1-\theta}{\theta}\overline{\phi}\left[1 - \frac{(1-\theta)R}{G_t}\right]$$

通过图解法可知，在不同参数范围内上述等式可能存在 0 个、1 个和 2 个交点解。若存在交点解即 $G_{t+1} = G_t = G$ 则该交点解必为下面方程的根，

$$G^2 - \frac{1-\theta}{\theta}\overline{\phi}G + \frac{(1-\theta)^2}{\theta}\overline{\phi}R = 0$$

当 $\overline{\phi} > 4\theta R$ 时方程有两个根，但为保证方程存在稳态解要求一个较高的初始房价增长率 G_0 即满足 $2B_0 > \phi(1 + \sqrt{1 - 4\theta R/\overline{\phi}})$，此时方程稳态解为 $G = \overline{\phi}(1-\theta)/(2\theta)[1 + \sqrt{1 - 4\theta R/\overline{\phi}}]$，将上述分析概括为引理 5.1。

引理 5.1：若 $\overline{\phi} > 4\theta R$ 且 $2B_0 > \phi(1 + \sqrt{1 - 4\theta R/\overline{\phi}})$，在预期泡沫破裂之前房价增长率将趋近于一个常数 G，$G = \overline{\phi}(1-\theta)/(2\theta)[1 + \sqrt{1 - 4\theta R/\overline{\phi}}]$。

考虑在泡沫破裂即 $t_c = t_0 + \tau^*$ 时刻，此时除非耐心投资者外，位于队

列第一位的耐心投资者预期泡沫破裂开始出售其持有的全部房产。这一变化将改变 t_c 时刻房产市场的供求力量对比，房产的供给由原来的 θ 增加至 $\theta + (1 - \theta)/N$ 单位；房产的买方占比由原来的 $1 - \theta$ 下降至 $(1 - \theta)(1 - 1/N)$。

可以推导得到 t_c 时刻的房价增长率 G_{t_c} 的表达式为：

$$G_{t_c} = \frac{p_{t_c}}{p_{t_c - 1}} \approx \frac{\theta(N - 1)}{1 + \theta(N - 1)}G$$

因此，在泡沫破裂时刻的房价增长率将偏离（低于）常数 G。这一偏离将向所有市场主体揭示真实的 t_0，泡沫随之破裂。

二、附录 B

变量平稳性检验结果见表 5 - 6。

表 5 - 6　　　　　　　　　　变量平稳性检验结果

变量	IPS 检验		Fisher - ADF 检验	
	Z 值	P 值	T 值	P 值
Credit	- 4. 4145	0. 0000	- 4. 5965	0. 0000
HP	- 6. 7822	0. 0000	- 7. 0600	0. 0000
TR	- 19. 1604	0. 0000	- 20. 9903	0. 0000
lr	- 7. 7517	0. 0000	- 8. 5906	0. 0000
GDP	- 13. 7970	0. 0000	- 14. 5381	0. 0000
CPI	- 3. 7189	0. 0001	- 3. 8239	0. 0001
NX_ratio	- 10. 4317	0. 0000	- 11. 4487	0. 0000

第六章 货币政策环境、股市泡沫
与系统性金融风险

本章主要研究股票价格泡沫形成过程中机构投资者的作用。机构投资者会持续增持高股价暴跌概率的股票（泡沫型股票）并在股价暴跌风险达到最大之前减持，机构投资者的这种理性泡沫骑乘行为助推了股价泡沫膨胀，加剧了股价的暴涨暴跌，造成市场剧烈波动并最终导致系统性金融风险增加。首先基于 Jang 和 Kang（2019）提出的股价（先验）暴跌概率指标对个股股价泡沫化程度进行测度；其次，结合中国机构投资者季度投资信息，从行为和结果两个角度实证检验机构投资者是否存在理性泡沫骑乘行为。在此基础上，结合相关理论分析，从内幕信息和机构"抱团"两个角度探究机构投资者理性泡沫骑乘的动因。最后，进一步考虑经济政策不确定性、投资者情绪和融资融券等因素，分析资本市场外部环境以及交易制度安排对机构投资者泡沫骑乘行为的影响。

第一节 货币政策环境与股市泡沫
文献综述和理论假说

纵观世界金融市场发展史，资产价格泡沫的阶段性产生、膨胀以及破灭时有发生，典型的案例包括 17 世纪的荷兰郁金香泡沫、18 世纪的南海泡沫以及 2000 年美国科技股泡沫等。资产价格泡沫破灭后随之而来的价格暴跌，不仅使投资者遭受惨重损失，加剧市场波动，还可能严重威胁宏观金融稳定，甚至引发金融危机。中国的资本市场尽管经历了 30 多年的发展，取得了长足的进步，但投机炒作现象屡禁不止，股价暴涨暴跌时有发生，股价泡沫化风险不容忽视。与此同时，随着证券投资基金和各类资管产品的蓬勃发展以及资本市场对外开放步伐的加快，机构投资者在中国资本市场的地位和作用不断提升。因此，正确认识机构投资者在股价泡沫演变中所扮演的角色及其背后的机制机理，对于完善机构投资者监管，规范和引导机构投资者行为，促进资本市场良性发展具有重要的现实意义。

目前学术界关于成熟机构投资者在股价泡沫中扮演的作用和角色尚未达成一致，主要有如下三种观点：第一种观点以有效市场假说为代表，认为机构投资者作为市场中的理性套利者，面对资产价格泡沫会进行反向套利以消除价格偏差（Fama，1965）。第二种观点以套利限制理论为代表，认为由于存在噪声交易者风险、交易成本、卖空约束等限制，机构投资者进行反向套利的风险可能大于其收益，机构投资者此时应当选择作壁上观（De Long et al.，1990a；Dow and Gorton，1994；Shleifer and Vishny，1997）；第三种观点则以理性投机理论为代表，认为由于噪声交易者具有正反馈交易特性或套利者存在协同风险，机构投资者的理性选择既不是反向套利也不是作壁上观，而是通过主动骑乘泡沫来获利（De Long et al.，1990b；Abreu and Brunnermeier，2003）。

在国内研究方面，大多数学者的发现与理性投机理论一致，倾向于认为中国的机构投资者具有强烈的博彩偏好，当面临资产泡沫时会选择推波助澜，主动参与泡沫骑乘（陈国进等，2010；周为，2019；陈国进等，2021；陆蓉和孙欣钰，2021）。

国内外学者围绕机构投资者行为与股价泡沫的关系及背后动因进行了有益的探索，但目前的研究或存在以下几方面的不足：首先，目前国内有关机构投资者与股价泡沫关系的研究大多从市场或行业层面切入，主要使用剩余收益估价模型、股价收益率或换手率等方法进行泡沫检测，鲜有从个股横截面收益角度构造泡沫测度指标开展机构泡沫骑乘行为的研究。其次，在机构投资者泡沫骑乘的动因探究方面，已有文献从噪声交易者行为偏差、套利协同风险、凸性激励等角度进行了理论阐释，然而这些因素在现实中往往难以度量，相关的实证检验难以开展。最后，现有国内外研究忽视了机构投资者自身拥有的信息以及所处的投资者网络对其投资行为的潜在影响，而随着社会网络分析在金融学领域得到越来越广泛的运用，从信息网络视角出发探究机构投资者行为或能提供有益发现。

鉴于此，本章在现有国内外研究基础上并结合中国现实提出如下的理论假说。

以 De Long、Shleifer 等学者为代表的理性投机理论认为，在噪声交易者行为偏差、套利协同风险、凸性薪酬激励、业绩压力等因素的作用下，机构投资者面对股价泡沫不仅不会进行反向交易，而且还可能助长泡沫膨胀，通过骑乘泡沫获利。De Long 等（1990a）的研究发现当市场上存在噪声交易者时，理性套利者并不总会进行反向交易，从而导致价格偏离基本价值出现泡沫。进一步地，当噪声交易者采用正反馈交易策略时，理性投资者不仅不会进行反向套利，反而可能进一步抬高价格，诱导噪声交易者继续买入并从中获利（De Long et al.，1990b）。

Abreu and Brunnermeier（2003）进一步从理论模型角度对"骑乘泡沫"行为进行了分析，在他们的模型中由于信息不对称，理性投资者之间的套利行为存在协同风险（synchronization risk），只有当套利者协同卖出时才能纠正错误定价，因此面对资产价格泡沫，理性投资者的最优选择可能并不是反向套利，而是顺势而为、骑乘泡沫以获取高额收益。Sato（2016）的理论分析则表明"基金锦标赛"压力会直接影响基金经理人在股市泡沫期间采取的投资策略，导致泡沫骑乘行为，而且越接近"基金锦标赛"尾声，在追随者追赶和领先者保持领先的压力下，基金经理人的泡沫骑乘行为将更明显。Sotes-Paladino and Zapatero（2019）发现在凸性薪酬激励下，基金经理人可能会承担更多风险，过度投资于泡沫型股票并主动骑乘泡沫。

在实证研究方面，大量文献提供了机构投资者进行理性泡沫骑乘的经验证据。Brunnermeier and Nagel（2004）、Greenwood and Nagel（2009）和Griffin 等（2011）发现在美国2000年科技股泡沫期间，机构投资者尤其是对冲基金并没有纠正市场错误定价，而是在泡沫膨胀期大量买入科技股并在股价出现反转迹象后大幅抛售，诱导个人投资者入场接盘，存在明显的泡沫骑乘行为。类似地，Temin 和 Voth（2004）围绕南海泡沫的事件研究表明，由于缺乏一致的卖空行动，机构投资者在明知存在泡沫的情况下会选择骑乘泡沫以获利。陈国进等（2010）发现在基金申赎压力和机构主动利用投资者行为金融偏差的叠加效果下，机构投资者会推动股市泡沫进一步膨胀，助长股市暴涨暴跌。周为（2019）使用上交所个股分类账户统计数据的研究发现，在股市泡沫期间，机构投资者存在持续买入泡沫股票的泡沫骑乘行为。

Jang 和 Kang（2019）使用股票未来实现极端负收益的事前概率来衡量股价泡沫化程度，研究发现机构投资者更为偏好股价被高估的股票，存在理性投机行为，并且机构投资者的这一理性投机行为无法被套利限制理论所解释。陆蓉和孙欣钰（2021）的研究发现机构投资者的博彩偏好使其热衷于制造概念，吸引散户投资者进行炒作，导致股价泡沫，而机构投资者的目的则是通过买入高估股票并在泡沫破裂前卖出来获得高额收益。

根据理性投机理论，理性投资者并不会总是通过套利交易消除市场上的股价泡沫，出于对其他投资者正反馈交易的预期，或不同投资者之间的协同风险，或经理人凸性薪酬激励以及业绩压力等因素的考虑，理性投资者的最优选择可能是顺势而为，在泡沫破裂前骑乘泡沫以获得高额收益。据此，本章提出如下假说6.1：

假说6.1（理性泡沫骑乘假说）：机构投资者存在持续追捧泡沫型股票并及时减持从中获利的理性泡沫骑乘行为。

机构投资者凭借其专业的投研能力和信息挖掘能力，拥有的内幕信息要多于一般的散户投资者，然而不同的机构投资者之间拥有的内幕信息多寡存在差异。拥有更多内幕信息的机构投资者在泡沫骑乘方面相较其他投资者具有更大的优势，表现为这些知情机构投资者对资产的真实价值以及当前的估值偏差有更准确的认识，更能够利用市场上噪声交易者的行为偏差来获利，更能准确把握卖出时机以规避泡沫骑乘的风险（Kacperczyk et al.，2005；Gao and Huang，2016）。因此，可以预期拥有更多内幕信息的机构投资者将更偏好高股价暴跌概率的股票，其泡沫骑乘的倾向将越强。根据上述分析，本章提出假说6.2：

假说6.2（内幕信息假说）：机构投资者拥有的内幕信息越多，泡沫骑乘的倾向越强。

在社会网络分析中，存在由彼此紧密连接的网络节点构成的网络小团体。在网络小团体中，网络节点之间的信息流动往往更为密切和频繁，网络节点间的行为也更为趋同，更可能出现"抱团"行为（Crane et al.，2019；吴晓晖等，2019）。根据这一分析，在机构投资者网络中，单个机构投资者的行为容易受到其所在的机构团体行为的影响：若所在机构团体的成员对高股价暴跌概率股票更为偏好，表现出较强的泡沫骑乘动机，那么，当面临市场错误定价时，机构投资者也更倾向于顺势而为，主动骑乘泡沫来获利。基于以上分析，本章提出如下假说6.3：

假说6.3（机构"抱团"假说）：机构投资者所在团体的投机倾向越强，该机构投资者也越倾向于骑乘泡沫。

由于信息不对称，不同机构投资者拥有的信息含量不同且互相之间无法观察。当机构投资者自身拥有的内幕信息较少时，出于业绩考核压力和优质资产缺失等因素，一个比较安全的做法是采取跟随策略，与所在机构团体的其他成员保持一致，形成机构抱团（Sias，2004；Choi and Skiba，2015；吴晓晖等，2019）。换言之，当机构投资者拥有的内幕信息含量较低时，该机构投资者将更容易受到其所在的机构团体的影响，此时所在机构团体的投机交易动机越强烈，该机构投资者也越倾向于进行投机交易和泡沫骑乘。为此，本章提出假说6.4：

假说6.4：机构投资者拥有的内幕信息越少，所在机构团体的投机倾向对该机构投资者的影响越大。

假说6.5：宽松货币政策环境下机构投资者的融资融券行为是股市泡沫骑乘的重要环境因素，融资融券将进一步加剧机构投资者的泡沫骑乘，加剧股市泡沫的生成和膨胀。

第二节　货币政策环境与股市泡沫实证检验

一、数据说明和变量构造

（一）数据说明

本章的样本区间为2009～2019年，研究对象为在中国A股上市的所有公司，剔除样本期内已退市以及6个月内有效交易日不足80天的股票后，最终得到3823只股票。按照数据频率区分，本章使用的数据主要可以分为三类：（1）日频数据，包括个股日度收盘价、个股日度成交额、市场指数（国证A指）的日度收盘价等，用于构建广义逻辑回归中所需的控制变量，如个股历史收益波动率、历史收益偏度、平均周转股数等，数据来源为Wind数据库。（2）月频数据，包括公司月度收盘价、月度成交量、月度换手率、月度流通市值、市场指数月度收盘价、月度无风险收益率、Fama－French三因子和Carhart四因子等，主要用于估计个股股价暴跌概率以及检验投资组合的收益表现，数据来源为Wind数据库和RE-SEET数据库。（3）季频数据，包括企业季度财务数据（有形资产占总资产比、归属母公司股东权益等）主要用于估计个股股价暴跌概率；也包括分析师评级数据，用于计算机构投资者的公开信息依赖比；还包括机构投资相关数据，如个股机构投资者占比、机构重仓持股明细等，用于检验机构投资者交易行为以及构造投资者持股网络，数据来源为Wind数据库和CSMAR数据库。

（二）变量构造

（1）股价暴跌概率指标构建。本章参考Conrad等（2014）和Jang和Kang（2019）的思路，使用股价在未来实现极端负向收益的先验概率即股价暴跌概率来衡量股价的泡沫化程度。为对股价暴跌概率进行估计，首先定义股价暴跌事件并基于这一定义确定个股未来收益表现的可能取值，若发生股价暴跌事件则取值为 1，否则取值为 0。其次，使用股票未来收益表现对相关解释变量进行逻辑回归估计相关参数，从而计算得到个股（先验）股价暴跌概率。然而，对于股价波动率较大的股票而言，股价暴跌事件和股价暴涨事件往往存在较强的相关性（Conrad et al.，2014）。若使用传统的二元逻辑回归孤立地对股价暴跌概率进行估计，无法排除股价暴涨和暴跌相关性对结果的干扰，可能出现股价暴跌概率和暴涨概率之和大于 1 的情形。

因此，本章借鉴 Jang 和 Kang（2019）的做法，将二元逻辑回归模型拓展至多元情形，使用广义逻辑回归模型对股价暴跌概率进行估计。具体地，定义股票的未来收益表现包括：股价暴跌、股价暴涨和基准三种情形，取值分别为 -1、1 和 0。其中，股价暴跌定义为股价未来 12 个月的对数收益率小于等于 -0.7；股价暴涨定义为股价未来 12 个月的对数收益率大于等于 0.7；其他非极端收益为基准情形。

广义逻辑回归本质上是多个二元逻辑回归的联立估计，其回归方程如下：

$$\ln\left(\frac{P(Y_{j,t,t+12}=k\mid X)}{P(Y_{j,t,t+12}=0\mid X)}\right)=X'\beta,\ k=\{-1,\ 1\} \tag{6.1}$$

股价暴跌概率的定义式如下：

$$PCrash_{j,t}=P(Y_{j,t,t+12}=-1\mid X)=\frac{\exp(X'\beta_{-1})}{1+\exp(X'\beta_{-1})+\exp(X'\beta_1)} \tag{6.2}$$

其中，$Y_{j,t,t+12}$ 表示股票 j 未来 12 个月的对数收益率；β_{-1} 和 β_1 分别表示在股价暴跌和股价暴涨情形下使用对数胜算比对解释变量进行回归的系数估计值。X 代表一系列与股价收益率有关的解释变量，包括市场历史收益率、个股历史超额收益率、个股历史收益波动率、个股历史收益偏度、市值、周转率、上市年限、有形资产占总资产比和营业收入增长率（Boyer et al.，2010；Conrad et al.，2014；Jang and Kang，2019），解释变量的定义和计算见表 6-1。

表 6-1　　　　　　　　　广义逻辑回归解释变量定义

变量	名称	定义
MKR	市场历史收益率	A 股市场指数在过去 12 个月的对数收益率
EXR	个股历史超额收益率	个股过去 12 个月的超额对数收益率
Volatility	个股历史收益波动率	个股过去 6 个月的对数收益率的标准差

变量	名称	定义
Skewness	个股历史收益偏度	个股过去 6 个月的对数收益率的偏度
Size	市值	个股流通市值的对数
Turnover	周转率	个股在过去 6 个月去趋势的平均周转股数
Age	上市年限	个股上市年限的对数
T/A	有形资产占总资产比	有形资产与总资产的比值
Sales	营业收入增长率	营业收入同比增长率

在得到个股股价暴跌概率估计值后，结合机构投资者季度重仓持股明细，计算机构投资者季度持仓的加权平均暴跌概率，用于反映机构投资者的投机交易倾向，具体的计算公式为：

$$Inst\_PCrash_{i,t} = \sum_{j=1}^{N_{j,t}} Holding_{i,j,t} \times PCrash_{j,t} \qquad (6.3)$$

其中，$Holding_{i,j,t}$ 代表机构投资者 i 在 t 季度对股票 j 的持有比例；$PCrash_{j,t}$ 为股票 j 在 t 季度的股价暴跌概率，在同一季度内，对月度股价暴跌概率取平均得到个股季度股价暴跌概率。

（2）内幕信息。作为衡量内幕信息最常用的指标，*VPIN* 由 Easley et al.（2012）提出，其原理是根据高频交易信息推断市场中知情交易者的比例，*VPIN* 越高，市场中的知情信息越多。具体地，基于 CSMAR 数据库的 1 分钟高频交易数据测度个股日度 *VPIN* 的公式如下：

$$VPIN = \frac{\sum_{\tau=1}^{n} |V_\tau^B - V_\tau^S|}{nV} \qquad (6.4)$$

n 表示估计 *VPIN* 所需的交易篮子数，本章沿用现有文献的做法，取 $n = 50$；V 表示每个交易篮子的成交量，等于个股当日交易成交量除以交易篮子数 50。V_τ^B 和 V_τ^S 分别表示第 τ 个交易篮子中的买量和卖量，满足如下等式：

$$V_\tau^B = \sum_{k=t(\tau-1)+1}^{t(\tau)} V_k \cdot Z\left(\frac{\Delta P_k}{\sigma_{\Delta P}}\right)$$

$$V_\tau^S = \sum_{k=t(\tau-1)+1}^{t(\tau)} V_k \cdot Z\left(1 - \frac{\Delta P_k}{\sigma_{\Delta P}}\right) = V - V_\tau^B$$

其中，V_k 表示第 k 分钟的成交量，$Z(\cdot)$ 为标准正态分布的累积分布函数，$\Delta P_k = P_k - P_{k-1}$ 为第 k 分钟的股价变化率，$\sigma_{\Delta P}$ 为分钟股价变化率的标准差。不难发现，若分钟股价未发生变化，则将分钟内的交易量在买量和卖量之间平分；若分钟股价上涨（下跌），则将更多的成交量归于买量（卖量）。根据式（6.4）可计算得到个股日内 50 个 VPIN 序列，取平均得到个股日度 VPIN；在同一季度交易日内，对个股日度 VPIN 序列取平均，得到个股季度 VPIN。

作为稳健性检验，本章同时参考张乾和薛健（2019）的研究，使用 RPI 衡量机构投资者进行投资决策时对公开信息的依赖程度，其中，公开信息使用分析师评级进行反映。假设机构投资者在调整股票持仓时会参考市场上的分析师评级，而当机构投资者越依赖分析师评级这一公开信息时，机构投资者的持仓变化与分析师评级的相关性应当越高。因此，RPI 由机构投资者 i 在时间 t 内对股票 j 的持仓量变化与分析师对股票 j 综合评级变化之间的相关性决定。具体地，构造如下回归方程：

$$\Delta holding_{i,j,t} = \alpha_0 + \alpha_1 \Delta Rating_{j,t-1} + \alpha_2 \Delta Rating_{j,t-2} + \alpha_1 \Delta Rating_{j,t-3} +$$
$$\alpha_1 \Delta Rating_{j,t-4} + \varepsilon_{i,j,t} \tag{6.5}$$

其中，$\Delta holding_{i,j,t}$ 为机构投资者 i 对股票 j 的持仓量变化百分比；$\Delta Rating_{j,t-k}$ 为分析师在前 4 期对股票 j 的综合评级[1]变化情况。根据上述分析，RPI 即为式（6.5）未经调整的可决系数。依据式（6.5），使用机构投资者 i 在 t 期的所有股票持仓变化对前 4 期分析师评级变化进行回归，可以计算得到机构投资者 i 在 t 期对公开信息的平均依赖程度，即 $RPI_{i,t}$。RPI 越大，代表机构投资者对公开信息的依赖程度越高，掌握的内幕信息越少。

（3）机构团体投机倾向。机构团体投机倾向的度量主要分为三步：第一步，基于机构投资者季度持股明细构造机构投资者网络和邻接矩阵；第二步，使用社会网络分析的 Louvain 算法提取机构投资者团体；第三步，基于提取的机构团体、机构持股明细以及个股暴跌概率，计算机构团体持仓的平均暴跌概率来反映机构团体的投机倾向，平均暴跌概率越大，投机倾向越强。

具体地，参考 Crane 等（2019）的做法，基于 2009 年 1 季度至 2019 年 4 季度保险、券商、信托和 QFII 等机构投资者的季度重仓持股明细数据，以任意两家机构投资者是否同时持有单只股票市值超过其流

---

[1] 分析师综合评级（数值）的取值范围为 1～5，其中，1 表示强烈推荐买入，5 表示强烈推荐卖出。对于一只股票，若当期分析师评级相较上期评级的差值为正（负），则代表分析师对该股票的预期越悲观（乐观）。

通市值的 5% ①作为网络连接依据，构建机构投资者网络和机构投资者邻接矩阵。具体地，在 t 季度末对于任意两家机构投资者 i 和 m，若 i 和 m 同时持有股票 k 的市值大于等于其流通市值的 5%，则邻接矩阵 $T_{i,m} = 1$，否则 $T_{i,m} = 0$。

以 2013 年 1 季度君康人寿保险有限公司重仓持股关联为例，图 6-1 展示了本章基于季度重仓持股数据构建的机构投资者网络，其中，方块代表机构投资者，圆点代表股票。从图 6-1 可以看到，2013 年 1 季度末君康人寿共大量持有（大于等于 5%）长虹美菱、华联股份、华金资本和申通地铁 4 只股票，而同期安盛天平保险、中国人寿、中诚信托和国泰君安证券重仓持有了华联股份；方正证券、东海证券和国泰君安证券重仓同时持有了长虹美菱；中融国际信托和中融人寿同时重仓持有了华金资本。因此，根据前文定义，以上 8 家机构投资者与君康人寿共同构成了一个机构投资者网络。

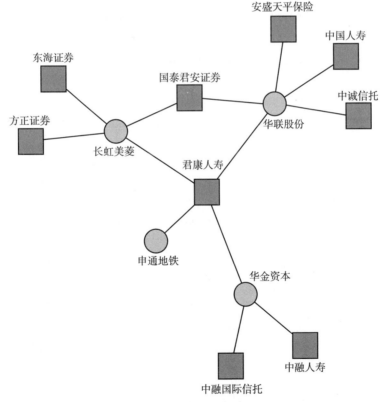

图 6-1 机构投资者网络示例

① 在后续的分析中，本章分别使用 4% 和 6% 作为网络连接依据进行稳健性检验，结论与基准分析保持一致。

在构建机构投资者网络的基础上，可以计算得到机构投资者的邻接矩阵 T，使用社会网络分析中的聚类算法识别并提取机构投资者网络中的小团体。在提取出机构投资者小团体后，根据下式计算机构投资者团体在每个季度末股票持仓组合的平均股价暴跌概率：

$$Clique\_PCrash_{i,t} = \sum_{m=1, m \neq i}^{N} Holding_{i,m,t} \times Inst\_PCrash_{i,m,t} \cdot \mathbf{1}(Clique_{m,t})$$

其中，$Inst\_PCrash_{i,m,t}$ 代表与机构 i 同在一个机构团体的其他机构 m 的股票持仓组合的平均暴跌概率，$\mathbf{1}(Clique_{m,t})$ 为示性函数，当机构 m 与 i 属于同一机构团体时取 1，否则取 0；$Holding_{i,m,t}$ 为与机构 i 同在一个机构团体的其他机构 m 股票持仓市值占团体总持仓市值的比例。

（三）指标有效性及描述性统计

（1）股价暴跌概率指标的有效性。为说明使用广义逻辑回归相较传统二元逻辑回归的优越性，表 6 - 2 展示了全样本下广义逻辑回归的估计结果。整体而言，回归方程中各个变量对股价暴跌和暴涨事件均有很好的预测能力，回归系数十分显著且回归系数的符号也与现有研究较为一致（Conrad et al.，2014；Jang and Kang，2019）。

表 6 - 2	全样本广义逻辑回归结果	
变量	(1)	(2)
	股价暴跌	股价暴涨
MKR	0.947 *** (33.76)	- 0.556 *** (- 15.10)
EXR	0.615 *** (28.99)	0.578 *** (21.02)
Volatility	- 0.183 (- 0.26)	- 5.228 *** (- 5.76)
Skewness	- 0.014 *** (- 2.90)	- 0.012 * (- 1.88)
Size	0.348 *** (47.92)	- 0.655 *** (- 56.90)
Turnover	0.007 *** (3.27)	- 0.006 (- 1.00)
Age	- 0.669 *** (- 65.22)	0.204 *** (16.58)

变量	(1)	(2)
	股价暴跌	股价暴涨
T/A	-0.013 ** (-2.43)	0.010 (1.44)
Sales	0.511 *** (23.72)	-0.146 *** (-4.99)
Constant	-4.391 *** (-47.03)	4.517 *** (33.65)
N	303797	303797

注：括号中为 Z 值，标准误已在"公司—月份"维度进行聚类。*** 、** 和 * 分别代表在 1%、5% 和 10% 的水平下显著。

对比表 6-2 第（1）列和第（2）列可以发现，市场收益率、公司规模、上市年限、有形资产占总资产比、营业收入增长率等变量的系数符号在两个回归方程中正好相反，即解释变量对股价暴跌事件和股价暴涨事件发生概率的预测方向相反，表明广义逻辑回归能够较好地区分股价暴跌和股价暴涨事件，避免股价暴跌和股价暴涨之间相关性对股价暴跌概率估计结果的干扰。

为了直观地展现本章基于广义逻辑回归估计的股价暴跌概率指标的有效性，图 6-2 绘制了 2015 年股市波动期间市场指数（以国证 A 指为例）和股价暴跌概率指标的走势。可以看到，股价暴跌概率与市场指数走势具有高度一致性。市场指数的不断飙升，引发股价泡沫，股价暴跌概率陡然增加，而伴随着股价泡沫的破灭，价格经历剧烈调整，股价暴跌风险也得到释放，股价暴跌概率逐渐回落。注意到，图中股价暴跌概率的两次峰值均预示了随后的市场大跌，表明本章估计的股价暴跌概率能够较好地反映股价后续调整风险。因而，使用股价暴跌概率指标来反映当前股价被高估程度或泡沫化程度是有效的。

（2）描述性统计。从表 6-3 列示的主要变量描述性统计来看，个股股价暴跌概率 PCrash 的均值为 6.8%，方差为 11.9%，表明不同股票之间的暴跌概率差异较大；依据机构投资者季度持股明细计算的平均暴跌概率 Inst_PCrash 的均值为 8.8%，最大和最小值之间差异较大，表明部分机构投资者存在严重的投机交易倾向。

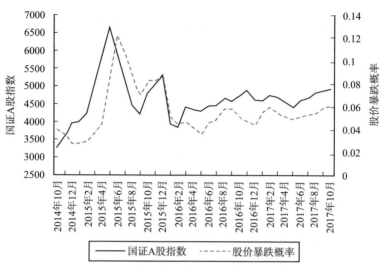

图 6 - 2 2015 年股市波动前后 A 股指数和股价暴跌概率走势

表 6 - 3
主要变量描述性统计

变量	观测值	均值	中位数	标准差	最小值	最大值
Label	303797	-0.017	0	0.317	-1	1
MKR	303797	0.045	0.034	0.255	-0.432	0.830
EXR	303797	-0.131	-0.121	0.369	-1.177	0.820
Volatility	303797	0.03	0.027	0.013	0.012	0.081
Skewness	303797	-0.701	-0.171	2.024	-9.261	1.458
Size	303797	12.93	12.85	1.026	10.77	15.87
Turnover	303797	0.067	0.051	1.476	-6.143	6.102
Age	303797	4.579	4.762	0.831	2.565	5.717
T/A	303797	0.448	0.444	0.239	-0.207	0.916
Sales	303797	0.121	0.109	0.264	-0.606	1.124
PCrash	102080	0.068	0.041	0.119	0	1
VPIN	115562	0.31	0.32	0.046	0	0.525
Volatility	121135	0.464	0.439	0.147	0.093	3.132
Limits	198440	1.189	0	3.468	0	64
Swing	114695	0.408	0.311	0.493	0	21.63
Inst_PCrash	44167	0.088	0.067	0.105	0.001	1
RPI	5311	0.77	1	0.337	0	1

注：*PCrash* 为个股股价暴跌概率；*Inst_PCrash* 为根据机构投资者持股明细计算的加权平均暴跌概率。对所有连续型变量均进行了上、下 1% 的缩尾处理。

二、机构投资者理性泡沫骑乘检测

为了验证假说6.1即机构投资者是否存在理性泡沫骑乘行为，本节将从以下两个角度展开分析：一是从行为角度验证机构投资者是否更偏好高暴跌概率股票（泡沫型股票）以及是否存在持续追捧买入泡沫型股票并在泡沫破裂前精准减持的泡沫骑乘行为；二是从结果角度验证机构投资者的泡沫骑乘行为是否使其获得了更高的超额收益。

（一）机构投资者理性泡沫骑乘检测：行为角度

（1）股价暴跌概率与机构投资者偏好。基于机构投资者季度重仓持股明细，本章首先研究了机构投资者对不同暴跌概率股票组合的偏好程度。具体地，将所有个股按照股价暴跌概率从低到高进行排序，划分为P1至P10十个投资组合，从P1到P10代表投资组合的暴跌概率依次增大；其次，以6个季度为窗口期，计算机构投资者对P1至P10投资组合在过去6个季度的平均持股比例变化百分比。由于股价暴跌概率衡量了股价的高估程度，若机构投资者对高暴跌概率的投资组合具有更强的买入需求，则初步表明机构投资者存在泡沫骑乘的可能。

图6-3描绘了机构投资者在过去6个季度对不同暴跌概率股票组合的持有比例变化情况。其中，横坐标轴代表按照股价暴跌概率进行排序的十分位组合，从P1到P10代表投资组合的暴跌概率依次增大；纵坐标轴代表不同投资组合在过去6个季度机构平均持股比例变化百分比。

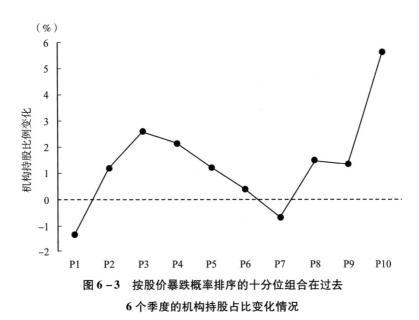

**图6-3　按股价暴跌概率排序的十分位组合在过去
6个季度的机构持股占比变化情况**

可以清楚地看到，对于股价暴跌概率较高的投资组合（P8～P10），机构投资者在过去6个季度大幅增加了对这些组合中股票的持仓；特别地，机构投资者对股价暴跌概率最高的P10组合在过去6个季度的平均持股占比涨幅最大，增持比例接近6%。因此，图6-3结果表明，机构投资者对股价暴跌概率较高的股票有大幅增持需求，会持续买入高股价暴跌概率的股票，存在明显的"追涨"现象。

（2）机构投资者对高暴跌概率股票持股比例的变化。本章进一步研究了机构投资者对高暴跌概率股票（泡沫型股票）持股比例的动态变化。股价暴跌概率越大，股价高估程度越高，股价泡沫破灭的风险也越大，因此通过分析股票在进入P10组合前后的超额机构持股比例的变化，可以观察机构投资者是否存在前期追捧买入、在泡沫破灭风险达到峰值前夕精准减持的交易模式。图6-4描绘了股票进入暴跌概率最高的P10组合即成为泡沫型股票前后6个季度机构投资者的超额持股比例变化情况。

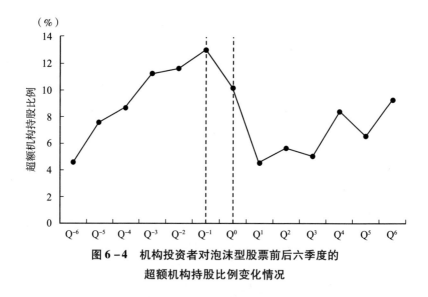

图6-4　机构投资者对泡沫型股票前后六季度的超额机构持股比例变化情况

图6-4横坐标轴中的Q0代表股票进入股价暴跌概率最高的P10组合所在季度，Q-6至Q-1指进入P10组合前的6个季度，Q1至Q6为进入P10组合后的6个季度。纵坐标轴代表P10组合中股票的超额机构持股比例，反映了机构投资者对高暴跌概率股票的持仓变化。其中，使用超额机构持股比例主要是为了排除季节性因素的干扰，超额机构持股比例等于对单个股票的机构持股比例与同期所有股票的平均机构持股比例之差。

通过观察股票在进入 P10 组合前后的超额机构持股比例的变化，可以发现，对于股价暴跌概率最高的 P10 组合中的股票，机构投资者从 6 个季度前就开始增加对这类股票的持有，并在股票进入 P10 组合之前的 1 个季度 Q−1 达到峰值，而后开始逐渐降低其持股比例。股价暴跌概率反映了股价的高估程度，因此图 6−4 表明，机构投资者存在持续买入和追捧股价被高估的股票，并在股票暴跌概率即股价泡沫破灭风险达到峰值前夕进行精准减持，及时离场的交易模式。

（3）机构投资者投机交易倾向与股价波动。作为机构投资者泡沫骑乘的另一种替代检验方式，本章进一步研究了机构投资者投机交易倾向对股价波动的影响。若机构投资者没有实施反向套利，积极纠正股票的错误定价，而是与"泡沫共舞"并骑乘泡沫，那么机构投资者的投机交易将加剧股价波动（Brunnermeier and Nagel，2004；高昊宇等，2017）。为此，考虑建立如下回归方程：

$$Volatility_{j,t} = \beta_1 Inst\_Speculation_{j,t} + \Phi X_{j,t} + \alpha_j + \eta_t + \varepsilon_{j,t} \qquad (6.6)$$

其中，$Volatility_{j,t}$ 代表股票 j 在 t 季度的股价波动率，使用收益波动率、涨跌停次数和区间振幅进行替代。$Inst\_Speculation_{j,t}$ 为持有股票 j 的机构投资者的平均投机倾向，使用如下两种方式进行测度：（1）根据机构投资者的股票持仓明细以及个股股价暴跌概率，计算得到机构投资者 j 持仓组合的平均股价暴跌概率 $Inst\_PCrash_{j,t}$，机构投资者的股价暴跌概率越大，投机交易倾向越强。（2）仿照高昊宇等（2017）的研究，将机构投资者按照平均股价暴跌概率分为高、低两组，分别计算两组机构投资者对股票 j 的持股比例 $High\_holding_{j,t}$ 和 $Low\_holding_{j,t}$。$X_{j,t}$ 为一系列与股价波动率有关的控制变量，包括公司规模、公司财务杠杆率、ROA 等（Chen et al.，2001；许年行等，2013）。回归结果如表 6−4 所示。

表 6−4　　　　　　　　　机构投资者持股与股价波动

变量	(1) 收益波动率	(2) 涨跌停次数	(3) 振幅	(4) 收益波动率	(5) 涨跌停次数	(6) 振幅
$Inst\_PCrash$	0.043 *** (0.010)	1.574 *** (0.348)	0.169 *** (0.025)			
$High\_holding$				−0.001 (0.001)	0.024 (0.025)	0.014 *** (0.002)

变量	（1）收益波动率	（2）涨跌停次数	（3）振幅	（4）收益波动率	（5）涨跌停次数	（6）振幅
Low_holding				− 0. 000 *** (0. 000)	− 0. 020 *** (0. 003)	− 0. 002 *** (0. 000)
Constant	0. 202 *** (0. 011)	− 2. 515 *** (0. 388)	− 0. 263 *** (0. 028)	0. 206 *** (0. 014)	− 2. 991 *** (0. 504)	− 0. 253 *** (0. 039)
CONTROLS	YES	YES	YES	YES	YES	YES
TIME FE	YES	YES	YES	YES	YES	YES
FIRM FE	YES	YES	YES	YES	YES	YES
N	43294	43294	43294	26109	26109	26109
Adj. R²	0. 833	0. 498	0. 530	0. 852	0. 543	0. 547

注：括号中为稳健标准误。 *** 、 ** 和 * 分别代表在1% 、5% 和10% 的水平下显著。

表6 –4 前三列分别汇报了使用个股收益波动率、涨跌停次数以及振幅作为被解释变量，机构投资者平均投机交易倾向 $Inst\_PCrash_{j,t}$ 为解释变量的回归结果。无论使用收益波动率、涨跌停次数还是区间振幅刻画股价波动，机构投资者的投机交易倾向都将加剧股价波动，表明机构投资者并没有消除错误定价，而是加剧了股价波动。

表6 –4 后三列汇报了依据投机交易倾向将所有机构投资者分为高投机倾向组和低投机倾向组的回归结果。总体而言，高投机倾向组的机构投资者持股将加大股价波动，也即机构投资者的投机交易倾向越高，越倾向于骑乘泡沫，从而加剧股价波动。

综合以上分析，在相当长的窗口期内，机构投资者对高暴跌概率的股票（组合）存在明显的投机需求，会持续增持高暴跌概率的股票（组合）并在暴跌风险最大之前及时减持，存在明显的泡沫骑乘和投机交易行为。此外，回归结果表明，机构投资者持股显著加剧了个股股价波动，进一步印证了机构投资者存在泡沫骑乘行为。

（二）机构投资者理性泡沫骑乘检测：结果角度

为验证机构投资者的泡沫骑乘行为是否理性，本章进一步研究了机构投资者追捧高暴跌概率股票的投机交易行为的投资收益表现。如果机构投资者并无法从中获得高收益，甚至发生亏损，则说明机构投资者的泡沫骑乘行为并非理性，可能是由行为偏差导致。相反，如果机构投资者对高暴跌概率股票的投机交易行为能够使其获得较高的收益，则可以表明机构投资者的泡沫骑乘是一种理性行为。

具体地，参考 Jang 和 Kang（2019）的做法，按照如下步骤计算机构投资者的超额收益：

第一步，以持仓市值作为权重，计算在每个季度末不同机构投资者所持有的股票组合的平均股价暴跌概率。按平均股价暴跌概率从低到高，将所有机构投资者进行排序并分为 P1 至 P10 十组。对位于相同十分位组合的机构投资者的股票持仓取并集，构造平均股价暴跌概率由低到高的十个合并投资组合（C1 至 C10）。每一个合并投资组合可以视为一个虚拟的"大"机构投资者的持仓，从 C1 到 C10 代表了投机交易倾向由弱至强的十个"大"机构投资者的股票持仓。

第二步，在每一季度末，判断 C1 至 C10 十个合并投资组合中的每一只股票在上一季度是否位于相同序数的合并投资组合中。若是，则使用股票当季度的超额收益率和上一季度的持仓市值进行加权平均，计算得到每一个合并投资组合在当季度的平均季度超额收益率。

第三步，计算 C1 至 C10 合并投资组合经过 Fama – French 三因子调整后的平均季度超额收益率。通过比较 C1 至 C10 十个合并投资组合经过 FF3 因子调整后的超额收益表现，验证机构投资者持有高暴跌概率股票能否使其获得较高的收益，判断机构投资者的投机行为是否理性。表 6 – 5 汇报了依据上述步骤计算的机构投资者季度超额收益表现。

表 6 – 5 中的 C1 至 C10 分别代表平均暴跌概率由低到高的十个"大"机构投资者的股票投资组合，L90 代表平均暴跌概率在后 90% 的机构的股票投资组合，H10 – L90 表示买入平均暴跌概率在前 10% 的机构股票持仓并卖出平均暴跌概率在后 90% 的机构股票持仓构建的零成本多空投资组合。

从表 6 – 5 可知，对于各类机构投资者，从 C1 到 C10，投资组合经 FF3 风险因子调整后的季度超额收益总体呈现递增趋势；除 QFII 投资者外，其余机构投资者买入 L90 组合的超额收益显著为负；H10 – L90 多空组合的超额收益均为正且在统计上十分显著，其中，信托的多空组合的季度超额收益高达 5.1%，对应 t 统计量为 1.75。上述结果表明，机构投资者持仓股票组合的平均暴跌概率越大、越偏好泡沫型股票，超额收益率越高，也即从结果角度看机构投资者的投机交易和泡沫骑乘是一种理性行为。

表 6 - 5

机构投资者投机交易的超额收益表现

变量	C1	C2	C3	C4	C5	C6	C7	C8	C9	C10	L90	H10 - L90
社保基金	-3.41 (-2.81)	-1.12 (-0.55)	-2.21 (-1.72)	-3.01 (-1.35)	0.22 (0.13)	-0.31 (-0.15)	-0.44 (-0.34)	1.45 (0.68)	-1.56 (-0.78)	2.58 (1.57)	-2.09 (-3.53)	4.67 (2.64)
券商	-3.51 (-1.54)	-5.33 (-2.55)	-0.54 (-0.16)	-3.10 (-1.22)	3.12 (0.94)	-3.58 (-2.80)	-4.90 (-2.09)	-4.71 (-2.30)	-3.01 (-1.86)	-0.08 (-0.03)	-4.32 (-7.42)	4.24 (2.01)
保险	-3.40 (-2.58)	-7.61 (-4.79)	-3.03 (-2.21)	-1.51 (-1.23)	-1.63 (-0.74)	-2.35 (-1.38)	-1.86 (-0.82)	0.17 (0.15)	-0.59 (-0.71)	0.10 (0.08)	-1.51 (-1.56)	1.61 (1.06)
信托	0.54 (0.21)	-3.66 (-1.57)	1.84 (0.72)	-3.79 (-1.26)	-0.09 (-0.03)	2.08 (0.46)	0.71 (0.41)	2.62 (0.54)	4.34 (1.34)	1.80 (0.58)	-3.30 (-2.77)	5.10 (1.75)
QFII	-1.12 (-0.78)	-2.27 (-1.18)	3.94 (1.47)	1.23 (0.77)	1.03 (0.46)	-3.22 (-1.86)	0.39 (0.27)	3.58 (1.77)	2.40 (1.42)	2.86 (2.33)	0.48 (0.50)	2.38 (1.61)

注：括号中为经 Newey - West 调整计算得到的 t 统计量。

第三节　机构投资者理性泡沫骑乘行为的动因分析

在前面的分析中，本章实证检验了中国 A 股机构投资者存在理性泡沫骑乘行为，会持续追捧买入高暴跌概率股票，并在暴跌风险达到峰值前夕精准减持、提前离场，以此获得高额的投资收益。本节将进一步探究机构投资者理性泡沫骑乘的动因，分别验证前文提出的假说 6.2（内幕信息假说）和假说 6.3（机构"抱团"假说），并对内幕信息和机构"抱团"二者的关系进行分析，即验证假说 6.4。

一、内幕信息与机构理性泡沫骑乘

根据内幕信息假说，机构投资者之所以买入高暴跌概率即股价被高估的股票，进行投机交易和泡沫骑乘，可能是因为机构投资者掌握了较多的内幕信息。为验证假说 6.2 即内幕信息是否是影响机构投资者理性投机和泡沫骑乘的影响因素，构建如下回归方程：

$$Inst\_PCrash_{i,t} = \beta_1 Information_{i,t} + \Phi X_{i,t} + \alpha_i + \eta_t + \varepsilon_{i,t} \qquad (6.7)$$

其中，$Inst\_PCrash_{i,t}$ 代表机构投资者 i 在 t 季度持仓的股票组合按持仓市值加权的平均暴跌概率；$Information_{i,t}$ 表示机构投资者 i 拥有的内幕信息，分别选用知情交易概率 $VPIN$ 和 RPI 进行衡量（陈国进等，2019；张乾和薛健，2019）。$X_{i,t}$ 为相关控制变量，参考现有基金研究相关文献，包括：原始收益率的滞后项、历史投资回报率的标准差、持仓久期（duration）、持仓波动（volatility）、持仓偏度（skewness）、投资规模等（刘京军等，2018；陆蓉和孙欣钰，2021）。其中，持仓久期参考 Cremers and Pareek（2016）的做法，依据季度持股明细计算机构投资者的投资组合在过去三年内的平均股票持有时长；持仓波动和持仓偏度的计算根据个股历史（过去 6 个月）收益波动率、历史收益偏度以及季度持股明细进行加权平均。α_i 和 η_t 分别代表个体固定效应和时间固定效应。根据 $VPIN$ 和 RPI 的定义和构造方式，$VPIN$ 越大、RPI 越低，代表机构投资者所掌握的内幕信息越多。若内幕信息假说成立，我们预期 $VPIN$ 解释变量的回归系数为正，RPI 解释变量的回归系数为负。表 6 - 6 汇报了相关的回归结果。

表 6 - 6 第（1）~（3）列汇报了使用 $VPIN$ 作为内幕信息代理变量对模型（7）的回归结果。可以看到，无论是否加入相关控制变量以及控制机构和时间交乘固定效应，$VPIN$ 前的回归系数均在 1% 水平上显著为正，

表明机构投资者的知情交易概率越高，拥有的内幕信息越多，机构投资者持仓组合的股价暴跌概率越高，投机交易倾向越严重。

表6-6　　　　　　　　　内幕信息与机构投资者理性泡沫骑乘

变量	被解释变量：Inst_PCrash					
	(1)	(2)	(3)	(4)	(5)	(6)
VPIN	0.120 *** (0.015)	0.138 *** (0.016)	0.098 *** (0.026)			
RPI				-0.005 ** (0.002)	-0.005 ** (0.002)	-0.021 *** (0.002)
Constant	0.041 *** (0.005)	0.042 *** (0.005)	0.263 *** (0.010)	0.085 *** (0.002)	0.087 *** (0.004)	0.335 *** (0.014)
Controls	NO	YES	YES	NO	YES	YES
TIME FE	YES	YES		YES	YES	
INST. FE	YES	YES		YES	YES	
TIME × INST. FE	NO	NO	YES	NO	NO	YES
N	11705	11705	6154	5267	5267	2815
Adj. R^2	0.886	0.888	0.885	0.893	0.897	0.897

注：括号中为稳健标准误。*** 、** 和 * 分别代表在1%、5%和10%的水平下显著。

类似地，表6-6第（4）~（6）列汇报了使用机构投资者对公开信息的依赖程度RPI替代VPIN的回归结果。与VPIN结果一致，机构投资者对公开信息的依赖程度RPI越高，拥有的内幕信息越少，机构投资者持仓组合的股价暴跌概率也越小，投机交易倾向也较小。因此表6-6结果表明，机构投资者的泡沫骑乘行为会受到其拥有内幕信息多寡的影响，内幕信息或是机构投资者进行投机交易的主要动因。

作为内幕信息假说的补充证据，我们分别对比了在股价暴跌概率单变量，以及股价暴跌概率和VPIN双变量分组下，机构投资者买入高暴跌概率股票组合并卖出低暴跌概率股票组合（最大最小组合）的超额收益表现。如果内幕信息能够解释或部分解释机构投资者持有高暴跌概率股票的投机交易行为，那么，相比基于股价暴跌概率的单变量分组，额外控制了VPIN的双变量分组下，最大最小组合的超额收益率应当消失或有所下降。

在股价暴跌概率单变量分组中，按机构投资者的平均股价暴跌概率由低至高将机构投资者所持仓股票分为5组，并计算买入高暴跌概率并卖出低暴跌概率组合即最大最小（5-1）组合经 FF3 因子调整后的超额收益率。在额外控制 *VPIN* 的双变量分组中，首先将所有机构投资者的股票持仓按 *VPIN*（控制变量）从低到高分成 5 组，得到 5 个"大"机构投资者持仓的股票组合，其中，*VPIN* 越高，代表机构投资者知情交易的可能性越大，拥有的内幕信息越多；其次，对每个"大"机构投资者持仓的股票组合按股价暴跌概率（关注变量）从低到高再各自分成 5 组，得到 5×5 = 25 个股票组合；最后，对不同控制变量水平的组合取平均，构造最大最小组合并计算其经风险因子调整后的超额收益率。表 6-7 汇报了基于股价暴跌概率单变量、股价暴跌概率和 *VPIN* 双变量构造的最大最小组合经过 FF3 因子调整后能够实现的超额收益率①。

表 6-7　　　　　　股价暴跌概率单变量和控制 *VPIN* 双变量
分组下的最大最小组合收益表现

	单变量分组：5-1 收益率	双变量分组：5-1 收益率	*VPIN* 解释比例（%）
机构投资者	3.65 (6.37)	3.42 (6.88)	6.3
社保基金	2.92 (4.76)	2.86 (4.84)	2.05
券商	3.39 (5.21)	2.86 (6.41)	15.63
保险	3.21 (4.75)	2.65 (3.86)	17.45
QFII	6.53 (7.61)	3.66 (5.09)	43.95

注：第 1 列和第 2 列报告的"5-1 收益率"为依据 *PCrash* 单变量以及 *PCrash* 和 *VPIN* 双变量分组构造的最大最小组合经 FF3 因子调整后的超额收益率；括号中为经 Newey-West 调整的 *t* 统计量。

相较单变量分组的结果，控制 *VPIN* 之后，机构投资者持有高暴跌概率股票组合的超额收益率整体下降了 6.3%（见表 6-7 第 1 行）。从细分机构投资者类型看，基于股价暴跌概率构造的最大最小组合的超额收益率在不同类型的机构投资者中出现了不同程度的下降，其中，QFII、保险和

---

① 限于篇幅，本章并未汇报单变量和双变量分组下各细分组合的超额收益率和 *t* 值，留存备索。

券商的超额收益率大幅下降，降幅分别为43.95%、17.45%和15.63%，而社保基金相对其他机构投资者降幅较为有限，仅为2%。总体来看，在控制 *VPIN* 之后，机构投资者持有高暴跌概率股票组合的收益出现明显下降，表明内幕信息能够部分解释机构投资者的理性投机行为，是影响机构投资者泡沫骑乘的重要因素。

二、机构"抱团"与机构理性泡沫骑乘

根据机构"抱团"假说，机构投资者的泡沫骑乘行为可能是受到机构投资者所在团体的影响。当机构投资者所在团体越倾向进行投机交易，越偏好泡沫型股票，该机构投资者也越容易受到所在团体的影响，采取跟随策略，"抱团"被高估的资产。

为对假说6.3即机构"抱团"假说进行验证，检验机构投资者 i 所在的机构投资者小团体的投机交易倾向是否会影响该机构投资者的投机行为，构建如下回归模型：

$$Inst\_PCrash_{i,t} = \beta_1 Clique\_PCrash_{i,t} + \Phi X_{i,t} + \alpha_i + \eta_t + \varepsilon_{i,t} \qquad (6.8)$$

其中，$CliquePCrash_{i,t}$ 表示机构投资者 i 所在团体的平均股价暴跌概率，$CliquePCrash_{i,t}$ 越大，机构投资者所在团体的投机交易倾向越大，其余变量与模型（6.7）一致。由于机构投资者所在团体的投机交易倾向越高，越可能增加机构投资者的投机倾向，出现机构投资者抱团，因此，我们预期式（6.8）中的 β_1 为正。回归结果如表6-8所示。

表6-8　　　　　　　　机构投资者"抱团"与理性泡沫骑乘

变量	(1)	(2)	(3)	(4)	(5)	(6)
	不含 QFII	不含 QFII	不含 QFII	全样本	全样本	全样本
Clique_PCrash	0.596 *** (0.044)	0.527 *** (0.041)	0.847 *** (0.114)	0.558 *** (0.045)	0.497 *** (0.041)	0.587 *** (0.117)
Constant	0.036 *** (0.004)	0.172 *** (0.019)	0.200 ** (0.075)	0.039 *** (0.005)	0.186 *** (0.018)	0.154 *** (0.058)
CONTROLS	NO	YES	YES	NO	YES	YES
TIME FE	YES	YES	YES	YES	YES	YES
INST. FE	YES	YES	YES	YES	YES	YES
TIME × INST. FE	NO	NO	YES	NO	NO	YES

变量	(1)	(2)	(3)	(4)	(5)	(6)
	不含 QFII	不含 QFII	不含 QFII	全样本	全样本	全样本
N	564	564	156	579	579	185
$Adj.\ R^2$	0.858	0.865	0.898	0.954	0.964	0.929

注：括号中为稳健标准误。***、** 和 * 分别代表在 1%、5% 和 10% 的水平下显著。

表 6 – 8 前三列和后三列分别汇报了基于国内机构投资者（不含 QFII）和所有机构投资者（包含 QFII）网络提取并计算机构团体投机交易倾向对模型（6.8）的回归结果。可以看到，无论是否包含 QFII，$Clique\_PCrash$ 的回归系数均在 1% 水平上显著为正，表明机构投资者所在团体持仓的平均暴跌概率越大，投机交易倾向越强，该机构投资者也越倾向于买入高暴跌概率的股票，存在机构"抱团"泡沫型股票的现象。

三、内幕信息、机构"抱团"与机构理性泡沫骑乘

在前面小节中，本章证明了内幕信息与机构"抱团"均是机构投资者理性泡沫骑乘的重要动因，拥有内幕信息越多、机构团体的投机交易倾向越高，机构投资者也越倾向进行投机交易和泡沫骑乘。本小节将对假说 6.4 进行验证，进一步探究机构投资者的内幕信息交易与机构抱团二者作用关系对机构投资者投机交易的影响，构建如下交互项回归模型：

$$Inst\_PCrash_{i,t} = \beta_1 Clique\_PCrash_{i,t} + \beta_2 Information_{i,t} + \beta_3 Information_{i,t}$$
$$\times Clique\_PCrash_{i,t} + \Phi X_{i,t} + \alpha_i + \eta_t + \varepsilon_{i,t} \qquad (6.9)$$

当机构投资者 i 本身拥有的内幕信息较少时，出于业绩考核压力和优质资产缺失的考虑，一个比较安全的做法是采取跟随策略，该机构将更容易受到其所在机构团体的影响，所在机构团体的投机交易倾向越高，该机构投资者也越倾向于进行投机交易，因此预期式（6.9）中的 β_3 符号为负。表 6 – 9 汇报了相关的回归结果。

表 6 – 9　　　　内幕信息、机构"抱团"与机构理性泡沫骑乘

变量	(1)	(2)
$VPIN$	0.200 ** (0.079)	0.128 * (0.077)
$Clique\_PCrash$	1.274 *** (0.164)	1.145 *** (0.151)

变量	(1)	(2)
VPIN × Clique_PCrash	−1.707 *** (0.496)	−1.656 *** (0.457)
Constant	−0.038 (0.025)	0.123 *** (0.029)
CONTROLS	NO	YES
TIME FE	YES	YES
INST. FE	YES	YES
N	579	579
Adj. R²	0.857	0.864

注：括号中为稳健标准误。***、** 和 * 分别代表在 1%、5% 和 10% 的水平下显著。

表 6 - 9 结果显示，无论是否加入控制变量，内幕信息与机构团体投机交易倾向的交互项在 1% 水平下显著为负，即机构投资者拥有的内幕信息越少，机构投资者越容易受到其所在团体的投机交易行为的影响。

四、投资者情绪与机构泡沫骑乘

早在 20 世纪 90 年代，De Long 等（1990a）的研究就表明，市场情绪可能导致投资者预期非理性变化，导致资产价格偏离基础价值，是驱动股价泡沫的重要影响因素。当市场情绪高涨时，投资者对资产价格持续上涨的预期将更为乐观，此时机构投资者顺势而为、与泡沫共舞的激励也更强，泡沫骑乘行为可能更为严重。为探究市场情绪对机构投资者泡沫骑乘行为的影响，首先参考魏星集等（2014）和 Lin 等（2018）的做法，基于封闭基金折价率、IPO 首日收益率、IPO 数量、新增开户数、市场换手率、消费者信心指数等数据，使用主成分分析法提取市场情绪指标 ISI，数据来源为 CSMAR 数据库。在测度市场情绪的基础上，设定如下回归模型：

$$Inst\_PCrash_{i,t} = \beta_1 ISI_t + \Phi X_{i,t} + \alpha_i + \eta_t + \varepsilon_{i,t} \tag{6.10}$$

$$Clique\_Pcrash_{i,t} = \beta_1 ISI_t + \Phi X_{i,t} + \alpha_i + \eta_t + \varepsilon_{i,t} \tag{6.11}$$

$$Inst\_PCrash_{i,t} = \beta_1 Information_{i,t} + \beta_2 Information_{i,t} \times ISI_t$$
$$+ \Phi X_{i,t} + \alpha_i + \eta_t + \varepsilon_{i,t} \tag{6.12}$$

$$Inst\_Pcrash_{i,t} = \beta_1 CliquePcrash_{i,t} + \beta_2 CliquePcrash_{i,t} \times ISI_t$$
$$+ \Phi X_{i,t} + \alpha_i + \eta_t + \varepsilon_{i,t} \tag{6.13}$$

其中，ISI_t 为季频市场情绪指数。模型（6.10）和模型（6.11）分别检验了市场情绪对机构投资者 i 及其所在机构团体泡沫骑乘行为的影响；模型（6.12）和（6.13）考察了市场情绪是否会加剧内幕信息和机构"抱团"对机构投资者泡沫骑乘行为的影响。相关回归结果如表6-10所示。

表6-10　　　　　　　　市场情绪与机构泡沫骑乘

变量	(1)	(2)	(3)	(4)
	Inst_PCrash	Clique_PCrash	Inst_PCrash	Inst_PCrash
ISI	0.016 *** (0.001)	0.053 ** (0.024)		
VPIN			0.071 *** (0.015)	
VPIN × ISI			0.051 *** (0.012)	
Clique_PCrash				- 0.474 (0.460)
Clique_PCrash × ISI				0.241 ** (0.114)
Constant	0.233 *** (0.013)	- 0.212 * (0.115)	0.266 *** (0.006)	0.204 *** (0.021)
CONTROLS	YES	YES	YES	YES
TIME FE	NO	NO	YES	YES
INST. FE	YES	YES	YES	YES
N	11705	579	11705	579
Adj. R^2	0.508	0.559	0.413	0.664

注：括号中为稳健标准误。 *** 、 ** 和 * 分别代表在1% 、5%和10%的水平下显著。

与预期一致，表6-10前两列结果显示，当市场情绪高涨时，机构投资者及其所在机构团体的投机交易倾向将上升，此时，机构投资者越倾向于顺势而为、与泡沫共舞。此外，第（3）和第（4）列中的交互项回归系数均在5%水平下显著为正，表明市场情绪高涨将进一步强化内幕信息和机构抱团对机构投资者投机交易的正向影响，机构投资者将更热衷于追捧泡沫化程度高的股票，泡沫骑乘行为将更为严重。

五、稳健性检验

（1）更换股价暴跌事件阈值进行稳健性。在前面的分析中，本章将股价暴跌事件定义为股价未来12个月的对数收益率小于等于−0.7，并据此估计个股股价暴跌概率。为了验证前文结果的稳健性，在本小节我们将股价暴跌事件的阈值由−0.7下调为−0.5①，重新对个股股价暴跌概率进行估计，并对机构投资者理性泡沫骑乘行为进行检验。相关稳健性检验结果如图6−5和表6−11所示。

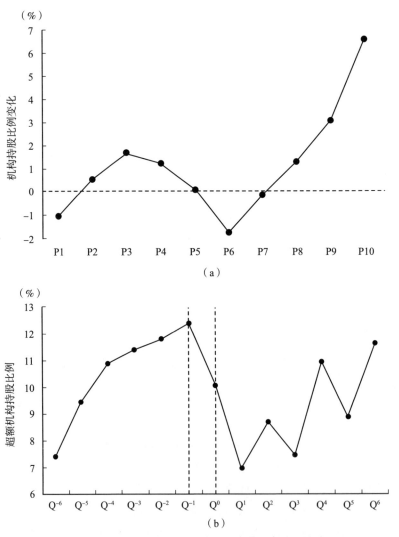

图6−5　机构投资者理性泡沫骑乘（股价暴跌事件阈值为−0.5）

① −0.5的阈值选择主要根据2015年A股股市波动期间上证指数在2015年6月12日及之后12个月时间的累计跌幅约为44%。

表6-11　机构投资者投机交易的超额收益表现（股价暴跌事件阈值为 -0.5）

机构投资者	C1	C2	C3	C4	C5	C6	C7	C8	C9	C10	L90	H10-L90
社保基金	-1.98 (-1.62)	-0.52 (-0.25)	-1.37 (-0.84)	-2.17 (-2.04)	-3.67 (-2.35)	0.22 (0.13)	0.01 (0.00)	1.25 (0.69)	3.23 (1.01)	4.35 (2.08)	-1.98 (-3.02)	6.33 (3.25)
券商	-6.33 (-2.48)	-7.61 (-4.10)	-0.88 (-0.40)	-3.27 (-1.56)	0.51 (0.20)	-0.33 (-0.17)	-5.06 (-1.73)	-1.15 (-0.41)	-1.67 (-1.06)	-1.08 (-0.42)	-4.48 (-6.87)	3.4 (1.51)
保险	-3.18 (-2.45)	-0.96 (-0.37)	0.54 (0.22)	-0.16 (-0.09)	-3.53 (-1.96)	-0.37 (-0.11)	-2.13 (-1.99)	-0.76 (-0.52)	-2.39 (-2.25)	3.21 (3.08)	-1.64 (-1.65)	4.85 (3.14)
信托	2.45 (0.87)	-2.24 (-0.73)	1.15 (0.34)	-1.77 (-0.43)	0.74 (0.17)	-0.22 (-0.07)	8.34 (1.81)	3.06 (0.88)	1.13 (0.29)	1 (0.25)	-3.32 (-2.64)	4.32 (1.05)
QFII	-1.99 (-1.15)	-3.07 (-1.72)	-1.12 (-0.63)	-0.82 (-0.30)	-0.39 (-0.15)	-1.93 (-1.08)	3.86 (1.88)	-0.17 (-0.11)	1.34 (0.86)	5.23 (3.99)	-0.66 (-0.90)	5.88 (4.44)

注：括号中为经 Newey-West 调整计算得到的 t 统计量。C1~C10 代表暴跌概率由低到高的十个"大"机构投资者的股票持仓组合。

图 6 - 5（a）结果显示，与基准分析一致，以 6 个季度为窗口期，机构投资者会持续追捧高暴跌概率的股票组合；在 13 个季度的窗口期内，机构投资者会持续买入高暴跌概率股票并在泡沫破裂风险达到峰值前及时退出，即存在"持续买入—精准减持"的泡沫骑乘行为 [见图 6 - 5（b）]。进一步地，表 6 - 10 的结果表明，机构投资者追捧高暴跌概率股票能够使其获得较高的超额收益，是一种理性行为。因此，改变股价暴跌事件阈值并不改变本章的核心结论，机构投资者的理性泡沫骑乘行为依然成立。

（2）更换机构投资者网络构建标准。在前面的分析中，本章以任意两家机构投资者同时持有单只股票市值超过其流通市值的 5% 作为网络连接依据，在本小节我们分别以任意两家机构投资者同时持有单只股票市值超过其流通市值的 4% 和 6% 作为网络连接依据，构建机构投资者网络并进行相关的稳健性检验，相关结果如表 6 - 12 所示。

表 6 - 12　　　　　　更换机构投资者网络构建标准的稳健性检验

	(1)	(2)	(3)	(4)	(5)	(6)
网络连接阈值	4%	4%	4%	6%	6%	6%
Clique_PCrash	0.478 *** (0.040)	0.364 *** (0.035)	0.436 *** (0.072)	0.652 *** (0.069)	0.519 *** (0.069)	0.423 (0.309)
Constant	0.046 *** (0.004)	0.251 *** (0.014)	0.282 *** (0.034)	0.029 *** (0.006)	0.235 *** (0.036)	0.268 (0.158)
CONTROLS	NO	YES	YES	NO	YES	YES
TIME FE	YES	YES	NO	YES	YES	NO
INST. FE	YES	YES	NO	YES	YES	NO
TIME × INST. FE	NO	NO	YES	NO	NO	YES
N	1068	1068	400	244	244	50
Adj. R²	0.937	0.954	0.887	0.967	0.973	0.814

注：本表汇报了以任意两家机构投资者同时持有单只股票市值超过其流通市值的 4% 和 6% 作为网络连接依据，构建机构投资者网络。括号中为稳健标准误。*** 、** 和 * 分别代表在 1%、5% 和 10% 的水平下显著。

可以看到，无论使用 4% 还是 6% 作为网络连接标准，前文的分析结论维持不变，即机构投资者的投机交易倾向与其所在团体的投机交易倾向正相关，存在明显的机构投资者"抱团"骑乘泡沫行为。此外，对比表 6-12 前三列和后三列的回归结果，可以发现，网络构建连接的标准越严格，回归系数越大，表明重仓持股比例越高，以此为连接依据构建的机构投资者团体的信息交流越密切，该团体的投机交易倾向对单个机构投资者的交易行为影响越大。

第四节 货币政策环境、融资融券和股市泡沫

在宽松货币政策下，融资融券的成本相对较低，融资融券行为就相对比较活跃。自 2010 年融资融券制度在中国推出后，学术界围绕融资融券制度是否有利于资本市场稳定展开了大量的讨论。部分学者发现融资融券制度有利于提高市场效率，消除错误定价，降低股价波动率（李志生等，2015；李科等，2016）。另一部分学者则认为由于存在诸多交易限制以及融资融券机制的同时实施，融券机制难以发挥作用，融资融券制度更多起到了"单向缓冲器"作用，对抑制股价暴涨作用不明显，甚至与初衷相悖，通过融资交易的杠杆效应加剧了股价暴涨和崩盘风险（许红伟和陈欣，2012；褚剑和方军雄，2016；陈海强等，2019）。作为中国资本市场的一项重要制度安排，融资融券对机构投资者的投机交易和泡沫骑乘行为又有何影响？一方面，融资融券制度引入了卖空机制，有利于提高市场效率和消除错误定价，从而缩短了机构投资者理性投机的时间窗口，增加了机构泡沫骑乘的风险；另一方面，融资交易为投资者提供了跟风追涨的途径，并可能通过杠杆—价格循环反馈效应加剧股价暴涨，为机构投资者骑乘泡沫提供了便利。因此，本小节将进一步探讨融资融券制度与机构泡沫骑乘二者的关系。

图 6-6 首先对比了本章研究的股票样本中两融标的和非两融标的的股票的平均股价暴跌概率。可以看到，在样本期内，两融标的股票的平均股价暴跌概率要明显高于非两融标的股票，注意到，在 2011 年两组股票的平均暴跌概率峰值差异高达 12%。图 6-6 的证据初步表明融资融券可能加剧了股价暴涨及之后的股价暴跌风险，或助长机构投资者的泡沫骑乘行为。

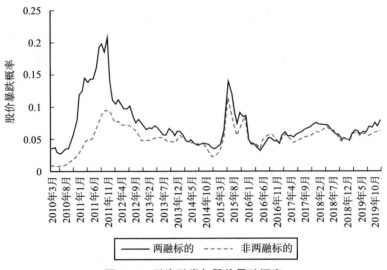

图 6 - 6 融资融券与股价暴跌概率

进一步地，为验证股票是否为融资融券标的对机构投资者投机交易倾向的影响，本章根据机构投资者的季度重仓持股明细，计算每一个机构投资者持仓的平均融资融券强度：

$$MT\_Exposure_{i,t} = \sum_{j=1}^{N_{j,t}} Holding_{i,j,t} \times MT_{j,t} \qquad (6.14)$$

其中，$Holding_{i,j,t}$ 代表机构投资者 i 在 t 季度对股票 j 的持有比例；$MT_{j,t}$ 为 t 季度股票 j 是否为融资融券标的二值虚拟变量，若为两融标的则取值为 1，否则为 0。使用机构平均暴跌概率对平均融资融券强度进行回归，相关结果如表 6 - 13 所示。

表 6 - 13　　　融资融券、股价暴跌概率与机构投资者泡沫骑乘

变量	(1)	(2)	(3)
MT_Exposure	0.011 ***	0.027 ***	0.042 ***
	(0.001)	(0.001)	(0.005)
Constant	0.074 ***	0.284 ***	0.204 ***
	(0.001)	(0.005)	(0.019)
CONTROLS	NO	YES	YES
TIME FE	YES	YES	
INST. FE	YES	YES	

变量	(1)	(2)	(3)
TIME × INST. FE	NO	NO	YES
N	11703	11703	6153
Adj. R^2	0.786	0.817	0.510

注：括号中为稳健标准误。*** 、** 和 * 分别代表 1%、5% 和 10% 水平下显著。

表 6 – 13 的回归结果显示，机构投资者持仓的融资融券强度与投机交易倾向二者存在显著的正相关关系：机构投资者持有了越多可进行融资融券交易的股票，则该机构投资者持仓的平均暴跌概率也越高，越倾向于进行投机交易和泡沫骑乘。这一结果表明融资融券机制或未能达成政策初衷，反而为泡沫骑乘提供了便利，加剧了机构投机行为。

第五节　本章小结

本章首先基于 2009～2019 年中国 A 股上市企业股价和公司财务数据，测算了个股股价暴跌概率来反映股价泡沫化程度；其次，结合券商、保险公司、社保基金、信托和 QFII 等机构投资者的季度投资信息，证实了机构投资者存在前期追捧泡沫型股票，后期准确把握卖出时机并从中获得高额收益的理性泡沫骑乘行为。在此基础上，本章从内幕信息和机构"抱团"两个角度探究了机构投资者进行泡沫骑乘的动因，并围绕经济政策不确定性、投资者情绪和融资融券等外部市场环境和交易制度安排因素对机构泡沫骑乘行为的影响进行了进一步讨论。

本章的实证研究结果表明：第一，作为理性和成熟投资者的代表，机构投资者面对股价高估并未进行反向套利，消除错误定价，而是顺势而为、骑乘泡沫，表现为机构投资者会持续增持泡沫型股票，在泡沫破裂之前精准减持，并且能够从中获得较高的超额收益。第二，内幕信息与机构"抱团"均是影响机构投资者理性泡沫骑乘的重要动因：机构投资者拥有的内幕信息越多以及机构投资者所在团体的投机交易倾向越强，机构投资者也越倾向于骑乘泡沫，而且当机构投资者拥有的内幕信息越少时，受所在机构团体投机行为的影响越严重。第三，经济政策不确定性上升将增加泡沫骑乘的风险，抑制机构投资者的泡沫骑乘，而投资者情绪高涨将进一步加剧机构投资者的泡沫骑乘。第四，宽松货币政策环境下机构投资者的融资融券行为是股市泡沫骑乘的重要环境因素，持有越多融资融券标的股票等将进一步加剧机构投资者的泡沫骑乘，加剧股市泡沫的生成和膨胀。融资融券标的股票的平均股价暴跌概率要高于非融资融券标的，而且机构持有越多融资融券标的股票，其投机交易倾向也越高。

基于上述结论，本章提出如下政策建议：（1）建立健全高标准金融市场体系离不开机构投资者的参与，在注重培育机构投资者的同时，也应加强对机构投资者的监管和引导，树立价值投资理念，充分发挥机构投资者稳定市场、提升金融市场定价效率的作用；（2）要继续强化对内幕交易和股价炒作的打击力度，保持对机构集中抱团投资行为的密切关注；同时，也要注意改善资本市场信息环境，规范企业信息披露，切实提高机构投资者的研究能力和信息挖掘能力，纠正不良炒作之风；（3）融资融券机制推出的本意是促进价格发现、提升市场效率，然而在实际运行中，融券交易规模小、不活跃，卖空机制难以发挥作用，融资交易容易助长投资者泡沫骑乘行为。建议考虑通过降低融券交易成本、扩大券源等方式进一步提升融券交易的活跃度，同时借鉴国外经验，对融资交易杠杆实行逆周期调节，以降低估值泡沫和平抑市场剧烈波动。

第七章　网络关联与系统性金融风险跨部门传染

本章主要研究系统性金融风险在银行部门和房地产部门之间的跨部门传染问题。在防范和化解系统性金融风险的攻坚战中，系统性风险的跨部门传染是一个重要的研究课题，由于房地产部门与银行部门的资产负债高度关联，在外部冲击尤其在极端事件冲击下容易产生风险相互传染，导致银行等金融机构资产质量恶化、引发系统性金融风险。在系统性金融风险与跨部门风险传染文献综述基础上，首先构建了一个银行和房地产部门风险传染的理论模型，然后利用未定权益方法（CCA）对结合亚式期权的受限流通股模型改进了权益估值，对我国的银行部门和房地产部门的系统性风险进行了测度。其次，从资产负债失衡和网络关联的角度分别对系统性风险的跨部门传染效应进行了静态和动态两方面的分析。最后给出相关的政策建议。

第一节　系统性金融风险与跨部门风险传染文献综述

防范化解重大风险是决胜全面建成小康社会的三大攻坚战之一，其重点是守住不发生系统性金融风险的底线，而在防范和化解系统性金融风险的攻坚战中，系统性风险的跨部门传染是一个重要的研究课题。由于房地产部门与银行部门的资产负债高度关联，在外部冲击下容易产生风险相互传染，导致银行等金融机构资产质量恶化、引发地方财政风险甚至系统性风险。方意（2016）指出，长期以来银行部门资金大量流向房地产部门，国内与房地产或土地关联的贷款占商业银行贷款总量的近40%，房地产企业贷款占银行部门总资产的比例长期超过10%。Cerutti 等（2017）也认为，在极端金融事件中，房地产部门率先暴露风险，起到了"风险加速器"的作用。房地产作为信贷抵押品在泡沫破裂时将可能导致银行部门资产质量恶化甚至引发金融危机。银行部门在面临"钱荒"和"股灾"等事件冲击下往往为了控制风险而紧缩信贷，引发房地产部门的资金缺口和流动性危机，加大了银行部门对房地产部门的风险敞口①。

当前学术界对系统性风险传染效应的研究，主要还是集中在个体金融机构间或金融部门间的风险传染。以银行体系内部为例，银行的有限责任以及一家银行对其他银行健康状况的负的外部性，导致了系统性风险的转移机制，从而增加经济的整体风险（陈国进等，2010；Bruyckere et al.，2013；Acharya et al.，2009）。基于网络关联视角，Acemoglu et al.（2015）构建了金融网络架构和系统性风险蔓延关系的研究框架，认为银行间关联性引导的传播冲击机制会导致金融体系不稳定性增加。Billio et al.（2012）利用主成分分析法（PCA）和格兰杰网络方法分析了对冲基金、银行、交易商和保险四个部门的高度相关性以及风险传染网络。

国际学术界迄今跨部门风险传染方面的研究主要从政策干预和网络关联两个视角展开②，研究对象包括银行、政府和保险部门之间风险外溢和传染效应等。基于政策干预视角，Alter 等（2012）利用"纾困"前后主权信用违约互换（CDS）的日度数据研究了欧洲各国政府和银行信用风险之间的"依赖"关系，并分析了政府的银行救助计划对本国银行部门和其他国家银行部门的不同影响。Acharya 等（2014）则利用主权 CDS 数据研究了金融部门和政府信用风险的双向反馈关系。

基于网络关联视角，Billio 等（2015）将未定权益方法（Contingent Claims Analysis，CCA）与风险传染网络相结合，测度了欧盟、中国、美国和日本包括政府部门、银行部门和保险部门的风险指标预期损失比率，并构建了风险传染网络，发现银行和保险企业的风险指标平均值高于政府，银行部门和保险部门存在双向风险传染关系，并且不同时期的传染效应和网络特性存在很大差别等特征。

国内学术界对系统性风险传染的研究也主要以银行部门的系统性风险传染为主。马君潞等（2007）研究了我国银行系统的双边传染风险，分析

---

① 例如 1997 年亚洲金融危机、2008 年次贷危机等。Cerutti et al.（2017）利用包括中国在内的 50 多个国家在 1970～2012 年期间的房地产金融数据，探讨了一系列房产金融特征与房地产泡沫和经济危机的关系，研究发现贷款房价比、房贷证券化和批发融资的银行融资策略等金融特征更可能引发经济危机。

② 二者区别在于政策干预往往发生在危机时期，所以关注的是特定危机时期（多为 2008 年金融危机时期、欧债危机时期）政策干预对风险传染的冲击；而网络关联角度研究的往往是整个系统在较长一段历史时期（包括危机和非危机时期）系统关联的变化。

单个或多个银行倒闭在不同损失水平下的传染性，范小云等（2013）根据不同银行的同期风险传染关系并以此确定了风险传染网络中心的系统性重要金融机构，王晓枫等（2015）从复杂网络视角下研究了银行同业间市场的风险传染效应。这些研究均发现银行同业间市场的风险具有扩散性特征，小银行更容易因系统性冲击而发生倒闭风险并将风险传染给大银行。方意（2015，2016）构建了银行资产负债关联网络模型，对系统性风险区制转换效应和相关宏观审慎政策进行了分析。苟文均等（2016）认为债务杠杆攀升使风险积聚于占据网络结构中心的金融部门并通过债务和股权两个传染渠道影响系统性风险的传染。

我们以未定权益方法（CCA）为基础，并利用亚式期权的受限流通股模型改进了权益估值，对我国银行和房地产部门的系统性风险进行测度，进而分析系统性风险的跨部门传染效应。研究发现银行部门的风险指标违约距离可以较好地捕捉到我国系统性风险水平，房地产部门的风险指标违约距离对我国系统性风险的捕捉能力较差；银行部门和房地产部门系统性风险存在双向传染效应，银行部门起到了主导的作用，房地产部门的风险反馈相对有限；在不同时期，风险传染强度和显著水平存在明显差异，在包含金融危机的滚动样本中，风险传染强度更大、显著水平更高，网络联结度更紧密且出现加速效应。

第二节　银行与房地产风险网络
传染模型理论建模

一、银行与房地产市场风险的产生与传染机制

银行系统与房地产市场之间通过经济主体的借贷关系形成复杂的信贷网络，信贷风险会通过该网络关系进行跨部门传导。2008 年，美国房利美和房地美房地产公司产生大量不良贷款，通过银行和房地产公司之间的债务联系，导致整个金融体系动荡。房地产企业的贷款违约将直接造成银行资产的损失，而为了降低房地产市场带来的违约损失风险，银行体系一方面通过出售房地产贷款资产回笼资金，另一方面收紧贷款发放，导致房地产企业融资困难。这一系列连锁反应将导致新一轮房地产企业贷款违约，加剧系统性金融风险的形成和蔓延，引发房地产泡沫的破裂。

参考 Wang 等（2020）我们将银行与房地产贷款系统视为一个双边网络体系，一方是房地产贷款资产 θ，另一方是拥有房地产贷款资产的银行 i。在 t 时刻，房地产贷款资产 θ 的价格为 $p_\theta(t)$。在这个关系网络中，银行与房地产的资产负债表存在关联性，但银行之间不存在直接关系，同样，房地产企业之间也没有直接关系。

在银行与房地产的双边网络中，各银行持有不同数量的房地产贷款资产，则银行 i 持有的房地产贷款资产 θ 的份额可表示为 $A_{i\theta}$，其值会随时间变化。根据资产负债表的恒等式，银行 i 的所有者权益 E_i 表示为：

$$E_i = \sum_\theta A_{i\theta} p_\theta + C_i - L_i \qquad (7.1)$$

其中，C_i 为银行 i 的其他资产，L_i 为银行 i 的负债。由于本章主要考察内外部冲击对银行所有者权益的影响，因此假设银行负债为外生变量，即银行负债保持不变。为便于计算，将 $C_i - L_i$ 表示为：

$$c_i = C_i - L_i \qquad (7.2)$$

将银行 i 的房地产贷款总资产和房地产贷款 θ 表示为：

$$V_i \equiv \sum_\theta A_{i\theta} p_\theta$$
$$A_\theta = \sum_i A_{i\theta} \qquad (7.3)$$

另外，在本章的研究中，银行 i 的破产条件为所有者权益小于 0，即：

$$E_i < 0 \qquad (7.4)$$

商业银行杠杆率是维持银行体系稳定的重要工具，商业银行杠杆率通常不得低于监管杠杆率，但随着时间的推移，银行资产可能受到冲击，从而银行所有者权益减少，房地产泡沫破裂概率上升，银行杠杆率可能低于监管杠杆率。此时，银行需要抛售一定的资产，以避免所有者权益小于 0 或不满足监管杠杆率的要求。具体而言，当银行 i 除房地产贷款资产外的其他资产受到影响时，银行 i 的所有者权益损失率为 λ，导致银行的杠杆率低于监管要求的杠杆率水平。银行需要通过出售房地产贷款资产来调整所有者权益和杠杆率。本章假设银行按比例出售所有房地产贷款资产，因此，在时刻 t，银行 i 的所有者权益损失如下：

$$\lambda E_i(t) = \sum_\theta \left[(\lambda A_{i\theta}(t)) p_\theta(t) + A_{i\theta}(t) \lambda p_\theta(t) \right] + \lambda c_i \qquad (7.5)$$

为了更准确地分析房地产贷款资产对银行系统性风险和房地产泡沫的影响，假设银行流动性资产与负债之差的变化仅考虑银行房地产贷款资产的变化，忽略银行其他主营业务的影响，有如下等式：

$$\lambda c_i = - \sum_\theta (\lambda A_{i\theta}(t)) p_\mu(t) + f_i(t) \qquad (7.6)$$

$f_i(t)$ 为银行 i 出售房地产贷款资产 $A_{i\theta}$ 的现金。结合以上两个式子可整理为:

$$\lambda E_i(t) = \sum_\theta A_{i\theta}(t) \lambda p_\theta(t) + f_i(t) \tag{7.7}$$

为了更直接地反映房地产贷款资产价格受供求关系影响的变化趋势,假设房地产贷款资产可以自由交易,并且只考虑房地产贷款资产的出售,不考虑银行对房地产贷款资产的收回。因此,采用以下式子表示房地产贷款资产的价格变化:

$$\lambda p_\theta(t + \gamma_A) = \varepsilon \frac{\lambda A_\theta(t)}{A_\theta(t)} p_\theta(t) \tag{7.8}$$

式 (7.8) 中 $\lambda p_\theta(t)$ 为房地产贷款资产 θ 相对于上期的价格变化,$\lambda A_\theta(t)$ 为房地产贷款资产 θ 的净交易额,ε 是市场的敏感性,即资产折旧系数,用来衡量银行出售房地产贷款资产时的价格下降幅度。并且假设资产折旧系数在一定时期内保持不变,即当银行出售房地产贷款时,不同房地产贷款的价格以相同的速度下降,或者市场上所有银行的资产折旧系数相同。γ_M 为房地产贷款资产价格调整的市场反应时间。

接下来,本章将银行 i 出售的房地产贷款资产的金额定义为 $\lambda A_{i\theta}$。如果银行 i 的资产因为房地产贷款资产贬值而缩水,那么银行 i 的所有者权益 E_i 就会减少,导致杠杆率低于监管的杠杆率。银行 i 将出售部分房地产贷款资产,以满足 $E_i \geq 0$ 和杠杆率要求。银行 i 出售的房地产贷款资产的数量在一定程度上取决于银行对房地产贷款资产价格下跌的态度,即银行恐慌系数 $\delta(\delta \geq 1)$。假设所有银行的恐慌系数相同,则在考虑的时间段内,如短期危机,恐慌系数不会发生变化;而 δ 越大,说明银行对市场前景更加恐慌,银行出售更多的房地产贷款资产。因此,银行 i 出售的房地产贷款资产金额如下:

$$\lambda p_\theta(t + \gamma_B) = \delta \frac{\lambda E_i(t)}{E_i(t)} A_{i\theta}(t) \tag{7.9}$$

式中,γ_B 为银行 i 的反应时间。虽然在现实中银行和房地产贷款系统中 γ_M 和 γ_B 并不相同,但银行和房地产市场的反应时间对银行业系统性风险传染和房地产泡沫状态的影响并不是本章的研究重点,因此假设 $\gamma_M = \gamma_B = 1$。

此外,为了更准确地反映不同因素对所有者权益和价格的影响,以上公式用二阶微分方程可表示为(为简化表述,定义为 $\partial t = \mathrm{d}/\mathrm{d}t$):

$$\partial_t E_i(t) = \sum_\theta A_{i\theta}(t) \partial_t p_\theta(t) + f_i(t) \tag{7.10}$$

$$\left(\gamma_M \partial_t^2 + \partial_t \right) p_\theta(t) = \varepsilon \frac{\partial_t A_\theta(t)}{A_\theta(t)} p_\theta(t) \tag{7.11}$$

$$\left(\gamma_B \partial_t^2 + \partial_t \right) A_{i\theta}(t) = \delta \frac{\partial_t E_i(t)}{E_i(t)} A_{i\theta}(t) \tag{7.12}$$

因此，根据上述过程，房地产贷款资产的价格可以表示为：

$$p(t + \gamma_M) = \left(\varphi \frac{A_\theta(t) - A_\theta(t - \gamma_B)}{A_\theta(t)} + 1 \right) p(t) \tag{7.13}$$

上述银行与房地产的动态网络传导机制表明，在危机中出售房地产贷款资产可能会在短时间内引起经济金融状况的剧烈波动，这是因为主体往往是相互模仿、相互学习，从而在系统中产生"羊群效应"。

二、银行系统性风险的传染过程

在银行与房地产贷款的双边网络中，当单个银行的房地产贷款资产受到冲击时，损失会通过持有银行间共同的房地产贷款资产而影响到其他银行，而房地产贷款资产的低价抛售或清算可能导致破产的连锁反应，从而导致房地产泡沫的破裂。

具体而言，当银行 i 的房地产贷款资产受到冲击时，如果银行 i 的所有者权益为 $E_i \geq 0$ 或银行 i 的杠杆率符合监管要求，银行 i 的房地产贷款资产的损失可以被银行与房地产的双边网络体系完全吸收。在此情况下，房地产资产的损失不会通过网络扩散开，银行业的系统性风险传染被终止，房地产泡沫没有破裂。

但是，当银行 i 的房地产贷款资产遭受冲击时，如果银行 i 的所有者权益遭受损失或杠杆率未达到监管要求，银行 i 需要按比例出售房地产贷款资产，以满足 $E_i \geq 0$ 或杠杆率的监管要求，这将导致房地产贷款资产价格下跌，房地产泡沫破裂。而且，如果冲击过大，会直接导致银行 i 的所有者权益 $E_i < 0$，那么银行就会破产，需要清算。

而且，由于某些房地产贷款资产的出售或清算会导致该资产的价格下跌，银行将根据房地产贷款资产的新价格重新计算系统内银行的所有者权益和杠杆率，从而判断银行是否破产或银行杠杆率是否符合监管要求。此时，一方面对新破产的银行进行清算，另一方面，未破产但所有者权益出现亏损或杠杆率不符合监管要求的银行将出售房地产贷款资产进行调整。这些行为将引发新一轮房地产贷款资产价格下跌，导致连锁破产和房地产泡沫破裂。

第三节　系统性风险与银行房地产
部门网络关联的测度

一、结合亚式期权的受限流通股模型的未定权益分析方法（CCA）

CCA 方法的分析框架由 Gray et al.（2007，2010）完善并应用于宏观金融风险的相关研究，主要是利用公司账面及市场信息估计隐含资产价值和隐含波动率，进而计算相关风险指标。该方法基于负债价值源于资产、债务有不同优先权和资产遵循随机过程等基本假设，随着总资产下降，风险债务价值下降，信用风险上升。经风险调整后的财务报表体现了公司或部门资产负债对外部冲击的敏感性，其中公司市值是关键的中间变量，结合考虑我国股票市场的状况，股改后中国 A 股市场普遍存在流通受限股，如果将限售股视为流通股按交易价格统一计算可能造成高估或低估。

2017 年 9 月中国证券投资基金业协会公布了《证券投资基金流通受限股票估值指引》，提出将流通受限股票在估值日按亚式期权的受限流通股模型（AAP 模型）确定权益估值，然而目前的研究很少考虑到限售股现象并采用 AAP 模型通过对亚式看跌期权价值估值来调整 CCA 方法中所用到市值的估值，而是通常将限售股、流通股等同并统一计算公司市值。因此，我们将 AAP 估值与 CCA 方法结合。AAP 估值模型如下：

$$E = UV + FV = UV + S - P = EV - P \tag{7.14}$$

$$P = Se^{-qT}\left[N\left(\frac{v\sqrt{T}}{2} \right) - N\left(-\frac{v\sqrt{T}}{2} \right) \right] \tag{7.15}$$

$$v\sqrt{T} = \left\{ \sigma^2 T + \ln\left[2(e^{\sigma^2 T} - \sigma^2 T - 1) \right] - 2\ln(e^{\sigma^2 T} - 1) \right\}^{\frac{1}{2}} \tag{7.16}$$

其中，E、UV、FV 分别代表估值日亚式期权调整后的总市值、估值日流通股票价值、估值日受限股票价值。S、P、EV 则代表股票的公允价值、看跌期权价值、调整前的总市值。T、$N(\cdot)$、q、σ 代表剩余限售期（年）、标准正态分布的累积分布函数、股票预期年化股利收益率、股票在剩余限售期内的股价的预期年化波动率[1]。

我们利用 AAP 模型得到调整后的总市值估值，代入到 CCA 模型中从

---

[1]　为了同 CCA 部分保持一致，这里我们也使用最近年度的历史年化收益率作为预期年化收益率，选用 GARCH（1，1）计算得出的年化波动率来作为波动率的度量。

而提高了相关风险指标估值的准确性。令 t 期资产价值 A_t 的波动服从几何布朗运动，即：

$$\frac{\mathrm{d}A_t}{A_t} = \mu_A \mathrm{d}t + \sigma_A \varepsilon \sqrt{t}$$

其中，μ_A、σ_A 分别为资产的漂移率和波动率，ε 服从标准正态分布。

当 t 期资产价值 A_t 小于约定偿付款 B_t 时将导致违约，因此，B_t 也被称为违约边界，违约概率如下：

$$P(A_t \leqslant B_t) = Prob\left(A_0 \exp\left[\left(\mu_A - \frac{\sigma_A^2}{2}\right)t + \sigma_A \epsilon \sqrt{t}\right] \leqslant B_t\right)$$

$$= Prob(\varepsilon \leqslant -d_{2,\mu}) = N(-d_{2,\mu_A})$$

$$d_{2,\mu_A} = \frac{\ln(A_0/B_t) + (\mu_A - \sigma_A^2/2)T}{\sigma_A \sqrt{T}}$$

其中，d_{2,μ_A} 表示"实际"违约距离。

以银行部门为例，我们从传统的会计资产负债表出发，并将其与风险调整的 CCA 资产负债表进行对比。

根据表 7-1 可得式（7.17），该式表示经风险调整后的利用市场价值表示的资产负债表恒等式仍然成立。如果把权益价值也即股票市值 E 视为买权（call option）的 Black-Shole 定价，则式（7.18）也成立，其中违约边界为买权的执行价格（strike price），到期时间 $T = 1$。此外，参考 Leland（2002），结合权益收益率与资产收益率的关系式（7.19）成立。

表 7-1　　　　传统会计与风险调整（CCA）资产负债表对比

	资产	负债
传统	会计资产 （例如现金，储蓄，信贷等）	账面负债和抵押（B） 账面权益
CCA	隐含资产市值（A） （例如现金，储蓄，隐含"风险"资产的市值）	"风险"负债（D） （无违约负债、抵押减去预期损失） 股票市值（E）

$$A = D + E \tag{7.17}$$

$$E = AN(d_1) - Be^{-rT}N(d_2) \tag{7.18}$$

$$E\sigma_E = A\sigma_A N(d_1) \tag{7.19}$$

在参数 E、σ_E、B、r、T 已知的情况下，利用牛顿迭代法由以上非线性方程组可解出隐含资产价值和隐含波动率 A、σ_A，并进一步根据式

（7.20）和式（7.21）所示可计算出 d_1、d_2。

$$d_1 = \frac{\ln(A/B) + (r + \sigma_A^2/2)T}{\sigma_A \sqrt{T}} \qquad (7.20)$$

$$d_2 = d_1 - \sigma_A \sqrt{T} \qquad (7.21)$$

这里的 d_2 可看作风险中性违约距离 DD[①]，$N(-d_2)$ 则代表违约概率 PD。参考 Moody's KMV（Crosbie，2003），更为一般化地把违约距离表示为：

$$DD_t = (A_t - B_t)/(A_t \times \sigma_{At}) \qquad (7.22)$$

二、网络联结性

根据 Diebold 和 Yilmaz（2014）提出的度量方法，网络联结性（connectedness）的分析以节点网络为基础，随着节点数量的增加，为保证自由度，需要的样本量也更大。每个节点的联结都包括来源（from）和去向（to）两个方向。度量的具体方法是在向量自回归的基础上，通过计算系统内各个变量在特定预测时域的方差分解得到。从任一变量（节点）来看，当其作为被解释变量时，得到的除自身外其他所有变量在预测方差分解中的贡献即为联结的来源。同样地以该变量滞后项作为解释变量的其他的回归方程中，则是该变量对其他各个变量联结的去向，全部联结性的度量则是所有方向上除去各个变量自身之外其余变量的方差分解贡献的总和。

作为联结性分析的基础，向量自回归模型的选择很重要。在样本量较小、历史信息有限或待估参数过多的情况下，传统的无约束向量自回归模型（Unrestricted VAR）可能会导致过度拟合的问题，贝叶斯向量自回归模型（Bayesian Vector Autoregression，BVAR）则可以很好地规避上述问题。贝叶斯估计假设待估参数服从先验分布，并与似然函数结合得到参数的后验分布。先验分布可以有效缩小取值范围，避免自由度损失，增加准确性；另外，由于使用的是月度数据，在滚动样本的动态分析中会进一步损失样本量，我们选择在贝叶斯向量自回归模型的基础上进行分析。

三、数据说明

利用 CCA 方法可以计算出一系列系统性风险指标，如违约距离 DD、

---

① 这里的风险中性违约距离 d_2 在计算中统一使用无风险收益率 r，而前文的"实际"违约距离 d_{2,μ_A} 使用的是个体资产收益率，为统一口径，我们使用风险中性违约距离 d_2 作为风险指标。

违约概率 *PD*、预期损失比率（Expected Loss Ratio，ELR）等。我们选用风险中性的违约距离 *DD* 作为刻画系统性风险的指标，违约距离越大，系统性风险水平越低；违约距离越小，系统性风险水平越高，越有可能引发极端金融事件或金融危机。

为了测算银行部门和房地产部门的违约距离，我们需要获取所有银行机构和房地产企业的总体资产负债数据。文献表明上市银行以及房地产企业的数据可以很好地反映我国商业银行部门和房地产部门总体情况（吴恒煜等，2013；唐文进等，2017）。考虑到 2007 年实行了新会计准则，并且 2007 年之前的上市银行个数较少，研究区间为 2007 年 9 月至 2017 年 6 月。样本中上市公司的数据包括市场交易数据、资产负债表数据、受限流通股数据等。为保证数据的一致性，样本起始时间之后上市的企业、区间内存在退市或暂停上市等异常情况的企业删除。参考申银万国行业分类标准，房地产部门包括从事房地产开发非园区开发的上市公司。处理后的样本共包括 14 家上市银行和 112 家上市房地产公司，样本跨度为 118 个连续月度。具体变量的计算和说明如表 7 - 2 所示。

表 7 - 2   变量说明

变量名称	定义	数据来源
B	违约边界：负债总计	Wind
E	股票市值：流通股市值与限售股市值之和，其中限售股市值通过亚式期权模型确定，部门市值为个体市值加总	作者计算
EV	调整前总市值 = 总股本 × 收盘价	Wind
q	流通股预期年化股利收益率：使用历史年化滚动股利收益率代替	Wind
σ	流通股预期年化波动率：历史年化滚动波动率和 GARCH (1, 1) 计算波动率	Wind
σ_E	预期年化波动率：部门总市值对数收益率的历史年化滚动波动率和 GARCH (1, 1) 计算波动率	Wind
r	无风险利率：一年期存款基准利率	中国人民银行

四、系统性风险的测算结果

参考唐文进（2017）的数据处理方法，我们将公司市值日度数据的月末值作为月度数据，负债季度数据在该季度会计区间内保持不变作为月度数据，分别对单个机构和部门整体分别进行测度。首先根据式（7.20）、式（7.21）、式（7.22）确定受限流通股票的市值可以得出调整后的单个上市公司的准确市值，然后再通过分部门加总得到银行部门和房地产部门的准确市值以确定部门整体权益价值。

对于波动率的度量，我们分别使用了历史年化滚动波动率和基于GARCH（1，1）模型计算的波动率，发现后者在风险指标的计算结果中较之前者表现更为平稳。GARCH（1，1）波动率可以很好地避免波动率集聚和尾部过厚的现象。因此，我们分别基于单个机构以及两部门计算GARCH（1，1）波动率。在部门指标计算中，我们用 σ_{Bank_E} 和 σ_{Real_E} 来表示银行部门和房地产部门的权益波动率，以确定银行部门风险指标违约距离 BDD 和房地产部门风险指标违约距离 RDD，时间区间为 2007 年 9 月 26 日至 2017 年 9 月 29 日，日度走势及标准化残差如图 7-1 所示。

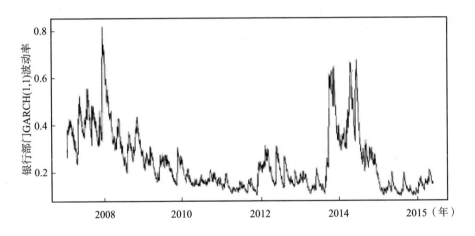

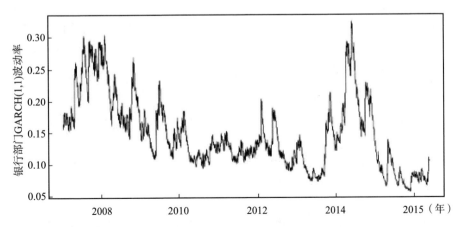

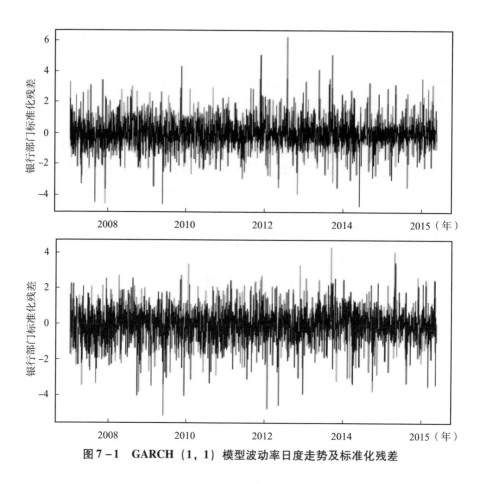

图 7-1 GARCH (1, 1) 模型波动率日度走势及标准化残差

从图 7-1 中可以明显地看出，银行部门和房地产部门的日波动率在不同历史阶段存在明显差异。2008 年金融危机和股市波动期间的波动率水平远高于其余时间段的波动率水平，且变化幅度很大。2016 年之后，银行部门和房地产部门波动率水平明显降低，走势也趋于平稳，而银行部门的这种变化与房地产部门相比更为敏感。现实经济中，我国股市整体的波动率在 2016 年较 2015 年都出现了大幅下降。2017 年中国股市的波动率进一步下降，沪市全年波动率指数不足 300 点，股市波动率再度刷新历史低点[①]。为了更直观地比较银行部门与房地产部门在不同历史时期波动率的变化，我们根据极端金融事件所处的时间段划分子样本，做分样本描述性统计。表 7-3 给出了全样本和子样本下违约距离和日年化波动率的描述

---

① 在 CCA 理论模型中，波动率作为风险指标测度的中间变量，因此股票市场的波动率将直接影响到风险指标的结果。

性统计。

表 7 - 3 违约距离和日年化波动率描述性统计

变量名称	最小值	最大值	平均值	中位数	标准差	偏度	峰度	观测值
全样本								
σ_{Bank_E}	10.28%	82.45%	24.87%	20.37%	12.59%	1.33	1.50	2437
σ_{Real_E}	5.74%	32.56	14.87%	13.51%	5.76%	0.80	-0.03	2437
BDD	1.52	8.86	4.83	4.75	1.94	0.15	-1.11	118
RDD	2.82	16.65	6.90	6.24	2.81	1.19	1.27	118
2007 年 9 月 26 日至 2009 年 2 月 27 日								
σ_{Bank_E}	24.23	82.45	42.22	40.56	10.08	1.35	2.32	344
σ_{Real_E}	15.46	30.49	23.16	24.22	4.3	-0.25	-1.31	344
2009 年 3 月 2 日至 2014 年 11 月 28 日								
σ_{Bank_E}	10.81	44.00	20.22	18.08	6.4	1.07	0.84	1399
σ_{Real_E}	7.35	27.03	13.47	12.79	3.54	0.87	0.72	1399
2014 年 12 月 1 日至 2016 年 1 月 29 日								
σ_{Bank_E}	20.77	67.98	40.63	36.93	12.35	0.49	-0.95	288
σ_{Real_E}	11.02	32.56	19.34	17.62	5.27	0.72	-0.64	288
2016 年 2 月 1 日至 2017 年 9 月 29 日								
σ_{Bank_E}	10.28	29.44	15.14	13.93	3.95	1.46	1.93	409
σ_{Real_E}	5.74	22.12	9.58	8.31	3.67	1.80	2.60	409

为保证数据频度一致，我们取 GARCH（1，1）计算的每日权益年化波动率的月度平均值作为月度年化波动率。将月度权益年化波动率、违约边界、计算后的权益价值、无风险利率数据代入非线性方程式（7.18）、式（7.19），通过牛顿迭代算法分别解出每个时点两部门的隐含资产价值 A_t 和隐含资产波动率 σ_{At}，进而根据式（7.20）、式（7.21）计算得出银行部门和房地产部门的系统性风险指标违约距离 DD_t，分别用 BDD 和 RDD 表示。这里我们选择 Moody's KMV 一般形式也即式（7.22），结果如图 7 - 2 所示。

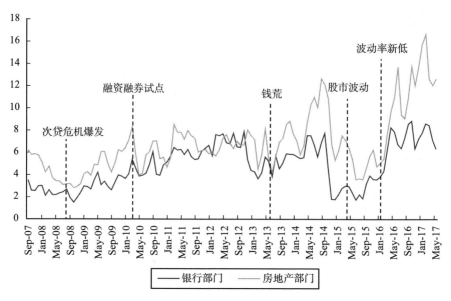

图7-2 银行部门和房地产部门的违约距离走势

从表7-3和图7-2都可以看出，银行部门和房地产部门的风险指标综合了金融市场和资产负债表中的实时信息，基本能够反映两部门系统性风险以及关联情况。具体来看，两部门的风险水平在历次极端金融事件中都处在很低的位置，且表现出一定的预警作用。面对极端外部冲击银行部门资产负债的失衡更为明显。房地产部门风险指标整体高于银行部门，但在极端金融事件中的风险指标并没有大幅低于其他时点（例如2008年金融危机和2015年股市波动①），并且其指标显示出一定的滞后性，因而其对于系统性风险的捕捉能力以及"预警"效果较差。

结合实际的金融事件，2007年到2008年上半年，央行连续10次上调金融机构人民币存款准备金率，随后开始下调。此轮调整总上调幅度高达94%，货币的严重收紧在图7-2的风险指标走势中基本可以得到直观的体现。此后2008年全球金融危机期间，两部门尤其是银行部门的风险指标均来到样本内最低，表明全球金融危机的巨大冲击已经极大恶化了我国两部门整体系统性风险水平。类似的情况还发生在2015年股市波动期间，两部门的违约距离都出现了剧烈的下降。需要注意的是，在2013年的"钱荒"事件中，银行部门的风险指标较之房地产部门下跌后恢复更缓慢，

---

① Acharya et al.（2014）和唐文进（2017），2008年次贷危机期间指2007年7月至2008年12月，2015年股市波动期间指2015年6月至2015年8月。

体现出系统性风险的难以修复性。因而，银行部门对宏观金融风险水平的拟合效果可能更好。这种结果与宫晓琳（2012）、唐文进等（2017）的研究结论是一致的，银行部门在极端金融事件爆发期表现更为脆弱。此外，2016 年下半年后，两部门的违约距离开始上升，系统性风险水平呈现出整体趋于好转、局部振幅加剧的态势。风险指标的好转可能是因为股票市场的整体波动率下降，而相应部门的股票市值保持上升趋势所致。

进一步，我们考虑了个体机构违约距离的计算。由于机构个体众多，我们不进行描述性统计，选择 14 家上市银行和 112 家上市房地产公司共计 126 家个体机构中规模最大的 20 个个体机构的风险指标违约距离走势，如图 7 - 3 示。从图 7 - 3 中可以看出，2008 年"次贷危机"和 2015 年股市波动期间，几乎所有的个体机构的违约距离都处在非常"危险"的水平，与银行部门和房地产部门整体的指标高度一致。然而，在样本内其他时期，个体指标之间表现出很大差异，无法体现部门整体的风险水平，也很难观察到相对一致的系统性风险变化。这是因为不同个体机构对于极端事件冲击的"反应"存在差异，违约距离的变化也表现出异质性，个别机构系统性风险的传染效应可能相对有限。

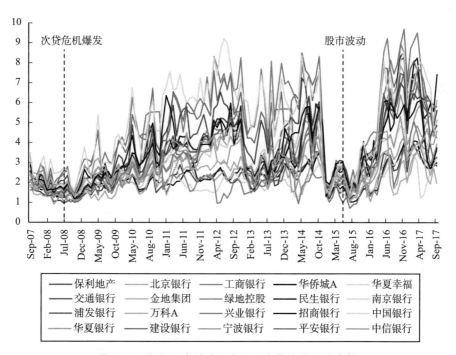

图 7 - 3　银行和房地产上市公司个体违约距离走势

因此，为了研究系统性风险的跨部门传染效应，我们在后面的分析中统一使用银行部门的部门整体风险指标 *BDD* 和房地产部门的部门整体风险指标 *RDD* 构建实证模型。实际上，如何基于个体风险指标来构建部门整体风险指标，已有一些研究利用拓展的 CCA 方法作出了说明（范小云等，2013；吴恒煜等，2013）。在部门违约距离的构建方法上我们参考了吴恒煜（2013）使用的投资组合违约距离 *PDD*（Portfolio DD）[①] 指标和范小云（2013）使用的系统性违约距离（Systemic DD）指标。

第四节　系统性风险跨部门传染的
静态和动态效应分析

一、系统性风险跨部门传染的静态效应分析

（一）序列平稳性分析

单位根检验方法有多种，考虑到金融时间序列中常存在自相关和异方差，普通的 DF 检验要求扰动项不存在自相关故并不适用。对时间序列进行单位根检验，我们采用 DF – GLS 和 ADF 检验，这两种方法可以很好地帮助我们避免受到残差自相关的干扰。结果为两种方法下 *RDD* 均在 1% 置信水平上平稳，*BDD* 则分别在 1% 和 10% 置信水平上平稳，如表 7 – 4 所示。

表 7 – 4　　　　　　　　　　单位根检验结果

序列	检验类型 (C, T, K)	DF – GLS 检验	ADF 检验
		检验值	检验值
BDD	(C, T, 2)	– 3.068 **	– 3.053 *
RDD	(C, T, 0)	– 3.080 **	– 3.386 **

注：* 、** 分别表示在 0.1、0.01 的置信水平上显著。（C, T, K）中，C、T、K 分别表示检验是否具有常数项、时间趋势项以及滞后阶数。

（二）系统性风险的跨部门传染分析

为了分析跨部门的风险传染效应，我们首先考虑全样本的静态分析，

---

① 吴恒煜等（2013）提出了平均违约距离（*ADD*）、资产加权违约距离（*WDD*）和组合违约距离（*PDD*）三种处理方法。范小云等（2013）提出的系统性违约距离（Systemic DD）与 *PDD* 类似。

主要从传染效应（contagion）和网络联结性（connectedness）两个方面展开讨论。参考 Billio et al.（2012，2015）的研究，设定以下 BVAR（p）模型，模型中包含的变量为反映银行与房地产两部门系统性风险的综合指标 BDD 和 RDD：

$$BDD_t = \alpha_B + \sum_i^p \beta_{B,i} BDD_{t-i} + \sum_i^p \beta_{RB,i} RDD_{t-i} + \varepsilon_{B,t}$$

$$RDD_t = \alpha_R + \sum_i^p \beta_{R,i} RDD_{t-i} + \sum_i^p \beta_{BR,i} BDD_{t-i} + \varepsilon_{R,t}$$

简单来说，如果 $\beta_{RB,i}$ 显著大于 0，则说明存在从房地产部门到银行部门的风险传染效应；同样地，$\beta_{BR,i}$ 显著大于 0 则说明存在从银行部门到房地产部门的风险传染效应；如果二者都显著大于 0，则说明存在反馈效应，风险传染是双向的。由于我们是以两部门为例，这使得在研究网络联结性上相对简单，只需要关注两个节点的直接关联，而不用解决变量排序不同带来的贡献偏差。因此，我们直接使用 Cholesky 方差分解而不需要用到广义方差分解。

在滞后阶数的选择，FPE、AIC 显示为 3 阶滞后，SC、HQJC 显示为 1 阶滞后，因此，我们分别选择 BVAR（3）和 BVAR（1）模型进行回归。利用 AR 根图表对估计出的贝叶斯向量自回归模型进行稳定性检验，发现模型均满足稳定性条件，回归结果如表 7 - 5 所示。

表 7 - 5　　　　　　　　　　贝叶斯向量自回归结果

变量	BDD_t	RDD_t	BDD_t	RDD_t
BDD_{-1}	0. 6806 *** (0. 05) [13. 30]	0. 4004 *** (0. 07) [5. 44]	0. 6186 *** (0. 05) [10. 83]	0. 3789 *** (0. 08) [4. 57]
BDD_{-2}			0. 0716 (0. 04) [1. 65]	0. 0130 (0. 06) [0. 20]
BDD_{-3}			0. 05 (0. 03) [1. 65]	0. 01 (0. 04) [0. 33]
RDD_{-1}	0. 0735 * (0. 03) [2. 05]	0. 5816 *** (0. 05) [11. 26]	0. 0613 (0. 04) [1. 49]	0. 5232 *** (0. 05) [8. 73]

变量	BDD_t	RDD_t	BDD_t	RDD_t
RDD_{-2}			-0.0191 (0.02) $[-0.65]$	0.0515 (0.04) $[1.19]$
RDD_{-3}			0.0009 (0.02) $[0.04]$	0.0353 (0.03) $[1.17]$
Cons	1.0601 *** (0.22) $[4.66]$	0.9889 *** (0.32) $[3.02]$	1.0009 *** (0.23) $[4.28]$	0.7698 ** (0.34) $[2.26]$
N	117	117	115	115
R-squared	0.758036	0.793043	0.762689	0.791278

注：结果为各变量系数，（ ）中为标准误，［ ］中为 t 检验值，＊、＊＊、＊＊＊分别表示在 10%、5%、1% 的置信水平上显著。

从表 7-5 可以看出，滞后期为 1 时，银行部门和房地产部门的系统性风险水平存在双向影响，且方向均为正。并且，银行部门指标对应系数的绝对值更大、显著性水平更高，可以认为银行部门在风险传染中发挥主导作用。银行部门是房地产部门的重要风险源之一，房地产部门转移到银行部门的风险承担有限。加入 2 阶和 3 阶滞后期后，发现新加入的两变量的系数均不显著，这说明风险传染效应的时滞性相对迅速，在滞后 2 期和 3 期时并没有明显的体现。

在对银行部门系统性风险的冲击中，房地产部门的冲击为正向，随着时间推移逐渐收敛。而在对房地产部门系统性风险的冲击中，来自银行部门的风险冲击同样为正向。值得注意的是，这种冲击在短期内迅速上升随后逐渐下降并收敛。我们可以认为，银行部门的风险冲击在对房地产部门的风险传染过程中存在放大效应。中长期区间内，银行部门的冲击强度始终强于房地产部门自身的冲击效应，同样体现了银行部门在风险传染中长期处于主导地位。

在 BVAR（1）的基础上，我们考察该系统脉冲响应（IR），得到系统内不同内生变量误差项的冲击对自身及其他内生变量的影响。由于贝叶斯估计的限制，这里我们无法得到脉冲响应的置信区间，如图 7-4 所示。

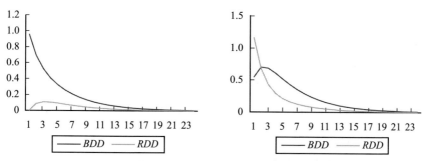

图7-4 各内生变量①冲击对银行部门（左）和房地产
部门（右）系统性风险的脉冲响应图

（三）跨部门联结度分析

以未来6个、12个、18个、24个、36个月为预测时域在不同变量排序情况下分别进行方差分解，预测方差采用蒙特卡洛模拟得到，得到每个变量的贡献百分比，如表7-6所示。

表7-6　　　　　　　　全样本联结度　　　　　　　　单位：%

节点	预测时域	标准差	From BDD	RDD
To BDD	6 期	1.435	97.806	2.199
	12 期	1.478	97.381	2.616
	18 期	1.481	97.356	2.649
	24 期	1.482	97.347	2.652
	36 期	1.482	97.347	2.652
RDD	6 期	2.061	48.876	51.123
	12 期	2.151	52.179	47.820
	18 期	2.158	52.426	47.573
	24 期	2.159	52.445	47.554
	36 期	2.159	52.447	47.552

可以看出，联结性在不同方向上存在明显差异。例如预测时域为24期时，除序列自身的贡献外，银行部门系统性风险的预测方差来源于房地产部门的联结性较弱，也即方差分解贡献较小（2.65%）；而银行部门系

---

① 指银行部门违约距离 BDD 和房地产部门违约距离 RDD 分别对银行部门和房地产部门的脉冲响应。

统性风险去向房地产部门的联结性较强（52.44%），反之类似。这表明，在系统性风险的传染中，银行部门发挥着主导作用，其自身的风险水平对房地产部门具有很强的传染效应。此外，随着预测时域的不断延伸，两个方向的联结性比重趋向一致。特别地，当预测时域为 36 期时，结果与 24 期相比差别不大。因此，我们在后面的滚动样本动态分析中也将 24 期作为预测时域。

二、系统性风险的跨部门传染的动态效应分析

以上的风险传染效应是全样本下的研究，也即平均水平或非限制性的静态分析。我们注意到不同历史时期的市场特征存在巨大的差异性，考虑到风险传染效应并不是固定不变的，因此需要确定系统性风险的跨部门传染效应在不同时期是否存在变化。

与前文一致，我们从传染效应和联结性两个方面进行。这里我们仍然以 BVAR（1）为基础，参考 Diebold 和 Yilmaz（2014）的做法，我们利用滚动估计窗口的方法进行动态分析。样本的研究对象同样是剔除异常值的 2007 年之后上市的 14 家银行和 112 家房地产公司，分别代表银行部门和房地产部门的整体情况。出于数据频度的考虑，参考 Billio et al.（2012, 2015），我们将样本长度定为 36 个月，每隔 3 个月向后推动一次进行限制性滚动样本回归。这样我们一共得到了 28 次回归结果，通过比较我们关注的每组系数 $\beta_{RB,1}$、$\beta_{BR,1}$ 及其显著水平和联结度，To 代表来源银行部门去向房地产部门的联结，From 反之，如表 7 - 7 所示。

表 7 - 7　　　　　　　　风险传染效应和联结度的动态变化

样本区间	$\beta_{RB,1}$	t_{value}	$\beta_{BR,1}$	t_{value}	To（%）	From（%）
2007 年 9 月 ~ 2010 年 9 月	0.2878 **	[2.62]	0.1408 **	[2.55]	43.72	2.76
2007 年 12 月 ~ 2010 年 12 月	0.2941 ***	[2.90]	0.1632 **	[2.75]	46.76	3.15
2008 年 3 月 ~ 2011 年 3 月	0.3781 ***	[3.41]	0.1235 **	[2.26]	47.43	1.90
2008 年 6 月 ~ 2011 年 6 月	0.4049 ***	[3.85]	0.1507 **	[2.82]	47.57	3.01
2008 年 9 月 ~ 2011 年 9 月	0.3962 ***	[3.85]	0.1515 ***	[2.78]	48.41	2.81
2008 年 12 月 ~ 2011 年 12 月	0.3314 ***	[3.20]	0.1090 *	[2.00]	33.76	1.69
2009 年 3 月 ~ 2012 年 3 月	0.2069 **	[2.21]	0.0853	[1.34]	18.49	0.90
2009 年 6 月 ~ 2012 年 6 月	0.1894 **	[2.16]	0.0488	[0.76]	15.75	0.29

样本区间	$\beta_{RB,1}$	t_{value}	$\beta_{BR,1}$	t_{value}	To（%）	From（%）
2009 年 9 月 ~ 2012 年 9 月	0.1775 **	[2.08]	0.0458	[0.71]	13.25	0.27
2009 年 12 月 ~ 2012 年 12 月	0.1417 *	[1.73]	0.0276	[0.37]	7.01	0.07
2010 年 3 月 ~ 2013 年 3 月	0.1668 *	[1.87]	− 0.0072	[− 0.10]	10.72	0.01
2010 年 6 月 ~ 2013 年 6 月	0.1580 *	[1.81]	0.0029	[0.04]	6.71	0.01
2010 年 9 月 ~ 2013 年 9 月	0.1266	[1.46]	− 0.0208	[− 0.27]	6.87	0.04
2010 年 12 月 ~ 2013 年 12 月	0.1059	[1.11]	− 0.0097	[− 0.14]	5.26	0.01
2011 年 3 月 ~ 2014 年 3 月	0.0739	[0.78]	− 0.0211	[− 0.30]	4.35	0.05
2011 年 6 月 ~ 2014 年 6 月	0.1003	[1.05]	− 0.0036	[− 0.05]	9.86	0.01
2011 年 9 月 ~ 2014 年 9 月	0.1208	[1.13]	0.0101	[0.17]	10.71	0.02
2011 年 12 月 ~ 2014 年 12 月	0.1189	[1.22]	− 0.0296	[− 0.46]	16.44	0.13
2012 年 3 月 ~ 2015 年 3 月	0.1438	[1.60]	− 0.0093	[− 0.14]	14.96	0.01
2012 年 6 月 ~ 2015 年 6 月	0.1880 **	[2.05]	0.0176	[0.28]	22.05	0.04
2012 年 9 月 ~ 2015 年 9 月	0.2782 ***	[2.95]	0.0614	[1.03]	35.89	0.51
2012 年 12 月 ~ 2015 年 12 月	0.3240 ***	[3.27]	0.0773	[1.36]	45.14	0.74
2013 年 3 月 ~ 2016 年 3 月	0.3495 ***	[3.32]	0.0713	[1.31]	45.04	0.70
2013 年 6 月 ~ 2016 年 6 月	0.3560 ***	[3.66]	0.0811	[1.38]	50.59	0.71
2013 年 9 月 ~ 2016 年 9 月	0.4476 ***	[4.25]	0.0853	[1.61]	49.81	0.85
2013 年 12 月 ~ 2016 年 12 月	0.4942 ***	[4.66]	0.0821	[1.55]	54.51	0.75
2014 年 3 月 ~ 2017 年 3 月	0.5069 ***	[4.66]	0.1159 **	[2.33]	57.77	2.06
2014 年 6 月 ~ 2017 年 6 月	0.5495 ***	[4.85]	0.1264 ***	[2.70]	58.40	2.42

注：[ ] 中为 t 检验值，*、**、*** 分别表示在 10%、5%、1% 的置信水平上显著。To 和 From 指网络联结度（房地产节点）。

图 7 - 5 是滚动窗口动态分析结果中相关指标的走势。其中横坐标是滚动窗口的起始时间，对应的是该时间点开始的时间跨度为 36 个月的子样本滚动窗口估计的相关指标情况。折线对应左侧纵坐标，代表回归系数，传染效应程度越大则数值越大。中间部分系数不显著的部分，我们分别将两部门传染效应的折线用浅色表示。面积堆积部分对应右侧纵坐标，代表两部门节点的联结度，单个方向的联结度越高则面积越大。总体联结度即为单个方向联结度的相加，也即面积堆积图的总量。

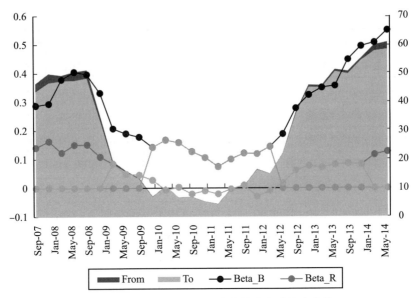

图7 - 5　滚动窗口的风险传染效应和联结度走势

从图7 - 5的结果我们可以看出系统性风险跨部门传染效应的动态变化。从全样本时间区间整体来看，滚动窗口分别处在2007 ~ 2008年、2013年之后的部分，不管是风险传染效应还是强度其显著性都远强于2008 ~ 2013年的中间部分的窗口，并且从网络联结度看，区间两侧的联结性远远强于中间部分。银行部门的对房地产部门的风险传染效应相对更强，区间两侧的系数都显著高于0.3，而中央区域只有0.1 ~ 0.2并且大部分统计上不显著。此外，银行部门对房地产部门的传染效应较之房地产部门的风险反馈持续时间更强，这可能是因为银行部门对于房地产部门的资金支持存在棘轮效应，对于外部金融环境变化的反应更加敏锐。银行部门去向房地产部门或者说房地产部门来源银行部门的联结度在区间两侧都超过40%，而区间中部只有不到20%，且很长一段观测期内只在10%附近变化。

房地产部门对银行部门的风险传染的反馈效应相对较小，在区间两侧处于0.1附近，中间部分的传染效应程度则很小，统计上变得不再显著。部分传染效应系数为负可以理解为出现了风险的转嫁，即该时期内房地产部门风险上升，银行部门风险反而下降。房地产部门去向银行部门的联结度同样是区间两侧高于中间部分，但程度都远远低于来源于银行部门的联结度。区间两侧大约有3%，而区间中间部分几乎为0。因此动态分析角度看银行部门不管是在风险传染中还是网络联结性上仍然都处在核心地位。风险传染较强和网络联结度较高的滚动窗口都包含了极端金融事件，如 2008 年全球金融危机、2015 年股市波动等。可能是这种差异导致在极端金融时期，系统性风险的传染更强、网络联结度更高。

由图 7 - 5 还可以发现，系统性风险的跨部门传染可能在金融危机时期存在加速效应。研究样本中包含了 2008 年金融危机和 2015 年股市波动。从 2008 年次贷危机的初期到危机全面爆发的过程中，不管是从传染效应的绝对水平还是网络联结度都存在明显加速上升过程，这可能是因为系统性风险传染理论中的加速效应，即极端危机时期系统性风险加速累积并通过风险传染加速放大。而 2015 年股市波动中也出现了类似的现象，风险传染效应随着样本向前滚动不断加强，从网络联结的角度看两部门的关联更加密切。并且，同 2008 年次贷危机相比，2015 年股市波动的对应样本群的风险传染效应以及网络联结的整体水平都更高，说明银行部门与房地产部门的过度关联更为紧密。

第五节　本章小结

金融体系的整体系统性风险来源于经济体中的多个部门，其中银行部门和房地产部门尤为重要。银行部门在维持经济发展和资源配置上发挥着关键性作用，系统性风险的跨部门传染也是防范化解重大风险攻坚战的核心问题。

我们首先基于银行部门和房地产部门的贷款网络构建了一个银行部门和房地产部门风险传染的理论模型。其次，我们选取了银行部门和房地产部门，基于 CCA 方法估算了两部门的系统性风险水平，从资产负债失衡和网络关联的角度考虑系统性风险的度量和传染问题。我们建立了包括银行部门和房地产部门的违约风险距离的节点网络，通过对内生冲击的检验来分析系统性风险的跨部门传染效应及其联结性。

主要的研究结果有：（1）银行部门的风险指标违约距离对于金融冲击的反应较为敏感，可以较好地捕捉到我国系统性风险水平，而对房地产部门的捕捉能力相对较差。（2）银行部门和房地产部门系统性风险存在双向传染效应。银行部门不管在传染效应上还是联结性上都起到主导作用，房地产部门对银行部门的反馈相对较弱。（3）动态传染效应的分析中，不同观测区间样本下风险传染强度及其显著水平和网络联结度均存在明显差异。包含金融危机的样本区间内，系统性风险传染更强、显著水平更高，网络联结度也更紧密，且存在加速效应。银行部门在风险传染和联结度上可能存在棘轮效应，银行部门对外部金融环境的敏感程度也更高。

因此，在防范系统性金融风险中不能忽略不同行业、不同经济部门之间风险的跨部门、跨行业的传染，尤其要密切关注不同部门间资产负债之间的关联，特别是资产负债紧密联系的不同经济部门，防止一方资产负债失衡对另一方的波及及传染。

第八章 系统性金融风险与宏观
经济波动的线性关系

从本章到下一章主要研究如何运用最新的计量经济模型和方法实证检验系统性风险对宏观经济波动的影响，本章主要集中在线性关系（均值）的影响研究上。系统性金融风险与宏观经济波动之间经典的线性实证模型存在内生性、持续性、异方差和结构突变等问题，进而会影响实证结果的稳健性。该部分通过将拟广义最小二乘估计法（FQGLS）引入实证模型，较好地解决了目前主流线性回归模型中的结构突变等问题，增加了基本结论的稳健性。

第一节 系统性金融风险与宏观经济波动文献综述

系统性金融风险与宏观经济波动之间关系研究的一个重要方面是，系统性风险对宏观经济下行是否有预测作用，以及如何更好地利用系统性金融风险对宏观经济的下行风险做出预测。现有文献主要从公司治理（Diallo，2017）、货币政策（Li et al.，2020）、经济不确定性（Gozgor et al.，2019）等角度寻找对经济预测有用的指标。

近年来，金融市场不断创新、金融工具日益复杂，金融市场的潜在风险成为宏观经济波动不容忽视的影响因素之一。特别是自 2008 年全球金融危机以来，金融系统风险引起了监管者和学术界的高度关注。已有大量文献进行了相关的研究，Lai 等（2019）、Diallo（2017）、Saar 和 Yagil（2015）、Mishra 和 Narayan（2015）、Odhiambo（2014）、Narayan 和 Narayan（2013）研究不同国家金融市场对宏观经济的预测能力；Liu 和 Zhang（2020）、Hao 等（2018）、Chang 等（2010），以及 Hasan 等（2009）则重点关注了中国的金融市场。

迄今文献已经提出了一系列衡量系统性金融风险的指标，这些系统性风险衡量指标对宏观经济活动冲击的影响已经得到一定程度上的证实。例如 Brownlees 和 Engle（2017）和 Krishnamurthy 和 Muir（2016）验证了系统性风险衡量指标对美国宏观经济的预测能力；Hartmann 等（2012）验证了系统性风险衡量指标对欧洲地区宏观经济的预测能力；Aboura 和 van Roye（2017）验证了系统性风险衡量指标对法国宏观经济的预测能力；Allen 等（2012）则验证了系统性风险衡量指标对多国（或地区）宏观经济的预测能力。

然而，西方主流文献提出的系统性金融风险衡量指标在我国的适用性的研究还比较缺乏。由于美国和中国的金融制度有较大的差异，在西方主流文献中系统性风险衡量指标在宏观经济预测中的研究结论对于中国不一定成立，需要做进一步的实证检验。本章在线性关系的分析框架下，研究金融系统风险测度与我国宏观经济波动的关系。

一、系统性风险的定义与衡量

（一）系统性风险的定义

现有研究从不同的角度对系统性风险进行了定义和分析。比如 Diamond 和 Dybvig（1983）和 Diamond 和 Rajan（2001）对系统性金融风险的定义强调部分金融机构的损失可能导致整个金融系统或实体经济发生的潜在损失；Minsky（1982）和 Borio（2009）对系统性金融风险的分析主要关注金融系统本身的脆弱性以及金融系统和宏观经济波动之间的相互影响和相互关联；Kupiec 和 Nickerson（2004）强调系统性金融风险是由某个经济冲击引起，进一步引起资产价格大幅波动、公司流动性显著降低、公司破产潜在风险的增大以及资产重大损失等的潜在威胁；Borio（2009）则定义系统性金融风险为由于各个银行资产之间的相似性而产生共同风险暴露（共振）以及银行与银行之间过度紧密的联系导致的金融风险。

2011 年有金融稳定理事会（FSB）、国际货币基金组织（IMF）和国际清算银行（BIS）联合发布的报告，将系统性风险定义为全部或部分金融机构、金融市场的损失导致金融服务或金融功能受到破坏，并且对经济增长和社会福利带来严重负溢出效应的潜在风险。从现有的定义可以看出，系统性风险是一个较为宽泛的概念，涵盖了金融系统风险的方方面面。

通过对现有文献中关于系统性风险的定义进行梳理，可以总结出如下的共同点。

第一，金融系统自身的不稳定性是系统性风险爆发的根本原因。国内外的学者从不同角度在探索系统性风险的成因和机制，其中主流的观点认为，系统性风险产生与爆发的根本原因是金融体系固有的脆弱性，2008 年的金融危机也印证了这个观点。这一观点的产生最早可追溯到 Minsky（1982）的研究，Minsky 提出了著名的"金融脆弱性假说"，他认为银行的本质是逐利的，虽然银行在初期是遵守稳健性经营的，但对利润的渴求使得经营者有不停加杠杆的动机，因为在经济向好时，杠杆率的增加会扩大银行的经营利润。这使得银行部门变得越来越脆弱，对金融市场和宏观经济的风险暴露越来越严重，一个较小的冲击都有可能造成金融系统性崩溃的风险。

第二，对单一金融机构的风险疏于防范是系统性风险爆发的导火索。防范和化解系统性风险，应该更多地关注系统重要性的金融机构。Mishkin（1996）指出系统性风险的起因是个体机构遭受到较大的风险冲击，进而对金融经济造成负面影响，且这种负面影响程度较大、影响面较广，即系统性冲击。翟金林（2001）进一步强调，系统性风险是系统性事件与系统性危机叠加的产物。系统性事件指的是单一金融机构或单一金融部门遭遇负面冲击后导致的其余金融机构或金融部门的连锁反应。系统性事件的发生又常常伴随着系统性危机的爆发，即大多数或者全部金融机构和金融部门的稳定性受到根本性的影响，无法保持健康可持续的良性发展。从这个角度出发，Bernanke（2009）定义系统性风险为：由严重的系统性事件的发生引发的多数金融机构破产，进而导致甚至整个金融系统崩溃的风险。因此，确定具有系统重要性的金融机构（SIFIs）并使其接受更高的资本要求是国家监管当局的重要工作之一。这一结论与强调系统重要性的金融机构（SIFIs）识别的文献一致（Akhter and Daly，2017；Gordon and Tall-man，2016；Tabak et al.，2013；Drehmann and Tarashev，2013；Battiston et al.，2012；IMF/BIS/FSB，2009；Huang et al.，2009）。

第三，金融机构的共同暴露和过度关联会导致系统性风险在金融系统内的快速蔓延。Kaufman 和 Scott（2003）强调了系统性金融风险的传染性，他们指出，部分金融机构受到意外冲击时，其他具有趋同性的金融机构同样会受到波及，进而引发大面积金融机构的联合破产风险。万阳松等（2007）通过构建一个银行网络结构模型进一步阐述这个观点，他们认为同等规模和信用的银行之间关联度更高，更容易存在资金拆借行为，因而更容易相互影响。包全永（2005）建立了一个银行系统性风险传染模型，实现系统性风险在金融系统内的快速传染及自我放大，模拟了系统性风险爆发的过程。

第四，系统性风险爆发最直接的影响是金融机构大面积瘫痪、金融服务中断。FSB、IMF 和 BIS（2011）指出，系统性风险的影响范围之广、影响程度之大是系统性风险与个体风险最大的区别。系统性风险不仅会影响个体金融机构的经营，更为危及整个金融系统的安全稳定。张晓朴（2010）持相同的观点，突发的系统性风险事件会中断金融市场的信息发现，使金融服务功能失灵。

第五，系统性风险爆发的最严重后果就是对宏观经济运行产生严重的负面影响。De Bandt 等（2000）、Trichet（2011）以及沈悦和逯仙茹（2013）认为，系统性金融风险在导致金融服务功能失灵后，必然会对实体经济造成负面影响。此外，系统性风险还会加剧经济的衰退程度、延缓经济的复苏速度，严重的还会将经济拖入全面危机。金融加速器理论可以从资产泡沫破裂、流动性囤积、内生银行挤兑或经营风险等角度解释这种极端影响（Gertler et al.，2020；He and Krishnamurthy，2019；Aoki and Nikolov，2013；Pusinskaite，2013；Boissay，2011）。

（二）系统性风险的衡量

经验法（也称信号法）是最早用于对系统性金融风险进行量化分析的方法，即通过对已经发生金融危机的国家宏观经济的历史数据进行经验研究，提取导致金融危机的可能信号，并以此估计其他国家发生金融危机的可能性。主要的研究方法包括 FR 概率模型（Frankel and Rose，1996）、STV 模型（Sachs et al.，1996）、KLR 信号法（Kaminsky et al.，1998）以及受限因变量模型（Logit 模型和 Probit 模型）等。这种方法存在的问题是对数据的选择具有偶然性和片面性，难以从全局进行把握。另外，由于发展中国家历史数据的限制，这种方法对估计发展中国家的金融危机预警的借鉴作用受到更大的约束。

考虑到基于历史经验数据作为系统性金融风险监管指标的方法受到数据可得性等方面的限制，一部分学者从金融系统宏观压力程度的度量和整个金融市场风险因素成分的角度来研究系统性金融风险问题。从金融系统宏观压力程度的角度看，Illing 和 Liu（2006）提出了金融压力指数的概念，即通过选取多个变量合成综合指数，该方法经过不断完善，已经形成比较完善的金融压力指数系统框架，并越来越广泛地被各国中央银行和国际金融组织应用于系统性金融风险的预警上。进一步地，Hakkio 和 Keeton（2009）使用主成分分析法将多个金融压力指标变量统计成综合指数，用以检测 1990~2009 年美国系统性金融风险水平。Kritzman 等（2011）基于主成分分析法（PCA）方法，通过计算不同市场变量集合中各个不同变量的权重，从多个角度分析了系统性金融风险。

国内学者根据我国金融市场运行的特点，进一步研究了我国的金融系统宏观压力，合成了我国金融体系的金融风险成分指数，并基于这个指数度量我国的系统性金融风险（盖曦和乔龙威，2013；魏金明，2016；迟国泰等，2009）。这方面已经有了较为丰富的研究成果，如朱莎和裴沛（2018）基于银行、股票、债券和外汇市场数据构建金融压力指数，Oet et al.（2015）基于房地产市场构建金融压力指数，陈守东和王妍（2011）基于保险市场构建金融压力指数。此外，还包括基于影子银行（仲文娜和朱保华，2018）、存贷比和不良贷款率（许涤龙和陈双莲，2015）、期货（顾洪梅和汪蓉，2016）等不同市场构建金融压力指数。此外，刘瑞兴（2015）构建了金融压力指数及我国宏观经济发展指数，运用格兰杰因果关系检验方法发现金融压力对于我国实体经济发展的长期负面影响。许涤龙和陈双莲（2015）从银行、房地产、股票、外部金融市场四个维度分别测度了我国金融系统在各时期所面临的金融压力。王妍和陈守东（2012）建立自回归移动平均模型（ARMA），分析我国 2011～2012 年金融市场压力程度。谭中明和夏琦（2020）基于因子分析法给出了我国系统性金融风险的 5 类因子，并计算了各个不同风险因子对我国实体经济波动的负面冲击。

金融市场风险因素成分分析方面，现有文献从不同的角度衡量了金融系统性风险。

（1）基于单个金融机构对系统性风险贡献的度量。第一类文献关注单个金融机构对系统性风险的贡献：条件风险价值（CoVaR）是由 Adrian 和 Brunnermeier（2016）提出的，定义为当单个金融机构收益处于给定分位数的在险价值（VAR）时，金融系统收益在相同分位数下的在险价值，CoVaR 高意味着金融体系往往会伴随单个机构陷入困境；Acharya 等（2017）用边际预期损失（Marginal Expected loss，MES）来衡量系统性风险，定义为金融市场收益自身处于分布左尾时，单个机构的预期收益损失。MES 在概念上不同于 CoVaR，CoVaR 考察的是当单个金融机构处于危机时，整个金融系统的损失，即"自下而上"；而 MES 则正好相反，考察的是当金融系统处于危机时，单个金融机构的收益损失，即"自上而下"。

（2）基于金融机构之间关联程度的度量。第二类文献关注金融机构间的关联程度：Kritzman 等（2011）用吸收速率（Absorption Ratio，AR）来衡量系统风险，他们将其定义为由前 K 个主成分解释或"吸收"一组资产回报总方差的比例，吸收速率反映了金融机构间联系的紧密程度；除了吸收速率（AR），Billio 等（2012）提出的动态因果关系指数（Dynamic Causality Index，DCI）是衡量机构之间联系紧密程度的另一个指标，计算格兰杰因果关系，动态因果关系指数（DCI）定义为一组收益率序列中任意两个收益率序列之间存在因果关系的数目与所有关联总数之比，动态因果关系指数（DCI）增加表明系统关联程度提高。当金融机构间的联系加强时，金融系统会变得更加脆弱，因为负面冲击在金融系统内会传播得更快、更广泛（Gordon，2015；Bradfield and Hendricks，2014）。

（3）基于金融系统自身不稳定性的度量。第三类文献关注金融系统自身的不稳定性：波动率是一种传统的金融风险度量，可以直接反映金融的不稳定性（Giglio et al.，2016；Choudhry et al.，2016；Fornari and Mele，2013；Andreou et al.，2000）与传统的波动率相比，收益率动荡（turbulence）更关注收益率的异常波动，Kritzman 和 Li（2010）通过 Mahalanobis 距离计算收益率动荡，反映收益率序列与其历史行为模式相比的不寻常表现；杠杆率与机构的偿付能力密切相关，杠杆化过程中的期限错配、风险错配等问题也会加剧系统性金融风险。

（4）基于金融系统流动性风险和信用风险的度量。第四类文献则关注金融系统的流动性与信用风险，度量指标主要有泰德息差、期限利差和信用价差。泰德息差（Ted spread）是三个月期伦敦银行同业拆借利率（LIBOR）与三个月期政府债券收益率之差，当金融市场不稳定，投资者风险厌恶程度上升时，市场借贷活动往往需要更高的回报，这使得市场资本供给趋于萎缩，导致泰德价差扩大，也就是说，泰德价差越大，流动性状况越差；期限利差，即短期政府债券收益率和长期政府债券收益率之间的利差，对未来经济活动有着较强的预测能力（Gerlach and Stuart，2018；Bauer and Mertens，2018；Christiansen，2013；Bordo and Haubrich，2004；Hamilton and Kim，2002），短期利率直接反映了货币政策调控意图，而长期利率则暗含了市场对未来经济状况的预期，"长期—短期"息差越高，未来的 GDP 增长潜力越大；信用利差（credit spread）是指一年期政府债券收益率与一年期金融政策债券收益率之差，信用价差直接反映了金融体系中的信用风险，大量违约容易引发连锁反应，对金融体系的稳定构成巨大挑战，已有实证文献表明，信贷息差对经济活动具有实际预测能力（Deschamps et al.，2020；Bleaney et al.，2016；Faust et al.，2013；Gilchrist and Zakrajšek，2012；Banegas，2011；Gilchrist et al.，2009；Mody and Taylor，2004）。

二、系统性风险与宏观经济波动

现有的基于系统性风险的宏观经济预测文献大多关注经济变量的中心趋势（均值）变化，最常见的做法是使用标准向量自回归（VAR）或结构性因素方法估计各国是否以及在多大程度上受到各种金融变量和冲击的影响，例如，经济增长和通货膨胀（Kremer，2016；Abildgren，2012；Fornari and Stracca，2012；Guarda and Jeanfls，2012；Alessi，2011；Tamási and Világi，2011）。

Abildgren（2012）利用丹麦 1948～2010 年的季度数据，构建了包含 9 个内生变量的 VAR 模型，其中金融不稳定性指标用银行总减记比率为代理指标，即贷款减值与总贷款的比值。它可以被解读为衡量银行业当前经营弱点的一个前瞻性指标，因为它反映了银行未来的预期亏损，通常地，资产冲销是在亏损实现前一到两年记入账面的；减记比率也可以被解释为一个银行业不稳定性指标，包括内生性因素（例如突然重新评估银行贷款组合的信用质量或突然增加的银行业的风险规避），或银行业的外部因素（例如人们对银行业的信心减弱，从而增加了家庭和金融机构的储蓄行为）。

Guarda 和 Jeanfls（2012）利用 19 个工业化国家 1980～2010 年的季度数据构建了包含 5 个金融变量的 VAR 模型（实际股票价格、实际房价、期限价差、贷款与国内生产总值比率和贷存比）。他们发现金融冲击对实际经济波动的影响高达 30%，其中资产价格的影响力最大，而金融冲击对投资波动的综合贡献通常高于消费波动。此外，金融冲击在金融繁荣和萧条时期的贡献更大。

Fornari 和 Stracca（2012）利用 21 个国家的 7 个内生变量估计季度 VAR，然后对结果进行汇总。通过假设金融冲击对金融板块股价与综合股票市场指数之间的比率有正（负）影响来识别金融冲击。这种直觉基于这样一个事实：金融部门处于金融中介过程的核心，而金融中介过程容易受到干扰，而且金融部门的杠杆率明显高于经济中的其他部门。伴随杠杆率上升和信贷约束不那么严格的冲击，会对那些最容易受到外部融资溢价影响、因而从有利融资条件中获益更多的行业的股本回报率产生更大的影响。

Alessi（2011）则识别了三种类型的金融冲击：一是"股市衰退"（股票市场指数同比下降 10%）；二是"住房市场衰退"（住房价格指数同比下降 10%）；三是"信贷紧缩"（信贷下降 1%）。

Guarda 等（2012）进一步指出，如果允许 VAR 中的金融风险冲击具有"肥尾"的特征，那么宏观审慎压力测试可以更好地捕捉金融不稳定性。具体地，他们在卢森堡中央银行使用的压力测试框架中引入了一个混合向量自回归模型，其中的误差由混合正态分布组成，因此比标准正态分布具有更频繁的极端事件。实证结果表明，在尾部事件中，该模型下的银行资本化水平明显低于使用带有正态分布冲击的常规 VAR 时的水平。

此外，Brownlees 和 Engle（2017）和 Allen 等（2012）则使用普通线性回归模型研究了系统性风险对宏观经济增长的溢出效应。线性框架下的一般性结论是，金融不稳定因素在宏观经济预测中确实发挥了重要作用，它们能在多大程度上捕捉到广泛的金融不稳定，很大程度上取决于这些冲击的性质、严重性和广度。

欧洲中央银行体系（ESCB）强调，金融不稳定对宏观经济的溢出效应是非线性、非对称的，会随着经济状态的变化而变化，仅仅关注经济变量的中心趋势（均值）变化，会忽略了经济增长的潜在波动。正如前文所述，Gertler 等（2020）、He 和 Krishnamurthy（2019）、Boissay 等（2013）、Aoki 和 Nikolov（2011）等在动态一般均衡模型（DSGE）中引入多重均衡或危机概率研究系统性风险对宏观经济的非线性溢出，为基于系统性风险的宏观经济非线性预测提供理论支持。针对这一挑战，最常见的解决办法是将马尔可夫区制转换引入宏观—金融向量自回归模型（macro-finance VAR），通过区制特征识别实现非线性研究，有效地反映了系统性风险宏观溢出的状态依存特征。

Hartmann 等（2012）构建欧元区的金融系统压力指标（CISS）用以衡量系统金融不稳定性，并贝叶斯马尔可夫转换向量自回归（MS－VAR）模型中。CISS 涵盖了金融市场中的主要金融压力，并较好地反映了最近的金融危机和主权债务危机。MS－VAR 中的其他经济变量是生产增长、通货膨胀、贷款增长和短期利率。模型允许两种类型的区制变化：一是链接内生变量的模型参数可在三个区制间进行转换，二是反映系统性风险冲击大小和不确定性的误差项的方差可在两个区制间进行转换。模型的设定基于这样一个潜在的事实：一个经济体在系统不稳定时期的运行方式可能与在稳定时期截然不同。这种转变也可能是高度非线性的。实证结果发现，最剧烈的区制转换恰好与最严重的金融危机相吻合，这说明了系统性风险对宏观经济的影响取决于经济所处的状态。与此相似的研究还包括 Aboura 和 van Roye（2017）、Hubrich 和 Tetlow（2015）、Davig 和 Hakkio（2010）

等。然而，基于该方法的多数研究发现，在经济平稳时期系统性风险对宏观经济增长的影响十分微弱。这一研究结果忽略了系统性风险累积的负面影响，因而无法起到有效的预警作用。

De Nicolò 和 Lucchetta（2011）和 Giglio 等（2016）将分位数回归引入宏观经济预测中，重点关注系统性风险对宏观经济下行风险的影响。由于分位数回归允许回归系数在分位数之间有所不同，因而分位数回归提供了比条件均值函数更全面的目标分布估计。研究表明，尽管在经济平稳时期系统性风险对宏观经济增长的中心趋势没有显著的影响，但极大地增加了宏观经济潜在的下行风险。此外，基于系统性风险的分位数回归可以实现时间序列上的连续预测，是一个较为理想的预警模型。国际货币基金组织（IMF）2017 年在全球金融稳定报告中用金融条件指数估计了经济下行风险，并将这种下行风险命名为经济增长在险水平（Growth at Risk，GaR）。何青等（2018）在 Giglio 等（2016）的基础上研究了我国系统性风险外溢效应，填补了我国这一领域的空白。

考虑到分位数回归只能估计单个分位数，尚不能得到对经济增长变化的全概率分布的理解，Adrian 等（2019）在分位数预测的基础上通过半参数估计法进一步拟合出宏观经济波动预测的整体分布，拓宽了研究的视野。张晓晶和刘磊（2020）在 Adrian 等（2019）的基础上率先研究了我国整体金融状况对宏观经济的分布预测。其他相关研究见 Brownlees 和 Souza（2019）、Boyarchenko 等（2019）、Delle Monache 等（2019）、Figueres 和 Jarociński（2019）、Loria 等（2019）等。

三、宏观经济波动对系统性金融风险（金融稳定性）的影响

宏观经济波动与金融系统稳定性实际上是相互影响的，宏观经济波动无疑会对金融稳定产生负面影响，一个重要的问题是，宏观经济稳定是否会金融危机具有可预测性。一种重要的观点认为，金融危机在很大程度上是不可预测的，对于 2008 年美国金融危机，Gorton（2012）同样认为，危机是突然的、不可预测的事件。这一观点得到了将危机视为太阳黑子平衡的理论的支持（Cole and Kehoe，2000，Chari and Kehoe，2003），早期证据表明，尽管金融危机之前往往有疲软的经济基本面，但可预测性程度较低（Kaminsky and Reinhart，1999）。

另一种观点认为，金融危机在很大程度上是伴随着资产价格繁荣的快速信贷扩张的可预测伴生品（Minsky，1977；Minsky，1986；Kindleberger，1978）。Borio 和 Lowe（2002）发现信贷快速增长和资产价格增长能有

效预测 1970～1999 年 34 个国家的银行危机，这一发现引发了关于所谓"预警指标"的大量研究。最近，Schularick 和 Taylor（2012）指出，信贷扩张、风险信贷在总信贷中所占份额的增长以及更小的信贷利差都能预测金融脆弱性和不断恶化的宏观经济结果。Kirti（2020）以及 Richter，Schularick 和 Wachtel（2021）探讨了有助于区分好的和坏的信贷繁荣的因素。然而，这些证据仍无法准确估计信贷和资产价格飙升后发生金融危机的可能性。更重要的是，在促使政府采取预防性政策行动之前，应该允许金融危机发生的可能性上升到多大，这仍然是一个悬而未决的问题。

Greenwood 等（2022）利用世界各地第二次世界大战后金融危机的历史数据研究发现，无论是在非金融企业还是家庭部门，前三年信贷和资产价格的快速增长与未来三年内进入金融危机的可能性有 40% 相关。相比之下，在信贷和资产价格增长都没有上升的正常时期，这一概率约为 7%。本章的证据挑战了金融危机不可预测的观点，并支持 Kindleberger - Minsky 的观点，该观点在最近研究中被规范化成理论模型，如 Bordalo、Gennaioli 和 Shleifer（2018），Gennaeoli 和 Shleifer（2018），Greenwood、Hanson 和 Jin（2019）、Maxted（2023）以及 Krishnamurthy 和 Li（2020）。这些模型大多具有共同的前提假设，即过度扩张引起的预期错误会导致信贷繁荣期间的过度借贷和投资。因此，Kindleberger - Minsky 的观点为经常作为经济崩溃建模起点的"信贷供应冲击"提供了基础。

第二节　系统性金融风险与宏观经济波动的度量

虽然 2008 年金融危机之后，各个国家的学者对金融系统性风险有了更为深入的研究，但迄今为止，系统性风险测度问题仍未形成完整有效的研究体系。系统性金融风险的实证检验是一个非常宽泛的研究领域，不同的研究由于研究目的不同往往采用不同的代理指标。在本书的第三章，因为银行破产率或者违约率是一个主要研究问题，所以采用了 CCA 违约距离作为代理指标之一，另一个代理指标 CoVaR 与第四章的 MES 在含义上比较相似。在第四章强调银行资产负债表关联和网络关联度，因此采用了 SRISK 等指标。第七章主要目的是分析银行和房地产行业的风险传染，因此基于 CCA 方法研究违约距离作为系统性风险代理指标。本章的主要目的是构建一个系统性金融风险的综合性指标可以更好地对宏观经济下行预测预警，因此使用了更多的代理指标通过计量方法构建综合性指标，我们参考系统性风险发展机制，按照衡量角度不同，将系统性风险指标划分为四大类：个体机构传染度、金融系统关联度、金融系统不稳定性、流动性及信用。具体的指标构建方法参照 Bisias et al.（2012）。

一、系统性风险的衡量

（一）个体机构传染度

1. 条件在险价值（CoVaR）

条件在险价值（Conditional Value at Risk，CoVaR）是由 Adrian and Brunnermeier（2016）提出的，定义为当单个金融机构收益处于给定分位数的在险价值（VAR）时，金融系统收益在相同分位数下的在险价值。如下所示：

$$P(r_i \leqslant VaR_\tau^i) = \tau \qquad (8.1)$$

$$P(r_j \leqslant CoVaR_\tau^{j,i} \mid r_i = VaR_\tau^i) = \tau \qquad (8.2)$$

CoVaR 直接确定系统内每个金融机构对其他机构或整个系统的风险贡献程度，值高意味着金融体系往往会伴随单个机构陷入困境。因此，CoVaR 可以捕捉单个金融机构的负面溢出效应，并用于识别单个机构的"系统重要性"（如"太大而不能倒"或"太相关而不能倒"）。$\Delta CoVaR$ 表示中位数 CoVaR 和下分位数 CoVaR 之间的差值：

$$\Delta CoVaR_\tau^{j,i} = CoVaR_\tau^{j,i} - CoVaR_{0.5}^{j,i} \qquad (8.3)$$

因此，$\Delta CoVaR$ 更关注金融系统的尾部风险。我们通过两种方法构建 $\Delta CoVaR$，分位数回归法或 DCC - GARCH 法，并分别用 Q_CoVaR 和 D_CoVaR 表示。其中，分位数回归方法中的控制变量包括市场收益率、市场波动率和无风险利率。

2. 边际期望损失（MES）

Acharya et al.（2017）用边际预期损失来衡量系统性风险，定义为金融市场收益自身处于分布左尾时，单个机构的预期收益损失，如下所示：

$$ES_{m,t-1}(C) = E_{t-1}(r_{m,t} \mid r_{m,t} < C) = \sum_i \omega_i E_{t-1}(r_{i,t} \mid r_{m,t} < C) \qquad (8.4)$$

$$MES_{i,t-1}(C) = \partial ES_{m,t-1}(C)/\partial \omega_i = E_{t-1}(r_{i,t} \mid r_{m,t} < C) \qquad (8.5)$$

MES 在概念上不同于 CoVaR，CoVaR 考察的是当单个金融机构处于危机时，整个金融系统的损失，即"自下而上"；而 MES 则正好相反，考察的是当金融系统处于危机时，单个金融机构的收益损失，即"自上而下"。我们同样通过两种方式构建 MES，历史分位数法和 DCC - GARCH 法，并分别表示为 H_MES 和 D_MES。

（二）金融系统关联度

1. 吸收速率（AR）

Kritzman 等（2011）用吸收速率（Absorption Ratio，AR）来衡量系统风险，他们将其定义为由前 K 个主成分解释或"吸收"一组资产回报总方差的比例，即 K 个特征向量对总方差的解释力度，如下所示：

$$AR = \sum_{i=1}^{n} \sigma_{E,i}^2 / \sum_{j=1}^{N} \sigma_i^2 \qquad (8.6)$$

AR 计算吸收速率反映了金融机构间联系的紧密程度。金融机构间的联系越强，共同风险暴露越大，金融系统会越脆弱，因为负面冲击在金融系统内会传播得更快、更广泛（Gordon，2015；Bradfield and Hendricks，2014）。沿用现有文献的做法，本章选择 $K=2$。

2. 动态因果指数（DCI）

除了吸收速率（AR），Billio 等（2012）提出的动态因果指数（Dynamic Causality Index，DCI）是衡量机构之间联系紧密程度的另一个指标。给定一组收益率序列，动态因果指数（DCI）定义为任意两个收益率序列之间存在因果关系的数目与所有关联总数之比，如下所示：

$$DCI = \frac{存在因果关系的关联数}{总关联数} \qquad (8.7)$$

动态因果指数（DCI）增加表明系统关联程度提高。沿用现有文献的做法，我们将格兰杰因果关系中的滞后期（p）设置为6。

（三）金融系统不稳定性

1. 波动率（VOLATILITY）

波动率是一种传统的金融风险度量，可以直接反映金融的不稳定性（Giglio et al.，2016；Choudhry et al.，2016；Fornari and Mele，2013；Andreou et al.，2000）。我们通过取规模最大的前 20 个金融上市机构的波动率的算术平均值来获得金融系统的波动率。对选定的机构求收益率波动，用机构的波动率均值代表金融系统波动。

2. 收益率动荡（TURBULENCE）

与传统的波动率相比，收益率动荡更关注收益率的异常波动。Kritzman 和 Li（2010）通过 Mahalanobis 距离计算收益率动荡，反映收益率序列相比与其历史行为模式的不寻常表现，如下所示：

$$TURBULENCE_t = (y_t - m) \sum^{-1} (y_t - m) \qquad (8.8)$$

3. 拟市场杠杆（LEVERAGE）

杠杆率与机构的偿付能力密切相关。此外，杠杆化过程中的期限错配、风险错配等问题也会加剧系统性金融风险。然而，会计数据的频率较低导致账面杠杆率并不能起到实时检测的作用。我们沿用 Acharya et al.（2017）的做法，通过结合账面价值和市场价值来计算每日拟市场杠杆率，如下所示：

$$拟市场杠杆 = 拟资产市值/权益市值 \qquad (8.9)$$

$$拟资产市值 = 资产账面价值 + 权益市值 - 权益账面价值 \qquad (8.10)$$

（四）流动性及信用

1. 泰德利差（*TED*）

泰德利差是 3 个月期伦敦银行同业拆借利率（*LIBOR*）与 3 个月期政府债券收益率之差，我们用上海同业拆借利率（*SHIBOR*）替换伦敦银行同业拆借利率（*LIBOR*）以适应中国市场。计算如下：

$$泰德利差 = 3 个月 SHIBOR 利率 - 3 个月国债利率 \qquad (8.11)$$

一般来说，当金融市场不稳定，投资者风险厌恶程度上升时，市场借贷活动往往需要更高的回报，这使得市场资本供给趋于萎缩，导致泰德价差扩大。相反，当市场相对稳定时，投资者愿意以较低的利率出借资金，利差就会收窄。可以看出，泰德利差越大，流动性状况越差。

2. 期限利差（*TERM*）

期限利差，即短期政府债券收益率和长期政府债券收益率之间的利差，计算如下：

$$期限利差 = 10 年国债利率 - 6 个月国债利率 \qquad (8.12)$$

期限利差对未来经济活动有着较强的预测能力（Gerlach and Stuart，2018；Bauer and Mertens，2018；Christiansen，2013；Banegas，2011；Bordo and Haubrich，2004；Hamilton and Kim，2002）。短期利率直接反映了货币政策调控意图，而长期利率则暗含了市场对未来经济状况的预期。"长期—短期"息差越高，未来的 GDP 增长潜力越大。

3. 信用利差（*CREDIT*）

信用利差通常是指不同信用等级的两种债券的收益率之差，但我国评级债券的数据时间跨度较短，本章沿用我国文献的常规做法，用金融政策债券与政府债券收益率之差反映信用利差，如下所示：

$$信用利差 = 1 年中证政策金融债利率 - 1 年中证国债利率$$

$$(8.13)$$

信用利差直接反映了金融体系中的信用风险。大量违约容易引发连锁反应，对金融体系的稳定构成巨大挑战，因而，信贷利差对经济活动具有实际预测能力（Deschamps et al.，2020；Bleaney et al.，2016；Faust et al. ，2013；Gilchrist and Zakrajšek，2012；Gilchrist et al.，2009；Mody and Taylor，2004）。

二、我国宏观经济波动的衡量

系统性风险的爆发通常存在较大的不确定性和不可预测性，因此，我们的分析侧重于系统性风险如何影响未来宏观经济波动，即经济变量中不可被自身预测的部分，这样可以有效地剥离掉宏观经济变量可由自身预测的部分。中国一致指数（CI）涵盖我国经济运行的各个方面，是一个较为理想的经济综合指标。在稳健性检验中，我们还考虑了一些更为具体的宏观经济指标，如工业生产增长（IP）、信贷增长（CG）、通货膨胀（INF）和房地产投资（REI）。具体而言，我们采用 ARMA 模型，将宏观经济波动提取为残差项的 3 个月移动平均：

$$Y_t = c + \sum_{i=1}^{p} \alpha_i Y_{t-i} + \sum_{j=1}^{q} \theta_j \varepsilon_{t-j} + \varepsilon_t \qquad (8.14)$$

其中，Y_t 表示宏观经济变量。宏观经济波动的估计使用固定 120 个月（10 年）的滚动窗口。我们根据 Akaike 信息准则（AIC），在每个时点上动态选择 ARMA 模型的滞后参数（p，q）。

我们还通过 AR 模型提取宏观经济波动。与 AR 模型相比，ARMA 模型能产生较低的预测均方误（MSE）。ARMA 模型的均方误为 0.09，AR 模型的均方误差 0.53。也就是说，有一个可预测的部分没有被 AR 模型捕捉到。因此，采用 AR 模型提取宏观经济波动，极有可能高估系统性风险对宏观经济波动的预测能力。

三、数据与构建指标的描述性统计

FSB，IMF and BIS（2011）将系统性风险定义为金融服务的一种中断风险，这种风险是由金融机构的全部或部分受损造成的，并可能对实体经济带来负面冲击。也就是说，系统性风险主要由金融机构产生。因此，我们沿用多数现有文献做法，以金融机构为基础来计算系统风险（Brunnermeier et al.，2019；Acharya et al.，2017；Benoit et al.，2017；Adrian and Brunnermier，2016；Betz et al.，2014；Allen et al.，2012）。

我们使用涵盖银行、金融服务、保险和信托四大行业资产规模最大的 20 家上市金融机构代表整体金融系统。其中银行 9 家：中国银行、中国工商银行、中国建设银行、交通银行、招商银行、华夏银行、平安银行、中国民生银行和上海浦东发展银行；证券 5 家：国元证券、长江证券、海通证券、广发证券和中信证券；保险 3 家：中国人寿保险、中国平安保险和中国太平洋保险；信托 3 家：陕国投、安信信托和国投资本。

在中国，大部分的金融业务是通过这 20 家金融机构进行的，这 20 家金融机构的资产占了 2008 年之前所有上市金融机构的 91%。此外，考虑到中国金融机构上市时间较晚，选取这 20 家上市时间早于 2008 年的金融机构，可以获得更多的观察数据。因此，我们使用 20 家最大的金融机构的数据来构建系统风险度量，以捕获来自金融系统核心的系统性风险。在 Giglio 等（2016）等研究美国案例的文献中，他们同样使用了 20 家最大的金融机构[①]。

我们利用这 20 家上市金融机构的股权数据来构建前三类系统性风险衡量指标。当系统风险衡量指标是建立在个体企业层面的（例如 CoVaR），我们取 20 个金融机构的系统性风险衡量指标的平均值来代表金融系统的整体风险[②]。对于"流动性和信用"类衡量指标，我们用到的是国债和公司债券的到期收益率数据。以上所有数据都可以从 DataStream 中获得。我们构造的是系统性风险日度指标，以便实时监测中国的系统性风险水平，衡量指标的起始时间为 2003 年 4 月至 2018 年 12 月。为防止出现经典的前视偏误（look-ahead bias），我们采用固定滚窗法动态构建系统性风险衡量指标，窗宽为 252 天。

表 8 - 1 报告了构建指标的描述性统计。在 5% 的显著性水平上，13 个变量均拒绝了正态分布的原假设（JB test）。所有的系统性风险指标都呈现出偏态分布。12 个系统性风险度量中有 3 个是左偏的，而其余的系统性风险度量是右偏的。12 个系统性风险指标中有 8 个是尖峰态的，即"尖峰厚尾"。分布的差异意味着不同的预测信息集，因此预测能力也不同。此外，宏观经济波动的分布是左偏的并具有"尖峰厚尾"的特征，表明我国宏观经济增长存在较大的下行风险。图 8 - 1 描绘了中国系统性风险指标和宏观经济波动的走势。2008 年金融危机之前，中国宏观经济的波动较大，经济虽然保持高速增长的态势，但不确定性因素较多：一是 GDP 增幅自 2003 年后一直保持在高位，2007 年 GDP 增幅更是高达 13%，持续数年的两位数增幅累积已冲抵我国经济可持续增长的上限；二是经济结

---

① 出于观测值数量的考虑，本章没有选取中国农业银行。事实上，是否加入中国农业银行对系统性风险衡量指标的构建影响甚微。

② 当系统风险衡量指标是建立在个体机构层面时，如何对个体机构的风险值加总未有定论。本章还按实质大小进行加权平均，结果表明，加总方式对系统性风险衡量指标的构建影响同样甚微。

构中的固有矛盾日益凸显；三是日益融入全球市场的中国经济，各种不确定因素和潜在风险亦明显加大。次贷问题于 2007 年 2 月在美国首先爆发，随后引发了全球金融危机，而中国直到 2008 年 8 月才正式陷入经济危机。

表 8 - 1　　　　　　系统性金融风险单个指标的描述性统计

变量	样本期	均值	方差	偏度	峰度	JB test
CI shock	2002M04 ~ 2018M12	0.003	0.273	-1.221	9.441	0.000
H_MES	2003M04 ~ 2018M12	0.000	1.000	0.930	3.427	0.000
D_MES	2003M04 ~ 2018M12	0.000	1.000	0.855	2.905	0.000
D_CoVaR	2003M04 ~ 2018M12	0.000	1.000	1.067	3.604	0.000
Q_CoVaR	2003M04 ~ 2018M12	0.000	1.000	1.044	3.784	0.000
DCI	2003M04 ~ 2018M12	0.000	1.000	1.721	6.964	0.000
AR	2003M04 ~ 2018M12	0.000	1.000	-0.377	2.347	0.022
TURBULENCE	2003M04 ~ 2018M12	0.000	1.000	1.589	6.959	0.000
VOLATILITY	2003M04 ~ 2018M12	0.000	1.000	1.915	9.424	0.000
LEVERAGE	2003M04 ~ 2018M12	0.000	1.000	-0.123	1.544	0.000
TERM	2003M04 ~ 2018M12	0.000	1.000	-0.379	2.379	0.025
TED	2006M10 ~ 2018M12	0.000	1.000	1.011	3.572	0.000
CREDIT	2007M12 ~ 2018M12	0.000	1.000	0.695	4.019	0.000

　　注：本表为宏观经济波动和系统性风险指标的描述性统计，包括样本期、均值、标准差、偏度、峰度、Jarque - Bera 检验的 p 值。我们将系统性风险指标进行标准化以便于比较。

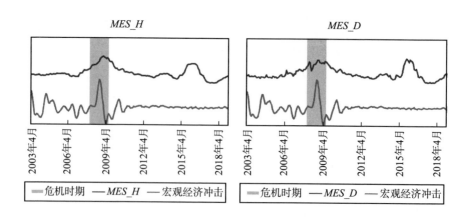

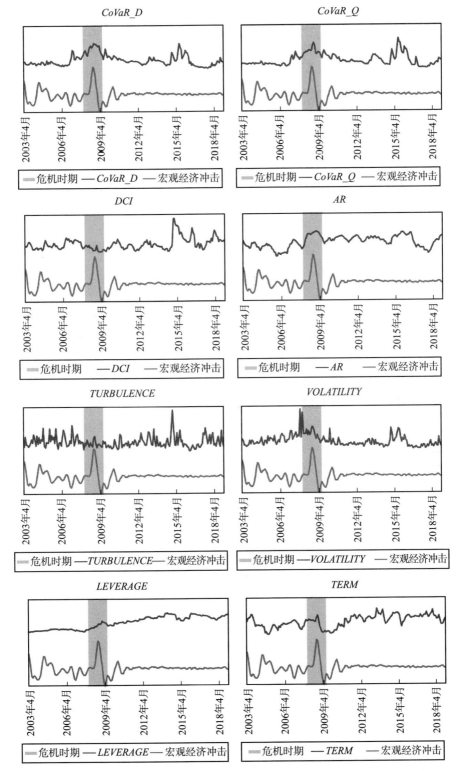

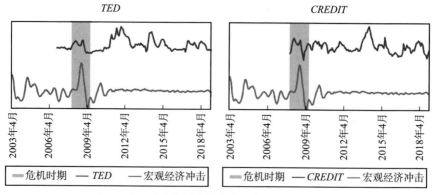

图 8 - 1　系统性风险衡量指标与宏观经济波动

总体而言，除 *DCI* 和 *TURBULENCE* 外，大多数指标在全球金融危机期间都出现峰值，此外，部分衡量指标甚至在金融危机之前就开始攀升，及时发出预警信号，这表明现有的衡量指标能够及时应对系统性风险事件。2009 年初的"四万亿"救市政策立竿见影，经济冲击大幅度下降，但对"四万亿"的隐忧使得后续经济不确定性增强、经济冲击的波动增大。

虽然大多数措施能够及时应对系统性风险事件，但这些措施之间存在显著差异。一些差异归因于个别措施所包含的特定风险，这些风险不会导致全面的金融危机。例如，中国股市暴跌始于 2015 年 6 月，基于股市数据的系统性风险衡量指标在股市崩盘期间飙升，而基于债券收益率的系统性风险衡量指标对此却没有太大的反应。而有些差别则很难界定，很难确定这些差异的产生是由于无关的噪声还是特定的风险。例如，一些指标在非危机时期却处在异常高位。此外，绝大多数指标在经济平稳期会围绕其稳态值上下波动，在整个样本期间杠杆率却一直处于上升态势。此外，从指标走势上来看，系统性风险与宏观经济波动在经济危机时期高度关联，而在经济平稳期却没有太大的相关性。

第三节　系统性金融风险与宏观经济
波动线性关系的实证分析

一、线性预测模型的设计

模型的确定和估计是否正确是影响预测精度的重要因素。对经济波动和系统性风险措施的实证分析很可能受制于一些内在特征，如内生性、持续性和异方差性。由于监管政策和外部冲击等一系列不确定性，金融与宏观经济数据常常是非平稳的。在缺乏平稳性和外生性的情况下，标准分布理论可能非常具有误导性（Campbell and Yogo，2006；Torous et al.，2004；Lewellen，2004；Lanne，2002）。已有部分文献从不同角度尝试解决上述问题，例如 Juhro 等（2020）、Li 等（2020）、Yang（2019）、Gozgor 等（2019）、Smimou 和 Khallouli（2015）、Agbloyor 等（2014）、Aizenman 等（2013）。

本章采用的是 Westerlund 和 Narayan（2012，2015）以及 Devpura 等（2019）提出的含结构突变的可行拟广义最小二乘估计法（feasible quasi-generalized least squares，FQGLS），该方法可以有效地解决内生性、持续性、异方差以及结构突变等问题。为了便于估计模型估计以及有效提取出单个系统性风险衡量指标对我国宏观经济波动的影响，我们构建如下含有结构突变的单预测变量模型：

$$y_t = \theta + \beta_1 x_{t-1} + \beta_2 x_{t-1} D_{t-1} + \beta_3 DT_{t-1} + \varepsilon_{y,t} \tag{8.15}$$

$$x_t = \mu(1-\rho) + \rho x_{t-1} + \varepsilon_{x,t} \tag{8.16}$$

其中，y_t 代表宏观经济波动（CI 冲击），x_t 代表单一系统性风险衡量指标的月度序列，由日度数据取月内平均而得，D_t 和 DT_t 是两个虚拟变量，分别代表模型斜率与截距上的结构突变。结构突变时间点的选择参照 Narayan 和 Popp（2010，2013）的结构突变检验（以下简称 NP 检验）。自变量服从内生性问题反映在 $\varepsilon_{y,t}$ 与 $\varepsilon_{x,t}$ 的相关性上，即：

$$\varepsilon_{y,t} = \gamma \varepsilon_{x,t} + \varepsilon_{y.x,t} \tag{8.17}$$

其中，$\varepsilon_{x,t}$ 与 $\varepsilon_{y.x,t}$ 独立同分布且均值为零。自变量的持续性体现在参数上，$\rho = 1$ 表明自变量具有很强的持续性。我们用 $\sigma^2_{y,t}$ 代表 $\varepsilon_{y,t}$ 的条件方差，条件方差的计算如下：

$$\text{var}(\varepsilon_{y,t} | I_{t-1}) = \sigma^2_{y,t} = \gamma^2 \sigma^2_{x,t} + \sigma^2_{y.x,t} \tag{8.18}$$

其中，$\sigma^2_{x,t}$ 和 $\sigma^2_{y.x,t}$ 分别是 $\varepsilon_{x,t}$ 和 $\varepsilon_{y.x,t}$ 的条件方差，我们假定 $\sigma^2_{x,t}$ 和 $\sigma^2_{y.x,t}$ 服从 ARCH 过程。预测模型中的参数估计基于 Westerlund 和 Narayan（2012，2015）以及 Devpura 等（2019）提出的含结构突变的可行拟广义最小二乘估计法（feasible quasi-generalized least squares，FQGLS）。该估计方法通过对预测模型中的预测变量和被预测变量赋予权重 $w_t = 1/\hat{\sigma}_{y,t}$，有效解决了内生性、持续性、异方差以及结构突变等问题。

二、线性预测模型诊断

我们对构建的宏观经济波动（y）以及 12 个系统性风险指标（x）分

别进行 Wald 检验，考察指标是否存在异方差的问题。表 8 - 2 的第 2 ~ 5
列显示，在 12 个系统性风险衡量指标中，有 5 个衡量指标显著地拒绝了
"不存在 ARCH 效应" 的原假设即存在异方差的问题。宏观经济波动在 10
个单变量预测模型中也显示出了较强的异方差特性。

表 8 - 2 　　　　　　　　　　　　线性预测模型诊断

变量	异方差				内生性		持续性	
	Wald(y)	P 值	Wald(x)	P 值	γ	P 值	ρ	Sig.
CI shock	—	—	—	—	—	—	-4.073	
H_MES	22.179	0.000	1.195	0.945	-0.160	0.150	-2.241	
D_MES	27.792	0.000	10.301	0.067	-0.111	0.104	-1.842	
D_CoVaR	16.431	0.006	12.053	0.034	-0.018	0.685	-1.945	
Q_CoVaR	8.111	0.150	18.695	0.002	-0.039	0.392	-2.264	
DCI	12.780	0.026	2.942	0.709	-0.013	0.724	-4.380	
AR	8.154	0.148	6.326	0.276	-0.036	0.587	-2.052	
TURBULENCE	36.329	0.000	7.630	0.178	-0.005	0.899	-4.390	
VOLATILITY	33.038	0.000	25.274	0.000	-0.030	0.200	-3.581	
LEVERAGE	16.703	0.005	6.934	0.226	-0.218	0.099	-3.168	
TERM	75.606	0.000	4.150	0.528	-0.082	0.114	-5.184	**
TED	43.813	0.000	28.169	0.000	-0.088	0.074	-3.200	
CREDIT	25.428	0.000	1.923	0.860	0.012	0.765	-4.893	**

注：本表报告了预测模型的异方差、内生性以及持续性诊断。Wald 检验考察了宏观经济波动
与系统性风险衡量指标的异方差性，原假设为 "不存在 ARCH 效应"。预测变量的内生性问题则
是通过检验 $\varepsilon_{y,x,t}$ 和 $\varepsilon_{x,t}$ 之间的相关系数（γ）是否显著异于零而判断的，原假设为 "不存在内生
性"，即 $\gamma = 0$。我们通过 Narayan and Popp（2010）年提出的单位根检验来检测预测模型中自变量
的持续性问题，原假设为 "存在单位根"，即 $\rho = 1$。*** 、 ** 和 * 分别代表了 1%、5% 和 10%
的显著性水平。

　　预测变量的内生性问题则是通过检验 $\varepsilon_{y,x,t}$ 和 $\varepsilon_{x,t}$ 之间的相关系数（γ）
是否显著异于零而判断的，原假设为 "不存在内生性"，即 $\gamma = 0$。第 6 ~ 7
列显示，只有 VOLATILITY 和 TED 在 10% 的显著性水平上具有内生性。我
们通过 Narayan 和 Popp（2010）提出的单位根检验来检测预测模型中自变
量的持续性问题，原假设为 "存在单位根"，即 $\rho = 1$。第 8 ~ 9 列显示，
除了 TERM 和 CREDIT，所有的系统性风险衡量指标都展现出了显著的持
续性。我们进一步报告了 NP 单位根检验的完整结果。所有的变量都表现

出显著的结构性变化（见第5~6列）。因为NP的单位根检验包含两个结构突变，我们在预测回归中加入了第一个结构突变点。

以上结果验证了基于系统性风险的宏观经济预测中的确存在内生性、持续性、异方差和结构突变的问题。因此，含结构突变的预测模型适用于宏观经济预测。

第四节　系统性金融风险与宏观经济波动线性关系的稳健性检验

一、样本内线性预测模型的稳健性检验

我们用12个系统风险指标来测试条件指数 CI 冲击是否可预测。表8-3报告了样本内宏观经济波动预测结果。我们发现，所有12种系统性风险措施都能预测宏观经济波动（见第4~9列）。其中9项指标在整个样本期内具有样本内预测能力，3项指标显著预测了结构突变后的宏观经济波动（交互项显著）。此外，我们还使用 OLS 估计进行样本内预测作为参照（见第2~3列）。OLS 估计下，只有5项系统性风险衡量指标可以预测宏观经济波动。这两种预测模型的显著差异突出了模型正确设定的重要性。

12个预测模型中，结构突变在11个模型中显著提高了宏观经济波动的预测水平（AR 除外）。其中截距项上的结构突变在8个预测模型中具有显著的样本内预测能力（D_MES、DCI、TURBULENCE、VOLATILITY、LEVERAGE、TERM、TED 以及 CREDIT）；而斜率项上的结构突变则在9个预测模型中表现突出（H_MES、D_MES、D_CoVaR、Q_CoVaR、DCI、TURBULENCE、LEVERAGE、TED 以及 CREDIT）。

总的来说，在样本内预测中，系统性风险对宏观经济有显著的负面影响。系统性风险增加一个标准差，宏观经济趋势下降幅度可达0.76%（CI = 100 代表经济条件中性，TED 的预测系数为0.755）。

二、样本外线性预测的稳健性检验

我们在样本内预测的基础上，进一步考察了系统性风险衡量指标对宏观经济波动的样本外预测，样本外的预测结果在一定程度上可反映系统性风险衡量指标对宏观经济波动的真实预测能力。

表 8-3

含结构突变的 NP 单位根结果

变量	cons	y_{t-1}	t	$DTB_{t,1}$	$DTB_{t,2}$	$DU_{t,1}$	$DU_{t,2}$	$DT_{t,1}$	$DT_{t,2}$	Δy_{t-1}	Δy_{t-2}	Δy_{t-3}	Δy_{t-4}	Δy_{t-5}
CI shock	1.090*** (3.303)	0.898 (-4.073)	-0.133*** (-3.253)	0.327*** (5.283)	-0.219*** (-3.715)	0.028 (1.568)	0.130** (2.378)	0.001* (1.668)	0.133*** (3.237)	1.123*** (19.422)	-0.359*** (-3.917)	-0.472*** (-5.439)	0.525*** (6.252)	-0.194*** (-3.137)
H_MES	0.009 (0.460)	0.977 (-2.241)	0.000 (-0.234)	0.296** (2.268)	-0.412*** (-3.398)	0.157* (1.802)	0.139* (1.704)	-0.024** (-2.555)	0.026** (2.402)	0.549*** (7.597)	-0.173** (-2.085)	0.087 (1.048)	0.175** (2.439)	
D_MES	-0.122* (-1.662)	0.942 (-1.842)	0.004** (2.193)	-1.304*** (-5.473)	1.148*** (4.507)	-0.063 (-0.731)	0.004 (0.033)	-0.006** (-2.178)	0.002 (0.517)	0.152** (2.250)				
D_CoVaR	0.041 (0.668)	0.939 (-1.945)	0.000 (-0.660)	2.499*** (5.230)	1.801*** (4.853)	-0.878** (-2.096)	-0.871*** (-3.148)	0.214** (2.496)	-0.205** (-2.381)	0.050 (0.718)	-0.137** (-2.044)	-0.153** (-2.245)		
Q_CoVaR	0.002 (0.026)	0.923 (-2.264)	0.000 (0.114)	2.084*** (5.606)	2.364*** (4.626)	-1.177*** (-4.013)	-1.544*** (-3.152)	-0.399*** (-3.494)	0.407*** (3.571)	0.111 (1.531)	-0.114* (-1.664)	-0.108 (-1.578)		
DCI	-0.054 (-0.844)	0.779 (-4.380)	0.000 (-0.371)	4.076*** (9.566)	-1.782*** (-4.438)	0.278 (1.060)	-0.307 (-1.399)	0.006 (0.392)	0.002 (0.091)	0.164*** (3.014)	-0.067 (-1.215)	0.097* (1.781)		
AR	-4.043 (-1.589)	0.947 (-2.052)	0.523 (1.545)	0.859*** (3.377)	0.725*** (2.967)	-0.054 (-0.639)	-0.190 (-0.779)	0.000 (-0.017)	-0.522 (-1.543)	0.305*** (4.486)	0.134* (1.862)	0.098 (1.361)	0.081 (1.113)	-0.260*** (-3.635)
TURBULENCE	0.103 (1.265)	0.484 (-4.390)	-0.001 (-1.469)	2.579*** (5.568)	1.716*** (3.909)	-0.116 (-0.736)	0.000 (0.000)	0.008* (1.716)	0.000 (0.000)	-0.208* (-1.830)	-0.256** (-2.463)	-0.196** (-2.115)	-0.152* (-1.885)	-0.191*** (-2.788)
VOLATILITY	-0.082 (-0.405)	0.748 (-3.581)	0.007 (1.131)	7.050*** (8.174)	4.078*** (6.077)	-2.386*** (-3.581)	2.056*** (3.119)	-0.008 (-1.177)	0.000 (0.000)	-0.315*** (-3.747)	-0.267*** (-3.239)	-0.250*** (-3.272)	-0.210*** (-2.914)	-0.206*** (-3.519)

变量	cons	y_{t-1}	t	$DTB_{t,1}$	$DTB_{t,2}$	$DU_{t,1}$	$DU_{t,2}$	$DT_{t,1}$	$DT_{t,2}$	Δy_{t-1}	Δy_{t-2}	Δy_{t-3}	Δy_{t-4}	Δy_{t-5}
LEVERAGE	-0.194*** (-2.852)	0.893 (-3.168)	0.002*** (3.097)	-0.722*** (-5.273)	0.636*** (5.187)	0.002 (0.022)	0.056 (0.689)	-0.011 (-1.044)	0.009 (0.872)	0.158** (2.377)	-0.053 (-0.777)	0.063 (0.956)	0.147** (2.228)	
TERM	-0.092 (-1.267)	0.807** (-5.184)	-0.001 (-0.803)	1.393*** (4.126)	1.250*** (3.537)	-0.061 (-0.416)	0.188 (1.205)	-0.005 (-0.673)	0.007 (0.893)	0.297*** (4.483)				
TED	-0.185* (-1.773)	0.858 (-3.200)	0.006** (1.930)	-1.273*** (-3.614)	-1.342*** (-3.545)	0.310* (1.896)	0.244 (1.121)	0.016 (1.499)	-0.026** (-2.359)	0.530*** (6.905)	-0.196** (-2.440)			
CREDIT	0.820* (1.678)	0.729** (-4.893)	-0.107** (-2.181)	2.085*** (4.631)	1.379** (2.961)	-0.503*** (-2.688)	0.668** (2.353)	0.007 (1.155)	0.110** (2.223)	0.201** (2.416)	0.127 (1.573)	0.190** (2.334)		

注：本表报告了含两个结构突变的 Narayan and Popp（NP）单位根检验结果。单位根检验的原假设是 y_{t-1} 的参数等于 1 （$\rho=1$），备择假设是 $\rho<1$。***、** 和 * 分别代表了 1%、5% 和 10% 的显著性水平。

（一）样本外预测评价体系

考察系统性风险衡量指标的样本外预测能力时，通常的做法是对比基于系统性风险的宏观经济波动条件预测精度和采用宏观经济波动历史均值的无条件预测精度，当基于系统性风险的条件预测精度显著优于采用历史数据均值的无条件预测精度时，我们就认为系统性风险对宏观经济波动具有显著的样本外预测能力。参考 Narayan 和 Bannigidadmath (2015) 和 Phan 等 (2015)，我们采用三种通用的预测精度对比方式：相对平均绝对误差 (RMAE)、相对均方根误差 (RRMSE) 以及样本外 R^2 (OOR^2)。

相对平均绝对误差 (RMAE) 的定义如下：

$$RMAE = MAE_S / MAE_H \tag{8.19}$$

其中，MAE_S 和 MAE_H 分别代表的是基于系统性风险的条件预测和采用历史数据均值的无条件预测的平均绝对误差（见表 8-4）。

相对均方根误差 (RRMSE) 的定义如下：

$$RRMSE = RMSE_S / RMSE_H \tag{8.20}$$

其中，$RMSE_S$ 和 $RMSE_H$ 分别代表的是基于系统性风险的条件预测和采用历史数据均值的无条件预测的均方根误差。

样本外 R^2 (OOR^2) 的定义如下：

$$OOR^2 = 1 - MSE_S / MSE_H \tag{8.21}$$

其中，MSE_S 和 MSE_H 分别代表的是基于系统性风险的条件预测和采用历史数据均值的无条件预测的均方误。

此外，我们采用 Clark 和 West (2007) 提出的调整后 MSPE 统计量来评估样本外预测的显著性水平。调整后 MSPE 检验的是基于系统性风险的条件预测的均方误 MSE_S 是否显著低于采用历史数据的无条件预测的均方误 MSE_H。具体定义如下：

$$f_{t+1} = (y_{t+h} - \hat{y}_{H,t+h})^2 - \left[(y_{t+h} - \hat{y}_{S,t+h})^2 - (\hat{y}_{H,t+h} - \hat{y}_{S,t+h})^2 \right] \tag{8.22}$$

其中，$\hat{y}_{H,t+h}$ 是宏观经济波动 (y_{t+h}) 的历史均值，$\hat{y}_{S,t+h}$ 代表的则是基于系统性风险的宏观经济波动样本外预测值。对 f_{t+1} 序列进行简单平均可得到如下的关系式：$MSE_H - (MSE_S - 调整项)$，式中引入"调整项"用以消除向上偏误 (upward bias)。我们用 f_{t+1} 对固定值进行回归，通过检验系数是否显著大于 0 来判定系统性风险是否对宏观经济波动具有显著的样本外预测能力。

表 8 - 4

样本内预测结果

变量	OLS				FGLS			
	x_{t-1}	t-stat	x_{t-1}	t-stat	$x_{t-1}D_{t-1}$	t-stat	DT_{t-1}	t-stat
H_MES	0.012	0.601	-0.112***	-4.731	-0.077	-2.802	0.150***	5.003
D_MES	0.002	0.091	-0.161***	-8.425	-0.197***	-6.877	0.219***	7.870
D_CoVaR	-0.028	-1.368	-0.142**	-4.495	0.101	2.502	0.440***	11.369
Q_CoVaR	-0.030	-1.424	-0.088**	-3.487	-0.092	-2.615	0.157***	4.476
DCI	0.008	0.406	0.145***	3.934	-0.197**	-5.944	-0.162**	-3.892
AR	-0.040**	-2.014	-0.098*	-3.190	0.043	0.903	0.076	1.637
TURBULENCE	-0.019	-0.495	-0.195***	-4.624	-0.079**	-3.431	0.176***	3.396
VOLATILITY	-0.037*	-1.902	-0.037	-3.087	-0.109**	-3.989	0.026	0.988
LEVERAGE	-0.023	-1.107	-0.551***	-17.374	0.610***	14.238	0.456***	8.887
TERM	-0.043**	-2.112	-0.072	-2.368	0.057**	2.020	0.036	1.123
TED	-0.063***	-2.864	-0.755***	-8.442	0.390***	7.237	0.722**	8.024
CREDIT	-0.064**	-2.553	1.080	3.316	1.668**	6.631	-1.100***	-3.377

注：本表报告了系统性风险衡量指标对宏观经济波动的样本内预测结果，分别采用 OLS 估计和含有结构突变的 FGLS 估计方法。***、** 和 * 分别代表了 1%、5% 和 10% 的显著性水平。

（二）样本外预测实证结果

表 8-5 报告了系统性风险对宏观经济波动前向一期的样本外预测结果。当 *RMAE* 和 *RRMSE* 小于 1、*OOR*^{2} 大于 0 时，系统性风险衡量指标具有额外的样本外预测能力（相比于历史数据均值）。调整后 *MSPE* 则反映了样本外预测能力的显著性水平。

表 8-5 样本外预测结果

变量	Full-sample				Crisis			
	RMAE	*RRMSE*	*OOR*^{2}	*MSPE*	*RMAE*	*RRMSE*	*OOR*^{2}	*MSPE*
H_MES	1.140	0.988	0.024	0.001	0.798	0.907	0.178	0.030
D_MES	1.193	1.025	-0.052	0.001	0.721	0.874	0.236	0.004
D_CoVaR	1.406	1.747	-2.052	0.006	1.539	2.198	-3.829	0.011
Q_CoVaR	1.476	1.152	-0.328	0.004	0.672	0.808	0.347	0.001
DCI	1.601	1.458	-1.125	0.151	1.158	1.601	-1.562	0.203
AR	1.657	1.199	-0.436	0.083	0.745	0.835	0.302	0.016
TURBULENCE	1.353	1.236	-0.527	0.026	0.747	0.924	0.146	0.018
VOLATILITY	1.296	1.150	-0.323	0.076	0.602	0.759	0.424	0.002
LEVERAGE	1.690	2.289	-4.237	0.649	1.926	2.859	-7.171	0.607
TERM	1.100	1.091	-0.191	0.016	0.729	0.874	0.237	0.004
TED	3.598	3.460	-10.973	0.692	0.680	0.812	0.341	0.007
CREDIT	4.898	6.046	-35.550	0.690	—	—	—	—

注：本表报告了系统性风险衡量指标对宏观经济波动前向一期的样本外预测结果，通过对比基于系统性风险的宏观经济波动条件预测损失和采用宏观经济波动历史均值的无条件预测损失，来判定系统性风险指标对宏观经济波动的样本外预测能力。本章采用三种通用的预测精度衡量标准：相对平均绝对误差（*RMAE*）、相对均方根误差（*RRMSE*）以及样本外 R^2（*OOR*^{2}）。显著性水平则依据 Clark and West（2007）提出的调整后 *MSPE* 统计量。当 *RMAE* 和 *RRMSE* 小于 1、*OOR*^{2} 大于 0 时，系统性风险衡量指标具有额外的样本外预测能力（相比于历史数据均值）。样本外预测的起始时间是 2006 年 4 月（*TED* 的起始时间是 2009 年 10 月，*CREDIT* 的起始时间是 2010 年 12 月）。为了检验系统性风险衡量指标在经济危机时期的样本外预测能力，我们划分了一个子样本"Crisis"，子样本时间跨度为 2008 年 8 月至 2009 年 9 月。由于 *CREDIT* 起始时间较晚，故不报告预测结果。

首先，我们考察全样本下系统性风险对宏观经济波动的样本外预测能力，样本外预测的起始时间是 2006 年 4 月（CREDIT 的起始时间是 2009 年 10 月，CREDIT 的起始时间是 2010 年 12 月），结果见表 8-5 的 1~4 列。结果表明，除了 *H_MES*，几乎所有的系统性风险衡量指标对宏观经济波动都没有显著的预测能力。在 *RRMSE*、*OOR*^{2} 和 *MSPE* 的评价标准下，*H_MES* 有助于改善宏观经济波动的样本外预测，即基于 *H_MES* 的样本外预测精度高于采用历史数据均值的预测精度。然而这一额外的预测能力较为有限，样本外预测精度仅提升约 2.4%（$OOR^2 = 0.024$）。

其次，为了检验系统性风险衡量指标在经济危机时期的样本外预测能力，我们划分了一个子样本"Crisis"，子样本的起始日期分别是 2008 年 8 月和 2009 年 9 月[①]，由于 *CREDIT* 起始时间较晚，没有足够多的观测值，故不报告预测结果（结果见表 8 – 5 的 5 ~ 8 列）。结果表明，系统性风险衡量指标的样本外预测能力在经济危机时期整体得到大幅度提升，11 个系统性风险衡量指标中，有 8 个指标显著提高了宏观经济波动的样本外预测精度，四个评价标准均肯定了这一预测能力，包括 *H_MES*、*D_MES*、*Q_CoVaR*、*AR*、*TURBULENCE*、*VOLATILITY*、*TED* 以及 *TERM*。此外，宏观经济波动样本外的预测精度提升高达 42.4%（*VOLATILITY* $OOR^2 = 0.424$）。

总的来说，在线性回归的框架下，系统性风险对宏观经济波动的外溢效应不明显，仅在经济危机时期对宏观经济波动具有显著的样本外预测能力。

第五节　本　章　小　结

本章在线性分析的框架下研究了系统性风险测度与我国宏观经济波动之间的关系。我们将 Devpura 等（2019）提出的带有结构突变的预测模型（FQGLS）引入宏观经济预测模型中。该模型可以有效解决内生性、持续性、异方差以及结构突变等问题。

实证检验表明系统性风险衡量指标的确表现出显著的异方差、内生性和持续性等特征。宏观经济波动否定了"无 ARCH 效应"的原假设。此外，我们在宏观经济波动和系统性风险衡量指标中都发现了重大的结构突变。因此，含结构突变的预测模型更适用于分析系统性风险衡量指标对宏观经济波动的影响。

我们分别使用简单线性回归（OLS）和含结构突变的预测模型（FQGLS）进行样本内预测，得到了不同的结果。在 FQGLS 估计中，我们发现 12 种系统风险衡量指标都可以预测宏观经济波动，而 OLS 估计中只

---

① 经济危机时期的划分参见林秀梅等（2018）和郭建伟（2018）。

有 5 种衡量指标可以预测宏观经济波动。这两种预测模型的显著差异突出了模型正确设定的重要性。

进一步地，我们利用含结构突变的预测模型（FQGLS），进行了基于系统性风险衡量指标的宏观经济波动的样本外预测，结果发现在线性框架下，系统性风险对宏观经济波动的外溢效应不明显，仅在经济危机时期对宏观经济波动具有显著的样本外预测能力。这一结果促使我们在下一章引入非线性框架，研究系统性金融风险对宏观经济波动的非线性影响。

第九章 系统性金融风险与宏观经济波动：非线性视角

本章主要研究如何运用最新的计量经济模型和方法实证检验系统性金融风险对宏观经济波动的非线性关系（分位数和全分布）影响。我们将分位数回归引入宏观经济预测，并参考 Adrian 等（2019）的做法，致力于预测中国宏观经济波动的完整分布。鉴于单个系统性金融风险指标与未来宏观经济波动之间缺乏显著关系（如 Kourentzes et al.，2019；Zhang et al.，2018；Kleinow et al.，2017；Civitarese，2016；Sedunov，2016；Ellis et al.，2014；Benoit et al.，2013 等），我们利用组合预测法将基于单个系统性风险衡量指标对宏观经济增长的冲击的影响，进行加权平均得到组合分位数回归结果，并利用半参数估计法拟合出系统性金融风险对宏观经济波动整体分布的影响。

第一节 系统性金融风险与宏观经济波动的分位数回归

系统性金融风险与宏观经济波动关系的研究，或者说基于系统性金融风险的宏观经济预测文献，大多关注两者之间的线性关系，即中心趋势（均值）变化，忽略了两者之间的非线性关系（Brownlees and Engle，2017；Kremer，2016；Roye，2014；Allen et al.，2012；Fornari and Stracca，2012），这有可能严重低估系统性金融风险对宏观经济的预测能力。正如欧洲中央银行体系（ESCB）强调，金融不稳定对宏观经济的溢出效应是非线性、非对称的，会随着经济状态的变化而变化。

针对这一问题，在非线性关系的研究中，最常见的解决办法是将马尔可夫区制转换引入宏观—金融向量自回归模型（macro-finance VAR），通过区制特征识别实现非线性研究，这一方法有效地反映了系统性金融风险宏观溢出的状态依存特征（Aboura and van Roye，2017；Hubrich and Tetlow，2015；Hartmann et al.，2012；Davig and Hakkio，2010）。然而，基于该方法的多数研究发现，在经济平稳时期系统性金融风险对宏观经济增长的影响十分微弱。这一结果由于忽略了系统性金融风险累积的负面影响，因而无法起到很好的预测预警效果。

De Nicolò 和 Lucchetta（2011）、Giglio 等（2016）将分位数回归方法引入宏观经济预测中，重点关注系统性金融风险对宏观经济下行风险的影响。由于分位数回归允许回归系数在分位数之间有所不同，因而分位数回归提供了比条件均值函数更全面的目标分布估计。研究表明，尽管在经济平稳时期系统性金融风险对宏观经济增长的中心趋势没有显著的影响，但系统性金融风险的增加大大提高了宏观经济潜在的下行风险。此外，基于系统性金融风险的分位数回归可以实现时间序列上的连续预测，是一个较为理想的预警模型。国际货币基金组织（IMF）2017 年在全球金融稳定报告中用金融条件指数估计了经济下行风险，并将这种下行风险命名为经济增长在险水平（growth at risk，GaR）。何青等（2018）在 Giglio 等（2016）的基础上研究了我国系统性金融风险外溢效应，弥补了我国这一领域的研究不足。

Giglio 等（2016）发现系统性金融风险对美国的宏观经济下行风险（20%分位数）的预测能力部分依赖于宏观经济指标的选择，且系统性金融风险对欧洲国家的宏观经济下行风险并没有显著的预测能力。为了深入理解系统性金融风险对宏观经济下行风险的影响，我们将宏观经济下行风险进一步划分为宏观经济重度衰退风险（5%分位数）和中度衰退风险（20%分位数），考察了系统性金融风险对不同程度衰退风险的预测能力。此外，本章提出了一种时变滚动窗口方法，该方法允许在每个预测点上动态地选择最优估计窗口，以克服预测结果对窗口选择的依赖性。

我们将分位数回归引入到宏观经济预测中，可以考察系统性金融风险衡量指标对宏观经济波动非线性、非对称的影响。然而，分位数回归只能估计单个分位数，缺乏对经济增长变化的全面理解。Adrian 等（2019）在分位数预测的基础上通过半参数估计法进一步拟合出宏观经济波动预测的整体分布，拓宽了研究的视野①。张晓晶和刘磊（2020）在 Adrian 等

---

① 相关研究见张晓晶和刘磊（2020）、Brownlees and Souza（2019）、Boyarchenko et al.（2019）、Delle Monache et al.（2019）、Figueres and Jarociński（2019）、Loria et al.（2019）、何青等（2018）等。

（2019）的基础上率先研究了我国整体金融状况对宏观经济的分布预测。在分位数预测的基础上，我们将参考 Adrian 等（2019）的做法，致力于预测中国宏观经济波动的完整分布。

除了预测方法和预测模型的设定外，正确衡量系统性金融风险对预测结果也至关重要。近年来，各国学者陆续从不同的角度衡量系统性金融风险，王博和齐炎龙（2015）以及 Bisias 等（2012）对现有的衡量指标进行了总结。但学术界对于单个系统性金融风险衡量指标的可靠性还存在争论，主要在以下四个方面：一是不同指标对系统性金融风险的衡量可能存在矛盾之处（Kleinow et al.，2017；Benoit et al.，2013）；二是单一衡量指标可能只会在特定的时间窗口中发挥作用，即存在衡量敏感性（Civitarese，2016；Sedunov，2016）；三是金融系统存在复杂性，单一衡量指标仅能刻画系统性金融风险的某一方面，难以普遍适用于所有的研究问题（Ellis et al.，2014；Rodríguez–Moreno and Pena，2013）；四是数据结构中的不确定性也会导致最优预测指标（模型）难以确定（Kourentzes et al.，2019；Zhang et al.，2018；Wang et al.，2018）。

Giglio 等（2016）对现有的系统性金融风险衡量指标总结发现，基于美国数据的不同衡量指标的走势大致相同，他们将差异部分归结为衡量误差。然而，不同的系统性金融风险衡量指标在中国表现出巨大的差异性，不能将这种差异性简单地归结为无关噪声。考虑到不同的系统性金融风险衡量指标关注的侧重点不同，单个衡量指标除了反映金融系统公共风险外，还可能包含了一些特质性信息。因此，使用单一的系统性金融风险衡量指标可能导致有效信息的丢失，影响宏观经济的预测效果。

鉴于这种显著的差异性，在整合系统性金融风险衡量指标上组合预测法可能比主成分分析法更有优势。Bates 和 Granger（1969）提出的组合预测法是将多个预测模型的结果进行加权平均，其预测效果明显优于单一预测模型（Barrow and Kourentzes，2016；Blanc and Setzer，2016；Hsiao and Wan，2014；Elliott and Timmermann，2008；Sánchez，2008；Timmermann，2006）。此外，组合预测法根据近期表现对单个预测模型动态赋予权重，例如，当单个预测模型包含更多特质性信息时，该模型会表现出更强的预测能力，组合预测法则将赋予其更大的权重。相比于主成分分析法只关注于衡量指标间的公共信息，组合预测法可以在控制衡量误差的前提下利用更多的特质性信息。

我们将通过以下三个步骤完成对宏观经济波动的分布预测：首先，选取多种具有代表性的系统性金融风险衡量指标，并基于单一衡量指标对经济波动进行分位数预测；其次，对单个预测值动态赋予权重构造复合分位数预测，预测权重与前三期的预测误差之和成反比。最后，参照 Adrian 等（2019）的做法，在复合分位数预测的基础上使用插值法拟合偏态 t 分布，得到宏观经济波动预测的完整分布。

一、分位数回归的基本方法

与传统的线性回归模型不同，分位数回归可以允许回归系数随着分位数的变化而变化，提供了比条件均值函数更全面的目标分布估计，可以考察系统性金融风险衡量指标对宏观经济波动非线性、非对称的影响。分位数回归的设定如下：

$$Q_\tau(y_{t+h} | I_t) = \beta_{\tau,0} + \beta_{\tau,1} x_t \tag{9.1}$$

其中，x_t 代表单一系统性金融风险衡量指标的月度序列，由日度数据取月内平均而得，我们选取了 12 个系统性金融风险衡量指标，则需构建 12 个单预测变量的分位数预测模型。y_{t+h} 则代表宏观经济波动（CI 波动），$Q_\tau(y_{t+h} | I_t)$ 表示的是经济波动在 τ 分位数上的拟合值，h 代表前向预测的期数。

Giglio 等（2016）采用了 20% 分位数代表经济增长的下行风险，考虑到系统性金融风险与经济危机（经济严重衰退）间的内在关联，我们分别采用 20% 和 5% 分位数代表经济增长的下行风险，并分别定义为经济增长的"中度衰退风险"和"重度衰退风险"。此外，我们还选取 50% 和 80% 分位数，分别研究系统性金融风险指标对宏观经济增长"中心趋势"和"上行风险"的预测能力。

为了考察系统性金融风险衡量指标对宏观经济波动的真实预测能力，我们进行了样本外分位数预测，考察系统性金融风险衡量指标的样本外分位数预测能力时，最常见的评价标准是样本外分位数预测 R^2[①]。样本外分位数预测 R^2 可以用来对比基于系统性金融风险的宏观经济波动条件预测精度和采用宏观经济波动历史均值的无条件预测精度，当基于系统性金融风险的条件预测精度显著优于采用历史数据均值的无条件预测精度时，我们就认为系统性金融风险对宏观经济波动具有显著的样本外预测能力。样

---

① Koenker and Machado（1999）首次将该种定义下的 R^2 用以衡量分位数回归的拟合优度，样本外分位数预测 R^2 目前被广泛地应用于各类文献，例如 Tripathi et al.（2020）、Taylor（2019）、Boubaker et al.（2019）、Horváth et al.（2018）、Gupta et al.（2017）、Lima and Meng（2017）等。

本外分位数预测 R^2 的定义如下:

$$R^2 = 1 - \frac{\frac{1}{T} \sum_t \left[\rho_\tau (y_{t+h} - \hat{\beta}_{\tau,0} - \hat{\beta}_{\tau,1} x_t) \right]}{\frac{1}{T} \sum_t \left[\rho_\tau (y_{t+h} - \hat{q}_\tau) \right]} \qquad (9.2)$$

其中, $\hat{q}_\tau$ 代表的是经济波动历史数据的分位数值(即无条件分位数预测)[1]。式(9.2)的分子反映了基于系统性金融风险衡量指标的条件预测的损失函数,式(9.2)的分母反映的是无条件预测的损失函数。当 R^2 为正时,基于系统性金融风险衡量指标的条件分位数预测优于无条件分位数预测,即相比于历史分位数值,系统性金融风险衡量指标具有额外的样本外预测能力。

我们采用 Clark and West(2007)提出的调整后 MSPE 统计量来评估样本外预测的显著性水平。具体定义如下:

$$f_{t+1} = (y_{t+h} - \hat{q}_\tau)^2 - \left[(y_{t+h} - \hat{\beta}_{\tau,0} - \hat{\beta}_{\tau,1} x_t)^2 - (\hat{q}_\tau - \hat{\beta}_{\tau,0} - \hat{\beta}_{\tau,1} x_t)^2 \right]$$

$$(9.3)$$

二、基于固定滚窗法的样本外分位数预测

在样本外预测中,对拟合窗口长度的选择最常见的方法是迭代法和固定滚窗法,Giglio et al.(2016)采用迭代的方式进行样本外分位数回归。迭代方法适用于数据结构没有突变的情况。在数据结构不变的情况下,估计所用的样本量越大,均方误越小;反之,迭代方法可能产生较大的偏差。

(一)结构突变检验与固定滚窗法

我们参考 Qu(2008)对分位数回归中的结构变化进行检验,结果见表 9 – 1。检验结果显示,大多数系统性金融风险衡量指标在所有分位数、所有预测期上都显著拒绝零假设,表明数据结构确实存在突变,迭代方法并不适用于基于系统性金融风险衡量指标的宏观经济波动样本外分位数预测。因此,我们采用常见的固定滚窗法进行样本外分位数预测。

然而,固定窗口的长度的选择是一个较为棘手的问题,即当我们在每个时间点对经济波动进行预测时,应该使用多少观测值?固定滚动窗口长度的选择主要基于方差和偏误这两个因素:一方面,如果滚动窗口太短,方差和均方误差会增加(Pesaran and Timmermann,2007);另一方面,如果

---

[1] 参考 Campbell and Thompson(2008),我们利用样本起始点到预测点的历史数据估计经济波动的分位数值。

表 9-1

结构突变检验

变量	τ=0.05			τ=0.20			τ=0.50			τ=0.80		
	$h=1$	$h=2$	$h=3$	$h=1$	$h=2$	$h=3$	$h=1$	$h=2$	$h=3$	$h=1$	$h=2$	$h=3$
MES_H	1.50**	1.52**	1.65***	1.75***	1.96***	1.97***	1.68***	1.55**	1.48**	2.77***	2.63***	2.65***
MES_D	2.07***	1.85***	2.21***	2.12***	2.14***	2.06***	1.64***	1.47**	1.41**	3.21***	2.87***	2.99***
CoVaR_D	1.67***	1.65***	1.78***	1.88***	1.77***	1.97***	2.13***	1.78***	1.44**	3.24***	3.24***	3.36***
CoVaR_Q	1.97***	1.53**	1.89***	1.98***	2.15***	2.16***	1.91***	1.52**	1.45**	3.76***	3.68***	3.58***
DCI	2.29***	1.62***	1.98***	1.90***	1.76***	1.69***	1.43***	1.25*	1.44***	3.22***	3.33***	3.27***
AR	1.85***	2.07***	2.30***	2.20***	2.31***	2.32***	1.46**	1.37**	1.48**	3.30***	3.42***	3.50***
TURBULENCE	1.87***	2.39***	2.19***	2.18***	2.20***	2.22***	1.35**	1.47**	1.36**	3.58***	3.51***	3.54***
VOLATILITY	2.19***	1.56**	1.24*	1.84***	1.66***	2.10***	1.96***	1.71***	1.68***	3.35***	3.46***	3.31***
LEVERAGE	1.05	1.06	1.02	1.32*	1.37**	1.52**	1.74***	1.56**	1.72***	1.59***	1.65***	1.71***
TERM	1.83***	1.85***	1.99***	2.25***	2.03***	1.77**	1.76***	1.62**	1.58**	2.47***	2.75***	2.95***
TED	2.19***	2.10***	2.13***	2.41***	2.35***	2.47***	2.47***	2.13***	1.90***	2.93***	2.71***	2.44***
CREDIT	1.79***	1.80***	1.47**	1.93***	2.60***	2.49***	1.95***	1.92***	1.99***	2.02***	2.12***	2.21***

注：本表报告了 Qu（2008）构造的 SQ_τ 统计量及其显著性水平，用以检验分数回归中的结构突变。分别考察预测期 $h=1$、2、3 以及分位数 $\tau=5\%$、20%、50%、80%的分位数回归。*** 、 ** 和 * 分别代表了 1%、5%和 10%的显著性水平，SQ_τ 统计量在 1%、5%和 10%显著性水平上的临界值（值分别为 1.586、1.329 和 1.197。样本外的起始时间是 2003 年 4 月（*TED* 的起始时间是 2006 年 10 月，*CREDIT* 的起始时间是 2007 年 12 月）。

滚动窗口太长，预测精度会提高，但会以更大的偏误为代价，因为早期数据可能独立于当前的数据生成过程（Clark and McCracken，2009）。学术界目前未形成一个统一的选择标准，我们参考主流文献的设定，将固定窗口长度分别定为36个月和60个月。

（二）样本外分位数预测

表9-2报告了基于36个月滚动窗口的样本外分位数预测结果。总的来说，系统风险对宏观经济潜在的重度衰退风险（5%分位数）和上行风险（80%分位数）有很强的预测能力，但对宏观经济的中度衰退风险（20%分位数）和中心趋势（50%分位数）提供的有用信息却很少。

结果表明，除了 TURBULENCE 和 VOLATILITY，所有的系统风险指标都能为宏观经济重度衰退风险（5%分位数）提供显著的样本外预测。与历史无条件分位数预测相比，样本外分位数预测能力最高提升了85%（CREIDT $R^2 = 0.85$）。然而，系统性金融风险指标的预测能力会随着时间推移而逐渐减弱。只有 AR、VOLATILITY、TED 和 CREDIT 可以持续预测前向三期的重度衰退风险（5%分位数），换言之，大多数系统性金融风险衡量指标对重度衰退风险（5%分位数）只有短期的预测能力。然而，只有个别系统性金融风险衡量指标可以为宏观经济的中度衰退风险（20%分位数）预测提供有用的信息，即系统性金融风险衡量指标对宏观经济下行风险的预测能力集中于重度衰退。这表明，系统性金融风险的负向外溢效应主要是系统性金融风险爆发对宏观经济产生的灾难性冲击。

除了可以预测经济下行风险外，几乎所有的系统性金融风险衡量指标都具有对宏观经济上行风险（80%分位数）显著而持久的预测能力。与无条件分位数预测相比，样本外预测能力最高提升了81%（CREIDT $R^2 = 0.81$）。风险与收益总是相辅相成，因而系统性金融风险承担的提升往往起到刺激经济的作用，但这种正向的激励却是以增加危机爆发的概率为代价的（Ranciere et al.，2008；Ranciere et al.，2010；Mian and Sufi，2018）。系统性金融风险衡量指标同时放大了宏观经济的上行和下行风险，换言之，系统性金融风险的积累容易增加宏观经济的不确定性。

值得注意的是，几乎所有的系统性金融风险衡量指标对波动的中心趋势预测（50%分位数）都没有太多有用的信息。因此，传统的中心趋势分析模型大大低估了系统性金融风险对宏观经济波动的影响。

表9-3报告了基于60个月滚动窗口的样本外分位数预测结果。主要结论不变，系统性金融风险衡量指标对宏观经济中度衰退风险（20%分位数）和中心趋势（50%分位数）的预测能力仍然有限，而系统风险衡量

表 9 - 2

基于固定滚窗法的样本外分位数预测（36 个月）

变量	τ=0.05			τ=0.20			τ=0.50			τ=0.80		
	$h=1$	$h=2$	$h=3$	$h=1$	$h=2$	$h=3$	$h=1$	$h=2$	$h=3$	$h=1$	$h=2$	$h=3$
MES_H	0.37**	-0.05	-0.22	-0.09	-0.24	-0.44	-0.07	-0.16	-0.25	0.45***	0.31***	0.19***
MES_D	0.36***	-0.07	-0.21	-0.05	-0.25	-0.26	-0.05	-0.15	-0.18	0.42***	0.37***	0.30***
CoVaR_D	0.48***	-0.31***	-0.01	-0.01	-0.09	-0.14	-0.02	-0.04	-0.07	0.39***	0.35***	0.32***
CoVaR_Q	0.43***	-0.18***	-0.03	-0.03	-0.12	-0.19	-0.01*	-0.05	-0.10	0.39***	0.39***	0.31***
DCI	0.32***	-0.08	-0.09	-0.18	-0.15	-0.26	-0.23	-0.18	-0.25	0.22***	0.16***	0.10***
AR	0.39***	-0.21***	-0.13**	-0.00	-0.13	-0.22	-0.03	-0.10	-0.18	0.27***	0.22***	0.21***
TURBULENCE	0.12	-0.01	-0.03	-0.07	-0.09	-0.10	-0.03*	-0.01	-0.12	0.30***	0.27***	0.31***
VOLATILITY	0.15**	-0.21***	-0.11***	-0.05***	-0.01	-0.08	-0.02	-0.01	-0.04	0.35***	0.34***	0.31***
LEVERAGE	0.31	-0.12	-0.07	-0.10	-0.30	-0.56	-0.17	-0.31	-0.44	0.26***	0.18***	0.17***
TERM	0.11***	-0.14	-0.27	-0.15	-0.28	-0.36	-0.06***	-0.02***	-0.01	0.47***	0.42***	0.27***
TED	0.80***	-0.80***	-0.79***	-0.34***	-0.31***	-0.32***	-0.03***	-0.04	-0.10	0.73***	0.69***	0.71***
CREDIT	0.85***	-0.81***	-0.74***	-0.30***	-0.34***	-0.29***	-0.11***	-0.07	-0.02*	0.81***	0.79***	0.79***

注：本表报告预测期 $h=1$, 2, 3 以及分位数 τ=5%, 20%, 50%, 80% 的分位数回归的样本外预测 R^2。****、*** 和 * 分别代表了 1%、5% 和 10% 的显著性水平。样本外预测的起始时间是 2008 年 4 月（TED 的起始时间是 2011 年 10 月, CREDIT 的起始时间是 2012 年 12 月）。

表 9 - 3

基于固定滚窗法的样本外分位数预测（60 个月）

变量	τ = 0.05			τ = 0.20			τ = 0.50			τ = 0.80		
	h = 1	h = 2	h = 3	h = 1	h = 2	h = 3	h = 1	h = 2	h = 3	h = 1	h = 2	h = 3
MES_H	-0.32*	-0.09	-0.06	-0.05	-0.15	-0.22	-0.00	-0.07	-0.13	0.39***	0.31***	0.18***
MES_D	-0.25***	-0.04***	-0.00	-0.03	-0.12	-0.09	-0.04	-0.05	-0.09	0.41***	0.36***	0.36***
CoVaR_D	-0.41***	-0.19***	-0.04	-0.12	-0.17	-0.16	-0.05	-0.06	-0.07	0.32***	0.26***	0.27***
CoVaR_Q	-0.34***	-0.13***	-0.05	-0.01	-0.08	-0.12	-0.07	-0.09	-0.13	0.30***	0.27***	0.25***
DCI	-0.26	-0.13	-0.00	-0.00	-0.01	-0.03	-0.04	-0.07	-0.11	0.14***	0.08***	0.07***
AR	-0.37	-0.34	-0.34	-0.05	-0.02	-0.01	-0.04	-0.10	-0.17	0.18***	0.17***	0.18***
TURBULENCE	-0.06	-0.15*	-0.04	-0.04***	-0.01	-0.00	-0.03	-0.04	-0.04	0.19***	0.16***	0.15***
VOLATILITY	-0.31***	-0.22***	-0.20***	-0.04	-0.02	-0.02	-0.07	-0.06	-0.05	0.15***	0.16***	0.17***
LEVERAGE	-0.01	-0.34	-0.56	-0.12	-0.33	-0.48	-0.01	-0.05	-0.13	0.19***	0.11***	0.09***
TERM	-0.11	-0.06	-0.26	-0.14	-0.12	-0.11	-0.13	-0.11	-0.09	0.31***	0.28***	0.23***
TED	-0.19	-0.03	-0.04	-0.22***	-0.16**	-0.02	-0.14	-0.14	-0.19	0.52***	0.51***	0.51***
CREDIT	-0.64***	-0.63***	-0.62***	-0.12***	-0.13	-0.12	-0.11	-0.20	-0.25	0.53***	0.46***	0.51***

注：本表报告预测期 $h = 1$，2，3 以及分位数 $τ = 5\%$，20%，50%，80% 的分位数回归的样本外预测 R^2。*** 、** 和 * 分别代表了 1%、5% 和 10% 的显著性水平。样本外预测的起始时间是 2008 年 4 月（TED 的起始时间是 2011 年 10 月，CREDIT 的起始时间是 2012 年 12 月）。

指标对于经济波动的重度衰退风险（5%分位数）和上行风险（80%分位数）的预测仍然具有有用的信息，但预测能力整体降低的，144个R^2中有93个变小。*DCI*、*AR*、*TERM*和*TED*对重度衰退风险（5%分位数）的样本外预测不再显著。

从表9-2和表9-3的差异可以看出，系统性金融风险衡量指标的预测能力随滚动窗口长度的变化而变化。由于结论取决于窗口长度，简单地、主观地选取固定滚动窗口可能会对结果产生一定的误导，因此有必要寻找一种更稳健的方法。

三、基于时变滚窗法的样本外分位数预测

为了解决实证结果随滚动窗口长度的变化而变化这一固有的实证问题，我们设计了一个时变滚窗法，即允许在每个预测时点上动态地选择最优的拟合窗口。Inoue等（2017）在线性回归的框架下提出了一个静态的最优拟合窗口选择法①，我们将此方法扩展到分位数回归，并在此基础上进行样本外动态预测。实证结果表明，该方法有效地解决了实证结果对窗口长度的依赖性，可以提供比固定滚窗法更精确、更稳定的样本外预测。

（一）时变滚窗法

Inoue等（2017）定义了如下的时变系数线性回归模型：

$$y_{t+h} = \beta(t/T)'x_t + u_{t+h} \tag{9.4}$$

即线性回归的系数可以随着预测时点的变化而变化，最优拟合窗口长度的选择则取决于预测方差的最小化问题：

$$R^* = \arg \min_{R=1,\cdots,T-\underline{\omega}} \{E_T[(y_{T+h} - \hat{\beta}'_R x_T)^2]\}$$
$$= \arg \min_{R=1,\cdots,T-\underline{\omega}} \{(\hat{\beta}_R - \beta)'x_T x'_T(\hat{\beta}_R - \beta)\} \tag{9.5}$$

其中，β是线性回归模型系数的真值，由于真值是无法直接计算得到的，因此采用局部估计法进行近似估计。

Inoue等（2017）的思路在分位数回归的框架下依然适用，但需要做出一些相应的调整。首先，我们定义一个分位数回归框架下的时变系数回归模型：

$$Q_\tau(y_{t+h}|x_t) = x'_t \beta_\tau(t/T) \tag{9.6}$$

最优拟合窗口长度的选择依旧取决于分位数预测方差的最小化问题，

---

① 毫无疑问，该方法的前提是数据结构存在突变，因为在数据结构保持不变的情况下，估计样本应该尽可能长以减小预测的方差。

与线性回归不同的是，分位数回归中的分位数实际值是无法被观测到的，但这并不影响我们后续的计算：

$$R^* = \arg \min_{R=1,\cdots,T-\underline{\omega}} \{ E_T [\, (\, Q_\tau(y_{T+h} \,|\, x_T) - \hat{Q}_\tau(y_{T+h} \,|\, x_T))^2 \,] \, \}$$
$$= \arg \min_{R=1,\cdots,T-\underline{\omega}} \{ (\hat{\beta}_{\tau,R} - \beta_\tau)' x_T x_T' (\hat{\beta}_{\tau,R} - \beta_\tau) \} \tag{9.7}$$

相似地，我们采用局部多项式估计值 $\tilde{\beta}_\tau$ 来代替真值 β_τ。分位数回归框架下的局部多项式估计参考 Cai and Xu（2009）：

$$\beta_\tau \left(\frac{t}{T} \right) \approx \sum_{j=0}^{q} \beta_\tau(1)^{(j)} \left(\frac{t-T}{T} \right)^j / j! \tag{9.8}$$

$$Q_\tau(y_{t+h} \,|\, x_t) = \sum_{j=0}^{q} x_t' \left(\frac{t-T}{T} \right)^j \beta_\tau(1)^{(j)} / j! = \sum_{j=0}^{q} x_t' \left(\frac{t-T}{T} \right)^j a_j \tag{9.9}$$

其中，$a_j = \beta_\tau(1)^{(j)} / j!$，通过最小化局部估计中的损失函数：

$$\min_{a_j} \sum_{t=1}^{T} \rho \left(y_{t+h} - \sum_{j=0}^{q} x_t' \left(\frac{t-T}{T} \right)^j a_j \right) K_H \left(\frac{t-T}{T} \right) \tag{9.10}$$

我们可以得到分位数回归中时变系数的局部多项式估计值 $\tilde{\beta}_\tau(1) = \hat{a}_0$。其中，$K_H(\,\cdot\,)$ 是 Epanechnikov 核函数，带宽 H 的选择则通过交互验证法进行判断（Pesaran and Timmermann，2007）：

$$m^* = \arg \min_{m=1,\cdots,T-\underline{\omega}-\tilde{\omega}-i+1} \left\{ \tilde{\omega}^{-1} \sum_{\tau=T-\tilde{\omega}-i+1}^{T-i} \rho(y_{\tau+i} - x_\tau' \hat{\beta}_{m:\tau}) \right\} \tag{9.11}$$

$$R_0 = m^* : T$$

带宽 $H = R_0/T$，这表示在 Epanechnikov 核函数下，只有最后的 R_0 个观测值可以用来局部多项式估计。考虑到中国样本数据较短，我们将观测值数量的下限进行放松，在交互验证中，拟合期最少需要 12 个观测值（$\underline{\omega} = 12$）；同时，将样本外测试期缩短至 12 期（$\tilde{\omega} = 12$）。相应地，最优拟合窗口长度的范围变更为 $R^* \subset [\max(1.5t^{2/3}, 12), \min(4t^{2/3}, t-h)]$。我们将这种分位数回归框架下的最优窗口选择引入分位数回归的样本外预测，在每一个预测时点上，动态地选择最优的拟合窗口长度，实现时变滚窗。

（二）样本外分位数预测

基于时变滚窗法的样本外分位数预测结果见表 9-4。与固定滚窗法的样本外预测结论一致，系统风险衡量指标对于经济波动的下行风险和上行风险的预测仍然显著的预测能力，其中对下行风险的预测能力主要集中在重度衰退风险（5% 分位数）上，而系统性金融风险衡量指标对宏观经济中心趋势（50% 分位数）的预测能力则仍然有限。

表 9 - 4

基于时变滚窗法的样本外分位数预测

变量	τ=0.05			τ=0.20			τ=0.50			τ=0.80		
	h=1	h=2	h=3	h=1	h=2	h=3	h=1	h=2	h=3	h=1	h=2	h=3
MES_H	0.38*	-0.15	-0.06	-0.02	-0.26	-0.41	-0.06	-0.26	-0.43	0.44***	0.27***	-0.17***
MES_D	0.45***	-0.18	-0.07	-0.00	-0.17	-0.10	-0.07	-0.26	-0.40	0.46***	0.25***	-0.19***
CoVaR_D	0.46***	-0.34***	-0.10	-0.03	-0.11	-0.13	-0.10	-0.17	-0.20	0.39***	0.34***	-0.26***
CoVaR_Q	0.48***	-0.28***	-0.12**	-0.01	-0.04	-0.10	-0.05	-0.11	-0.18	0.37***	0.30***	-0.26***
DCI	0.43*	-0.19	-0.06	-0.05	-0.10	-0.19	-0.15	-0.25	-0.28	0.14***	0.03***	-0.03
AR	0.39***	-0.17***	-0.15***	-0.02	-0.05	-0.14	-0.04	-0.13	-0.34	0.30***	0.23***	-0.23***
TURBULENCE	0.19	-0.15	-0.00	-0.04	-0.14	-0.09	-0.06	-0.08	-0.14	0.29***	0.25***	-0.18***
VOLATILITY	0.23***	-0.15***	-0.08***	-0.02	-0.03	-0.14	-0.07	-0.08	-0.14	0.35***	0.32***	-0.29***
LEVERAGE	0.33	-0.07	-0.10	-0.04	-0.19	-0.35	-0.04	-0.31	-0.52	0.30***	0.12***	-0.03
TERM	0.26***	-0.04	-0.23	-0.01	-0.21	-0.25	-0.01	-0.06	-0.04	0.47***	0.37***	-0.31***
TED	0.81***	-0.83***	-0.84***	-0.38***	-0.38***	-0.32***	-0.09***	-0.02***	-0.07	0.79***	0.76***	-0.76***
CREDIT	0.86***	-0.76***	-0.78***	-0.31***	-0.28***	-0.31***	-0.02***	-0.01	-0.07	0.80***	0.77***	-0.72***

注：本表报告预测期 h=1，2，3 以及分位数 τ=5%，20%，50%，80% 的分位数回归的样本外预测 R^2。***、** 和 * 分别代表了 1%、5% 和 10% 的显著性水平。样本外预测的起始时间是 2008 年 4 月（TED 的起始时间是 2011 年 10 月，CREDIT 的起始时间是 2012 年 12 月）。

除了 *TURBULENCE* 和 *VOLATILITY*，所有的系统风险指标都能为宏观经济重度衰退风险（5%分位数）提供显著的样本外预测。与历史无条件分位数预测相比，样本外分位数预测能力最高提升了 86%（*CREIDT* R^2 = 0.86）。然而，系统性金融风险指标的预测能力依旧会随着时间推移而逐渐减弱。只有 *CoVaR_Q*、*AR*、*VOLATILITY*、*TED* 和 *CREDIT* 可以持续预测前向三期的重度衰退风险（5%分位数），换言之，大多数系统性金融风险衡量指标对重度衰退风险（5%分位数）只有短期的预测能力。

除了可以预测经济下行风险外，几乎所有的系统性金融风险衡量指标都具有对宏观经济上行风险（80%分位数）显著而持久的预测能力。与无条件分位数预测相比，样本外预测能力最高提升了 80%（*CREIDT* R^2 = 0.80）。

表 9 - 2 和表 9 - 3 的结果表明，系统性金融风险衡量指标的预测能力依赖于滚动窗口长度的选择。在宏观经济波动（CI 波动）的预测中，几乎所有的系统性金融风险衡量指标在 36 个月固定滚窗预测中的表现均优于在 60 个月固定滚窗预测中的表现。而它们在时变滚窗预测中的表现则完全可以媲美其在 36 个月固定滚窗预测的表现。此外，相比于 36 个月固定滚窗的样本外预测，部分系统性金融风险衡量指标的预测能力得到提升，例如，*CoVaR_Q* 对宏观经济的重度衰退风险（5%分位数）预测能力的持续性增强，可以显著预测前向三期的重度衰退风险。

第二节　系统性金融风险与宏观经济波动的复合分位数回归

大多数单独的系统性金融风险指标对宏观经济波动缺乏显著的预测能力。这些指标的噪声可能压倒了揭示系统风险的信号。因此，在本节中，我们试图剔除噪声，并将信息整合到这些系统风险衡量指标中。

主成分分析被广泛应用。然而主成分分析不可避免地会造成信息丢失，特别是当目标变量包含相当多的特质信息时。我们提出了另一种策略，即建立一个组合预测，即单个预测的加权平均。每项预测的权重与最近的预测误差成反比。与主成分分析相比，组合预测在信息利用和信息多样化方面具有优势。也就是说，组合预测比主成分分析更有可能胜出，特别是在目标变量差异较大的情况下。

一、共同风险和特质风险

我们假定单一系统性金融风险衡量指标包含三个部分：共同风险、异质性风险和无关噪声，即：

$$x_{i,t} = \alpha f_t + \beta g_{i,t} + \varepsilon_{i,t} \tag{9.12}$$

其中，f_t 表示的是涵盖在各个系统性金融风险衡量指标中的共同风险，$g_{i,t}$ 表示的是只能被单个系统性金融风险衡量指标 $x_{i,t}$ 所包含的异质性风险，$\varepsilon_{i,t}$ 代表的是无关噪声。共同风险和异质性风险都会对宏观经济波动产生影响：

$$y_{t+h} = \phi f_t + \sum_i \gamma_i g_{i,t} + \varepsilon_{y,t} \tag{9.13}$$

其中，$\varepsilon_{y,t}$ 是预测误差。在现有的部分研究中，单一系统性金融风险度量无法有效地预测宏观经济变量，即使考虑了溢出效应的非对称性（见 Giglio et al. , 2016）。这并不奇怪，因为单个系统性金融风险衡量指标的预测能力对无关噪声（$\varepsilon_{i,t}$）非常敏感，而且单一衡量指标只能描述系统性金融风险某一方面的特性（$g_{i,t}$），提供的有效信息有限。因此，对单个系统性金融风险衡量指标进行整合是十分必要的。

二、复合预测法

Bates 和 Granger（1969）建议将不同预测模型的预测值结合起来，而不是关注选择最佳的预测模型。组合预测法可以充分利用信息多样化的优势，改善预测效果。组合预测法的一个主要挑战是如何将各预测值合理地组合起来，例如为各预测值选择合理的权重①。参照 Bates 和 Granger（1969），我们赋予单个预测模型的权重与其前三期的预测损失之和成反比。换言之，我们更多地依赖于在近期表现突出的预测模型。具体组合方式如下：

步骤一：用宏观经济波动 y_{t+h} 动态地对单一系统性金融风险衡量指标 $x_{i,t}$ 进行分位数回归，得到一系列宏观经济波动的拟合值 $\hat{Q}_{\tau,i}(y_{t+h}|x_{i,t})$。

步骤二：计算基于单一系统性金融风险衡量指标 $x_{i,t}$ 的前三期预测损失函数，权重 $w_{i,t+h}$ 等于前三期预测损失之和的倒数。

---

① 已有文献证明，利用各种统计平均技术的组合预测（例如算术均值、切尾均值和中位数方法）优于单一预测模型（Blanc and Setzer, 2016；Hsiao and Wan, 2014）。而更复杂的组合策略也逐渐被开发，包括但不限于贝叶斯平均法、boosting 集成和 bagging 集成（Petropoulos et al. , 2018；Barrow and Crone, 2016；Graefe et al. , 2015）。

$$a_{i,t+h} = 1/\sum_{j=0}^{2} \rho_\tau [y_{t-j} - \hat{Q}_{\tau,i}(y_{t-j} | x_{i,t-j-h})] \tag{9.14}$$

$$w_{i,t+h} = a_{i,t+h}/\sum_j a_{j,t+h} \tag{9.15}$$

步骤三：根据计算好的权重，对单个分位数预测值 $\hat{Q}_{\tau,i}(y_{t+h} | x_{i,t})$ 进行加权平均，得到复合预测 $\hat{Q}_\tau(y_{t+h} | x_t)$。

$$\hat{Q}_\tau(y_{t+h} | x_t) = \sum_i w_{i,t+h} \hat{Q}_{\tau,i}(y_{t+h} | x_{i,t}) \tag{9.16}$$

主成分分析法关注于提取系统性金融风险衡量指标间的共同部分（f_t），而忽略掉异质性风险（$g_{i,t}$）。然而，当单个衡量指标包含了大量的特质性风险时，使用主成分分析造成的信息损失是很可观的。而组合预测法则同时考虑共同风险（f_t）和异质性风险（$g_{i,t}$），在每个预测点上为拥有更多异质性风险、更少无关噪声的预测模型赋予更大的权重。因此，相比于主成分分析，组合预测法在平衡无关噪声与信息损失方面具有独特的优势。

三、实证预测分析

单一系统性金融风险衡量指标的预测能力随着经济指标和分位数的变化而变化，例如 *TED* 对 *CI* 波动 5% 分位数的预测能力较为突出，而 *CREDIT* 则有效地改善了 *CI* 波动 80% 分位数的样本外预测。因此，单一系统性金融风险衡量指标并不能提供稳定可靠的宏观波动预测。是否需要对单一预测进行整合主要取决于单一预测间的差异性（Lemke and Gabrys，2010；Brown et al.，2005；De Menezes and Bunn，1998）以及非包容性（Harvey and Newbold，2005；Fang，2003）。进一步地，我们通过对系统性金融风险衡量指标进行包容性检验（encompassing test）来阐述复合预测的计量优势。我们以 5% 分位数的预测为例，表 9 – 5 报告了包容性检验的 P 值，包容性检验的原假设是行指标包含的预测信息可以完全涵盖列指标包含的预测信息。结果表明，没有任何一个衡量指标可以完全包容其他所有衡量指标（每一行至少有 3 个 P 值 <0.1），因此对单一预测进行整合可以获得额外的预测信息。包容性检验的结果验证了衡量指标间预测信息的差异性，进一步为衡量指标的整合提供了计量依据。

表 9 – 6 报告了基于不同系统性金融风险衡量指标而构造的复合预测。对比不同的复合预测，可以分析单一系统性金融风险可以提供的额外信息，进而探寻最优的预测组合。表 9 – 3 报告的是基于单个系统性金融风险衡量指标的波动预测和基于组合预测法的复合预测（由于 *CREDIT* 和

表 9-5

系统性金融风险衡量指标的包容性检验

变量	MES_H	MES_D	CoVaR_D	CoVaR_Q	DCI	AR	TUR.	VOL.	LEV.	TERM	TED	CREDIT
MES_H		0.000	0.006	0.041	0.035	0.008	0.136	0.371	0.263	0.048	0.502	0.087
MES_D	0.043		0.005	0.279	0.006	0.012	0.011	0.213	0.472	0.063	0.071	0.062
CoVaR_D	0.001	0.000		0.002	0.003	0.000	0.115	0.560	0.161	0.118	0.213	0.150
CoVaR_Q	0.616	0.726	0.000		0.122	0.082	0.179	0.919	0.308	0.166	0.056	0.192
DCI	0.000	0.000	0.000	0.000		0.005	0.829	0.376	0.000	0.809	0.508	0.000
AR	0.000	0.000	0.000	0.000	0.771		0.309	0.078	0.023	0.870	0.796	0.000
TURUBULENCE	0.000	0.000	0.000	0.000	0.000	0.000		0.000	0.000	0.000	0.000	0.000
VOLATILITY	0.000	0.000	0.027	0.000	0.000	0.000	0.044		0.004	0.000	0.743	0.628
LEVERAGE	0.018	0.083	0.000	0.000	0.097	0.132	0.202	0.314		0.307	0.616	0.000
TERM	0.000	0.000	0.000	0.000	0.000	0.000	0.014	0.024	0.000		0.213	0.000
TED	0.000	0.000	0.000	0.000	0.000	0.000	0.322	0.000	0.081	0.414		0.000
CREDIT	0.000	0.000	0.000	0.000	0.831	0.801	0.455	0.000	0.000	0.001	0.000	

注: 本表报告了系统性金融风险衡量指标的包容性检验的 P 值 (选取 5% 分位数, 预测期 $h=1$)。包容性检验的原假设是: 行指标包含的预测信息可以完全涵盖列指标包含的预测信息。

TED 起始时间晚，故而不进行对比）。在 *CI* 波动的各个分位数预测中，*COMBINED*1 – 5 可以稳定地提供优质预测，其样本外 R^2 优于绝大多数个体预测。而对于波动的中心趋势变化，尽管绝大多数系统性金融风险衡量指标都没能改善样本外预测结果，组合预测法的预测能力依然显著。*COMBINED*1 – 5 的突出表现说明，对基于单一系统性金融风险衡量指标的分位数预测进行整合是有效的。

表 9 – 6 　　　　　　　　　　　　复合预测的构成

变量	MES_H	MES_D	CoVaR_D	CoVaR_Q	DCI	AR	TUR.	VOL.	LEV.	TERM	TED	CREDIT
COMBINED1	√	√	√	√	√	√	√	√	√	√		
COMBINED2	√	√	√	√	√	√				√		
COMBINED3	√	√	√	√		√				√		
COMBINED4	√	√	√	√		√				√	√	
COMBINED5	√	√	√	√		√				√		√

注：本表报告了基于不同系统性金融风险衡量指标而构造的复合预测。

对比 *COMBINED*1 和 *COMBINED*2 可知，*TURBULENCE* 和 *LEVERAGE* 不能提供任何额外的预测信息；对比 *COMBINED*2 和 *COMBINED*3 可知，*DCI* 仅前向一期预测中提供了额外的信息；对比 *COMBINED*3、*COM-BINED*4 和 *COMBINED*5 可知，最优预测组合为 *COMBINED*5，相比于无条件预测，组合预测法将宏观经济重度衰退风险（5% 分位数）的预测精度提升了 55.3%，而将宏观经济上行风险（80% 分位数）的预测精度提升了 51.8%。

为了进一步凸显复合预测法在宏观经济波动预测方面的优势，我们还通过两种降维技术构建系统性金融风险指数并对经济波动进行预测（见表 9 – 7）。*PCA* 代表的是基于主成分分析法的系统性金融风险指数预测，*PQR* 代表的是基于偏分位数回归法的系统性金融风险指数预测（参见 Giglio et al. ，2016）[①]。*PCA* 和 *PQR* 对两种波动的双侧尾部风险同样提供了显著性预测，但预测效果弱于复合预测法。相比于无条件预测，*PCA* 和 *PQR* 对两种波动的中心趋势没有额外的预测能力。

----

① *TED* 和 *CREDIT* 起始时间较晚，因而在构造 *PCA* 和 *PQR* 时，将这两个指标剔除。对比 *COMBINED*1 和 *PCA*、*PQR*，可分析组合预测法的优势。

表 9 - 7

样本外复合分位数预测

Panel A 基于单一系统性金融风险衡量指标的预测

变量	Q=0.05			Q=0.20			Q=0.50			Q=0.80		
	$h=1$	$h=3$	$h=6$	$h=1$	$h=3$	$h=6$	$h=1$	$h=3$	$h=6$	$h=1$	$h=3$	$h=6$
MES_H	0.377*	-0.055	-0.168	0.017	-0.408	-0.635	-0.058	-0.427	-0.800	0.439***	0.170***	-0.273
MES_D	0.449***	-0.069	-0.016	0.001	-0.097	-0.346	-0.071	-0.400	-0.710	0.459***	0.187***	-0.286
CoVaR_D	0.458***	0.100	-0.219	0.029	-0.135	-0.445	-0.101	-0.199	-0.547	0.389***	0.260***	0.288***
CoVaR_Q	0.482***	0.122**	-0.293	0.006	-0.102	-0.430	-0.048	-0.184	-0.294	0.371***	0.265***	0.057***
DCI	0.428*	0.060	-0.082	-0.053	-0.193	-0.165	-0.145	-0.284	-0.517	0.142***	-0.031	0.032***
AR	0.394***	0.147***	-0.146	0.021	-0.144	-0.317	-0.035	-0.345	-0.286	0.300***	0.227***	0.278***
TURBULENCE	0.185	-0.004	0.052	-0.042	-0.087	-0.061	-0.059	-0.141	-0.203	0.288***	0.185***	0.106***
VOLATILITY	0.228***	0.077***	-0.029	-0.023	-0.142	-0.181	-0.068	-0.144	-0.137	0.346***	0.291***	0.297***
LEVERAGE	0.330	-0.096	-0.712	0.043	-0.354	-1.300	-0.043	-0.515	-0.893	0.304***	-0.026	-0.255
TERM	0.260***	-0.233	-0.450	-0.011	-0.249	-0.407	-0.006	-0.045	-0.165	0.465***	0.313***	0.065***

Panel B 基于多个系统性金融风险衡量指标复合预测

变量	Q=0.05			Q=0.20			Q=0.50			Q=0.80		
	h=1	h=3	h=6	h=1	h=3	h=6	h=1	h=3	h=6	h=1	h=3	h=6
COMBINED1	0.537***	0.399***	0.363*	0.154	-0.045	-0.215	0.045**	-0.185	-0.327	0.479***	0.308***	0.177***
COMBINED2	0.554***	0.404***	0.365**	0.145	-0.062	-0.213	0.044**	-0.173	-0.350	0.497***	0.336***	0.165***
COMBINED3	0.552***	0.417***	0.383**	0.161	-0.057	-0.236	0.065**	-0.166	-0.382	0.516***	0.355***	0.129***
COMBINED4	0.553***	0.421***	0.384**	0.161	-0.052	-0.232	0.068**	-0.159	-0.372	0.517***	0.350***	0.131***
COMBINED5	0.553***	0.421***	0.385**	0.162	-0.048	-0.235	0.070**	-0.161	-0.373	0.518***	0.353***	0.131***
PCA	0.397**	0.004	-0.186	0.066	-0.325	-0.911	-0.093	-0.395	-0.926	0.422***	0.227***	-0.138
PQR	0.399***	-0.121	-0.273	-0.980	-0.975	-0.965	-1.003	-0.803	-1.067	-0.528	-0.646	-0.571

注：表格报告了 CI 波动分位数预测的样本外 R^2，显著性水平依据 Clark and West (2007) 提出的调整后 MSPE 统计量，***、**、* 分别代表 1%、5% 和 10% 的显著性水平。*COMBINED1 - 5* 报告的是本章构建的五个组合预测，*PCA* 代表的是基于主成分分析法的系统性金融风险指数预测，*PQR* 代表的是基于偏分位数回归法的系统性金融风险指数预测（参见 Giglio et al., 2016），样本外预测起始时间是 2008 年 4 月。

组合预测法中系统性金融风险衡量指标的权重与其近三期的预测误差之和成反比，衡量指标近期的预测能力越强，权重越大。因此，我们可以通过观察系统性金融风险衡量指标的时变权重来研究衡量指标预测能力的变化。我们以5%分位数预测为例，图9-1刻画了四类系统性金融风险衡量指标在CI波动预测的时变权重。四类衡量指标的预测能力在经济稳定期大致相当，但在经济衰退和复苏时的波动却很大，前三类指标（个体机构传染度、金融系统关联度和金融系统不稳定性）对2008年金融危机的预测较为准确，而在政府救市的期间，可以反映政策倾向的"流动性及信用"类指标则发挥了显著的作用。在2010年下半年至2012年上半年的经济转型期内，"个体机构传染度"类指标则表现突出。系统性金融风险衡量指标预测能力不仅会受预测分位数的影响，还会随着时间的推移而发生变化，因而指标整合是很有必要的。

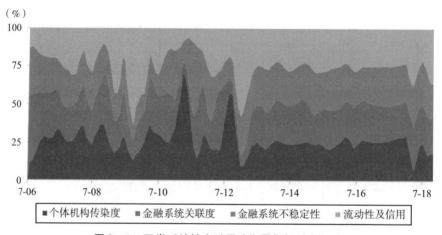

图9-1　四类系统性金融风险衡量指标时变权重

第三节　系统性金融风险与宏观经济波动的全分布关系

一、分位数的分布拟合

单分位数估计缺乏对宏观经济波动变化的全面理解，如何在分位数预测的基础上重现宏观经济波动的完整分布是很有必要的。参考 Adrian 等（2019），我们通过拟合偏态 t 分布，将预测的分位数值转化为经济波动的概率密度分布：

$$f(y; \mu, \sigma, \alpha, v) = \frac{2}{\sigma} t\left(\frac{y-\mu}{\sigma}; v\right) T\left(\alpha \frac{y-\mu}{\sigma} \sqrt{\frac{v+1}{v+\left(\frac{y-\mu}{\sigma}\right)^2}}; v+1\right)$$

(9.17)

偏态 t 分布的灵活性体现在其四个可调整的参数上：位置 μ、范围 σ、厚度 v 和形态 α。我们通过调整这四个参数，使得拟合出的偏态 t 分布与复合分位数预测值之间的距离平方和最小：

$$\{\hat{\mu}_{t+h}, \hat{\sigma}_{t+h}, \hat{\alpha}_{t+h}, \hat{v}_{t+h}\} = \underset{\mu, \sigma, \alpha, v}{\operatorname{argmin}} \sum_{\tau} \left(\hat{Q}_{\tau}(y_{t+h} | x_t) - F^{-1}(\tau; \mu, \sigma, \alpha, v)\right)^2$$

(9.18)

我们选取分位数 $\tau = 5\%$，20%，30%，40%，50%，60%，70%，80%，95% 上的复合预测值 $\hat{Q}_{\tau}(y_{t+h}|x_t)$ 作为被拟合点，拟合出基于系统性金融风险衡量指标的条件概率密度分布[①]。作为对比，我们通过将无条件分位数预测与偏态 t 分布匹配还原出无条件概率密度分布。

二、实证预测分析

图 9-2 描绘了基于系统性金融风险的 *CI* 波动的时变预测分布。2008 年金融危机之前，中国宏观经济波动的分布较为宽阔、方差较大，经济虽然保持高速增长的态势，但不确定性因素较多：一是 GDP 增幅在 2003 年越过 10% 后一直保持在高位，2007 年 GDP 增幅更是高达 13%，持续数年的两位数增幅累积已冲抵我国经济可持续增长的上限；二是经济结构中的固有矛盾日益凸显；三是日益融入全球市场的中国经济，各种不确定因素和潜在风险亦明显加大。2008 年正逢中国举办北京奥运会，预测结果表明，北京奥运会的举办极大地提升了经济预期，2007 年下半年至 2008 年上半年的经济波动分布大幅度右移，经济上行概率进一步增加。

中国于 2008 年三季度被卷入全球经济危机，由于中国国际收支的资本项目还未完全开放、资产证券化的规模还处于初级阶段且持有大量外汇储备，此次金融危机对中国宏观经济的影响有限，但仍然极大地降低了我国经济增长预期，经济波动分布呈现出明显的左偏、左侧极端损失风险大大增加。为了提振经济，政府出台了"四万亿"救助措施，经济波动分布大幅度右移，但对"四万亿"的隐忧使得后续经济不确定性增强、经济波

---

① 根据上一节分析，我们选取 *COMBINED5* 复合预测值作为被拟合点。

动的方差增大、下行风险加剧。2011 年起,"四万亿"刺激的效果开始逐步消退,同时通胀问题开始凸显。我国的货币政策开始紧缩以抑制通胀,而财政政策保持积极但开始边际上收紧,进而导致房地产投资增速下滑、人民币大幅升值、出口增速下降,经济趋于冷静,经济波动分布趋于对称,且方差变小。

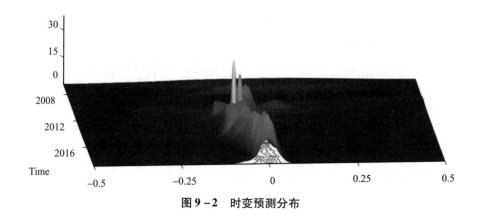

图 9 - 2 时变预测分布

总的来说,当经济向好时,经济波动的预测分布右移;当经济趋冷时,经济波动的预测分布左移且通常伴随明显的左偏,即极端下行风险大幅度增加;当经济处于平稳期,经济波动的预测分布趋于对称,且方差减小。

第四节 本 章 小 结

本章研究系统性金融风险与宏观经济波动之间的非线性关系。我们提出了一套较为规范的三步预测法:首先,选取 12 种具有代表性的系统性金融风险衡量指标,并基于单一衡量指标对经济波动进行分位数预测。其次,对单个预测值动态赋予权重构造复合分位数预测,预测权重与前三期的预测误差之和成反比。最后,参照 Adrian 等(2019),在复合分位数预测的基础上拟合偏态 t 分布,最终得到宏观经济波动的完整分布预测。在分位数回归中,我们在 Giglio 等(2016)的基础上进行了三个方面改进:首先,考虑到系统性金融风险可能以更严重的方式加剧经济增长的下行风险,除了20%分位数之外,我们还测试了系统性金融风险衡量指标对宏观经济波动5%分位数的预测能力;其次,考虑到数据结构存在突变,我们采用固定滚窗而不是迭代的方式进行样本外预测；最后，我们提出了一种时变滚动窗口方法，该方法允许在每个预测点上动态地选择最优估计窗口，以克服窗口依赖性。

主要的研究结论有：

第一，绝大多数系统性金融风险衡量指标包含了关于宏观经济两侧尾部风险的预测信息（经济上行风险和下行风险），而对宏观经济波动的中心趋势变化没有显著的预测能力。系统性金融风险在显著增大宏观经济重度衰退风险的同时，还提升了经济上行的幅度。类似于信贷约束放松等系统性金融风险承担虽然会刺激经济增长，但往往以牺牲金融稳定性为代价，进而增大经济危机爆发的概率。

第二，在对左侧尾部风险的预测中，系统性金融风险衡量指标的预测能力集中于对重度衰退风险的预测，而对中度衰退风险的预测能力较弱。此外，系统性金融风险对宏观经济重度衰退风险的影响也要大于对中度衰退风险的影响。即系统性金融风险的负向外溢效应主要是系统性金融风险爆发对宏观经济产生的灾难性冲击，当系统性金融风险爆发时，违约激增、资产价格大幅波动等问题会增强金融体系的加速作用，导致经济增长持续螺旋式下降，使经济从衰退中复苏变得更加困难。

第三，单个系统性金融风险衡量指标的预测能力不同，且随着预测的分位数而变化，因而很难选出最优的预测指标。为了整合衡量指标间的预测信息，我们将单个预测按其近三期的预测精度加权组合后得到宏观经济波动的复合预测，相比于单个预测，复合预测显著提高了波动的样本外预测质量。

第四，基于系统性金融风险的宏观经济波动分布条件预测比无条件预测更为准确。此外，系统性金融风险在经济衰退、复苏等转折点上均可提供有效的预警信号。当经济向好时，经济波动的预测分布右移；当经济趋冷时，经济波动的预测分布左移且通常伴随明显的左偏，即极端下行风险大幅度增加；当经济处于平稳期，经济波动的预测分布趋于对称，且方差减小。

第十章 灾难冲击、系统性金融风险与财政货币政策调控

本章以极端负向的经济冲击（统称为灾难冲击，极端系统性金融风险如金融危机的冲击可以看成是灾难冲击的一个部分）为切入点，探究灾难冲击对实体经济波动和金融风险的影响，并研究传统的宏观经济政策即财政货币政策在防范灾难冲击引发的经济波动效应与金融风险效应中的作用，本章中金融风险主要体现在银行杠杆率上升、银行贷款违约率上升和银行风险溢价的上升，基于第三章和第四章的分析，我们可知，单个银行风险的上升将通过银行之间高度资产负债关联演变为系统性金融风险。本章关于金融风险的重要结论，基本上同样适用系统性金融风险，因此本章中我们不专门区分金融风险与系统性金融风险。在对灾难冲击的宏观经济波动效应和金融风险效应进行文献评述的基础上，首先，从商品需求侧与商品供给侧引入灾难冲击、构建了包含金融部门脆弱性的新凯恩斯动态随机一般均衡（DSGE）模型，在这一理论框架下分别探究了灾难冲击的宏观经济波动效应与金融风险效应。其次，分析财政货币政策对灾难冲击的调控效果以及社会福利效应，并从持续性效应、预期效应与不确定性效应三个方面对灾难冲击展开更深入的讨论。最后，在总结本部分基本结论基础上给出相应的政策建议。

第一节 灾难冲击、系统性金融风险与财政货币政策调控的文献综述

经济运行过程中受到的外部冲击可以分为两类：第一类是经常性的小冲击，具体特征表现为发生频率较高，影响程度较小；第二类是不经常发生但会造成严重破坏的大冲击，极端负面冲击这里统称为灾难冲击。进入21世纪以来，中国经济分别在2008年和2020年经历了两次较大的灾难冲

击，两次灾难冲击均引发了较大的经济波动效应与金融风险效应。2008 年灾难冲击导致 2009 年一季度社会消费品零售总额同比增速较 2008 年一季度下降 5.6%，全国规模以上工业增加值较 2008 年一季度下降 11.3%，上证综合指数从年内最高的 5522.78 点一路跌落至 1664.93 点，跌幅达到 69.85%。2020 年灾难冲击导致 2020 年一季度社会消费品零售总额同比下降 19%，全国规模以上工业增加值同比下降 8.4%，上证综合指数一个月之内从最高的 3127.17 点跌落至 2685.27 点，跌幅高达 14.13%。2008 年灾难冲击与 2020 年灾难冲击对商品需求侧和商品供给侧均造成负面影响，这种负面影响的差异表现为 2008 年灾难冲击对商品供给侧的影响大于对商品需求侧的影响、2020 年灾难冲击对商品需求侧的影响大于对商品供给侧的影响。如何从商品供给侧与需求侧准确测度灾难冲击的经济波动效应与金融风险效应？灾难冲击的传导机制是什么？如何选择合适的财政货币政策以应对灾难冲击，从而提高经济系统与金融系统的稳定性？对这些问题的回答无疑对防范系统性金融风险、实现我国经济高质量发展有着重要的现实意义。

历史经验表明，灾难性事件可能引发大规模的企业破产或停工停产，这将导致消费、投资以及总需求的不足，严重时会造成经济危机。灾难性事件如果造成金融机构资产负债严重不匹配、资本市场价格剧烈波动乃至整个信用体系崩塌，则会引发金融危机。因此，学术界对灾难冲击的研究主要集中于灾难冲击的经济波动效应、灾难冲击的金融效应以及对应的宏观经济政策调控三个方面。

近年来，不少学者就灾难冲击的经济波动效应展开了研究。Barro（2006）是最早关注灾难冲击经济波动效应的宏观经济学文献，通过对灾难冲击的经济波动效应进行测算发现，20 世纪发生在 OECD 成员国的灾难事件造成的人均 GDP 损失相比正常年份下降 15%～64%。关于灾难冲击引发经济波动的原因，相关研究指出，灾难冲击一方面能够引发微观主体的不确定性预期，家庭将大幅增加预防性储蓄与降低消费，从而造成商品需求侧的波动（陈彦斌等，2009）；灾难冲击另一方面通过削减全要素生产率、投资、就业等渠道导致企业大幅减产，从而造成商品供给侧的波动（Gourio，2012；陈国进等，2014；周梅芳等，2020；蔡昉等，2021）。但是，上述文献主要聚焦于灾难冲击对商品需求侧或商品供给侧单方面的影响，这可能弱化灾难冲击的经济效应。事实上，无论是 2008 年灾难冲击或者是 2020 年灾难冲击，两者均对商品需求侧和商品供给侧造成了影响，因此，有必要将商品需求侧与供给侧的影响同时植入灾难冲击。

早期关于灾难冲击金融效应的研究主要集中于使用灾难冲击解释金融市场上资产价格的异常波动（Bansal and Yaron，2004；Tyler，2017；Lanfear et al.，2019）以及灾难冲击在金融部门之间的传导过程（Frédéric et al.，2016；杨子晖等，2020）。相比之下，关于灾难冲击的金融风险效应还未得到系统讨论。已有研究表明，金融冲击等外生事件会引发金融风险，金融摩擦机制会放大金融冲击对金融系统的负面影响（Bernanke et al.，1999）。在金融摩擦机制的设定上目前主要为三种形式：第一种是Bernanke et al.（1999）提出的外部融资溢价机制，第二种是Kiyotaki and Moore（1997）提出的抵押约束机制，第三种通过引入金融机构的资产负债表将金融部门杠杆内生化（Meh and Moran，2010；Gertler and Karadi，2011）。前面两种形式均对企业资产负债表进行关注，刻画了信贷需求侧的金融摩擦，两者的区别表现为外部融资溢价机制强调企业贷款的顺周期行为，抵押约束机制侧重于防范企业贷款风险。第三种形式是对金融机构的资产负债表进行关注，刻画了信贷供给侧的金融摩擦。在最近的一些文献中，金融摩擦同时来源于信贷需求侧的企业与信贷供给侧的金融机构（以下简称"双金融摩擦"），且信贷需求侧的金融摩擦大多采用外部融资溢价机制，在刻画企业贷款风险方面存在不足（张云等，2020；王博和徐飘洋，2021；战明华等，2021；邓创等，2022）。因此，灾难冲击作为外生事件的一种特殊形式，从企业贷款违约的视角探讨不同类型灾难冲击的金融风险效应是十分必要的。

除了量化灾难冲击的经济波动效应与金融效应，如何合理选择与使用宏观经济政策来削弱灾难冲击对宏观经济与金融市场的负面影响成为研究的热点问题。目前关于灾难冲击下财政政策工具的讨论主要集中于政府防减灾投资支出、生产性财政支出与居民结构性减税（卓志和段胜，2012；赵向琴等，2017；丁志帆和孔存玉，2020；潘敏和张新平，2021）。事实上，灾难冲击期间，政府往往通过向居民发放消费券以及采取降低企业税费等方式来改善需求与供给两端，但目前在DSGE模型框架下研究上述两类财政政策工具对灾难冲击调控效果的文献较少见到。货币政策对灾难冲击的调控效果方面，已有关于货币政策的讨论主要集中于比较不同货币政策规则对灾难冲击的调控效果，具体包括承诺规则与相机抉择的比较（Niemann and Pichler，2011）、数量型货币机制与价格型货币机制的比较（郭栋，2020）。但在规则的设定上，上述文献基于传统的货币政策形式，这可能弱化货币政策与灾难冲击之间的联动机理。

总结上述文献可以发现，关于灾难冲击的研究至少还存在以下三个方面的不足：（1）已有文献缺乏对灾难冲击性质的区分，即灾难冲击如何分别从商品需求侧与商品供给侧导致中国经济波动与引发金融风险；（2）历次灾难冲击下，政府对财政货币政策组合的使用比单一的财政货币政策更为常见，但已有文献主要关注单一财政货币政策的调控效果，缺乏对不同财政货币政策的比较以及财政货币政策协调机制的研究；（3）灾难冲击的影响很大程度上取决于其持续性、预期效应与不确定性，已有关于灾难冲击的文献主要关注灾难冲击的水平效应，缺乏针对灾难冲击的持续性效应、预期效应与不确定性效应的分析。

鉴于此，本章从商品需求侧与商品供给侧引入灾难冲击并将"双金融摩擦"植入新凯恩斯 DSGE 模型，通过引入商品税后价值的抵押约束，从企业的违约风险视角讨论灾难冲击对中国经济波动与金融风险的影响以及财政货币政策对灾难冲击的调控效果。

第二节　灾难冲击、系统性金融风险与财政货币政策调控的理论建模

本部分首先构建一个包含居民、企业、商业银行与政府的四部门新凯恩斯 DSGE 模型，其次进行参数估计和模型拟合评价。

一、DSGE 模型构建

本章在居民效用函数中引入灾难冲击对商品需求侧的影响，在企业生产函数中引入灾难冲击对商品供给侧的影响，在企业端通过抵押约束引入信贷需求摩擦，在商业银行端通过委托代理问题引入信贷供给摩擦。具体模型构建如下：

（一）居民

代表性居民理性选择消费和劳动供给实现效用最大化，居民向企业提供劳动和资本分别获取工资和资本租金，居民同时向商业银行存款、购买政府债券并向政府纳税。居民的目标函数是实现效用的最大化：

$$\max E_0 \sum_{t=0}^{\infty} \beta^t u_t$$

$$u_t = \left\{ \frac{\left[(1 - \gamma_c pro_t) c_t^p (g_t)^{\alpha_g} \right]^{1-\sigma_c}}{1 - \sigma_c} - \frac{(l_t)^{1+\sigma_l}}{1 + \sigma_l} \right\} \quad (10.1)$$

其中，β 为居民贴现因子，u_t 为居民效用，l_t 为居民劳动供给，σ_c 为

风险厌恶系数，σ_l 为居民劳动供给弹性的倒数，c_t^p 为灾难发生之前的居民消费，$(1 - \gamma_c pro_t)c_t^p$ 为灾难发生之后的居民消费，$c_t = (1 - \gamma_c pro_t)c_t^p(g_t)^{\alpha_g}$ 为居民有效消费，pro_t 为灾难发生概率，$\gamma_c \in (0, 1)$ 为灾难发生后居民消费下降的幅度，g_t 为政府支出①，α_g 反映政府支出对居民有效消费的影响。

这里效用函数的设定总体上与主流 DSGE 模型设定相一致，在主流 DSGE 模型基础上，为了研究政府支出（财政政策的一部分）用以应对罕见灾难冲击的影响，所以居民的效用中加入了政府公共支出给居民消费带来的效用，同时灾难的冲击也直接导致居民消费的减少，因此在效用函数中直接引入了灾难发生后居民消费下降的幅度，以及灾难发生的概率等。

参照 Gourio（2012）、陈国进等（2014）的设定引入灾难冲击：

$$(1 - \gamma_c pro_t)c_t^p = (1 - pro_t)c_t^p + pro_t(1 - \gamma_c)c_t^p \qquad (10.2)$$

其中，pro_t 的对数线性化形式 $\widehat{pro_t}$ 满足 AR（1）过程：$\widehat{pro_t} = \rho_p \widehat{pro_{t-1}} + \varepsilon_t^p$，$\varepsilon_t^p \sim N(0, \sigma_p^2)$，$\rho_p$ 为灾难动态变化的持续性系数，ε_t^p 为灾难发生概率受到的外生冲击，即灾难冲击。居民的预算约束方程为：

$$(1 - \gamma_c pro_t)c_t^p + d_t + b_t + i_t = w_t l_t + r_t^k k_t + r_{d,t-1}(d_{t-1} + b_{t-1}) - T_t$$
$$(10.3)$$

其中，d_t 和 b_t 分别为居民的银行存款和持有的政府债券，$r_{d,t}$ 为实际无风险利率，i_t 为居民投资，k_t 为居民向企业提供的资本，w_t 和 r_t^k 分别为企业支付给家庭的工资与资本租金，T_t 为政府一次性税收。资本存量演变方程为：

$$k_{t+1} = (1 - \delta)k_t + \left[1 - \frac{\eta}{2}\left(\frac{i_t}{i_{t-1}} - 1\right)^2\right]i_t \qquad (10.4)$$

其中，δ 为资本折旧率，η 为投资调整成本参数，度量了投资调整成本的大小。令 q_t 为资本价格，对居民有效消费、劳动供给、居民投资、居民资本供给和居民存款（债券）持有求一阶偏导得到如下四个等式：

$$(l_t)^{\sigma_l} = c_t^{-\sigma_c}(g_t)^{\alpha_g}w_t \qquad (10.5)$$

$$q_t\left[1 - \frac{\eta}{2}\left(\frac{i_t}{i_{t-1}} - 1\right)^2 - \eta\left(\frac{i_t}{i_{t-1}} - 1\right)\frac{i_t}{i_{t-1}}\right] +$$

$$\beta\eta E_t\left\{\frac{c_{t+1}^{-\sigma_c}(g_{t+1})^{\alpha_g}}{c_t^{-\sigma_c}(g_t)^{\alpha_g}}q_{t+1}\left(\frac{i_{t+1}}{i_t} - 1\right)\left(\frac{i_{t+1}}{i_t}\right)^2\right\} = 1 \qquad (10.6)$$

---

① 历次灾难冲击期间，部分地方政府往往通过发放消费券的方式刺激居民总消费，因此政府消费构成居民总消费的一部分。

$$c_t^{-\sigma_c}(g_t)^{\alpha_g} = \beta E_t\left\{c_{t+1}^{-\sigma_c}(g_{t+1})^{\alpha_g}\left[\frac{q_{t+1}(1-\delta)+r_{t+1}^k}{q_t}\right]\right\} \qquad (10.7)$$

$$c_t^{-\sigma_c}(g_t)^{\alpha_g} = \beta E_t\left[c_{t+1}^{-\sigma_c}(g_{t+1})^{\alpha_g}r_{d,t}\right] \qquad (10.8)$$

(二) 企业

代表性企业 $i \in [0,1]$ 从居民雇佣劳动和租借资本进行商品 $y_t(i)$ 的生产，$y_t(i)$ 为产出。企业生产受灾难冲击的影响，企业的生产函数为：

$$y_t(i) = (1-\gamma_y pro_t)\{a_t\varepsilon_t^f(i)[l_t(i)]^{1-\alpha}k_t(i)^{\alpha}\} \qquad (10.9)$$

其中，α 为资本的投入份额，a_t 为生产率，$\gamma_y \in (0,1)$ 为灾难发生后产出下降的幅度。假设对数线性化形式的生产率满足 AR（1）过程：$\hat{a}_t = \rho_a\hat{a}_{t-1}+\varepsilon_t^a$，$\varepsilon_t^a \sim N(0,\sigma_a^2)$，其中 ρ_a 为生产率动态变化的持续性系数，ε_t^a 为生产率受到的外生冲击。借鉴范从来和高洁超（2018）的设定形式，ε_t^f 为异质性生产率且 $\varepsilon_t^f \sim U(\underline{\varepsilon^f},\overline{\varepsilon^f})$。这里对生产函数的设定与主流文献中 DSGE 模型中的设定基本一致，我们假设灾难冲击将直接导致企业产出的下降，因此在生产函数中直接进入了灾难冲击导致企业产出下降的幅度和灾难冲击发生的概率。

企业在生产活动期初需要从商业银行贷款并在期末偿还本息，且贷款总量为总支出的一定比例 $loan_t(i) = f[w_t l_t(i) + r_t^k k_t(i)]$，$f$ 为企业贷款占总支出的份额。参考 Gertler and Karadi（2011）的设定，企业在商业银行的融资成本为市场贷款利率 $r_{l,t}$，企业的最优化问题为：

$$\min_{\{k_t(i),l_t(i)\}} = r_{l,t}f[w_t l_t(i) + r_t^k k_t(i)] + (1-f)[w_t l_t(i) + r_t^k k_t(i)]$$

$$(10.10)$$

通过对劳动与资本求一阶偏导得到如下等式：

$$(1-f+r_{l,t}f)w_t l_t(i) = (1-\alpha)mc_t(i)y_t(i)(1-\tau_t) \qquad (10.11)$$

$$(1-f+r_{l,t}f)r_t^k k_t(i) = \alpha mc_t(i)y_t(i)(1-\tau_t) \qquad (10.12)$$

其中，mc_t 为企业的边际成本，τ_t 为企业所得税率。对数线性化形式的企业所得税率满足 AR（1）过程：$\hat{\tau}_t = \rho_\tau\hat{\tau}_{t-1}+\varepsilon_t^\tau+\rho_\tau^p\varepsilon_t^p$，$\varepsilon_t^\tau \sim N(0,\sigma_\tau^2)$，$\rho_\tau$ 为企业所得税率动态变化的持续性系数，ε_t^τ 为企业所得税率受到的外生冲击，ρ_τ^p 刻画了企业所得税对灾难冲击的当期反应系数，ρ_τ^p 越大代表减税政策对灾难冲击的反应越大。当企业可变现产出的税后价值小于需要偿还给商业银行的本息时企业出现违约：

$$(1-\tau_t)y_t(i) \leqslant r_{l,t}loan_t(i) \qquad (10.13)$$

为了确定企业贷款的违约概率，需要求出企业贷款的违约门限值 $\varepsilon_t^{f,m}(i)$，根据企业违约决定式（10.13）与生产函数式（10.9）可以得到：

$$\varepsilon_t^{f,m}(i) = \frac{r_{l,t}f[w_t l_t(i) + r_t^k k_t(i)]}{(1 - \tau_t)(1 - \gamma_y pro_t)a_t l_t(i)^{1-\alpha}k_t(i)^{\alpha}} \qquad (10.14)$$

企业贷款违约概率是异质性生产率在 $[\underline{\varepsilon}^f, \varepsilon_t^{f,m}(i)]$ 上的积分:

$$\Phi_t(i) = \int_{\underline{\varepsilon}^f}^{\varepsilon_t^{f,m}(i)} f[\varepsilon_t^f(i)]\,\mathrm{d}\varepsilon_t^f(i) = \frac{\varepsilon_t^{f,m}(i) - \underline{\varepsilon}^f}{\overline{\varepsilon}^f - \underline{\varepsilon}^f} \qquad (10.15)$$

企业贷款违约概率越高,商业银行的违约风险也就越大,金融风险水平上升。商业银行的期望收益由企业不违约与违约两部分构成,商业银行的机会成本为所有贷款的本息支付,假设商业银行风险中性,可以得到:

$$\int_{\underline{\varepsilon}^f}^{\varepsilon_t^{f,m}(i)} (1 - \tau_t)y_t(i)f[\varepsilon_t^f(i)]\,\mathrm{d}\varepsilon_t^f(i) + \int_{\varepsilon_t^{f,m}(i)}^{\overline{\varepsilon}^f} r_{l,t}loan_t(i)f[\varepsilon_t^f(i)]\,\mathrm{d}\varepsilon_t^f(i)$$
$$= r_{d,t}loan_t(i) \qquad (10.16)$$

由式 (10.10)、式 (10.14)、式 (10.15)、式 (10.16) 得到实际贷款利率决定方程:

$$r_{l,t} = r_{d,t} + \frac{(1 - \gamma_y pro_t)a_t k_t^{\alpha}(l_t)^{1-\alpha}}{f(w_t l_t + r_t^k k_t)}\left(\frac{\overline{\varepsilon}^f - \underline{\varepsilon}^f}{2}\right)\Phi_t^2 \qquad (10.17)$$

实际贷款利率的结构可被表示为无风险利率加风险溢价,风险溢价主要来源于企业违约风险和流动性风险。企业每期能够重新对商品定价的比率为 $1 - \theta$,θ 为价格粘性指数,不能重新定价的企业根据前一期通胀水平 π_{t-1} 制定指数化价格 $\pi_{t-1}P_t^*$(Calvo,1983),通过求解企业的最优价格,并结合企业最终品的定价规则,得到如下形式的新凯恩斯菲利普斯曲线(侯成琪等,2018)[①]:

$$\hat{\pi}_t = \frac{\beta}{1+\beta}E_t\hat{\pi}_{t+1} + \frac{1}{1+\beta}\hat{\pi}_{t-1} + \frac{(1-\theta)(1-\beta\theta)}{(1+\beta)\theta}\widehat{mc}_t \qquad (10.18)$$

(三) 商业银行

商业银行从居民获取存款并向企业发放贷款,借鉴 Gertler and Karadi (2011),商业银行的资产负债表为:

$$loan_t = n_t + (1 - r_{r,t})d_t \qquad (10.19)$$

其中,n_t 与 $r_{r,t}$ 分别为商业银行净资产与法定存款准备金率。商业银行净资产的积累路径为[②]:

$$n_{t+1} = r_{l,t}loan_t^e - r_{d,t}d_t \qquad (10.20)$$

商业银行通过选择贷款来最大化退出市场时的期望净资产 v_t:

---

① $\hat{x}_t$ 表示为变量 x_t 偏离其稳态水平 x 的百分比。

② 目前我国一年期法定存款准备金利率远小于存款利率与贷款利率,因此本章不考察商业银行的法定存款收益。

$$v_t = \max E_t \sum_{\tau=0}^{\infty} (1-\vartheta)\vartheta^{\tau}\beta^{\tau}\Lambda_{t,t+1+\tau} n_{t+1+\tau} \qquad (10.21)$$

其中，$\beta^{\tau}\Lambda_{t,t+1+\tau} = \beta^{\tau}c_{t+1+\tau}^{-\sigma_c}(g_{t+1+\tau})^{\alpha_g}/c_{t+\tau}^{-\sigma_c}(g_{t+\tau})^{\alpha_g}$ 为 $t+\tau+1$ 期收益贴现到 t 期的贴现因子。为避免商业银行资金的委托代理问题，商业银行需要满足激励相容约束 $v_t(i) \geq wloan_t^e$，w 为信贷供给摩擦参数。参考 Gertler 和 Karadi（2011），商业银行期望净资产的表达形式为 $v_t = u_{s,t}loan_t^e + u_{n,t}n_t$，其中 $u_{s,t}$ 与 $u_{n,t}$ 分别为商业银行贷款业务的边际收益以及增加一单位商业银行净资产的收益。商业银行的一阶条件为：

$$u_{s,t} = \beta E_t \Lambda_{t,t+1}\left[(1-\vartheta)\left(r_{l,t} - \frac{r_{d,t}}{1-r_{r,t}}\right) + \vartheta x_{t+1}u_{s,t+1}\right] \qquad (10.22)$$

$$u_{n,t} = \beta E_t \Lambda_{t,t+1}\left[\frac{(1-\vartheta)r_{d,t}}{1-r_{r,t}} + \vartheta z_{t+1}u_{n,t+1}\right] \qquad (10.23)$$

其中，ϑ 为当期商业银行的存活比重，$x_{t+1} = loan_{t+1}^e/loan_t^e$ 为信贷增长率，$z_{t+1} = n_{t+1}/n_t$ 为净资产增长率。定义商业银行杠杆 $\phi_t = loan_t^e/n_t$，商业银行净资产的累积路径为：

$$n_{t+1} = \vartheta\left[\left(r_{l,t} - \frac{r_{d,t}}{1-r_{r,t}}\right)\phi_{t-1} + \frac{r_{d,t}}{1-r_{r,t}}\right]n_t + \kappa loan_t^e \qquad (10.24)$$

其中，κ 为新入商业银行净资产占社会总资产的份额。

（四）政府

政府实施财政政策与货币政策，财政政策与货币政策的实施规则分别如下所示。

1. 财政政策

政府通过征税（居民一次性税收与企业所得税）、发行国债和调整商业银行部门法定存款准备金的增量来维持政府支出与企业新增贷款实现财政收支平衡①。政府资产负债表满足：

$$g_t + r_{d,t-1}b_{t-1} = w_{gy}y_t + \tau_t y_t + b_t + r_{r,t}d_t - r_{r,t-1}d_{t-1} \qquad (10.25)$$

其中，g_t 为政府支出、w_{gy} 为居民一次性总税占产出的份额，即 $T_t = w_{gy}y_t$（朱军等，2019；王博等，2019）。假定对数线性化形式的政府支出满足：$\hat{g}_t = \rho_g\hat{g}_{t-1} + \varepsilon_t^g + \rho_g^p\varepsilon_t^p$，$\varepsilon_t^g \sim N(0, \sigma_g^2)$，$\rho_g$ 为政府支出动态变化的持续性系数，ε_t^g 为政府支出受到的外生冲击，ρ_g^p 刻画了政府支出对灾难冲击的当期反应系数，ρ_g^p 越大代表政府支出政策对灾难冲击的反应越大。

2. 货币政策

考虑到中国人民银行通过下调无风险利率来支持商业银行降低企业贷

---

① 参照陈小亮和马啸（2016），中央银行增加的准备金可视为铸币税。

款成本（存款构成商业银行负债资金来源的70%以上，只有通过下调无风险利率才能引导商业银行成本下行）。名义无风险利率 R_t（$R_t = r_{d,t} E_t \pi_{t+1}$）的动态过程设定为如下泰勒规则：

$$\hat{R}_t = \rho_n \hat{R}_{t-1} + (1-\rho_n)\varphi_\pi \hat{\pi}_t + (1-\rho_n)\varphi_y \hat{y}_t + \varepsilon_t^n + \rho_n^p \varepsilon_t^p, \quad \varepsilon_t^n \sim N(0, \sigma_n^2)$$

$$(10.26)$$

其中，ρ_n、φ_π、φ_y 分别为名义无风险利率的平滑系数、名义无风险利率对通胀的反应系数、名义无风险利率对产出的反应系数。ε_t^n 为无风险利率受到的外生冲击，ρ_n^p 刻画了无风险利率对灾难冲击的当期反应系数，ρ_n^p 越大代表货币政策对灾难冲击的反应越大。参考王博等（2019），法定存款准备金率盯住信贷增长率与产出增长率，具体形式表示为：

$$\hat{r}_{r,t} = \rho_r \hat{r}_{r,t-1} + (1-\rho_r)\phi_l \widehat{\Delta loan}_t + (1-\rho_r)\phi_y \widehat{\Delta y}_t \qquad (10.27)$$

其中，ρ_r、ϕ_l、ϕ_y 分别为法定存款准备金率的平滑系数、法定存款准备金率对信贷增长率的反应系数、法定存款准备金率对产出增长率的反应系数。

（五）市场出清

在竞争性均衡状态下，所有最优化条件和资源约束条件得到满足，商品市场、劳动力市场、资本市场、信贷市场同时出清。商品市场出清条件为：

$$y_t = (1 - \gamma_c p_t)c_t^p + i_t + g_t \qquad (10.28)$$

二、参数估计和模型拟合评价

（一）数据描述

本章模型包含五个外生冲击：灾难冲击、生产率冲击、企业所得税率冲击、政府支出冲击、无风险利率冲击。本章选用季度数据模拟上述冲击的经济波动效应与金融风险效应，数据来源为 Wind 数据库，时间跨度是1996 年第一季度至 2020 年第四季度。在贝叶斯估计中我们使用产出、消费、投资与政府支出四个观测变量，分别对应数据库中的国内生产总值、全社会消费品零售总额、全社会固定资产投资与公共财政支出。为保证数据平稳性，以上数据均采用季节调整方法和 HP 滤波去除季节效应与长期趋势。

（二）参数校准依据和结果

本章参数分为两类：一类是与经济稳态相关的行为参数，另一类是与经济动态相关的参数。对于稳态参数，我们分别采用文献校准法与历史数据校准法进行校准。对于动态参数，我们采用贝叶斯方法对其进行估计。采用文献校准法的依据与结果如表 10 – 1 所示。利用历史数据进行校准的参数主要包括灾难冲击参数、部分财政政策参数与货币政策参数：关于灾后消费下降的幅度 γ_c 与产出下降的幅度 γ_y 的校准，本章选取社会消费品零售总额同比增速与工业增加值同比增速的历史数据，先进行 HP 滤波处理得到相关数据的趋势项，通过计算真实数据与趋势项的差值并选取 2008 年差值与 2020 年差值的平均值作为基准模型的校准依据，最终得到 $\gamma_c = 0.1034$、$\gamma_y = 0.1019$；根据《中华人民共和国企业所得税法》，将企业所得税率稳态 τ 设定为 0.25，这样的设定与陈小亮和马啸（2016）的计算是一致的；将法定存款准备金率的稳态值 r_r 设定为 0.13，这是大型金融机构 1996 年第一季度至 2020 年第四季度的法定存款准备金率的平均值。

表 10 – 1　　　　　　　　　　　稳态参数校准

参数	说明	校准依据	校准	参数	说明	校准依据	校准
β	居民贴现因子	殷兴山等（2020）	0.99	δ	资本折旧率	马勇和陈雨露（2013）	0.025
σ_c	风险厌恶系数	康立等（2013）	2	f	企业贷款支出比	马骏等（2016）	0.7
σ_l	劳动供给弹性倒数	马勇和陈雨露（2013）	1	τ	企业所得税率稳态	陈小亮和马啸（2016）	0.25
α_g	消费与政府消费关系系数	黄赜琳和朱保华（2015）	0.37	η	投资调整成本参数	孟宪春等（2019）	4
α	资本产出份额	刘鹏和鄢莉莉（2012）	0.55	ϑ	当期商业银行的存活比重	司登奎等（2019）	0.95
$\bar{\varepsilon}^f$	异质性生产率分布上限	范从来和高洁超（2018）	1.35	κ	新入商业银行资产社会占比	何国华等（2017）	0.002
$\underline{\varepsilon}^f$	异质性生产率分布下限	范从来和高洁超（2018）	1	w	信贷供给摩擦参数	何国华等（2017）	0.38
Φ	企业贷款违约概率稳态	范从来和高洁超（2018）	0.035	w_{gy}	一次性总税占产出的份额	王博等（2019）	0.178
θ	不调价的企业比率	贾俊雪和郭庆旺（2012）	0.85	—	—	—	—

（三）参数的贝叶斯估计

本章对基准模型、下调企业所得税、增加政府支出、下调无风险利率四种情形下的参数进行贝叶斯估计。在基准模型中，本章将 ρ_τ^p、ρ_g^p、ρ_n^p 均设定为 0，即财政货币政策不对灾难冲击做出反应。由于鲜有文献对下调企业所得税、增加政府支出、下调无风险利率三种情形下的 ρ_τ^p、ρ_g^p、ρ_n^p 进行校准，在贝叶斯估计与参数识别部分，我们分别将其校准为 -0.1、0.1 与 -0.02。对于货币政策参数，我们将名义无风险利率对通胀反应系数 φ_π 以及法定存款准备金率对信贷增长率的反应系数 ϕ_l 均设定为均值为 1.5、标准差为 0.1 的 Gamma 分布。将名义无风险利率对产出反应系数 φ_y 以及法定存款准备金率对产出增长率的反应系数 ϕ_y 均设定为均值为 0.5、标准差为 0.1 的 Gamma 分布。

外生冲击参数方面，参考大多数 DSGE 文献的做法，本章将所有外生冲击动态变化持续性参数的先验分布设定为均值为 0.6，标准差为 0.1 的 Beta 分布，将所有外生冲击标准差的先验分布设定为均值为 0.1，标准差为正无穷（用 inf 表示）的逆 Gamma 分布。本章采用 Metropolis - Hastings 算法对参数后验分布进行估计，四种情形下参数估计结果如表 10 - 2 所示。通过表 10 - 2 发现，四种情形下的参数估计结果较为一致。

（四）参数识别

DSGE 模型可识别是模型求解的必要基础和前提条件。因此，在进行参数估计时需要检验待估参数的识别问题。图 10 - 1 柱状图描述待估参数的识别强度，其中，黑色柱状是基于先验均值标准化的费雪信息，白色柱状是基于先验均值的标准差。柱状图的高度代表参数被识别的强度，柱状图越高表明参数的识别强度也越大（Ratto and Iskrev，2012）。根据图 10 - 2，基准模型、下调企业所得税、增加政府支出、下调无风险利率四种情形下所有待估参数均得到识别，因此上述四种情形对应的模型均具有较好的适用性。

（五）平滑变量的估计值

图 10 - 2 刻画了基准模型下贝叶斯估计对本章样本数据的平滑变量估计值。根据图 10 - 2，相对其他年份，产出在 2008 年与 2020 年出现急剧式的大幅下滑，其在 2020 年的下滑幅度更为明显，这也验证了进入 21 世纪以来，中国经济分别在 2008 年和 2020 年经历了 2 次较大的灾难冲击。消费在 2008 年灾难冲击期间出现小幅下滑，其在 2020 年灾难冲击期间的下滑趋势与产出基本一致。投资方面，由于投资包含制造业投资、房地产投资与基础设施投资，各类投资在 2008 年灾难冲击期间此消彼长，因此投资在 2008 年的波动不大。2020 灾难冲击对制造业投资形成较大冲击，在"房住不炒"政策作用下，房地产投资受到压制，"新基建"对投资有

表10-2

参数估计结果

参数	先验分布	基准模型 $\rho_n^p = \rho_\tau^p = \rho_g^p = 0$		下调企业所得税 $\rho_\tau^p = -0.1$、$\rho_g^p = \rho_n^p = 0$		增加政府支出 $\rho_g^p = 0.1$、$\rho_\tau^p = \rho_n^p = 0$		下调无风险利率 $\rho_n^p = -0.02$、$\rho_\tau^p = \rho_g^p = 0$	
		后验均值	90%置信区间	后验均值	90%置信区间	后验均值	90%置信区间	后验均值	90%置信区间
$\varphi_\pi (php)$	$G(1.5, 0.1)$	1.62	[1.47, 1.75]	1.60	[1.45, 1.74]	1.52	[1.38, 1.66]	1.61	[1.47, 1.75]
$\varphi_y (phy)$	$G(0.5, 0.1)$	0.63	[0.48, 0.79]	0.63	[0.47, 0.80]	0.44	[0.30, 0.56]	0.63	[0.46, 0.78]
$\phi_l (phil)$	$G(1.5, 0.1)$	1.49	[1.34, 1.65]	1.49	[1.32, 1.64]	1.50	[1.35, 1.67]	1.50	[1.34, 1.65]
$\phi_y (phiy)$	$G(0.5, 0.1)$	0.50	[0.34, 0.66]	0.50	[0.32, 0.66]	0.49	[0.34, 0.65]	0.50	[0.33, 0.67]
$\rho_p (rohp)$	$B(0.6, 0.1)$	0.60	[0.44, 0.75]	0.60	[0.43, 0.75]	0.45	[0.33, 0.55]	0.60	[0.45, 0.78]
$\rho_a (roha)$	$B(0.6, 0.1)$	0.61	[0.48, 0.73]	0.60	[0.47, 0.75]	0.57	[0.40, 0.73]	0.61	[0.47, 0.74]
$\rho_\tau (roht)$	$B(0.6, 0.1)$	0.82	[0.76, 0.87]	0.81	[0.76, 0.87]	0.75	[0.70, 0.81]	0.82	[0.76, 0.87]
$\rho_g (rohg)$	$B(0.6, 0.1)$	0.66	[0.53, 0.79]	0.66	[0.53, 0.80]	0.57	[0.48, 0.66]	0.66	[0.53, 0.82]
$\rho_n (rohn)$	$B(0.6, 0.1)$	0.46	[0.34, 0.57]	0.45	[0.33, 0.57]	0.63	[0.52, 0.73]	0.46	[0.35, 0.58]
$\rho_r (rohk)$	$B(0.6, 0.1)$	0.60	[0.44, 0.77]	0.60	[0.44, 0.77]	0.60	[0.45, 0.76]	0.60	[0.43, 0.76]
$\sigma_p (epo)$	$IG(0.1, \inf)$	0.15	[0.02, 0.37]	0.11	[0.02, 0.18]	2.47	[1.99, 2.96]	0.09	[0.02, 0.17]
$\sigma_a (epa)$	$IG(0.1, \inf)$	0.14	[0.08, 0.20]	0.15	[0.09, 0.21]	0.05	[0.03, 0.08]	0.15	[0.09, 0.21]
$\sigma_t (ept)$	$IG(0.1, \inf)$	1.81	[1.37, 2.23]	1.87	[1.38, 2.37]	1.84	[1.41, 2.29]	1.83	[1.33, 2.28]
$\sigma_g (epg)$	$IG(0.1, \inf)$	0.34	[0.30, 0.37]	0.34	[0.30, 0.38]	0.18	[0.13, 0.23]	0.34	[0.30, 0.38]
$\sigma_n (epn)$	$IG(0.1, \inf)$	0.04	[0.03, 0.05]	0.04	[0.03, 0.05]	0.03	[0.02, 0.04]	0.04	[0.03, 0.05]

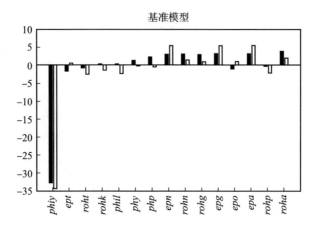

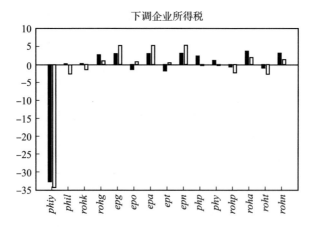

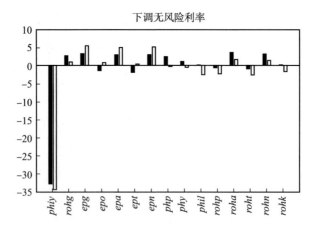

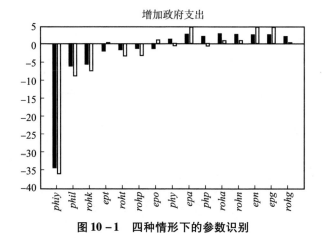

图 10 - 1　四种情形下的参数识别

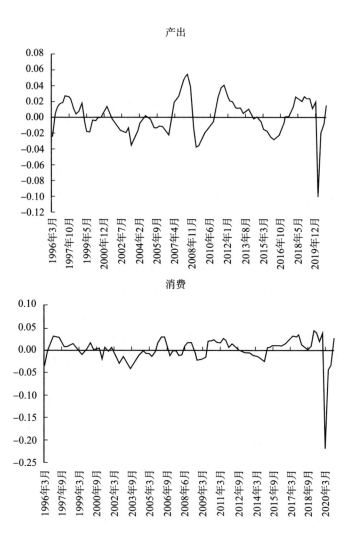

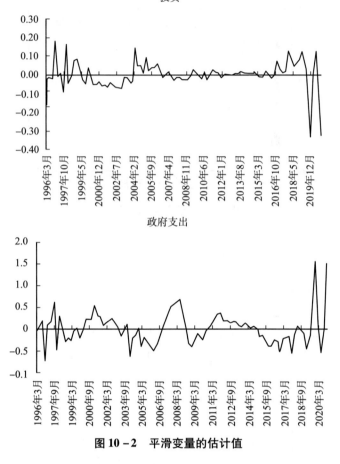

图 10 - 2　平滑变量的估计值

一定的拉动作用，因此投资在 2020 年灾难冲击期间呈现出"降—升—降"
的形态。政府支出方面，2008 年灾难冲击导致政府税收收入下降，政府支
出在 2008 年前期表现下降，但随着政府通过发行债券、发放政策性贷款等
方式采取扩张的财政政策计划，政府支出在 2009 年初反转。相比 2008 年灾
难冲击，2020 年灾难冲击期间政府支出波动更大但波动的持续期更短，政
府主要通过增加预算财政赤字、发行地方政府专项债券以及发行特别国债等
方式对冲灾难冲击的负面影响。综上可见，2008 年灾难冲击与 2020 年灾难
冲击后中国宏观经济实现的"V"形反转与该时期的扩大政府支出密切相关。

（六）模型拟合效果

为验证模型对实体经济的拟合效果，我们考察基准模型二阶矩与实际
经济的匹配。实际经济数据的二阶矩由 1996 年第一季度至 2020 年第四季
度的样本数据得到，模拟经济数据的样本矩通过模型在外生冲击下的随机

模拟得到。实际经济数据方面，产出、消费、投资、政府支出的标准差分别为0.022、0.029、0.069与0.38，政府支出的波动显著大于其他宏观经济观测变量，投资的波动大于消费与产出的波动。模拟经济数据方面，产出、消费、投资、政府支出的标准差分别为0.022、0.029、0.070与0.36，模拟经济数据与实际经济数据较为一致（见表10-3）。因此，从二阶矩的表现来看，本章构建的DSGE模型基本能够刻画中国宏观经济的主要特征。

表10-3　　　　　　　　　　模型二阶矩条件匹配

变量	实际经济		模拟经济	
	标准差	变量与产出标准差比	标准差	变量与产出标准差比
y	0.022	1	0.022	1
c	0.029	1.318	0.029	1.318
i	0.069	3.136	0.070	3.182
g	0.380	17.273	0.360	16.364

第三节　灾难冲击、系统性金融风险
与政策调控效果评估

本部分首先考察基准模型下一个单位灾难冲击的经济波动效应与金融风险效应，其次比较灾难冲击对商品需求侧与商品供给侧造成不同影响时的经济波动效应与金融风险效应，最后在基准模型的基础上考察财政政策与货币政策对灾难冲击的调控效果。这里选取的经济变量与金融变量包括：产出、居民有效消费、投资、资本价格、市场融资溢价、企业贷款违约概率、商业银行杠杆、商业银行净资产增长率。具体结果如图10-3至图10-7所示，其中，横轴表示灾难冲击的响应持续期，纵轴表示灾难冲击引起冲击目标的响应程度。

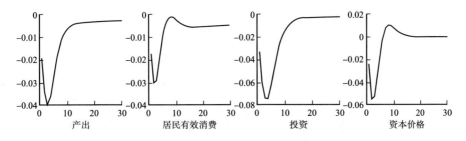

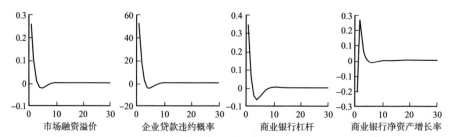

市场融资溢价　　　企业贷款违约概率　　　商业银行杠杆　　　商业银行净资产增长率

图 10 - 3　灾难冲击的经济波动效应与金融风险效应

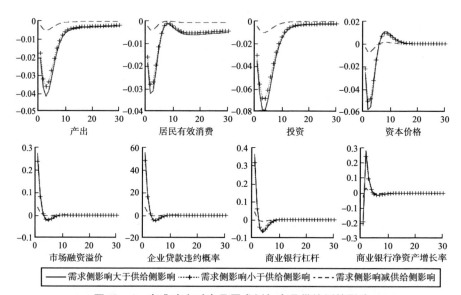

产出　　　居民有效消费　　　投资　　　资本价格

市场融资溢价　　　企业贷款违约概率　　　商业银行杠杆　　　商业银行净资产增长率

——需求侧影响大于供给侧影响　···+···需求侧影响小于供给侧影响　----需求侧影响减供给侧影响

图 10 - 4　灾难冲击对商品需求侧与商品供给侧的影响

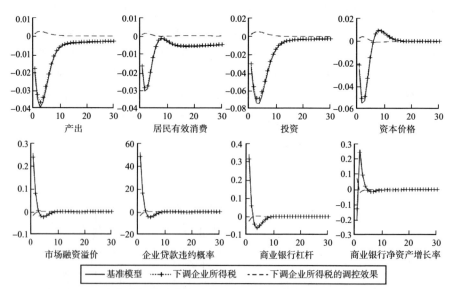

产出　　　居民有效消费　　　投资　　　资本价格

市场融资溢价　　　企业贷款违约概率　　　商业银行杠杆　　　商业银行净资产增长率

——基准模型　···+···下调企业所得税　----下调企业所得税的调控效果

图 10 - 5　灾难冲击的经济波动效应与金融风险效应：下调企业所得税

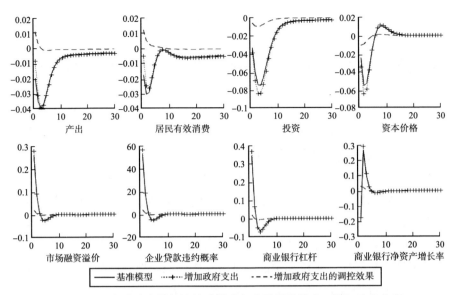

图 10 - 6 灾难冲击的经济波动效应与金融风险效应：增加政府支出

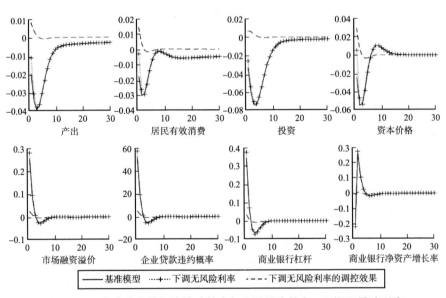

图 10 - 7 灾难冲击的经济波动效应与金融风险效应：下调无风险利率

一、灾难冲击的经济波动效应与金融风险效应

图 10 - 3 刻画了一个单位灾难冲击对经济变量与金融变量的影响。灾难冲击直接导致居民有效消费与企业生产水平的下降，企业资本需求随之下降并导致投资需求与资本价格相继下跌。此时企业资产负债表出现恶

化，资金收入和现金流面临中断风险，当期债务压力上升，企业贷款违约概率急剧上升。

企业信用风险的极度提升一方面形成连锁效应，加大商业银行杠杆上升的压力并冲击商业银行资产质量，商业银行净资产增长率随之下降；另一方面促使商业银行收取一个更高的风险溢价从而抑制投资，投资的下降进一步导致资本价格下跌，企业盈利能力进一步减弱，企业资金链断裂压力上升，从而进一步提高风险溢价，而这会进一步降低总需求与总供给。这就是在经济下行期由于抵押约束产生的内生"金融加速器"机制。由于银行业的特殊性，银行和银行之间资产负债表的高度关联，银行和银行之间在同业拆借市场的深度介入的借贷行为，银行资产同质性受到外部冲击后的共振现象，单个银行风险容易演变成系统性金融风险。

上述分析表明，灾难冲击的经济波动效应与金融风险效应主要分为三个阶段：灾难冲击第一阶段直接导致居民有效消费与企业生产活动下行，企业贷款违约概率上升；第二阶段通过信贷业务传递至商业银行内部，商业银行杠杆上升；第三阶段商业银行被迫提高贷款成本从而导致企业经营成本上升并最终波及实体经济。

二、灾难冲击对商品需求侧与商品供给侧的影响分析

在基准模型中，根据历史数据平均值，本章将灾难发生后消费下降的幅度 γ_c 与产出下降的幅度 γ_y 分别校准为 0.1034 与 0.1019。2008 年灾难冲击与 2020 年灾难冲击存在较大差异，2008 年灾难冲击对商品供给侧的影响大于对商品需求侧的影响，而 2020 年灾难冲击对商品需求侧的影响大于对商品供给侧的影响。基于此，本部分对上述两种情形下灾难冲击的经济波动效应与金融风险效应进行分析。根据 2008 年灾难冲击与 2020 年灾难冲击期间社会消费品零售总额同比增速与工业增加值同比增速对 γ_c 与 γ_y 校准，当灾难冲击对商品需求侧的影响大于对商品供给侧的影响时满足 $\gamma_c = 0.1840$、$\gamma_y = 0.1081$（本章称之为"商品需求侧为主的灾难冲击"），当灾难冲击对商品供给侧的影响大于对商品需求侧的影响时满足 $\gamma_c = 0.0228$、$\gamma_y = 0.0957$（本章称之为"商品供给侧为主的灾难冲击"）。

当灾难冲击影响商品需求侧时，居民有效消费不足导致产能过剩，一方面企业缩减生产规模导致居民收入下降，从而导致居民有效消费进一步下降；另一方面，居民减少资本开支，从而导致投资下降。居民有效消费的下降进一步反馈至商品供给侧导致商品供给收缩。当灾难冲击影响商品供给侧时，商品供给的下降会导致企业盈利水平下降，企业盈利水平的下降一方面迫使企业降薪从而导致居民收入下降，居民有效消费随之下降；另一方面，居民减少资本开支，从而导致投资下降，最终出现经济总需求的下降。

通过图 10-4 可以发现，商品需求侧为主的灾难冲击对经济变量与金融变量的影响方向与商品供给侧为主的灾难冲击的影响一致，这说明灾难冲击的传导机制并未改变，但灾难冲击对经济变量与金融变量的影响程度发生了改变，主要表现为：相比商品需求侧为主的灾难冲击，当灾难冲击对商品供给侧的影响大于商品需求侧的影响时，产出、投资、居民有效消费下降幅度加深，灾难冲击对上述经济变量的影响进一步反馈至金融层面，从而导致企业偿债压力增加、市场融资溢价扩大、商业银行杠杆进一步攀升，最终导致商业银行净资产增长率的下降更为明显。上述研究表明，当灾难冲击对商品供给侧的影响大于对商品需求侧的影响时，灾难冲击会导致经济波动加剧以及金融风险水平的上升。

根据以上分析可知，虽然需求侧为主的灾难冲击和供给侧为主的灾难冲击都将对宏观经济波动带来的不利影响，但是从长期来看影响的深远程度上存在差别，需求侧灾难冲击主要反映在宏观经济下行上，但是供给侧灾难冲击不仅反映在宏观经济下行上，还反映在金融风险的上升上。而从长期来看，金融风险的上升，如金融杠杆率的上升和银行贷款违约的上升将进一步威胁到宏观经济的稳定和增长，需要考虑政策短期效果和长期效果的平衡问题。

三、财政货币政策对灾难冲击的调控效果

当灾难冲击对经济系统与金融市场造成负面影响时，政府应急干预政策的经济波动效应与金融风险效应评估非常重要。本部分分别对财政政策调控与货币政策调控进行分析，财政政策调控主要表现为政府下调企业所得税来缓解企业资金压力以及增加政府支出刺激居民消费，货币政策表现为政府通过下调无风险利率来降低商业银行资金成本。

（一）财政政策：下调企业所得税

图 10-5 刻画了下调企业所得税后灾难冲击的经济波动效应与金融风险效应，此时满足 $\rho_\tau^p = -0.1$、$\rho_g^p = \rho_n^p = 0$。

根据图 10-5 可以发现，下调企业所得税削弱了灾难冲击对经济波动的负面影响，金融风险也有所下降，其对经济波动的改善效果大于对金融风险的改善效果。企业所得税的下调首先降低企业生产成本并随之刺激产出的增加。商品供给侧的改善导致企业需要更多的生产资本，资本价格因

此回升并刺激居民投资，居民财富随之增加，居民有效消费得到改善。其次，企业所得税的下调同时缓解了企业的债务压力，市场融资溢价下行，企业资产负债表得到修复，企业贷款违约风险下降。最后，企业贷款违约风险的下降降低了商业银行杠杆压力并提高商业银行资产质量，商业银行净资产增长率出现上升。

（二）财政政策：增加政府支出

图 10 - 6 刻画了增加政府支出后灾难冲击的经济波动效应与金融风险效应，此时满足 $\rho_g^p = 0.1$、$\rho_\tau^p = \rho_n^p = 0$。根据图 10 - 6，增加政府支出削弱了灾难冲击对经济波动的负面影响，但对金融变量的调控效果有限。政府支出的增加通过财富效应刺激居民有效消费从而带动产出增长，由于增加政府支出对投资存在挤出效应，投资与资本价格因此下跌。此外，政府支出只改善商品需求侧的居民有效消费，并没有修复企业资产负债表，在商品需求的刺激作用下，企业增加产量与贷款需求从而提高了商业银行杠杆水平与市场融资溢价。总的来说，当政府支出直接作用于提高居民的商品需求时，其对经济变量具有较好的调控效果，但是对市场融资溢价、企业贷款违约概率、商业银行杠杆与商业银行净资产增长率等金融变量的调控效果有限。

（三）货币政策：下调无风险利率

图 10 - 7 刻画了下调无风险利率后灾难冲击的经济波动效应与金融风险效应，此时满足 $\rho_n^p = -0.02$、$\rho_\tau^p = \rho_g^p = 0$。根据图 10 - 7，下调无风险利率削弱了灾难冲击对经济变量的影响，但对金融变量的调控效果有限。由于存款真实总利率下降，市场融资溢价上升，这表明政策利率并没有从货币市场有效转移至信贷市场。根据式（10.22）与式（10.23），名义无风险利率的下降导致商业银行单位净资产的收益小于贷款业务的边际收益，从而导致商业银行净资产增长率的下降，商业银行杠杆因此上升。正向的货币政策主要通过两条路径刺激投资：一是降低企业的融资成本；二是提高资本价格。上述两条途径均能缓解企业的信贷约束，在投资的带动作用下产出与居民有效消费也随之增加。图 10 - 7 的结果表明，尽管无风险利率的下调向信贷市场释放流动性并带动产出、居民有效消费与投资的增加，但并没有修复企业资产负债表，商业银行杠杆水平有所攀升，金融风险也随之上升。

根据以上分析可知，虽然财政政策和货币政策在短期内都可以缓解灾难冲击对宏观经济波动带来的不利影响，尽量减少社会福利的损失，但是从长期来看，财政政策和货币政策的长期政策效果还是有区别的，其中一个主要的区别在于对金融风险的影响。

财政政策中下调企业所得税可以缓解灾难冲击对经济波动的负面影响,同时也降低了金融风险,因为企业所得税的下调同时缓解了企业债务压力,企业资产负债表得到修复,企业贷款违约风险下降,进而降低商业银行杠杆压力并提高商业银行资产质量。财政政策中增加政府支出直接对经济变量具有较好的调控效果,但是对市场融资溢价、企业贷款违约概率、商业银行杠杆等金融变量的调控效果有限。货币政策中无风险利率的下调向信贷市场释放流动性并带动产出、居民有效消费与投资的增加,但是对修复企业资产负债表和缓解金融风险的影响有限。因此从长期来看,金融风险的上升,如金融杠杆率的上升和银行贷款违约的上升将进一步威胁到宏观经济的稳定和增长,需要考虑政策短期效果和长期效果的平衡问题。

四、财政政策与货币政策组合的调控效果

图 10-8 刻画了下调无风险利率分别与下调企业所得税、增加政府支出组合下灾难冲击的经济波动效应与金融风险效应。

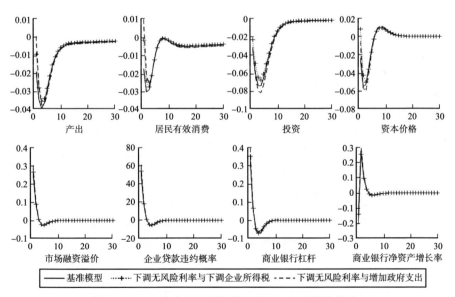

**图 10-8 灾难冲击的经济波动效应与金融风险效应:
财政政策与货币政策组合**

根据图 10-8,相比无政策情形,下调无风险利率与下调企业所得税的政策组合、下调无风险利率与增加政府支出的政策组合均可以缓解灾难

冲击对经济波动的影响，但两者的传导渠道有所差异。根据两种政策组合对投资与居民有效消费的影响可以发现，下调无风险利率与下调企业所得税的政策组合主要从供给侧缓解企业的资产负债表压力，而下调无风险利率与增加政府支出的政策组合主要从需求侧刺激居民有效消费。虽然两者都缓解灾难冲击对产出造成的负面波动，但下调无风险利率与下调企业所得税的政策组合对产出的短期刺激效果不如下调无风险利率与增加政府支出的政策组合。

五、财政货币政策对不同类型灾难冲击的调控效果

图 10－9～图 10－14 比较了下调企业所得税、增加政府支出、下调无风险利率分别对商品需求侧为主的灾难冲击以及商品供给侧为主的灾难冲击的调控效果。

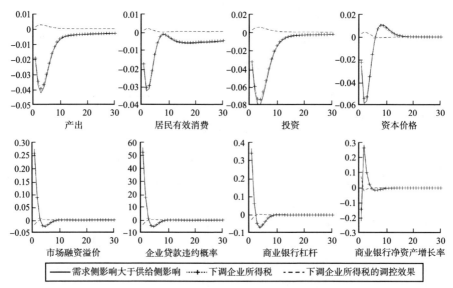

**图 10－9　商品需求侧为主的灾难冲击的经济波动效应
与金融风险效应：下调企业所得税**

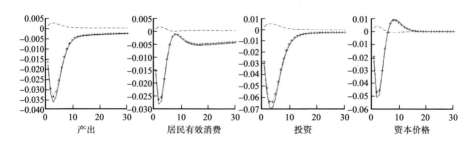

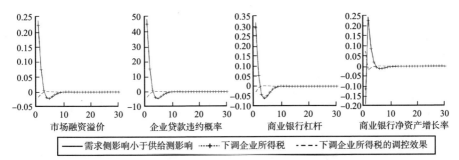

图 10 – 10　商品供给侧为主的灾难冲击的经济波动效应

与金融风险效应：下调企业所得税

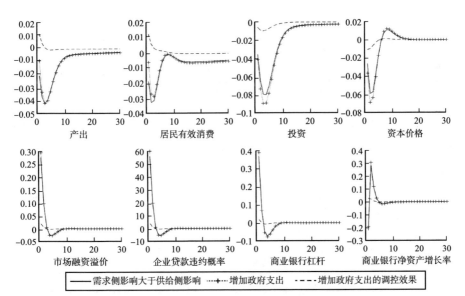

图 10 – 11　商品需求侧为主的灾难冲击的经济波动效应

与金融风险效应：增加政府支出

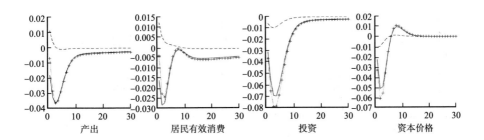

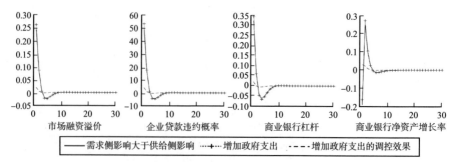

图 10-12　商品供给侧为主的灾难冲击的经济波动效应
与金融风险效应：增加政府支出

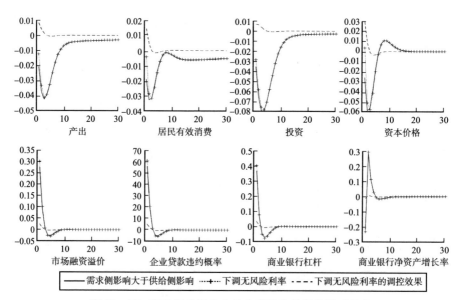

图 10-13　商品需求侧为主的灾难冲击的经济波动效应
与金融风险效应：下调无风险利率

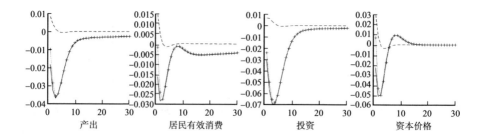

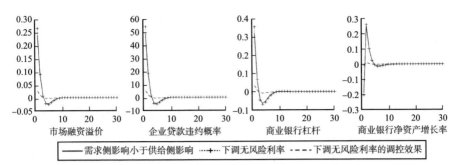

图 10 - 14   商品供给侧为主的灾难冲击的经济波动效应
与金融风险效应：下调无风险利率

下调企业所得税方面，企业所得税的下调首先降低企业生产成本并随之刺激产出的增加。因为，无论是对于商品需求侧为主的灾难冲击还是对于商品供给侧为主的灾难冲击，下调企业所得税均能有效改善产出受到的负面影响。但是对于商品需求侧为主的灾难冲击，下调企业所得税对居民有效消费的改善效果更强；对于商品供给侧为主的灾难冲击，下调企业所得税对企业贷款违约概率的改善效果更强。

增加政府支出方面，政府支出的增加通过财富效应刺激居民有效消费从而带动产出增长，正如下调企业所得税，无论是对于商品需求侧为主的灾难冲击还是对于商品供给侧为主的灾难冲击，增加政府支出均能有效改善产出受到的负面影响。由于增加政府支出对投资存在挤出效应从而造成资本价格的下跌，在商品需求侧为主的灾难冲击下，增加政府支出会进一步打压资本价格下行，居民削减投资，从而抬升市场融资溢价。

下调无风险利率方面，无论是对于商品需求侧为主的灾难冲击还是对于商品供给侧为主的灾难冲击，无风险利率的下调通过向信贷市场释放流动性并带动产出、居民有效消费与投资的增加，但是在商品需求侧为主的灾难冲击下，下调无风险利率对消费的刺激效果更明显。

由于下调无风险利率并没有修复企业资产负债表，在上述两种灾难冲击下，下调无风险利率对市场融资溢价、企业贷款违约概率、商业银行杠杆以及商业银行净资产增长率的影响是一致的。

六、社会福利分析

本部分考察不同财政政策或货币政策下的社会福利损失情况。参考梅冬州和龚六堂（2011）的设定，每期平均社会福利损失函数可以表述为：

$$wl_t = \frac{1-\sigma_c}{2}\mathrm{var}(\hat{c}_t) + \frac{u_l l}{u_c c}\frac{1+\sigma_l}{2}\mathrm{var}(\hat{l}_t) \qquad (10.29)$$

其中，$\hat{c}_t$ 和 $\hat{l}_t$ 分别为居民有效消费和劳动供给的对数线性化形式，c 和 l 分别为对应的稳态值，u_c 和 u_l 分别为居民有效消费边际效用和劳动供给边际效用的稳态值。表 10 - 4 对上述不同政策情形下的社会福利进行了总结。根据表 10 - 4，基准模型下的社会福利损失为 - 2.3337。财政政策方面，下调企业所得税与增加政府支出造成的社会福利损失分别为 - 2.3339、- 2.3373。货币政策方面，下调无风险利率造成的社会福利损失为 - 2.3365。在单一的财政政策或货币政策调控下，下调企业所得税造成的社会福利损失最小。财政政策与货币政策组合方面，下调无风险利率与下调企业所得税的政策组合、下调无风险利率与增加政府支出的政策组合造成的社会福利损失分别为 - 2.3368、- 2.3407。从财政政策与货币政策组合的角度而言，下调无风险利率与下调企业所得税的政策组合更优。

表 10 - 4　　　　　　　　　　社会福利分析

	调控政策	$var(\hat{c}_t)$	$var(\hat{l}_t)$	w
基准模型	无	0.6958	4.7850	- 2.3337
财政政策	下调企业所得税	0.6957	4.7857	- 2.3339
	增加政府支出	0.6955	4.7940	- 2.3373
货币政策	下调无风险利率	0.6957	4.7919	- 2.3365
政策组合	下调无风险利率与下调企业所得税	0.6956	4.7927	- 2.3368
	下调无风险利率与增加政府支出	0.6957	4.8019	- 2.3407

七、稳健性检验

本章针对模型的重要参数 $\{\sigma_c, \sigma_l, \alpha, f, \eta\}$ 校准系统检验基准模型的稳健性，其经济含义分别为：风险厌恶系数、劳动供给弹性倒数、资本产出份额、企业贷款支出比、投资调整成本参数。其中，风险厌恶系数的取值分别为 1.5、2 和 2.5；劳动供给弹性倒数的取值分别为 0.5、1 和 1.5；资本产出份额的取值分别为 0.5、0.55 和 0.6；企业贷款支出比的取值分别为 0.5、0.7 和 0.9；投资调整成本参数的取值分别为 2、4 和 6。上述参数的中间取值为基准模型中参数的取值，也是 DSGE 文献的常用取值。图 10 - 15 ~ 图 10 - 19 分别刻画了上述参数不同数值下灾难冲击的经济波动效应与金融风险效应，稳健性检验表明上述参数在合理范围的变动不影响已有的结论。

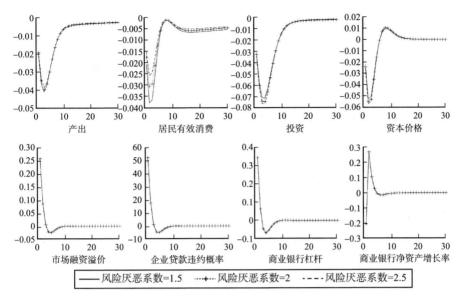

图 10 - 15　风险厌恶系数的敏感性分析

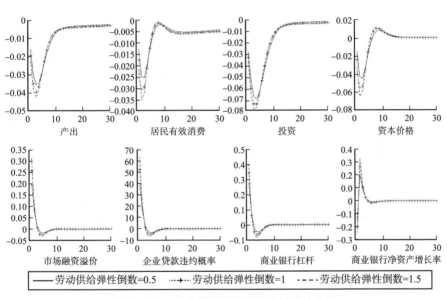

图 10 - 16　劳动供给弹性倒数的敏感性分析

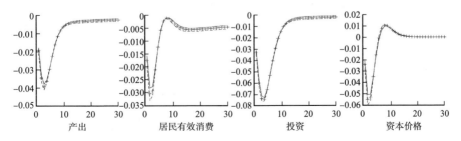

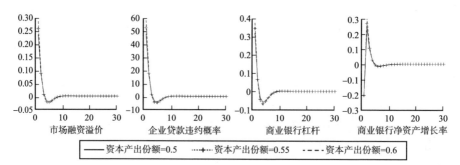

图 10 - 17　资本产出份额的敏感性分析

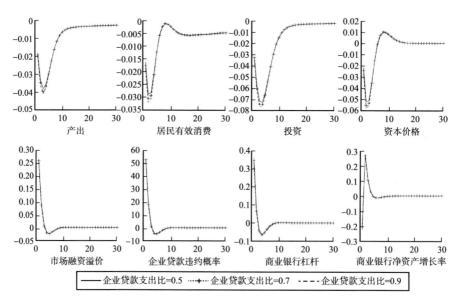

图 10 - 18　企业贷款支出比的敏感性分析

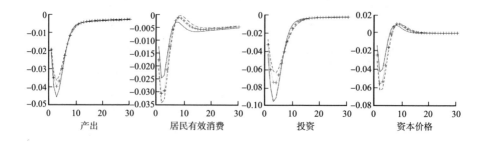

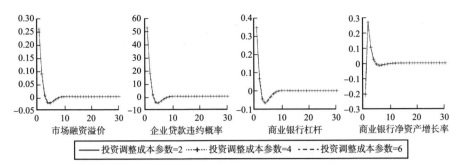

图 10 – 19　投资调整成本参数的敏感性分析

第四节　灾难冲击、系统性金融风险与政策效果评估的扩展分析

历史经验表明，不同类型的灾难冲击往往在持续性、预期与不确定性方面存在差异。因此，在基准模型的基础上，本部分分别从灾难冲击的持续性效应、预期效应与不确定性效应三个方面讨论灾难冲击的经济波动效应与金融风险效应。

一、灾难冲击的持续性效应

持续性参数的大小衡量灾难冲击持续的程度，本章基准模型中估计得到灾难冲击持续性参数 ρ_p 的后验均值为 0.6。本部分尝试比较不同持续水平下灾难冲击对部分经济变量（产出、居民有效消费、投资）波动率与金融变量（市场融资溢价、商业银行杠杆）波动率的影响，结果如图 10 – 20 ~ 图 10 – 23 所示。本部分将灾难冲击持续性参数的变化范围设定为 0.1 ~ 0.9。

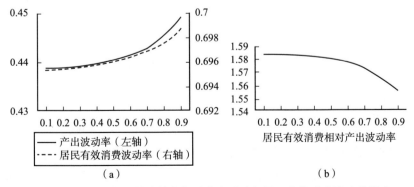

图 10 – 20　灾难冲击持续性参数对产出波动与居民有效消费波动的影响

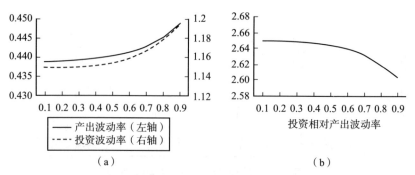

图 10 – 21 灾难冲击持续性参数对产出波动与投资波动的影响

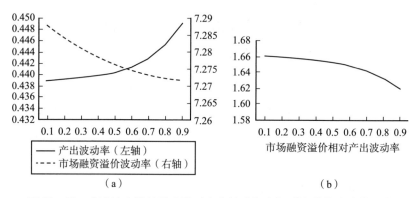

图 10 – 22 灾难冲击持续性参数对产出波动与市场融资溢价波动的影响

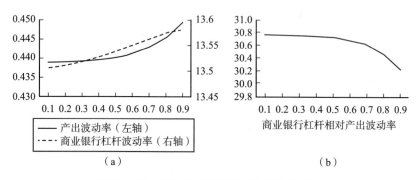

图 10 – 23 灾难冲击持续性参数对产出波动
与商业银行杠杆波动的影响

  绝对波动率方面，市场融资溢价波动率与商业银行杠杆波动率大于产出波动率与居民有效消费波动率，这表明灾难冲击对金融系统的影响大于对经济系统的影响，这在一定程度上佐证了图 10 - 3 的结论。灾难冲击的持续性参数越大代表灾难冲击的影响时期越长，面对外生灾难冲击，居民未来收入将保持缩水、企业生产活动持续受阻、商业银行资产负债表进一步恶化，进而导致随着灾难冲击持续性参数的增加，产出、居民有效消费、投资、商业银行杠杆的波动也放大，市场融资溢价的波动小幅下降。总的来说，随着灾难冲击持续性参数的增加，其对经济系统与金融系统的负面效应也随之增强。

为进一步分析灾难冲击的经济波动效应与金融风险效应，本部分考察灾难冲击持续性参数对经济变量相对产出波动以及金融变量相对产出波动的影响。相对波动率方面，随着灾难冲击持续性参数的增加，居民有效消费相对产出波动率、市场融资溢价相对产出波动率与商业银行杠杆相对产出波动率持续下降，而投资相对产出波动率持续增加。这表明相对居民与商业银行，企业对灾难冲击的反应更为敏感。

二、灾难冲击的预期效应

灾难冲击包括当期未预期到的外生冲击与预期灾难冲击（庄子罐等，2022）。预期灾难冲击指灾难事件实际上还未发生，但消费者或投资者由于对灾难发生的预期而出现的预防心理与避险情绪，这种预期既可以是基于真实可靠的消息，也可以是基于当期消息而对真实情况有所偏离的猜测。预期冲击常常通过微观个体的决策（消费、投资等）来影响宏观经济与金融市场的波动。预期灾难冲击的表现方程如下所示：

$$\widehat{pro}_t = \rho_p \, \widehat{pro}_{t-1} + \varepsilon_t^p + \sum_{j=1}^{k} \varepsilon_{t-j}^{news} \tag{10.30}$$

其中，ε_t^p 为已实现的灾难冲击，即未预期到的灾难冲击，ε_{t-j}^{news} 为关于 j 期后的预期灾难冲击。图 10-24 报告了引入一个季度的预期后灾难冲击对主要经济变量与金融变量的影响。从波动趋势来看，预期灾难冲击对产出、居民有效消费、投资、资本价格、市场融资溢价、企业贷款违约概率、商业银行杠杆、商业银行净资产增长率这类经济变量与金融变量均具有较强的震荡效应。因此预期灾难冲击能够在一定程度上引发经济波动效应与金融风险效应。从波动周期来看，包含预期的灾难冲击与不包含预期的灾难冲击下各经济变量与金融变量波动的持续时间大体一致。从波动幅度来看，尽管预期灾难冲击短期内的负面效果不及已实现的灾难冲击，但也导致经济变量与金融变量更大幅度的波动。

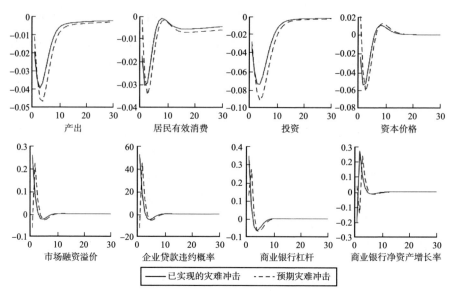

图 10 - 24　预期灾难冲击的经济波动效应与金融风险效应

三、灾难冲击的不确定性效应

2008 年灾难冲击与 2020 年灾难冲击表明，灾难冲击不仅在爆发时对经济波动与金融市场具有极大的负面冲击，其冲击的强度在爆发后仍然具有较大的不确定性。然而已有关于灾难冲击的研究结论大多基于具有相同波动率的同质性冲击假定，忽略了波动率的异质性冲击，即不确定性冲击。Bloom（2009）认为不确定性冲击是宏观经济波动的重要来源之一，不确定性会导致企业和家庭降低消费与投资。许志伟和王文甫（2018）发现不确定性对中国宏观经济造成负面影响。目前关于不确定性冲击的研究主要集中于企业生产角度（Christiano et al.，2014；Arellano et al.，2016）以及流动性角度（王博等，2019；祝梓翔等，2020），鲜有文献从灾难冲击的角度对不确定性冲击进行研究。基于此，本部分将灾难不确定性冲击引入新凯恩斯 DSGE 模型，探讨灾难不确定性冲击的经济波动效应与金融风险效应。

学术界目前对于不确定性没有统一的定义，在大量的研究中波动率即为不确定性。本部分参照许志伟和王文甫（2018）将灾难不确定性冲击设定如下：

$$\widehat{pro}_t = \rho_p \widehat{pro}_{t-1} + \varepsilon_t^p, \quad \varepsilon_t^p \sim N(0, \sigma_t^2) \tag{10.31}$$

$$\sigma_t = \rho_\sigma \sigma_{t-1} + v_t, \quad v_t \sim N(0, \sigma_v^2) \tag{10.32}$$

其中，σ_t 为不确定性变量，刻画灾难冲击的不确定性，当 σ_t 上升时表明灾难冲击的方差变大，即不确定性上升，σ_t 服从式（10.32）形式的 AR（1）过程，v_t 为灾难不确定性冲击。图 10-25 比较了引入不确定性前后灾难冲击的经济波动效应与金融风险效应。根据图 10-25，灾难不确定性冲击对主要经济变量与金融变量的影响方向与灾难冲击一致，且灾难不确定性冲击引发的经济波动效应与金融风险效应小于灾难冲击本身。

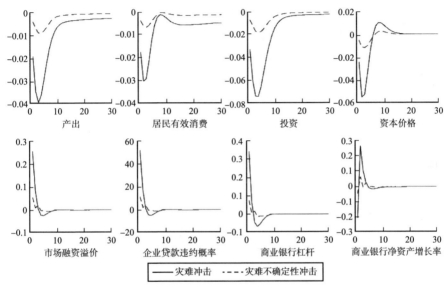

图 10-25　灾难不确定冲击的经济波动效应与金融风险效应

四、财政货币政策对预期灾难冲击与灾难不确定性冲击的调控效果

（一）财政货币政策对预期灾难冲击的调控效果

图 10-26 ～ 图 10-28 刻画了下调企业所得税、增加政府支出、下调无风险利率对预期灾难冲击的调控效果。根据图 10-26 ～ 图 10-28，下调企业所得税方面，无论是经济变量方面还是金融变量方面，下调企业所得税对预期灾难冲击起到了正面的调控效果，这与下调企业所得税对灾难冲击的调控方向是一致的。增加政府支出方面，增加政府支出对产出、居民有效消费、投资与资本价格并不具有改善效果，对市场融资溢价、企业贷款违约概率、商业银行杠杆、商业银行净资产具有较好的改善作用，这说明增加政府支出对预期灾难冲击的调控效果与对灾难冲击的调控效果相反。下调无风险利率方面，与对灾难冲击的调控效果一样，下调无风险利率能够削弱预期灾难冲击对产出、居民有效消费、投资等宏观经济变量的影响，与此同时，其对金融变量的影响也加剧，这说明忽略预期冲击将会

弱化货币政策实施效果。综上所述，预期管理能够抵消一部分灾难冲击的负向冲击，具有一定的宏观经济拉升作用。

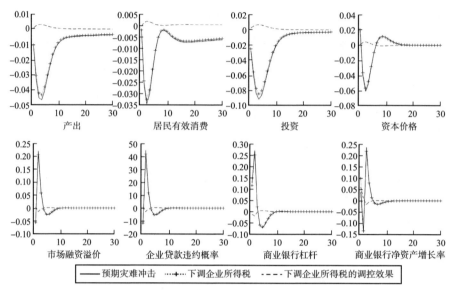

图 10 - 26　预期灾难冲击的经济波动效应

与金融风险效应：下调企业所得税

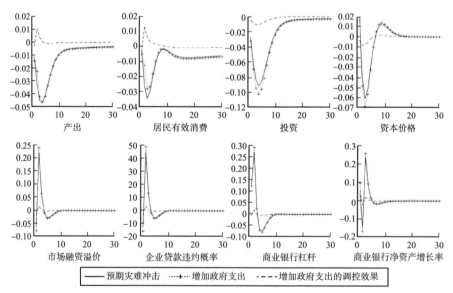

图 10 - 27　预期灾难冲击的经济波动效应

与金融风险效应：增加政府支出

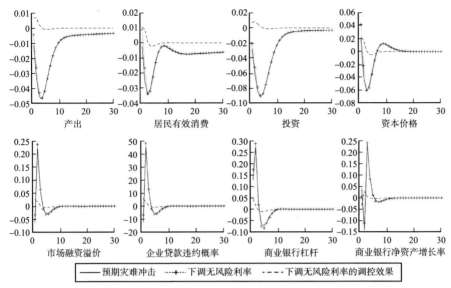

图 10 - 28　预期灾难冲击的经济波动效应

与金融风险效应：下调无风险利率

（二）财政货币政策对灾难不确定性冲击的调控效果

图 10 - 29 ~ 图 10 - 31 刻画了下调企业所得税、增加政府支出、下调无风险利率对预期灾难冲击的调控效果。

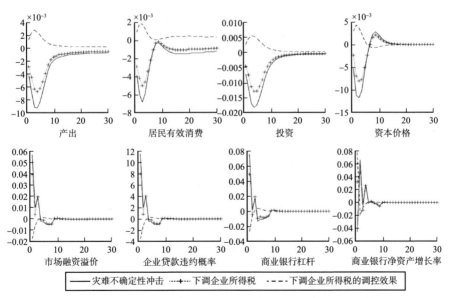

图 10 - 29　灾难不确定性冲击的经济波动效应

与金融风险效应：下调企业所得税

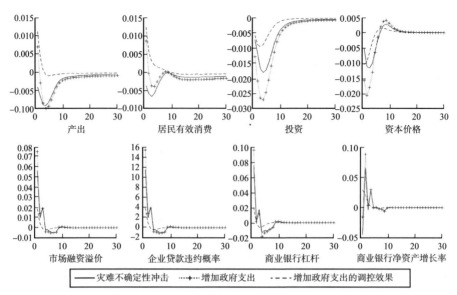

图10-30　灾难不确定性冲击的经济波动效应
与金融风险效应：增加政府支出

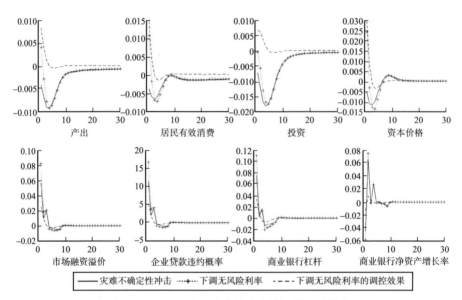

图10-31　灾难不确定性冲击的经济波动效应
与金融风险效应：下调无风险利率

下调企业所得税、增加政府支出与下调无风险利率均能够显著改善灾难不确定性冲击对产出、居民有效消费、投资与资本价格的负面影响。三种调控政策中，下调企业所得税削弱了灾难不确定性冲击对市场融资溢价、企业贷款违约概率、商业银行杠杆、商业银行净资产增长率金融变量的负面影响，金融风险水平下降。但增加政府支出与下调无风险利率却导致增强了灾难不确定性冲击对上述金融变量的影响，从而导致金融风险水平上升。这说明，上述三种调控政策对灾难冲击本身与灾难不确定性冲击的方向是一致的。但是对比两种灾难冲击情形下上述三种政策的调控效果可以发现，上述三种调控政策对灾难不确定冲击的效果相对灾难冲击更优。

第五节　本章小结

本章首先从商品需求侧与商品供给侧引入灾难冲击并将"双金融摩擦"植入新凯恩斯 DSGE 模型来探究灾难冲击的中国经济波动效应与金融风险效应，其次分析财政货币政策对灾难冲击的调控效果，最后从持续性效应、预期效应与不确定性效应三个方面对灾难冲击展开讨论。本章研究发现：（1）灾难冲击对中国经济与金融市场的影响主要分为三个阶段：第一阶段直接导致居民有效消费与企业生产下行，企业贷款违约概率上升；第二阶段通过信贷业务传递至商业银行内部，商业银行杠杆上升；第三阶段商业银行被迫提高贷款成本从而导致企业经营成本上升并最终波及实体经济。（2）需求是经济增长的核心驱动力，当灾难冲击对商品需求侧的影响大于对商品供给侧的影响时，灾难冲击会导致经济波动加剧以及金融风险水平的上升，这说明相对于商品供给侧的不足，防范商品需求侧的不利冲击更为重要。（3）财政货币政策调控方面，下调企业所得税同时改善商品的供给与需求并缓解企业债务压力，企业与商业银行资产负债表修复，金融风险下行；下调无风险利率虽然能够刺激经济增长，但没有修复企业资产负债表，商业银行杠杆水平攀升，金融风险上升。这表明过度依赖货币政策会给金融稳定带来危害。（4）政策组合方面，下调无风险利率与下调企业所得税的政策组合主要从商品供给侧缓解企业资产负债表压力，而下调无风险利率与增加政府支出的政策组合主要从商品需求侧刺激居民有效消费，相对于下调无风险利率与增加政府支出的政策组合，下调无风险利率与下调企业所得税的政策组合对产出的长期刺激效果更好，且社会福利损失相对更小。（5）随着灾难冲击持续性参数的增加，居民有效消费相对产出波动率、市场融资溢价相对产出波动率与商业银行杠杆相对产出波动率持续下降，而投资相对产出波动率持续增加，这表明相对居民与商业银行，企业对灾难冲击的反应更敏感。（6）从波动幅度来看，尽管预期灾难冲击短期内的负面效果不及已实现的灾难冲击，但导致经济变量与金融变量更大幅度的波动。（7）灾难不确定性冲击对主要经济变量与金融变量的影响方向与灾难冲击一致，且灾难不确定性冲击引发的经济波动效应与金融风险效应小于灾难冲击本身。

本章通过研究灾难冲击对中国经济波动与金融风险的影响机制，提出应对灾难冲击的宏观经济调控与金融支持相关的政策建议：一是发展新消费、培育新供给，弱化灾难冲击对传统消费与生产的影响，尤其是对商品需求侧的影响。二是对困难企业予以财政支持与信贷支持，主要通过减税降费缓解企业现金流压力、稳住经济基本盘，防范灾难冲击对商品供给侧的影响。三是积极引导利率下行，特别是通过下调公开市场利率、存款基准利率缓解商业银行负债成本压力并最终降低企业融资成本，但同时避免由于过度使用宽松货币政策可能带来的金融风险。四是充分认识持续性灾难冲击、预期灾难冲击与灾难不确定性冲击的危害，有效管理居民预期提升宏观经济管理效率、坚持底线思维着力防范和化解宏观经济下行风险与金融风险。

第十一章 开放经济下系统性金融风险跨国传染与宏观经济政策调控

经济的运行常常因受到外生冲击的影响产生周期性波动。本章在开放经济下极端负向经济冲击（统称为罕见灾难冲击，极端系统性金融风险如金融危机的冲击可以看成是灾难冲击的一个部分）为切入点，研究罕见灾难冲击给两国宏观经济波动带来的跨国风险传导效应，以及宏观经济政策调控效果。本章首先构建一个两国 DSGE 模型，对两国不同贸易开放度、中国不同资本账户开放度下两国 TFP 灾难冲击的跨国传导效应进行分析。其次，我们进一步考察两国不同经济开放度与中国不同资本账户开放度下，两国宽松货币政策对两国 TFP 灾难冲击的调控效果，并利用社会福利损失函数对不同政策环境下的社会福利进行评估。本章的系统性金融风险主要指由于金融市场（包括两国的债券市场和外汇市场）价格急剧波动引发的系统性金融风险。

第一节 系统性风险跨国传染与宏观经济政策调控文献综述

经济的运行常常因为受到外生冲击的影响而产生周期性波动。外生冲击主要包括常规冲击与灾难冲击。常规冲击为一种正向或者负向的外生冲击，其具体特征表现为发生的频率相对较高，但对经济的冲击幅度较小。作为外生冲击的一种极端形式，灾难冲击是指一旦发生会给一国经济带来灾难性影响的小概率事件。20 世纪以来人类历史上经历了几次重大的灾难冲击，且均表现出一定的跨国传导效应。例如第二次世界大战对战区国家造成了严重的人口及经济损失；1929~1933 年的经济大萧条造成主要工业国家人均实际 GDP（国内生产总值）下降近 30%；1997 年亚洲金融危机导致东南亚各国货币对美元汇率大幅下跌，印度尼西亚、韩国和泰国的

GDP 在两年内分别下降 83.4%、34.2% 和 40%；2008 年全球金融危机导致外国 GDP 同比增速从 2008 年四季度开始由正转负，直至 2009 年四季度重新回归正增长。中国经济也受到此次金融危机的影响，主要表现为 GDP 同比增速从 2008 年一季度开始一路下行，并持续至 2009 年二季度。

灾难性事件一般通过作用于全要素生产率（TFP）和资本存量来影响宏观经济，从而使 TFP 或资本存量在短期内发生急剧下降，因此大量研究将灾难冲击分为 TFP 灾难冲击、资本灾难冲击、TFP 灾难冲击和资本灾难冲击同时发生的双重灾难冲击（Gourio，2012；Gourio et al.，2013；陈国进等，2014）。由于 TFP 往往被作为技术进步的近似衡量指标（刘世锦等，2015），而且在经济全球化背景下，国与国之间的技术交流日益频繁，技术进步在中国经济发展中的作用越发重要，因此，相比资本灾难和双重灾难，研究 TFP 灾难冲击的跨国传导效应更具现实意义。为了说明 TFP 灾难冲击的跨国传导，图 11 – 1 绘制了中国 TFP 增长率、外国 TFP 增长率以及中国 GDP 增长率，样本区间均为 1991 ~ 2012 年。根据图 11 – 1 可以发现，中国 TFP 增长率在 1997 年亚洲金融危机和 2008 年外国金融危机期间均出现大幅下滑，中国 GDP 增长率在此期间也一路下滑，这表明 1997 年亚洲金融危机和 2008 年外国金融危机均对中国 TFP 造成较大的负面影响。另外，尽管中国 TFP 增长率相对中国 GPD 增长率具有更大的波动性，但中国 TFP 增长率与 GDP 增长率表现出一致的增长或下降的长期趋势。外国 TFP 增长率更容易受到自身环境的影响，其在 2001 年以及 2008 年外国金融危机期间均表现为负增长。

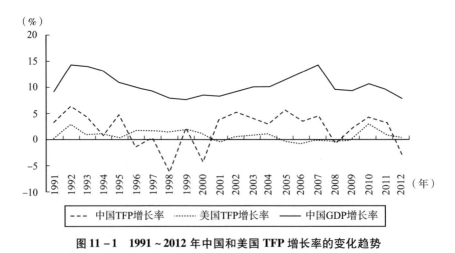

图 11 – 1　1991 ~ 2012 年中国和美国 TFP 增长率的变化趋势

资料来源：两国 TFP 增长率数据来自袁礼和欧阳峣（2018），参见在《中国工业经济》网站（http://www.ciejournal.org）附件下载；中国 GDP 增长率数据来源于国家统计局网站。

目前关于灾难冲击的研究大致分为两个方向：一个是对灾害性事件的研究，主要分析灾害性事件的事后影响，如突发的公共卫生事件、气象灾害（洪水、台风等）、地质灾害、金融危机等灾害性事件对宏观经济与金融系统的影响；另一个是对预期灾难冲击的研究，主要分析 TFP 灾难、资本灾难以及双重灾难等灾难性事件概率的上升导致经济主体行为发生变化从而对宏观经济与金融系统造成的影响。

对灾害性事件的研究主要是从经济效应与金融效应两个角度进行分析：（1）灾害性事件的经济效应方面。Reinhart 和 Kenneth（2014）研究了 1857～2013 年人类历史上 100 次系统性银行危机前后人均实际 GDP 的演变过程，研究发现，危机发生后人均实际 GDP 达到危机前的水平需要 8 年左右的时间；Vasco 等（2021）使用一般均衡模型对 2011 年日本"3·11"地震进行研究发现，地震造成的破坏沿着供应链从上游向下游传播，地震导致日本在灾后一年的实际 GDP 增长率下降 0.47 个百分点；胡滨等（2020）通过多部门可计算一般均衡模型，分析 2020 年灾难冲击对中国经济、产业、产业链等的冲击，研究表明 149 个产业部门中大部分受冲击较为明显，其中第二产业受到的负面冲击大于第三产业。

（2）灾害性事件的金融效应方面。Tyler（2017）分析了金融危机、战争与经济衰退三种灾难冲击下的股权溢价，研究表明金融危机导致更高的股权风险溢价；Frédéric 等（2016）构建 DSGE 模型来解释银行业危机对宏观经济波动与金融市场的影响，研究发现银行间存在的道德风险和信息不对称现象可能导致突发的市场冻结、信贷紧缩和严重的"金融"衰退；Lanfear 等（2019）对 1990～2017 年外国飓风对股票收益的影响进行研究发现，流动性不同的股票对灾害性事件的反应存在较大差异；Baron 等（2021）通过构建 1870～2016 年 46 个国家的银行股本回报和银行恐慌信息的数据集来考察历史上的银行危机，研究发现在没有恐慌的情况下银行股价的大幅下跌与信贷收缩和产出缺口相关。由于灾害性事件更多表现为事后效应，对其进行预期管理的难度较大。

关于预期灾难冲击的研究主要大致可以分为三类：第一类是基于预期灾难冲击解释股权溢价之谜。股权溢价之谜是指在合理的风险厌恶水平下基于消费的资本资产定价模型（CCAPM）无法解释股票市场实际观测到如此之高的股权风险溢价。Mehra 和 Prescott（1985）首次使用资本资产定价模型来解释外国金融市场的股权溢价之谜；基于 Mehra 和 Prescott（1985）的研究，Barro（2006）在对 20 世纪全球灾难性事件发生概率进行校准的基础上，发现灾难冲击可以解释西方国家的高股本溢价、低无风险利率和波动性股票回报等金融现象，这不仅成功地解释了股权溢价之谜，同时也为学术界提供了一种从宏观经济角度研究资产定价问题的范式，但 Barro（2006）的模型设定同样具有局限性，主要表现为采用了固定灾难模式，即灾难发生的概率和灾难导致的损失程度均为常数；在此基础上，后续的研究对此进行了拓展，主要表现为引入了时变灾难模型，例如 Farhi 和 Gabaix（2016）发现包含汇率的时变灾难模型可以解释套利交易的远期溢价之谜；赵向琴和袁靖（2016）发现时变灾难模型可以较好地解释我国股票市场上的股权溢价之谜。

第二类是分析预期灾难冲击对宏观经济波动的影响。Barro（2009）对灾难冲击经济波动效应的分析表明，灾难冲击造成的社会福利损失与年 GDP 下降20%的效果相当；Gourio（2012）将 TFP 灾难冲击与资本灾难冲击植入真实经济周期（RBC）模型，探讨了封闭经济下预期灾难冲击的经济波动效应；庄子罐等（2012）研究了预期灾难冲击与中国宏观稳定政策的关系，认为中国宏观稳定政策的收益主要来源于降低灾难发生的概率；陈国进等（2014）在 RBC 模型中植入 TFP 灾难冲击、资本灾难冲击与双重灾难冲击三种灾难冲击形式，研究发现，双重灾难冲击对中国经济的负面影响以及对中国经济的解释能力大于其他两种灾难冲击。

第三类是分析宏观经济政策对预期灾难冲击的调控效果。Niemann 和 Pichler（2011）在 DSGE 模型中植入 TFP 灾难冲击并对承诺规则与相机抉择两种政策方式进行了比较，研究发现承诺规则的财政政策与货币政策优于相机抉择的财政政策与货币政策；赵向琴等（2017）在 DSGE 模型中引入政府生产性支出，研究表明政府生产性支出可以在一定程度上降低 TFP 灾难冲击对消费和产出等经济变量的负面影响；郭栋（2020）基于 DSGE 模型对预期灾难冲击下不同货币政策机制的防御能力进行了评价，研究发现价格型和数量型组合的混合型货币政策是应对预期灾难冲击的最佳货币政策形式。

总结上述研究可以发现，已有关于预期灾难冲击的研究存在如下不足：一方面，全球经济的高度融合使得一国经济波动受到内部因素和外部因素的共同影响，已有关于预期灾难冲击经济波动效应的研究大多基于封闭经济 DSGE 模型，鲜有文献从预期灾难冲击跨国传导效应的角度对其进行分析。由于预期灾难冲击跨国传导效应的强弱与影响一国经济波动的因素息息相关，而影响一国经济波动的主要因素包括贸易开放度与资本账户开放度（许和连等，2006；蒋仁爱和冯根福，2012）。因此，从国际贸易开放度与资本账户开放度的视角对预期灾难冲击的跨国传导效应进行研究尤为必要。另一方面，已有研究表明，全球主要央行采取的货币政策往往表现出较强的溢出效应（胡小文，2017；李政等，2021），2008 年全球金融危机与 2020 年灾难冲击下货币政策的溢出效应表现更为明显，因此，全球范围内的货币政策协调合作日益受到重视。但目前对于预期灾难冲击下货币政策调控效果的研究仅关注本国货币政策对本国经济的调控效果，缺少预期灾难冲击跨国传导效应下的货币政策调控分析。

Obstfeld and Rogoff（1995）最早构建开放经济 DSGE 模型来解释货币政策和财政政策的社会福利效应。以 Obstfeld and Rogoff（1995）的研究为开端，新开放经济宏观经济学不断将 DSGE 模型的思想纳入开放经济环境。近年来，开放经济 DSGE 模型在宏观经济政策的跨国传导效应方面得到广泛运用。例如 Gali and Monacelli（2005）在小国开放经济 DSGE 模型下比较了基于国内通胀、基于消费者价格指数、汇率挂钩规则三种不同类型的货币政策对小国开放经济的影响；Lubik and Schorfheide（2005）分析了开放经济环境中货币政策冲击的传导机制；黄志刚和郭桂霞（2016）基于小国开放经济 DSGE 模型，模拟了国内利率冲击、国外利率冲击和资本流动冲击对宏观经济波动和社会福利的影响；范爱军和卞学字（2018）将贸易品美元定价约束纳入新开放经济宏观经济学（NOEM）理论框架，利用两国季度数据，对不同资本市场结构下的两国模型进行参数估计，分析了通货膨胀目标冲击的国际传导和社会福利效应；马理和文程浩（2021）构建了两国 DSGE 模型研究了外国的利率调整与税率调整对中国经济的影响；朱孟楠和徐云娇（2021）基于 NOEM – DSGE 模型分析关税与汇率之间的互动关系以及央行干预下的最优汇率安排制度。

基于上述研究不足以及 DSGE 模型在开放经济宏观经济学中的成熟运用，我们尝试构建一个包含 TFP 灾难冲击的两国 DSGE 模型，从经济开放度中的贸易开放度、资本账户开放度两个角度对两国 TFP 灾难冲击的跨国传导效应以及两国货币政策的调控效果进行研究。

第二节　灾难冲击、系统性金融风险跨国传染与政策调控理论建模

一、两国 DSGE 模型框架

借鉴 Gali 和 Monacelli（2005）的小型开放经济建模思路，我们构建

了一个包含两国 TFP 灾难冲击的 DSGE 模型。模型中的经济主体包括：两国居民、两国最终厂商、两国中间厂商和两国中央银行。参考梅冬州和龚六堂（2011）、黄志刚和郭桂霞（2016）的设定，我们假设本国居民能够持有两国债券，而外国居民只能持有外国债券。两国居民通过选择国内外商品消费组合、劳动供给、债券持有而最大化终生效用的现值。两国中间厂商利用各国居民提供的劳动生产差异化的中间品，并对居民支付工资。两国最终厂商从各国中间厂商购入中间品进行同质最终品的生产，并将最终品卖给两国居民。两国中央银行执行货币政策。

（一）两国居民

根据开放经济的标准设定，本国（外国）居民总消费 $C_t(C_t^*)$ 由对本国商品的实际消费 $C_{d,t}(C_{d,t}^*)$ 和对外国商品的实际消费 $C_{f,t}(C_{f,t}^*)$ 复合而成[①]：

$$C_t = \left[(\omega)^{\frac{1}{\eta}}(C_{d,t})^{\frac{\eta-1}{\eta}} + (1-\omega)^{\frac{1}{\eta}}(C_{f,t})^{\frac{\eta-1}{\eta}} \right]^{\frac{\eta}{\eta-1}} \tag{11.1}$$

$$C_t^* = \left[(\omega^*)^{\frac{1}{\eta}}(C_{d,t}^*)^{\frac{\eta-1}{\eta}} + (1-\omega^*)^{\frac{1}{\eta}}(C_{f,t}^*)^{\frac{\eta-1}{\eta}} \right]^{\frac{\eta}{\eta-1}} \tag{11.2}$$

其中，参数 $\omega \in [0,1]$ 和 $\omega^* \in [0,1]$ 分别反映两国居民对本国商品的偏好，$\eta > 0$ 为两国商品消费需求的替代弹性，当 η 越大时，说明两者之间的替代越容易，当 $\eta = +\infty$ 时满足 $C_t = C_{d,t} + C_{f,t}$、$C_t^* = C_{d,t}^* + C_{f,t}^*$。假设存在 $[0,1]$ 连续统的不同商品，$C_{d,t}$、$C_{d,t}^*$、$C_{f,t}$ 及 $C_{f,t}^*$ 都具有如下 CES 函数形式：

$$C_{d,t} = \left[\int_0^1 C_{d,t}(i)^{\frac{\phi-1}{\phi}} \mathrm{d}i \right]^{\frac{\phi}{\phi-1}} \tag{11.3}$$

$$C_{d,t}^* = \left[\int_0^1 C_{d,t}^*(i)^{\frac{\phi-1}{\phi}} \mathrm{d}i \right]^{\frac{\phi}{\phi-1}} \tag{11.4}$$

$$C_{f,t} = \left[\int_0^1 C_{f,t}(i)^{\frac{\phi^*-1}{\phi^*}} \mathrm{d}i \right]^{\frac{\phi^*}{\phi^*-1}} \tag{11.5}$$

$$C_{f,t}^* = \left[\int_0^1 C_{f,t}^*(i)^{\frac{\phi^*-1}{\phi^*}} \mathrm{d}i \right]^{\frac{\phi^*}{\phi^*-1}} \tag{11.6}$$

其中，ϕ 为本国商品的替代弹性，ϕ^* 为外国商品的替代弹性（Gali and Monacelli，2005）。两国居民消费者价格指数（CPI）P_t 与 P_t^* 表示为：

$$P_t = \left[\omega(P_{d,t})^{1-\eta} + (1-\omega)(P_{f,t})^{1-\eta} \right]^{\frac{1}{1-\eta}} \tag{11.7}$$

[①]　由于涉及中国和外国两个经济体，以变量右下角的 d 和 f 分别表示中国和外国生产的商品，变量右上角的符号"$*$"表示外国的经济活动，如 $C_{f,t}^*$ 表示在外国生产且由外国居民消费的商品。

$$P_t^* = \left[\omega^* (P_{d,t}^*)^{1-\eta} + (1-\omega^*)(P_{f,t}^*)^{1-\eta} \right]^{\frac{1}{1-\eta}} \tag{11.8}$$

其中，$P_{d,t}$ 和 $P_{d,t}^*$ 分别为本国商品的国内价格和出口价格，$P_{f,t}$ 和 $P_{f,t}^*$ 分别为外国商品的出口价格和国内价格。$P_{d,t}$ 和 $P_{f,t}$ 均采用人民币计价，$P_{d,t}^*$ 和 $P_{f,t}^*$ 均采用美元计价。参考 Engel and Wang (2011) 引入贸易成本 $\tau \in [0, 1)$，τ 越大代表两国贸易开放度越低①，令 S_t 为名义汇率，根据一价定律得到 $P_{f,t} = S_t P_{f,t}^* / (1-\tau)$、$P_{d,t}/(1-\tau) = S_t P_{d,t}^*$。定义本国贸易条件为本国商品和本国进口的外国商品的相对价格 $ToT_t = P_{f,t}/P_{d,t} = P_{f,t}^* / [P_{d,t}^*(1-\tau)^2]$，实际汇率 $s_t = S_t P_t^* / P_t$。根据两国居民消费预算约束得到两国居民的消费支出表达式：

$$C_{d,t} = \omega \left(\frac{P_t}{P_{d,t}} \right)^{\eta} C_t \tag{11.9}$$

$$C_{f,t} = (1-\omega) \left(\frac{P_t}{P_{f,t}} \right)^{\eta} C_t \tag{11.10}$$

$$C_{d,t}^* = \omega^* \left(\frac{P_t^*}{P_{d,t}^*} \right)^{\eta} C_t^* \tag{11.11}$$

$$C_{f,t}^* = (1-\omega^*) \left(\frac{P_t^*}{P_{f,t}^*} \right)^{\eta} C_t^* \tag{11.12}$$

本国居民通过选择总消费、劳动供给、本国债券持有和外国债券来最大化其一生效用的现值：

$$\max_{C_t, L_t, B_t, B_t^*} E_0 \sum_{t=0}^{\infty} \beta^t U(C_t, L_t) = E_0 \sum_{t=0}^{\infty} \beta^t \left\{ \frac{(C_t)^{1-\sigma_c}}{1-\sigma_c} - \frac{(L_t)^{1+\sigma_l}}{1+\sigma_l} \right\}$$

$$\tag{11.13}$$

其中，β 为本国居民的主观贴现因子，σ_c 为本国居民的相对风险厌恶系数，σ_l 的倒数为本国居民的劳动供给 Frisch 弹性。

这里效用函数的设定总体上与主流 DSGE 模型设定相一致，在本章中我们主要研究的问题是开放经济下（如资本账户的开放）灾难冲击的风险传染和货币政策调控，因此与第十章中的效用函数的设定不同，一国居民的消费效用不仅来自本国商品消费，还来自外国商品消费带来的效用、影响和宏观经济政策调控，同时为了简化模型，本章不讨论政府消费和劳动供给对居民消费的影响，因此，在效用函数设定中不包含政府消费和劳动供给。

本国居民的预算约束方程为：

---

① 在 Engel and Wang (2011) 的设定中，两国的贸易成本是对称的，我们也采取同样的设定。

$$C_t + \frac{B_t}{P_t} + \frac{S_t B_t^*}{P_t}\left[1 + \frac{\phi_b}{2}(\psi_t - \psi)^2\right] \leqslant \frac{W_t L_t}{P_t} + \frac{R_{t-1} B_{t-1}}{P_t} + \frac{R_{t-1}^f S_t B_{t-1}^*}{P_t} + \Gamma_t$$

$$(11.14)$$

其中，L_t 为本国居民劳动供给，W_t 为本国居民名义工资水平，B_t 和 B_t^* 分别为本国居民对本国债券和外国债券的名义持有量，$\psi_t = S_t B_t^* / (B_t + S_t B_t^*)$ 为本国居民对外国债券的名义持有份额，ψ 为稳态时的本国居民对国外债券的名义持有份额，ϕ_b 为债券组合持有的调整成本参数，刻画了资本跨境流动的自由度，ϕ_b 越大代表资本账户开放度越低（Chang et al.，2015）。R_t 和 R_t^f 分别为本国居民持有本国债券和外国债券的名义回报率，Γ_t 为本国居民从本国厂商获得的利润。通过拉格朗日方程，得到如下一阶条件：

$$w_t = (L_t)^{\sigma_l}(C_t)^{\sigma_c} \tag{11.15}$$

$$1 = \beta E_t\left\{\frac{(C_{t+1})^{-\sigma_c}}{(C_t)^{-\sigma_c}}\frac{R_t}{\pi_{t+1}}\right\} + \phi_b(\psi_t - \psi)\psi_t^2 \tag{11.16}$$

$$1 = \beta E_t\left\{\frac{(C_{t+1})^{-\sigma_c}}{(C_t)^{-\sigma_c}}\frac{S_{t+1}}{S_t}\frac{R_t^f}{\pi_{t+1}}\right\} - \phi_b(\psi_t - \psi)(\psi_t - \psi_t^2) - \frac{\phi_b}{2}(\psi_t - \psi)^2$$

$$= \beta E_t\left\{\frac{(C_{t+1})^{-\sigma_c}}{(C_t)^{-\sigma_c}}\frac{s_{t+1}}{s_t}\frac{R_t^f}{\pi_{t+1}^*}\right\} - \phi_b(\psi_t - \psi)(\psi_t - \psi_t^2) - \frac{\phi_b}{2}(\psi_t - \psi)^2$$

$$(11.17)$$

其中，$w_t = W_t/P_t$ 为本国居民实际工资水平，$\pi_t = P_t/P_{t-1}$ 为本国通胀率，令 $\pi_{d,t} = P_{d,t}/P_{d,t-1}$ 为本国商品通胀率。同本国居民，外国居民通过选择总消费、劳动供给和外国债券最大化其一生效用的现值：

$$\max_{C_t^*,L_t^*,B_{f,t}^*} E_0\sum_{t=0}^{\infty}\beta^* U^*(C_t^*, L_t^*) = E_0\sum_{t=0}^{\infty}(\beta^*)^t\left\{\frac{(C_t^*)^{1-\sigma_c^*}}{1-\sigma_c^*} - \frac{(L_t^*)^{1+\sigma_l^*}}{1+\sigma_l^*}\right\}$$

$$(11.18)$$

其中，β^* 为外国居民的主观贴现因子，σ_c^* 为外国居民的相对风险厌恶系数，σ_l^* 的倒数为外国居民的劳动供给 Frisch 弹性。外国居民的预算约束方程为：

$$C_t^* + \frac{B_{f,t}^*}{P_t^*} \leqslant \frac{R_{t-1}^* B_{f,t-1}^*}{P_t^*} + \frac{W_t^* L_t^*}{P_t^*} + \frac{\Gamma_t^*}{P_t^*} \tag{11.19}$$

其中，R_t^* 为外国居民持有外国债券的名义回报率，L_t^* 为外国居民劳动供给，W_t^* 为外国居民名义工资水平，Γ_t^* 为外国居民从外国厂商获得的利润，$B_{f,t}^*$ 为外国居民对外国政府发行债券的名义持有量。同理，得到外国居民的最优化条件为：

$$w_t^* = (C_t^*)^{\sigma_c^*} (L_t^*)^{\sigma_l^*} \tag{11.20}$$

$$\frac{1}{R_t^*} = \beta^* E_t \left\{ \frac{(C_{t+1}^*)^{-\sigma_c^*}}{(C_t^*)^{-\sigma_c^*} \pi_{t+1}^*} \right\} \tag{11.21}$$

其中，$w_t^* = W_t^*/P_t^*$ 为外国居民实际工资水平，$\pi_t^* = P_t^*/P_{t-1}^*$ 为外国通胀率，令 $\pi_{f,t} = P_{f,t}^*/P_{f,t-1}^*$ 为外国商品通胀率。

开放经济环境下，由于存在一定程度的资本管制，本国居民拥有的外国债券规模不可能无限扩大，并且本国居民购买外国债券可能存在中间成本，两国居民持有的外国债券收益率不是等价的。借鉴刘斌（2010）的做法，考虑本国居民对外国债券名义持有总额与本国名义产出的比值对本国居民持有外国债券收益率的影响，即本国居民持有外国债券的利率取决于外国债券的名义回报率以及利率溢价：

$$R_t^f = R_t^* \exp\left[-(b_{t-1}^*/b^* - 1) \right] \tag{11.22}$$

其中，$b_{t-1}^* = B_{t-1}^* S_t/P_{d,t} Y_{d,t}$ 为本国居民对外国债券名义持有总额与本国名义产出的比值，b^* 为其稳态值。根据式（11.22）可知，当 b_{t-1}^* 超过其稳态水平时有 $R_t^f < R_t^*$，且 R_t^f 随着 b_{t-1}^*/b^* 的增加而下降，该条件保证了本国居民对外国债券名义持有总额保持在适当的范围内。由式（11.16）、式（11.17）和式（11.22）得到：

$$\beta E_t \left\{ \frac{(C_{t+1})^{-\sigma_c}}{(C_t)^{-\sigma_c}} \frac{s_{t+1}}{s_t} \frac{R_t^* \exp\left[-(b_{t-1}^*/b^* - 1) \right]}{\pi_{t+1}^*} \right\} - \phi_b(\psi_t - \psi) \psi_t - \frac{\phi_b}{2}(\psi_t - \psi)^2$$

$$= \beta E_t \left\{ \frac{(C_{t+1})^{-\sigma_c}}{(C_t)^{-\sigma_c}} \frac{R_t}{\pi_{t+1}} \right\} \tag{11.23}$$

将式（11.23）与式（11.21）结合，得到对应的国际风险共担条件：

$$\frac{\beta}{\beta^*} E_t \left\{ \frac{(C_t^*)^{-\sigma_c^*}}{(C_{t+1}^*)^{-\sigma_c^*}} \frac{(C_{t+1})^{-\sigma_c}}{(C_t)^{-\sigma_c}} \frac{s_{t+1}}{s_t} \right\} \exp\left[-(b_{t-1}^*/b^* - 1) \right]$$

$$= 1 - \phi_b \psi_t^3 + \phi_b \psi \psi_t^2 + \frac{3\phi_b}{2} \psi_t^2 - 2\phi_b \psi \psi_t + \frac{\phi_b}{2} \psi^2 \tag{11.24}$$

Gali and Monacelli（2005）假定不存在资本管制，本国居民可以利用国际金融市场实现完全的风险共担。根据式（11.24），本国居民对外国债券名义持有总额以及资本账户开放度会对本国居民风险的国际共担产生重要影响。

（二）两国厂商部门

1. 两国最终厂商

这里对最终厂商生产函数的设定与主流 DSGE 模型的设定相一致。参考生产部门的标准化设定，经济体中存在一系列连续且从事中间品生产的两国中间厂商，两国中间厂商都用符号 i 表示且 $i \in [0,1]$。为求解模型方面，假设两国最终厂商都处于完全竞争的市场环境中，并通过从各国中间厂商购买中间品 $Y_{d,t}(i) [Y_{f,t}(i)]$ 进行最终品 $Y_{d,t}(Y_{f,t})$ 的生产：

$$Y_{d,t} = \left[\int_0^1 Y_{d,t}(i)^{\frac{\phi-1}{\phi}} di \right]^{\frac{\phi}{\phi-1}} \tag{11.25}$$

$$Y_{f,t} = \left[\int_0^1 Y_{f,t}(i)^{\frac{\phi^*-1}{\phi^*}} di \right]^{\frac{\phi^*}{\phi^*-1}} \tag{11.26}$$

其中，ϕ 和 ϕ^* 分别为本国中间品的替代弹性与外国中间品的替代弹性。两国最终厂商在生产力约束下实现利润最大化，得到两国中间品的需求函数：

$$Y_{d,t}(i) = \left[\frac{P_{d,t}(i)}{P_{d,t}} \right]^{-\phi} Y_{d,t} \tag{11.27}$$

$$Y_{f,t}(i) = \left[\frac{P_{f,t}^*(i)}{P_{f,t}^*} \right]^{-\phi^*} Y_{f,t} \tag{11.28}$$

由于完全竞争，均衡时两国最终厂商将获得零利润，得到两国本国商品价格和单个中间品价格关系为 $P_{d,t} = \left[\int_0^1 P_{d,t}(i)^{1-\phi} di \right]^{\frac{1}{1-\phi}}$ 和 $P_{f,t}^* = \left[\int_0^1 P_{f,t}^*(i)^{1-\phi^*} di \right]^{\frac{1}{1-\phi^*}}$。

2. 两国中间厂商

为简化分析，假设资本投入为无弹性供给，并标准化为 1[①]。因此，将处于垄断竞争市场的两国中间厂商的生产函数设定如下：

$$Y_{d,t}(i) = \left[(1 - pro_t \times b) A_t \right] L_t(i)^{\alpha} \tag{11.29}$$

$$Y_{f,t}(i) = \left[(1 - pro_t^* \times b^*) A_t^* \right] L_t^*(i)^{\alpha^*} \tag{11.30}$$

其中，A_t 与 A_t^* 分别为本国与外国的全要素生产率（TFP），α 和 α^* 分别为本国与外国的劳动产出弹性，关于灾难冲击对生产部分影响的主流文献相一致，假设灾难冲击影响到本国和外国厂商的全要素生产率，因此在市场函数中引入灾难冲击后 TFP 下降的程度和灾难冲击发生的概率。假设 pro_t 与 pro_t^* 分别是本国与外国 TFP 灾难发生的概率，b 与 b^* 分别度量了灾难发生后本国与外国 TFP 下降的幅度。参考预期灾难冲击文献的一般设定，将 TFP 灾难的发生概率设定为如下过程（带符号 "^" 的变量为其对数线性化形式）：

$$\widehat{pro}_t = \rho_{pro} \widehat{pro}_{t-1} + \varepsilon_t^{pro} \tag{11.31}$$

---

① Niemann and Pichler (2011)、Gali and Monacelli (2005) 也采取了相同的简化形式。

$$\widehat{pro}_t^* = \rho_{pro*}\widehat{pro}_{t-1}^* + \varepsilon_t^{pro*} \qquad (11.32)$$

其中，$\rho_{pro}(\rho_{pro*})$ 为本国（外国）TFP 灾难发生概率的持续性参数，$\varepsilon_t^{pro} \sim i.i.d. N(0, \sigma_{pro}^2)$ 与 $\varepsilon_t^{pro*} \sim i.i.d. N(0, \sigma_{pro*}^2)$ 分别为本国 TFP 灾难概率冲击与外国 TFP 灾难概率冲击（参考已有文献的做法，将 TFP 灾难概率冲击称为"TFP 灾难冲击"）。根据成本最小化得到两国中间厂商的一阶条件：

$$mc_{d,t} = \alpha^{-1}\frac{W_t}{P_{d,t}}\left[(1 - pro_t \times b)A_t\right]^{-\frac{1}{\alpha}}\left[Y_{d,t}(i)\right]^{\frac{1-\alpha}{\alpha}} \qquad (11.33)$$

$$mc_{f,t} = \alpha^{*-1}\frac{W_t^*}{P_{f,t}^*}\left[(1 - pro_t^* \times b^*)A_t^*\right]^{-\frac{1}{\alpha^*}}\left[Y_{f,t}(i)\right]^{\frac{1-\alpha^*}{\alpha^*}} \qquad (11.34)$$

其中，$mc_{d,t}$ 和 $mc_{f,t}$ 分别为两国中间厂商的实际边际成本。

3. 两国 TFP 水平

参考标准 DSGE 模型的设定，本国全要素生产率与外国全要素生产率均服从随机游走过程 $\hat{A}_t = \rho_a\hat{A}_{t-1} + \varepsilon_{a,t}$、$\hat{A}_t^* = \rho_a^*\hat{A}_{t-1}^* + \varepsilon_{a,t}^*$，$\rho_a$ 与 ρ_a^* 分别为本国（外国）全要素生产率持续性参数，$\varepsilon_{a,t} \sim i.i.d. N(0, \sigma_a^2)$ 与 $\varepsilon_{a,t}^* \sim i.i.d. N(0, \sigma_a^{*2})$ 分别为本国与外国全要素生产率冲击。

4. 两国厂商定价

假设每期有 $1 - \theta$ 比例的本国中间厂商能够将价格调整为最优水平 $P_{d,t}^{\#}(i)$，θ 比例的本国中间厂商保持价格水平不变。在需求约束下，代表性本国中间厂商的最优化问题为：

$$\max_{P_{d,t}^{\#}(i)}E_t\sum_{s=0}^{\infty}\theta^s\Lambda_{d,t+s}\left[Y_{d,t+s}(i)P_{d,t}^{\#}(i) - \psi_{d,t+s}(Y_{d,t+s}(i))\right] \qquad (11.35)$$

其中，$\Lambda_{d,t+s} = \beta^s U_C(C_{t+s}, L_{t+s})/U_C(C_t, L_t)$ 为本国中间厂商的随机贴现因子，$\psi_{d,t+s}(\cdot)$ 为本国中间厂商的名义总成本，则本国中间厂商的名义边际成本为：$MC_{d,t+s}(i) = \partial\psi_{d,t+s}(Y_{d,t+s}(i))/\partial Y_{d,t+s}(i)$。式（11.35）对应的一阶条件为：

$$P_{d,t}^{\#}(i) = \frac{\phi}{\phi - 1}\frac{E_t\sum_{s=0}^{\infty}\theta^s\Lambda_{d,t+s}Y_{d,t+s}(i)MC_{d,t+s}(i)}{E_t\sum_{s=0}^{\infty}\theta^s\Lambda_{d,t+s}Y_{d,t+s}(i)} \qquad (11.36)$$

本国商品的总价格方程为：

$$P_{d,t} = \left[(1 - \theta)(P_{d,t}^{\#})^{1-\phi} + \theta(P_{d,t-1})^{1-\phi}\right]^{\frac{1}{1-\phi}} \qquad (11.37)$$

同本国中间厂商，假设每期有 $1 - \theta^*$ 比例的外国中间厂商能够将价格调整为最优水平 $P_{f,t}^{*\#}(i)$，θ^* 比例的外国中间厂商保持价格水平不变。同理得到外国商品的总价格方程：

$$P_{f,t}^* = \left[(1-\theta^*)(P_{f,t}^{*\#})^{1-\phi^*} + \theta^*(P_{f,t-1}^*)^{1-\phi^*} \right]^{\frac{1}{1-\phi^*}} \qquad (11.38)$$

（三）两国中央银行

为了更好地分析两国宽松货币政策对两国 TFP 灾难冲击的调控效果，参考梅冬州和赵晓军（2015）的做法，将两国货币政策分别设定为如下的 Taylor 规则形式：

$$\hat{R}_t = \rho_r \hat{R}_{t-1} + (1-\rho_r)\varphi_y \hat{Y}_{d,t} + (1-\rho_r)\varphi_\pi \hat{\pi}_t + (1-\rho_r)\varphi_s \hat{s}_t + \varepsilon_{r,t} - \rho_{pro}\varepsilon_t^{pro}$$

$$(11.39)$$

$$\hat{R}_t^* = \rho_r^* \hat{R}_{t-1}^* + (1-\rho_r^*)\varphi_y^* \hat{Y}_{f,t} + (1-\rho_r^*)\varphi_\pi^* \hat{\pi}_t^* + \varepsilon_{r,t}^* - \rho_{pro*}\varepsilon_t^{pro*}$$

$$(11.40)$$

其中，ρ_r 和 ρ_r^* 分别为本国和外国名义利率的平滑系数，φ_y、φ_π 和 φ_s 分别为本国名义利率对本国产出 $Y_{d,t}$、本国通胀率 π_t 和实际汇率 s_t 的反应系数。φ_y^* 和 φ_π^* 分别为外国名义利率对外国产出 $Y_{f,t}$ 和外国通胀率 π_t^* 的反应系数。$\varepsilon_{r,t} \sim i.i.d. N(0, \sigma_r^2)$ 和 $\varepsilon_{r,t}^* \sim i.i.d. N(0, (\sigma_r^*)^2)$ 分别为本国货币政策冲击与外国货币政策冲击。$\rho_{pro} \geq 0$ 与 $\rho_{pro*} \geq 0$ 分别为两国货币政策对两国 TFP 灾难冲击的反应系数。

（四）本国政府部门

假设本国政府财政支出与本国产出具有比例关系 $G_t = (1-1/\tau_t^g)Y_{d,t}$，比值 τ_t^g 满足如下一阶自回归过程 $\hat{\tau}_t^g = \rho_g \hat{\tau}_{t-1}^g + \varepsilon_t^g$。其中，$\rho_g$ 为本国政府财政支出比值的持续性参数，τ^g 为其稳态值，$\varepsilon_t^g \sim i.i.d. N(0, \sigma_g^2)$ 为政府财政支出冲击的随机扰动项。本国政府的预算约束为 $P_{d,t}G_t = B_t - R_{t-1}B_{t-1}$，其含义为本国政府通过增发国内债券用来支付本期的政府支出和偿还上期的国内债券利息从而实现预算平衡，对财政支出冲击和财政预算约束的设定与马文涛和魏福成（2011）一致。

（五）两国市场出清

本国（外国）生产的商品除了本国居民的消费，还有一部分出口到国外，而出口到国外的商品则由国外居民消费和贸易成本两部分构成。两国商品市场出清条件分别满足：

$$Y_{d,t} = C_{d,t} + \frac{C_{d,t}^*}{1-\tau} + G_t + \frac{S_t B_t^*}{P_t}\frac{\phi_b}{2}(\psi_t - \psi)^2 \qquad (11.41)$$

$$Y_{f,t} = C_{f,t}^* + \frac{C_{f,t}}{1-\tau} \qquad (11.42)$$

本国居民对外国债券名义持有总额由下面的方程决定：

$$B_t^* = R_{t-1}^f B_{t-1}^* + P_{d,t}^* C_{d,t}^* - P_{f,t} C_{f,t}/S_t \qquad (11.43)$$

二、参数校准、贝叶斯估计与历史方差分解

（一）数据说明

我们选用季度数据，数据来源于 Wind，时间跨度是 2000 年一季度至 2020 年四季度。我们分别选取中国与美国作为本国与外国参考对象，中国观测变量包括 GDP 与全社会消费品零售总额，美国观测变量包括美国 GDP 与美国居民消费支出。为了与模型方程保持一致，所有观测变量通过季节性调整以及 HP 滤波除去趋势因素。我们基于 Matlab 2018b 软件及其嵌套软件包 Dynare 4.4.3 完成数值模拟。

（二）参数校准

参数主要包括与经济稳态相关参数以及与经济动态相关参数两类。参考现有文献对稳态参数进行校准。基准模型中，将贸易成本 τ 设定为 0.1，将债券组合调整成本 ϕ_b 设定为 0.4，将 ρ_{pro} 与 ρ_{pro*} 均设定为 0，与经济稳态相关参数的校准结果与校准依据如表 11-1 所示。

表 11-1　　　　　　　参数和变量稳态值校准情况

参数	描述说明	校准	校准依据	参数	描述说明	校准	校准依据
β	中国居民的主观贴现因子	0.99	黄志刚和郭桂霞（2016）	$pro \times b^*$	稳态时中国 TFP 下降的幅度	0.43	陈国进等（2014）
β^*	美国居民的主观贴现因子	0.986	金中夏和洪浩（2015）	$pro^* \times b^*$	稳态时美国 TFP 下降的幅度	0.5	Niemann and Pichler（2011）
ω	中国居民对中国商品的偏好	0.75	黄志刚和郭桂霞（2016）	ϕ	中国中间品的替代弹性	6	马骏等（2016）
ω^*	美国居民对中国商品的偏好	0.15	金中夏和洪浩（2015）	ϕ^*	美国中间品的替代弹性	11	Niemann and Pichler（2011）
τ	贸易成本	0.1	Engel and Wang（2011）	α	中国劳动产出弹性	0.55	朱军等（2019）
η	两国商品消费需求替代弹性	1	梅冬州和龚六堂（2011）	α^*	美国劳动产出弹性	0.66	Gourio（2012）
σ_c	中国居民相对风险厌恶系数	2.11	邓贵川和谢丹阳（2020）	θ	不能调价的中国中间厂商比例	0.75	梅冬州和龚六堂（2012）
σ_c^*	美国居民相对风险厌恶系数	1.5	Smets 和 Wouters（2007）	θ^*	不能调价的美国中间厂商比例	0.75	梅冬州和龚六堂（2012）
σ_l	中国居民劳动供给弹性	2	李力等（2020）	ϕ_b	债券组合调整成本	0.4	彭红枫等（2018）
σ_l^*	美国居民劳动供给弹性	1.27	Justiniano 和 Preston（2010）	ψ	美国债券名义持有份额稳态	0.1	Chang 等（2015）

（三）基准模型的贝叶斯估计结果

在基准模型（$\tau = 0.1$、$\phi_b = 0.4$、$\rho_{pro} = \rho_{pro*} = 0$）下对无 TFP 灾难冲击和 TFP 灾难冲击两种情形下的两国货币政策参数、外生冲击的持续性参数和标准差进行贝叶斯估计。中国货币政策参数的先验分布形式参考马勇（2013）、唐琳等（2016）、美国货币政策参数的先验分布形式参考 Kolasa and Rubaszek（2015）。

参考大部分 DSGE 文献对外生冲击的一般设定形式，将所有外生冲击持续性参数设定为均值为 0.5、标准差为 0.1 的 Beta 分布，将所有外生冲击标准差设定为均值为 0.5、方差为正无穷量的逆 Gamma 分布。

根据表 11-2，除了中国货币政策对汇率的反应系数，在不存在两国 TFP 灾难冲击与存在两国 TFP 灾难冲击两种情形下，上述参数的后验估计结果较为一致。

表 11-2　　　　　　　　基准模型的贝叶斯估计结果

参数	先验分布	无两国 TFP 灾难冲击		存在两国 TFP 灾难冲击	
		后验均值	90% 置信区间	后验均值	90% 置信区间
φ_y	$G(0.5, 0.1)$	0.8588	[0.8207, 0.9002]	0.7723	[0.7301, 0.8314]
φ_π	$G(1.5, 0.1)$	1.5693	[1.5320, 1.5988]	1.5213	[1.4586, 1.5881]
φ_s	$G(0.2, 0.1)$	1.4005	[1.2874, 1.4897]	0.2432	[0.1521, 0.3158]
φ_y^*	$G(0.5, 0.1)$	1.2616	[1.1677, 1.3276]	0.9824	[0.9178, 1.0400]
φ_π^*	$G(1.5, 0.1)$	0.9543	[0.9487, 0.9610]	0.9693	[0.9595, 0.9815]
ρ_a	$B(0.5, 0.1)$	0.5948	[0.5648, 0.6374]	0.2068	[0.1575, 0.2640]
ρ_a^*	$B(0.5, 0.1)$	0.9436	[0.9360, 0.9505]	0.6178	[0.5338, 0.7107]
ρ_{pro}	$B(0.5, 0.1)$	—	—	0.5674	[0.4543, 0.6822]
ρ_{pro*}	$B(0.5, 0.1)$	—	—	0.9408	[0.9311, 0.9509]
ρ_r	$B(0.5, 0.1)$	0.3234	[0.2738, 0.3883]	0.2786	[0.2443, 0.3147]
ρ_r^*	$B(0.5, 0.1)$	0.0849	[0.0630, 0.1146]	0.1121	[0.0884, 0.1348]
ρ_g	$B(0.5, 0.1)$	0.1947	[0.1567, 0.2349]	0.4941	[0.4628, 0.5397]
σ_a	$IG(0.5, inf)$	0.0959	[0.0784, 0.1129]	0.0823	[0.0642, 0.0989]
σ_a^*	$IG(0.5, inf)$	0.1082	[0.0962, 0.1215]	0.0864	[0.0690, 0.1010]
σ_{pro}	$IG(0.5, inf)$	—	—	0.1059	[0.0812, 0.1299]
σ_{pro*}	$IG(0.5, inf)$	—	—	0.1381	[0.1126, 0.1645]

参数	先验分布	无两国 TFP 灾难冲击		存在两国 TFP 灾难冲击	
		后验均值	90% 置信区间	后验均值	90% 置信区间
σ_r	$IG(0.5, \text{inf})$	0.0814	$[0.0696, 0.0933]$	0.0810	$[0.0685, 0.0934]$
σ_r^*	$IG(0.5, \text{inf})$	0.0679	$[0.0631, 0.0723]$	0.0675	$[0.0603, 0.0741]$
σ_g	$IG(0.5, \text{inf})$	0.0601	$[0.0588, 0.0611]$	0.0601	$[0.0588, 0.0622]$

注：$B(u, \sigma)$、$G(u, \sigma)$、$IG(u, \sigma)$ 分别表示均值为 u、标准差为 σ 的贝塔（Beta）分布，伽马（Gamma）分布和逆伽马（Inverse‐Gamma）分布。

（四）历史方差分解

在现实经济环境下，所有不可观测的外生冲击共同作用于实际观测结果，历史方差分解主要用于考察不同外生冲击对经济变量在历史上偏离稳态的贡献程度。

图 11 - 2 与图 11 - 3 分别刻画了无 TFP 灾难冲击与存在灾难冲击两种情形下，样本期间内所有外生冲击对中国产出与中国居民消费动态演进的历史贡献值。图中的黑线描述了内生变量的平滑值偏离稳态程度，柱状图表示每种外生冲击对变量偏离稳态的贡献程度。

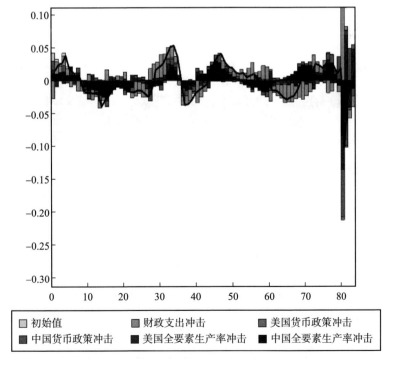

图例：
- □ 初始值
- ▨ 财政支出冲击
- ▨ 美国货币政策冲击
- ■ 中国货币政策冲击
- ■ 美国全要素生产率冲击
- ■ 中国全要素生产率冲击

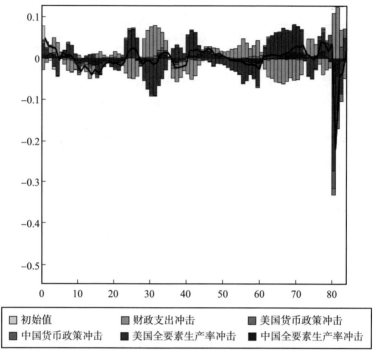

图 11 - 2 无灾难情形下中国产出与中国
居民消费的历史方差分解

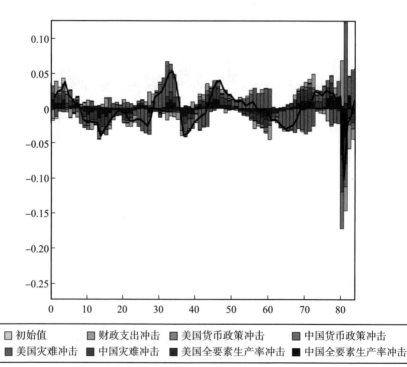

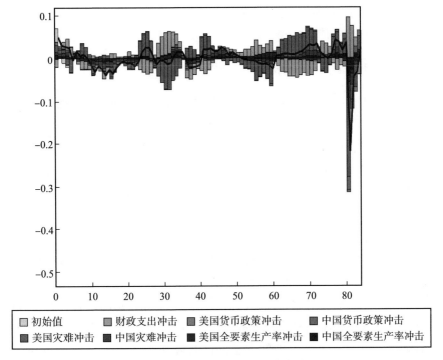

图 11 - 3　灾难情形下中国产出与中国
居民消费的历史方差分解

在中国产出方面，不管是无 TFP 灾难冲击或者是存在 TFP 灾难冲击，中国货币政策冲击与财政支出冲击对中国产出偏离稳态的贡献最大。

在中国居民消费方面，无 TFP 灾难冲击情形下，财政支出冲击与美国技术冲击对中国居民消费偏离稳态的贡献最大；存在 TFP 灾难冲击情形下，财政支出冲击与美国 TFP 灾难冲击对中国产出与中国居民消费偏离稳态的贡献最大，其他外生冲击的贡献程度相对不足。

第三节　灾难冲击的跨国传导效应分析

本部分首先分析基准模型下一个标准差的 TFP 灾难冲击对两国经济的影响；其次分析不同经济开放度（贸易开放度与资本账户开放度）下两国 TFP 灾难冲击对两国经济的影响；最后对模型进行拓展，分析两国宽松货币政策对 TFP 灾难冲击的调控效果。分析的变量包括两国产出、两国居民总消费、两国通胀率、两国利率、中国贸易条件以及实际汇率。在脉冲图中，横坐标表示时间（季度），纵坐标表示一个标准差的灾难冲击带来的内生变量对其稳态值的偏离。

一、TFP 灾难冲击的脉冲响应分析

图 11-4 刻画了中国 TFP 灾难冲击与美国 TFP 灾难冲击对两国经济的影响。通过图 11-4 可以发现，一个标准差的中国 TFP 灾难冲击首先导致中国产出下降，居民财富因此缩水，这种负的财富效应随后抑制中国居民总消费。价格变量方面，由于商品供给不足，中国 TFP 灾难冲击导致中国通胀率上升，为稳定物价水平，中国中央银行提高利率水平。两国贸易方面，由于中国商品的价格上涨幅度大于美国商品，中国贸易条件变差，中国实际汇率下降。中国 TFP 灾难冲击对美国产出的影响存在两种效应：第一种是替代效应，即中国贸易条件的恶化导致中国居民更偏好价格相对低廉的进口商品；第二种是财富效应，由于中国 TFP 灾难导致中国居民收入水平下降，中国居民对进口商品的需求也随之下降。总的来看，财富效应占据了主导地位，叠加利率抬升造成的流动性下降，美国产出与美国居民消费随之下降。上述关于 TFP 灾难冲击对宏观经济的影响与 Niemann 和 Pichler（2011）的结论是基本一致的。

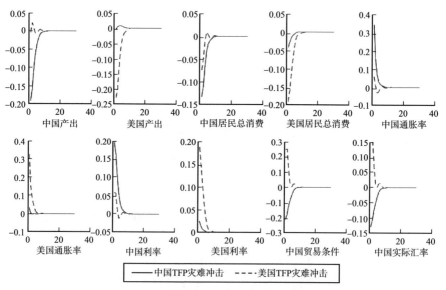

图 11-4　两国 TFP 灾难冲击的跨国传导

一个标准差的美国 TFP 灾难冲击使得美国生产率下降从而导致美国产

出下降。生产率的下降导致负的财富效应，且这种负的财富效应倾向于抑制美国居民总消费。价格变量方面，由于商品供给不足，美国 TFP 灾难冲击导致美国通胀率上升，为稳定物价水平，美国中央银行提高利率水平。两国贸易方面，由于中国进口商品价格的上涨幅度大于中国商品价格的上涨幅度，中国贸易条件得到改善，中国实际汇率上升，人民币贬值，这同时使得进口商品价格抬升，形成输入型通胀。美国 TFP 灾难冲击对中国产出的影响存在两种效应：第一种是跨期替代效应，即利率的上升使得中国居民总消费下降，对中国产出存在负面影响；第二种是支出转换效应，中国贸易条件的改善使得中国产出增加。但总的来看，跨期替代效应占据了主导地位，中国产出下降，但下降的幅度小于中国居民总消费的下降幅度。

二、两国不同贸易开放度下 TFP 灾难冲击的脉冲响应分析

为了考察两国不同贸易开放度下两国灾难冲击对两国经济的影响，我们将贸易成本 τ 划分为三个档次，分别取值 0.1、0.3 和 0.5，τ 越大代表两国贸易开放度越低。图 11 - 5 与图 11 - 6 分别刻画了两国不同贸易开放下中国灾难冲击与美国灾难冲击对两国经济的影响。

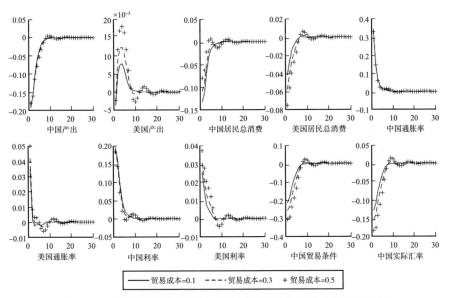

图 11 - 5　两国不同贸易开放度下中国 TFP 灾难冲击的跨国传导

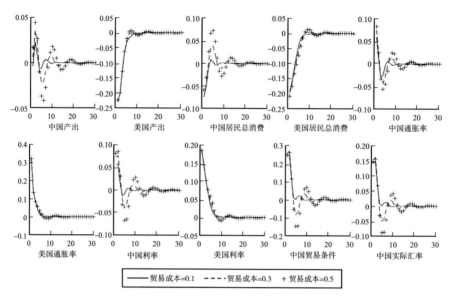

图 11-6　两国不同贸易开放度下美国 TFP 灾难冲击的跨国传导

通过图 11-5 可以发现，随着两国贸易开放度的下降：中国经济方面，中国 TFP 灾难冲击对中国居民总消费的负面影响减弱，其对中国产出、中国通胀率和中国利率的短期影响不明显；两国贸易方面，贸易开放度的下降造成中国商品更加昂贵，中国 TFP 灾难冲击强化了这种趋势从而导致随着贸易开放度的下降中国贸易条件也随之变差，中国实际汇率进一步受到打压，中国实际汇率下行幅度扩大；美国经济方面，两国贸易开放度的下降进一步强化了中国 TFP 灾难冲击对美国居民总消费、美国通胀率和美国利率的影响。

通过图 11-6 可以发现，随着两国贸易开放度的下降，中国经济方面，美国 TFP 灾难冲击对中国居民总消费的影响减弱、对中国通胀率与中国利率的影响增强、对中国产出的短期影响不明显，但第 4 期左右之后中国产出的下降幅度扩大；两国贸易方面，由于中国商品变得更加昂贵，中国贸易条件改善的态势逐渐减弱，中国实际汇率上升的态势减弱，人民币贬值的态势减弱；美国经济方面，美国 TFP 灾难冲击对美国居民总消费的影响增强，对美国通胀率、美国利率和美国产出的影响较小。本部分可以总结如下：两国贸易开放度的下降一方面不能削减外部 TFP 灾难冲击对两国经济的负面影响，另一方面不利于中国贸易条件的改善。

三、中国不同资本账户开放度下 TFP 灾难冲击的脉冲响应分析

我们将中国居民债券组合调整成本 ϕ_b 划分为三个档次，分别取值 0、

0.4 和 4，ϕ_b 越大代表资本账户开放度越低。图 11 – 7 与图 11 – 8 分别刻画了中国不同资本账户开放情况下中国 TFP 灾难冲击与美国 TFP 灾难冲击对两国经济的影响。通过图 11 – 7 与图 11 – 8 可以发现，随着中国资本账户开放度的下降，中国 TFP 灾难冲击与美国 TFP 灾难冲击对两国经济的影响比较小，说明两国 TFP 灾难冲击可能主要通过贸易渠道而非资本账户渠道对两国经济造成负面影响。

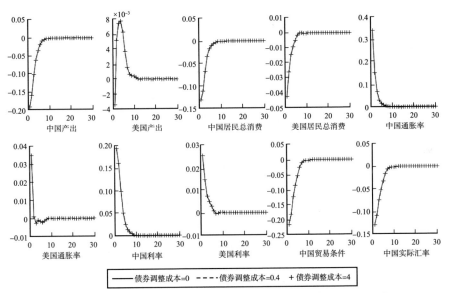

图 11 – 7　中国不同资本账户开放度下中国 TFP 灾难冲击的跨国传导

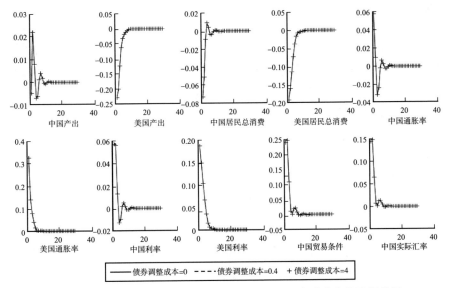

图 11 – 8　中国不同资本账户开放度下美国 TFP 灾难冲击的跨国传导

第四节　灾难冲击、系统性金融风险冲击的跨国传导与宏观政策调控效果

一、两国宽松货币政策的调控效果分析

由于 TFP 灾难冲击造成通胀率的上升，在 Taylor 规则的作用下，利率出现抬升，利率的抬升往往进一步抑制经济主体的活力，这不利于宏观经济走出 TFP 灾难冲击的负面影响。本部分进一步考察两国不同贸易开放度与中国不同资本账户开放度下，中国宽松的货币政策对中国 TFP 灾难冲击的调控效果。ρ_{pro} 与 $\rho_{pro\ *}$ 的取值均将其设定为 0.3。

（一）中国宽松货币政策对中国 TFP 灾难冲击的调控

图 11–9 与图 11–10 分别刻画了两国不同贸易开放度与中国不同资本账户开放度下，中国宽松货币政策对中国 TFP 灾难冲击的调控效果。根据图 11–9 与图 11–10 可以发现，中国宽松货币政策能够削弱中国 TFP 灾难冲击对中国经济的负面影响。具体而言，中国宽松的货币政策通过释放流动性改善了中国供给，在财富效应的作用下中国居民总消费得到改善。中国产出的增加改善了出口，从而导致中国 TFP 灾难冲击对美国居民总消费的影响减弱。受益于需求端的改善以及过多的货币追逐更少的中国商品，中国 TFP 灾难冲击对中国通胀率的影响增强。在中国宽松货币政策刺激下，中国商品相对进口商品价格走高，从而导致中国 TFP 灾难冲击对中国贸易条件和中国实际汇率的影响减弱。由于中国产出提高，中国居民对进口商品的需求相对下降，根据式（11.42），当美国出口商品的下降幅度超过美国居民对自产商品需求的上升幅度时，中国 TFP 灾难冲击对美国产出的负面影响会放大。

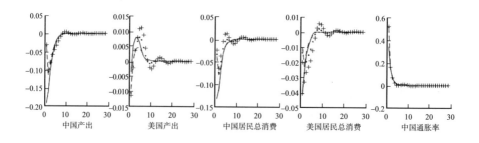

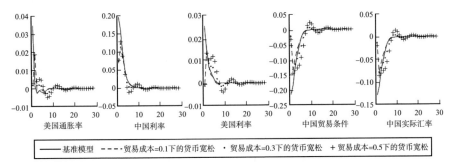

图 11 - 9　两国不同贸易开放度下中国宽松货币政策的调控效果

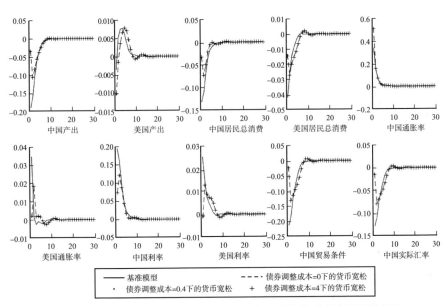

图 11 - 10　中国不同资本账户开放度下中国宽松货币政策的调控效果

（二）美国宽松货币政策对美国 TFP 灾难冲击的调控

图 11 - 11 与图 11 - 12 分别刻画了两国不同贸易开放度与中国不同资本账户开放度下，美国宽松货币政策对美国 TFP 灾难冲击的调控效果。根据图 11 - 11 与图 11 - 12 可以发现，美国宽松货币政策将削弱美国 TFP 灾难冲击对美国经济的负面影响。美国宽松货币政策对美国 TFP 灾难冲击的影响与中国宽松货币政策对中国 TFP 灾难冲击的影响机制基本相同，如果中国不采取货币政策的应对措施，美国宽松货币政策会放大美国 TFP 灾难冲击对中国产出的负面影响，即对中国产出存在挤出效应。

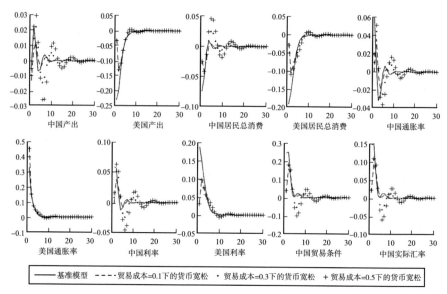

图 11 -11　中美两国不同经济开放度下美国宽松货币政策的调控效果

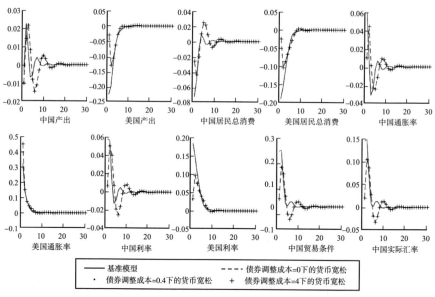

图 11 -12　中国不同资本账户开放度下美国宽松货币政策的调控效果

二、社会福利分析

社会福利分析的主要作用在于比较不同政策的优劣，本部分考察中国与美国不同贸易开放度、中国不同资本账户开放度以及两国实施宽松货币政策下的两国社会福利损失情况（结果见表 11 -3），社会福利损失越小，说明相关状态越理想。参考 Woodford（2003）、陈国进等（2018）的设定，两国居民的每期社会福利损失函数可以表述为：

$$wl_t = \frac{1-\sigma_c}{2}\mathrm{var}(\hat{C}_t) + \frac{U_L L}{U_C C}\frac{1+\sigma_l}{2}\mathrm{var}(\hat{L}_t) \qquad (11.44)$$

$$wl_t^* = \frac{1-\sigma_c^*}{2}\mathrm{var}(\hat{C}_t^*) + \frac{U_{L*} L^*}{U_{C*} C^*}\frac{1+\sigma_{l*}}{2}\mathrm{var}(\hat{L}_t^*) \qquad (11.45)$$

其中，wl_t 与 wl_t^* 分别为中国与美国的社会福利损失、$\hat{C}_t(\hat{C}_t^*)$ 和 $\hat{L}_t(\hat{L}_t^*)$ 分别为中国（美国）居民总消费和中国（美国）居民劳动供给的对数线性化形式，$C(C^*)$ 和 $L(L^*)$ 分别为对应的稳态值，$U_C(U_{C*})$ 和 $U_L(U_{L*})$ 分别为中国（美国）居民总消费边际效用的稳态值和中国（美国）居民劳动供给边际效用的稳态值。根据两国居民的社会福利损失函数，每期的社会福利损失主要取决于居民总消费和居民劳动供给的波动，由此可以计算出不同情形下两国居民的每期社会福利损失。

表 11－3　　　　　　　　　两国社会福利损失

基准模型	$\mathrm{var}(\hat{C}_t)$	$\mathrm{var}(\hat{L}_t)$	wl_t	$\mathrm{var}(\hat{C}_t^*)$	$\mathrm{var}(\hat{L}_t^*)$	wl_t^*
$\tau=0.1$、$\phi_b=0.4$、 $\rho_{pro}=0$、$\rho_{pro*}=0$	1.3600	8.7229	−8.6459	1.3078	8.0999	−5.8976
两国贸易开放度	$\mathrm{var}(\hat{C}_t)$	$\mathrm{var}(\hat{L}_t)$	wl_t	$\mathrm{var}(\hat{C}_t^*)$	$\mathrm{var}(\hat{L}_t^*)$	wl_t^*
$\tau=0.2$、$\phi_b=0.4$、 $\rho_{pro}=0$、$\rho_{pro*}=0$	1.2528	8.9396	−9.1361	1.2750	8.0306	−5.9238
$\tau=0.3$、$\phi_b=0.4$、 $\rho_{pro}=0$、$\rho_{pro*}=0$	1.1733	9.1326	−9.7805	1.2667	7.9886	−5.9851
$\tau=0.4$、$\phi_b=0.4$、 $\rho_{pro}=0$、$\rho_{pro*}=0$	1.1133	9.3325	−10.7364	1.2733	7.9640	−6.0675
$\tau=0.5$、$\phi_b=0.4$、 $\rho_{pro}=0$、$\rho_{pro*}=0$	1.0707	9.5690	−12.4059	1.2813	7.9507	−6.1376
中国资本账户开放度	$\mathrm{var}(\hat{C}_t)$	$\mathrm{var}(\hat{L}_t)$	wl_t	$\mathrm{var}(\hat{C}_t^*)$	$\mathrm{var}(\hat{L}_t^*)$	wl_t^*
$\tau=0.1$、$\phi_b=0$、 $\rho_{pro}=0$、$\rho_{pro*}=0$	1.3604	8.7276	−8.6504	1.3075	8.0996	−5.8973
$\tau=0.1$、$\phi_b=4$、 $\rho_{pro}=0$、$\rho_{pro*}=0$	1.3565	8.6826	−8.6076	1.3107	8.1027	−5.9002
$\tau=0.1$、$\phi_b=40$、 $\rho_{pro}=0$、$\rho_{pro*}=0$	1.3408	8.4031	−8.3460	1.3364	8.1165	−5.9162

两国货币政策	var($\hat{C}_t$)	var($\hat{L}_t$)	wl_t	var($\hat{C}_t^*$)	var($\hat{L}_t^*$)	wl_t^*
$\tau = 0.1$、$\phi_b = 0.4$、$\rho_{pro} = 0.3$、$\rho_{pro*} = 0$	1.3425	9.3502	−9.2037	1.3063	8.0999	−5.8972
$\tau = 0.1$、$\phi_b = 0.4$、$\rho_{pro} = 0$、$\rho_{pro*} = 0.3$	1.3551	8.7220	−8.6424	1.2665	8.8803	−6.4240
$\tau = 0.1$、$\phi_b = 0.4$、$\rho_{pro} = 0.3$、$\rho_{pro*} = 0.3$	1.3376	9.3493	−9.2002	1.2650	8.8803	−6.4236

根据表 11 − 3 所示，对外贸易方面，随着两国贸易开放度的下降，中国居民总消费波动持续下降，中国居民就业波动持续上升，中国社会福利损失从基准模型下的 8.65 上升至 12.41；美国居民就业波动小幅持续下降，美国居民总消费上升，美国社会福利损失从基准模型下的 5.90 上升至 6.14。

资本账户开放度方面，随着中国资本账户开放度的下降，中国居民总消费波动和中国居民就业波动持续下降，中国社会福利损失从基准模型下的 8.65 下降至 8.35；美国社会福利损失受中国资本账户开放度的影响较小。

货币政策方面，相对于不施加宽松货币政策情形，当中国采取宽松的货币政策时，中国社会福利损失从基准模型下的 8.65 上升至 9.20；当美国采取宽松的货币政策时，美国社会福利损失从基准模型下的 5.90 上升至 6.42。

上述研究结果表明：（1）降低贸易开放度的两国贸易保护政策均对两国社会福利造成负面影响；（2）TFP 灾难冲击下，中国适当的资本账户管制政策可以提高中国社会福利水平；（3）两国采取的宽松货币政策虽然能够削弱 TFP 灾难冲击对两国经济的负面影响，但同时会放大两国社会福利损失。

第五节　金融开放与金融传染：一个理论模型

在开放经济下，国与国之间的金融开放，一方面可以在跨国分散投资，另一方面也可能导致系统性金融风险（甚至金融危机）的跨国传染。在本节中我们将通过建议一个包括两国的一般均衡模型来讨论这个问题。

金融开放将导致全球杠杆率的上升，从而导致一国发生金融风险概率的上升，进一步导致金融危机传染到其他国家的概率。参考 Devereux and Yu（2020），我们将在模型中加入担保品融资约束问题。假设世界经济中有两个规模相等的国家，国家 1（本国）和国家 2（外国），每个国家都包含有企业投资者和工人。具有人口测度 n 的企业投资者提供劳动力，消费并向银行借款，以进行在股票市场上的风险杠杆投资，同时受到总借款限制的约束。剩下的 $1-n$ 劳动者（储蓄者）在非正式的后院生产部门中操作资本，提供劳动力，并以无风险债券的形式进行储蓄。两个国家都有一个竞争性的银行部门。银行家从劳动者那里筹集资金并借给投资者。在所有环境中，每个国家都有一定数量的固定资本，可以分配给生产部门或国内投资技术。

一、基本设定

将企业投资者的决策视为一体化的决策者。第 $l=2$ 国家的投资者的偏好由下式给出：

$$E_0 \left\{ \sum_{t=0}^{\infty} \beta_l^t U(c_{l,t}, h_{lt}) \right\} \tag{11.46}$$

主观折现因子 $0 < \beta_l < 1$，数学期望 E_0 表示 $t=0$ 时刻的期望。$c_{l,t}$ 表示消费，$h_{l,t}$ 表示劳动供给。

第 l 国家代表性企业投资者的预算约束为

$$-\frac{b_{l,t+1}}{R_{t+1}} + c_{l,t} + q_{1,t} k_{1,t+1}^l + q_{2,t} k_{2,t+1}^l = d_{l,t} + W_{l,t} h_{l,t} + k_{1,t}^l (q_{1,t} + R_{1k,t})$$
$$+ k_{2,t}^l (q_{2,t} + R_{2k,t}) - b_{l,t} \tag{11.47}$$

等式右侧 $W_{l,t} h_{l,t}$ 表示劳动收入，$d_{l,t}$ 表示从国内公司获得的利润，为扣除劳动力成本和资本租金后的总销售额 $d_{l,t} = [F(A_{l,t}, H_{l,t}, K_{l,t}) - W_{l,t} H_{l,t} - K_{l,t} R_{lk,t}] / n$，$k_{1,t}^l (q_{1,t} + R_{1k,t})$ 表示由国家 1 发行并由投资者 l 持有的股票的总回报率，$k_{2,t}^l (q_{2,t} + R_{2k,t})$ 表示由国家 2 发行并由投资者 l 持有的股票的总回报率，减去银行欠款 $b_{l,t}$，左侧 $c_{l,t}$ 表示投资者的消费，投资组合决策为 $(k_{1,t+1}^l, k_{2,t+1}^l, b_{l,t+1})$，代表投资者 l 在国内外的股权头寸以及投资者 l 发行的债券。国家 1 和国家 2 的股票和国际债券的价格分别是 $q_{1,t}$、$q_{2,t}$、$\frac{1}{R_{t+1}}$，股票的股息来自资本的边际产出 $R_{1k,t}$，$R_{2k,t}$。

投资者通过借贷为消费和投资融资。他们在从银行借款时面临抵押品（或杠杆）限制：

$$b_{l,t+1} + \frac{\vartheta}{n}(W_{l,t}H_{l,t}) - T_{l,t} \le \kappa_{l,t}E_t\{q_{l,t+1}k^l_{1,t+1} + q_{2,t+1}k^l_{2,t+1}\}$$

$$(11.48)$$

ϑ 代表通过运营资本融资获得的工资单的比例 $W_{l,t}H_{l,t}$，$\kappa_{l,t}$ 是一个外生的随机金融杠杆冲击，代表贷款价值比的上界。我们假设营运资本用于支付工资支出。营运资本在一个期间内不产生利息支付。此外，我们假设政府可以通过政府担保的信贷额度以一次性方式放宽投资者的信贷约束（$T_{l,t}$），这取决于经济中的整体信贷状况。在进行金融决策时，投资者将信贷额度视为给定。由于信贷额度在一个期间内初始化和关闭，该类型的金融工具没有实际成本产生。任何一个国家，当它们用于为投资者获得外部资金时，国内和国外的股权资产是完全替代品。

设抵押约束式（11.48）的拉格朗日乘子为 $\mu_{l,t}$。一个代表性的企业投资者的问题是在满足预算约束式（11.47）和信贷约束式（11.48）的情况下，通过选择消费 $c_{l,t}$、劳动供给 $h_{l,t}$、投资组合（$k^l_{1,t+1}$，$k^l_{2,t+1}$，$b_{l,t+1}$）以及企业的要素需求 $H_{l,t}$ 和 $K_{l,t}$ 来最大化终身效用 a（44）。然后，劳动供给和投资者投资组合的最优性条件可以写成以下形式：

$$-\frac{U_h(c_{l,t}, h_{l,t})}{U_c(c_{l,t}, h_{l,t})} = W_{l,t}, \quad l = 1, 2 \qquad (11.49)$$

$$q_{i,t} = \frac{\beta_l E_t U_c(c_{l,t+1}, h_{l,t+1})(q_{i,t+1} + R_{ik,t+1})}{U_c(c_{l,t}, h_{l,t})} + \frac{\mu_{l,t}\kappa_{l,t}E_t q_{i,t+1}}{U_c(c_{l,t}, h_{l,t})}, \quad i = 1, 2$$

$$(11.50)$$

$$q_{3,t} \equiv \frac{1}{R_{t+1}} = \frac{\beta_l E_t U_c(c_{l,t+1}, h_{l,t+1})}{U_c(c_{l,t}, h_{l,t})} + \frac{\mu_{l,t}}{U_c(c_{l,t}, h_{l,t})} \qquad (11.51)$$

其中，U_c 和 U_h 分别表示消费的边际效用和劳动的边际不愉快程度。最优性条件的解释非常标准。式（11.49）是劳动供给的条件，式（11.50）~式（11.51）表示投资组合选择的消费欧拉方程。当信贷约束式（11.48）成立时，$\mu_t > 0$，持有更多的股权将增加 t 时刻的借款限额。

由于我们假设投资者比储蓄者更加急切，所以在确定性稳定状态均衡中，约束条件将始终成立。但在随机经济中，这通常不成立，因为投资者会出于预防性储蓄的动机而推迟消费，以便自我保险以对抗未来的不利冲击。

企业投资者的决策还涉及雇佣国内劳动力和物质资本，以最大化利润 $d_{l,t} = [F(A_{l,t}, H_{l,t}, K_{l,t}) - W_{l,t}H_{l,t} - K_{l,t}R_{lk,t}]/n$，根据生产技术 $Y_{i,t} = F(A_{i,t}, H_{i,t}, K_{i,t})$，这导致以下最优性条件：

$$F_h(A_{i,t}, H_{i,t}, K_{i,t}) = W_{i,t}\left(1 + \frac{\mu_{i,t}}{U_c(c_{i,t}, h_{i,t})}\vartheta\right), \ i = 1, 2$$

$$(11.52)$$

$$F_k(A_{i,t}, H_{i,t}, K_{i,t}) = R_{ik}, \ i = 1, 2 \qquad (11.53)$$

其中，F_h 和 F_k 分别代表劳动力和资本的边际产品。式（11.52）的关键特征是，当存在绑定的抵押约束 $\mu_{i,t} > 0$ 时，它对劳动需求产生直接影响，因为在企业必须通过运营资本贷款来部分支付工资时，它会增加有效工资。

在两个国家中，都有提供劳动力、从事非正式生产并储蓄的工人（储蓄者）。他们通过在银行存款来储蓄，而银行则向投资者提供贷款。工人面临来自工资率波动和国内资本价格波动的特定国家风险。为了简化模型求解过程，我们假设在金融市场整合下，工人的偏好被竞争性的"全球银行家"所代表，他接收他们的存款并选择投资和贷款以最大化全球代表工人的效用。因此，工人（储蓄者）之间的风险在国家之间得到充分的分担。

该银行家在每个国家设有一家分支机构，代表工人（储蓄者）通过这些分支机构进行业务。工人在当地劳动力市场获得竞争性工资，并在非正式生产中使用资本。银行家的目标是最大化代表工人的终身效用。用下标或上标 3 表示银行家的变量。全球银行家的预算约束可以写成以下形式：

$$-\frac{b_{3,t+1}}{R_{t+1}} + \frac{c_{1,t}^3 + c_{2,t}^3}{2} + \frac{q_{1,t}k_{1,t+1}^3 + q_{2,t}k_{2,t+1}^3}{2} = \frac{W_{1,t}h_{1,t}^3 + W_{2,t}h_{2,t}^3}{2} + \frac{q_{1,t}k_{1,t}^3 + q_{2,t}k_{2,t}^3}{2}$$

$$- b_{3,t} + \frac{G(k_{1,t}^3) + G(k_{2,t}^3)}{2}$$

$$(11.54)$$

式（11.54）左边表示银行中代表性工人的支出，分别为借款、消费和用于非正式生产部门的实物资本。右边描述了每个工人的劳动收入、现有资本持有量、债务偿还和非正式生产。其中，$G(k_{1,t}^3)$、$G(k_{2,t}^3)$ 表示国家 1 和国家 2 的储蓄者的非正式生产技术，输入为物理资本 $k_{1,t}^3$、$k_{2,t}^3$，假设 $G(\cdot)$ 是递增的凹函数。

全球银行家将工人的偏好内化，通过最大化以下目标函数来实现自己的目标：

$$E_0\left\{\left(\frac{1}{2}\right)\sum_{t=0}^{\infty}\beta_3^t\{U(c_{1,t}^3, h_{1,t}^3) + U(c_{2,t}^3, h_{2,t}^3)\}\right\} \qquad (11.55)$$

β_3 为工人的主观贴现因子，假设 $\beta_l < \beta_3 < 1$。

银行家对劳动供应、消费风险分担以及资本和债券持有的最优条件可以分别表示为：

$$-\frac{U_h(c_{l,t}^3,\ h_{l,t}^3)}{U_c(c_{l,t}^3,\ h_{l,t}^3)} = W_{l,t},\quad l = 1,\ 2 \tag{11.56}$$

$$U_c(c_{1,t}^3,\ h_{1,t}^3) = U_c(c_{2,t}^3,\ h_{2,t}^3) \tag{11.57}$$

$$q_{i,t} = \frac{\beta_3 E_t U_c(c_{l,t+1}^3,\ h_{l,t+1}^3)[q_{i,t+1} + G'(k_{i,t+1}^3)]}{U_c(c_{l,t}^3,\ h_{l,t}^3)},\quad i = 1,\ 2 \tag{11.58}$$

$$q_{3,t} \equiv \frac{1}{R_{t+1}} = \frac{\beta_3 E_t U_c(c_{l,t+1}^3,\ h_{l,t+1}^3)}{U_c(c_{l,t}^3,\ h_{l,t}^3)} \tag{11.59}$$

从市场出清条件看，总就业劳动力是投资者和储蓄者就业的总和，劳动力市场状况可以表示为：

$$H_{i,t} = n h_{i,t} + (1 - n) h_{i,t}^3,\quad i = 1,\ 2$$

在正式部门使用的资本是国内和外国投资者持有的国内资本存量的总和：

$$K_{i,t} = n(k_{i,t}^1 + k_{i,t}^2),\quad i = 1,\ 2$$

资产市场的出清条件可表示为：

$$n k_{1,t+1}^1 + n k_{1,t+1}^2 + (1 - n) k_{1,t+1}^3 = 1$$

$$n k_{2,t+1}^1 + n k_{2,t+1}^2 + (1 - n) k_{2,t+1}^3 = 1$$

$$n b_{1,t+1} + n b_{2,t+1} + 2(1 - n) b_{3,t+1} = 0$$

前两行等式表示资本市场的均衡，而最后一行等式表示债券市场的清算，确保全球银行的债券头寸等于两国投资者的债券负债之和。

最后，只有一个世界商品，因此全球资源约束可以写成：

$$n(c_{1,t} + c_{2,t}) + (1 - n)(c_{1,t}^3 + c_{2,t}^3) = F(A_{1,t},\ H_{1,t},\ K_{1,t}) + F(A_{2,t},\ H_{2,t},\ K_{2,t})$$
$$+ (1 - n)[G(k_{1,t}^3) + G(k_{2,t}^3)] \tag{11.60}$$

政府担保的信贷额度遵循 $T_{l,t} = (W_{l,t} H_{l,t})\vartheta/n$

二、开放经济和封闭经济资本市场的设定

我们将上述金融市场结构与存在全球债券市场但股权持有仅限于国内机构的情况进行比较。所有资本回报（股权回报）必须归属于国内的企业投资者，尽管他们可以通过向全球银行借款来融资投资。两种金融市场结构之间的关键区别在于抵押约束现在只与国内股权有关。因此，它被重新表述为

$$b_{l,t+1} + \frac{\vartheta}{n}(W_{l,t}H_{l,t}) - T_{l,t} \leq \kappa_{l,t}E_t\{q_{l,t+1}k_{l,t+1}^l\} \qquad (11.61)$$

封闭经济意味着国家之间没有任何金融联系的市场结构。投资者只从当地银行家获取外部资金，并持有当地的股权资产。抵押约束与债券市场整合中的情况相同，只是现在借款利率是国内而不是世界利率。当地银行家只接受来自本地储户的存款。基于以上分析框架的分析可以发现，金融开放将提高全球的金融杠杆，从而放大一个国家发生金融危机的概率，并进一步增大金融危机跨国传染的可能性，但是在封闭经济下金融危机对宏观经济负面影响在程度上会更高。

第六节　本章小结

规避国内外不利因素对中国经济冲击，加强化解风险的能力是现有研究需要解决的问题。鉴于此，我们首先构建了一个包含 TFP 灾难冲击的两国 DSGE 模型，通过将 TFP 灾难冲击植入两国经济模型，利用方差分解识别了多种外生冲击对中国宏观经济波动的解释能力。其次，我们重点分析了两国不同贸易开放度与中国不同资本账户开放度下两国 TFP 灾难冲击的跨国传导效应以及两国宽松货币政策对 TFP 灾难冲击的调控效果，我们利用社会福利损失函数对不同政策环境下的社会福利进行评估。最后，我们也讨论了金融市场开放与金融危机传染之间的关系。

研究发现：（1）两国 TFP 灾难冲击对各国经济均造成负面影响，即 TFP 灾难冲击具有跨国传导效应；（2）历史方差分解表明，尽管政策冲击是造成中国宏观经济波动的主要因素，但美国 TFP 灾难冲击对中国经济的影响同样不容忽视，美国 TFP 灾难冲击显示出较强的跨国传导效应；（3）通过对两国不同贸易开放度与中国不同资本账户开放度下 TFP 灾难冲击的跨国传导效应进行研究发现，两国贸易开放度的下降不能缓解灾难冲击对两国经济的负面影响，不利于中国贸易条件的改善；（4）社会福利分析表明，应对外部的灾难冲击时降低两国贸易开放度会导致两国社会福利水平下降，而适当的中国资本账户管制可以提高中国社会福利水平，两国宽松的货币政策会放大两国社会福利损失；（5）两国货币政策调控方面，本国的宽松的货币政策能够缓解 TFP 灾难冲击对本国经济的负面影响，在中国不采取宽松货币政策的前提下，美国宽松货币政策会放大美国 TFP 灾难冲击对中国产出的负面影响。

我们的研究在一定程度上填补了相关研究领域的不足，通过构建包含 TFP 灾难冲击的两国 DSGE 模型，可以更为深刻地理解极端负向的经济冲击的跨国传导机制。同时，我们的模型结果也具有较强的现实借鉴意义，运用灵活适度的稳健货币政策可以在缓解灾难冲击负面效应的同时避免货币政策的过度使用造成不必要的社会福利损失。

第十二章　系统性金融风险
与宏观审慎政策调控

本章研究宏观审慎政策和货币政策在防范和化解金融风险和抑制泡沫的形成过程中的作用。本章中金融风险主要体现在银行杠杆率上升、银行贷款违约率上升、宏观杠杆率、商业银行杠杆率和市场融资溢价的上升，由于单个银行风险的上升将通过银行之间高度资产负债关联演变为系统性金融风险。本章关于金融风险的重要结论，基本上同样适用系统性金融风险，因此本章中我们不专门区分金融风险与系统性金融风险。在对系统性金融风险和宏观审慎政策调控进行文献综述基础上，首先，构建了包含商业银行杠杆水平作为内生变量的新凯恩斯 DSGE 模型，并以商业银行资本充足率作为宏观审慎监管目标并进而引入利率惩罚机制，在这一理论框架下分别分析了金融冲击、货币政策冲击和技术冲击对金融稳定和宏观经济波动的影响。其次，在标准泰勒规则中引入盯住市场融资溢价与宏观金融杠杆的宏观审慎货币政策，考察了宏观审慎货币政策对社会福利的影响。再次，比较了宏观审慎监管政策、宏观审慎货币政策及两种政策组合对金融经济稳定的调控效果。最后，在总结本部分基本结论基础上给出了相关的政策建议。

第一节　系统性金融风险与宏观
审慎政策调控文献综述

近些年受同业业务与理财产品等主动负债行为的影响，金融风险快速显性化，"控风险、去杠杆"成为监管政策的重中之重。截至 2019 年 3 月，商业银行提供的资金占社会融资规模的比例达到 70.61%。这意味着，防范商业银行高杠杆、维持合理的商业银行杠杆水平是防范系统性金融风险的重要举措。

近年来的国内外文献证明了过高的商业银行杠杆会对金融系统稳定性产生负面影响。国外文献方面，Wagner（2010）基于一个三期的银行模型发现，商业银行高杠杆带来的过度投机提高了金融系统的不确定性，同时商业银行的高杠杆抑制居民的储蓄意愿，从而增大宏观经济风险。Adrian和 Boyarchenko（2012）构建了一个包含家庭部门流动性冲击的动态随机一般均衡（DSGE）模型，研究发现金融部门的风险约束会导致金融杠杆的顺周期性波动，金融杠杆波动会导致内生性的系统性风险并可能诱发金融危机。Valencia（2014）基于一个动态银行模型框架发现，在扩张性货币政策环境下，高杠杆更容易导致商业银行过度风险承担和加剧金融不稳定性。国内文献方面，林琳等（2016）在 DSGE 模型中引入影子银行对中国金融系统脆弱性进行研究发现，影子银行的发展推高了商业银行总体杠杆水平，加剧了系统性金融风险。马勇和陈雨露（2017）基于 68 个国家 1981~2012 年的动态面板数据发现金融杠杆波动对金融系统的稳定性产生负面影响。上述研究表明，过高的商业银行杠杆往往造成金融系统的不稳定甚至引发经济金融危机，在杠杆乘数的作用下演变成"繁荣—衰退—萧条—复苏"的经济循环。

上述文献强调了商业银行杠杆水平对金融系统乃至宏观经济的影响，事实上，由于实体经济部门持有的资产与商业银行资产负债表存在一定联系，实体经济部门的债务过高会导致商业银行杠杆水平的剧烈波动甚至可能引发商业银行危机。鉴于此，致力于通过宏观调控实现金融系统稳定的宏观审慎政策受到政府部门和学者的广泛关注。

在已有的研究中，根据引入方式的不同宏观审慎政策可以分为宏观审慎监管政策研究和宏观审慎货币政策研究。宏观审慎监管政策研究直接引入央行对商业银行金融指标（包括信贷类、资本类和流动类）进行逆周期管理（王爱俭和王璟怡，2014；方意，2016a；李天宇等，2017）。其设定形式包括两种：第一种，在商业银行目标函数中引入监管目标要求，并通过一阶条件分析商业银行的信贷发放行为（王擎和田娇，2016）；第二种，将政策监管目标表述成金融变量的线性形式（方意，2016a；李天宇等，2017）。央行 MPA 的主要内容涵盖了杠杆和资本充足率，资本充足率是央行 MPA 评估体系的核心，已有文献大多将资本充足率作为宏观审慎政策监管目标，加之商业银行资本充足率在一定程度上反映了商业银行杠杆水平，因此，我们在宏观审慎监管政策的设定方面沿用已有文献的做法将商业银行资本充足率作为央行的监管目标。

宏观审慎货币政策的研究主要在标准泰勒规则中加入反映金融周期变

量的关注（Faia and Monacelli，2007；马勇，2013；侯成琪和龚六堂，2014；Cúrdia and Woodford，2016），金融周期变量主要包括市场融资溢价、资产价格和银行信贷总量等。目前关于宏观审慎货币政策的争议在于盯住金融变量的选择上，如 Faia 和 Monacelli（2007）指出，盯住市场融资溢价的货币政策具有稳定金融市场的作用。Cecchetti 等（2002）认为盯住资产价格的泰勒型货币政策规则有利于经济稳定。李天宇等（2017）认为，宏观审慎的货币政策规则应该盯住银行信贷总量或者市场融资溢价。目前关于宏观审慎货币政策在盯住何种金融变量方面的争议主要来源于两个方面，一是模型本身设定的偏差造成盯住何种金融变量的差异，二是不同的 DSGE 模型在社会福利设定的标准上存在差异。基于此，我们首先检查了模型对实体经济的拟合效果，其次分别选取资本充足率与资本资产价格的方差作为金融稳定指标来考察最佳的宏观审慎货币政策。

总的来说，对宏观审慎政策的理论研究尚需要大量的理论分析和数值模拟支撑，特别是我国的金融稳定机构设置与国外大不相同，其具体表现为我国的双支柱调控都集中于中央银行，且货币政策与宏观审慎政策是明确分开的，如何针对我国金融稳定监管的实际状况进行研究尚需进一步讨论。

研究方法方面，宏观审慎政策的理论模型本质上是包含金融摩擦 DSGE 模型的政策应用（Suh，2012）。包含金融摩擦的 DSGE 模型主要分为两类，一类为信贷需求摩擦模型，其主要从企业作为信贷需求方的信息摩擦出发，具体包括 Bernanke 等（1999）提出的外部融资溢价机制和 Kiyotaki 和 Moore（1997）提出的抵押约束机制，这类模型虽然引入了金融风险传导的信用渠道与商业银行相关的摩擦因素，其不足之处是缺乏对商业银行的具体建模分析；另一类为信贷供给摩擦模型，其主要引入商业银行（信贷供给方）资产负债表，如 Gerali 等（2010）构建了包含存款银行和贷款银行的 DSGE 模型，并通过 Rotemberg 二阶调整函数引入商业银行资本充足率为宏观审慎政策的分析创造了条件，其主要不足表现为商业银行杠杆的外生性。Gertler 和 Karadi（2011）、Gertler 等（2017）在 DSGE 模型中内生了商业银行杠杆，从而提高了 DSGE 模型对金融中间行为的解释能力，但基于信贷供给摩擦的 DSGE 模型往往不能刻画导致商业银行杠杆波动的最终来源。总结上述文献可以发现，目前包含金融摩擦的 DSGE 模型主要关注单一金融摩擦的经济效应，而现实经济中的"双金融摩擦"现象普遍存在。

基于现有文献的争论与不足，本章尝试在 GK 模型（Gertler and Karadi，2011）基础之上，建立一个包含信贷需求摩擦（在厂商部门中引入借贷约束）与信贷供给摩擦（在商业银行中引入道德风险）的"双金融摩擦" DSGE 模型，刻画实体经济与金融系统间的风险传导渠道，以商业银行资本充足率作为宏观审慎监管目标从而引入利率惩罚机制，在这一框架下主要分析技术冲击、金融冲击与货币政策冲击对金融稳定和宏观经济波动的影响，并在此基础上比较了宏观审慎监管政策、宏观审慎货币政策及其政策组合的宏观调控效果。

这里需要指出的是，系统性金融风险与金融摩擦在概念上还是有区别的。系统性金融风险主要是指单个金融机构的金融风险由于资产负债表的高度关联导致整个金融体系的系统性风险，从而可能影响金融稳定，甚至发生金融危机。金融摩擦主要是指金融市场的信息不对称导致的金融交易的摩擦，在本章中包括了信贷需求摩擦（对质量信息不对称带来的厂商融资约束）和信贷供给摩擦（对银行行为信息不对称导致的银行道德风险问题）。

第二节 系统性金融风险与宏观审慎政策调控的理论建模

这里以 GK 模型为基本框架对商业银行进行刻画，通过植入信贷需求摩擦、信贷供给摩擦以及宏观审慎政策以体现现实经济中金融摩擦的来源以及货币政策和宏观审慎政策双支柱调控的特点，金融摩擦来源于厂商部门的借贷约束和商业银行的道德风险①。具体模型构建如下。

一、模型设定

（一）家庭部门

家庭由一系列消费、储蓄和工作的个体构成，家庭既是生产部门的最终所有者，也是银行存款的供给者。家庭部门的最优决策问题是在一定的预算约束下，通过选择消费和劳动供给来实现跨期期望效用的最大化，即：

---

① Ansgar（2016）同时在商业银行与生产部门植入杠杆约束以引入金融摩擦。

$$\max E_0 \sum_{t=0}^{\infty} \beta^t \left\{ \frac{c_t^{1-\sigma_c}}{1-\sigma_c} - \frac{l_t^{1+\sigma_l}}{1+\sigma_l} \right\} \tag{12.1}$$

其中，β 为家庭主观贴现因子，c_t 为家庭消费，l_t 为家庭劳动供给，σ_c 为相对风险厌恶系数，σ_l 为家庭劳动供给弹性的倒数。这里效用函数的设定总体上与主流 DSGE 模型设定相一致，在本章中我们主要研究的问题是正常金融冲击下宏观审慎政策调控效果，因此在效用函数中没有专门加入罕见灾难冲击的概率和罕见灾难冲击对居民消费的影响，假设政府支出主要影响生产部门，不影响居民消费，因此在效用函数中也不包括政府支出对居民消费的影响。

家庭部门的预算约束方程以及资本积累方程分别为：

$$c_t + d_t + b_t + i_t = w_t l_t + r_t^k \varphi_t k_t + r_{d,t-1}(d_{t-1} + b_{t-1}) + \prod_t \tag{12.2}$$

其中，d_t 和 b_t 分别为家庭部门的银行存款和购买的政府债券，i_t 为家庭投资，k_t 为家庭资本供给，φ_t 影响资本质量①，$\varphi_t K_t(i)$ 为有效资本，w_t 为实际工资，r_t^k 为实际资本租金，$r_{d,t}$ 为商业银行存款和政府债券实际利率②，$\prod_t$ 为商业银行和厂商部门转移给家庭部门的所有权净收入。参考 Gertler and Karadi（2011）、Gertler et al.（2017）的设定，资本质量的对数线性化形式服从 AR（1）过程：$\hat{\varphi}_t = \rho_\varphi \hat{\varphi}_{t-1} + \varepsilon_t^\varphi$，$\rho_\varphi$ 为资本质量动态变化的持续性系数，ε_t^φ 为资本质量冲击，其服从均值为 0、标准差为 σ_φ 的正态分布。借鉴 Christiano et al.（2003）、陈小亮和马啸（2016），通过投资调整成本 $s(\cdot)$ 引入实际刚性，资本存量演变方程为：

$$k_{t+1} = (1-\delta)\varphi_t k_t + s\left(\frac{i_t}{i_{t-1}}\right) i_t \tag{12.3}$$

其中，δ 为资本折旧率，$s(i_t/i_{t-1}) = 1 - \eta(i_t/i_{t-1}-1)^2/2$，$\eta$ 为投资调整成本参数。家庭部门关于消费、劳动供给、资本供给、投资、政府债券持有和银行存款的一阶条件为：

$$c_t^{-\sigma_c} = \lambda_t \tag{12.4}$$

$$l_t^{\sigma_l} = \lambda_t w_t \tag{12.5}$$

$$q_t \left[1 - \frac{\eta}{2}\left(\frac{i_t}{i_{t-1}}-1\right)^2 - \eta\left(\frac{i_t}{i_{t-1}}-1\right)\frac{i_t}{i_{t-1}} \right] + \beta\eta E_t\left\{ \frac{\lambda_{t+1}}{\lambda_t} q_{t+1}\left(\frac{i_{t+1}}{i_t}-1\right)\left(\frac{i_{t+1}}{i_t}\right)^2 \right\} = 1$$

$$\tag{12.6}$$

---

① 令 φ_t 的稳态值为 1。

② 假设国债利率与银行存款利率相等，马勇（2013）、陈小亮和马啸（2016）也采用了同样的做法。

$$\lambda_t = \beta E_t \left\{ \lambda_{t+1} \varphi_{t+1} \left[\frac{q_{t+1}(1-\delta) + r_{t+1}^k}{q_t} \right] \right\} \qquad (12.7)$$

$$\lambda_t = \beta E_t (\lambda_{t+1} r_{d,t}) \qquad (12.8)$$

其中，λ_t 为家庭部门预算约束对应的拉格朗日乘子（消费的边际效用），q_t 为资本价值，$\varphi_{t+1} \left[\dfrac{q_{t+1}(1-\delta) + r_{t+1}^k}{q_t} \right]$ 为家庭部门持有单位资本的真实收益。

（二）厂商部门

代表性厂商部门 $i \in [0, 1]$ 通过租借资本和雇佣劳动进行中间品 $y_t(i)$ 的生产，厂商部门的生产函数为：

$$y_t(i) = a_t \varepsilon_t^f(i) \left[\varphi_t k_t(i) \right]^\alpha l_t(i)^{1-\alpha} \qquad (12.9)$$

其中，a_t 为中性技术，ε_t^f 度量异质性生产率，α 为资本的投入份额。对数线性化形式的中性技术满足 AR（1）过程：$\hat{a}_t = \rho_a \hat{a}_{t-1} + \varepsilon_t^a$，$\rho_a$ 为中性技术动态变化的持续性系数，ε_t^a 为技术冲击，其服从均值为 0、标准差为 σ_a 的正态分布。借鉴范从来和高洁超（2018）的设定形式，假定异质性生产率服从 $(\underline{\varepsilon}^f, \bar{\varepsilon}^f)$ 上的均匀分布。需要说明的是，本章我们从更宽泛的角度讨论外部冲击对厂商的影响以及宏观审慎政策的调控作用，没有专门研究灾难冲击，因此在生产函数的设定中没有加入前几章中使用的灾难冲击对 TFP 的影响和灾难冲击发生概率等因素。

假设厂商部门在生产活动期初从商业银行贷款以支付劳动工资和资本租金并在生产活动期末将本息偿付给商业银行。厂商部门实际贷款总量为 $loan_t(i) = w_t l_t(i) + r_t^k \varphi_t k_t(i)$，实际贷款成本为 $r_{l,t} loan_t(i)$，$r_{l,t}$ 为实际贷款利率。基于上述设定，厂商部门的一阶最优条件为：

$$r_{l,t} w_t l_t(i) = (1-\alpha) mc_t(i) y_t(i) \qquad (12.10)$$

$$r_{l,t} r_t^k \varphi_t k_t(i) = \alpha mc_t(i) y_t(i) \qquad (12.11)$$

其中，mc_t 为厂商部门的实际边际成本：

$$mc_t(i) = \frac{r_{l,t}(r_t^k)^\alpha (w_t)^{1-\alpha} \left[\alpha^{-\alpha}(1-\alpha)^{-(1-\alpha)} \right]}{a_t \varepsilon_t^f(i)} \qquad (12.12)$$

借鉴 Tayler 和 Zilberman（2016）、范从来和高洁超（2018）对抵押约束的设定，假设商业银行通过评估厂商部门产出确定贷款发放总额，当厂商部门可变现产出的预期价值小于需要偿还给商业银行的金额时厂商部门出现违约：

$$\mu_t y_t(i) \leqslant r_{l,t} loan_t(i) \qquad (12.13)$$

其中，μ_t 为商业银行收回抵押品概率，其对数线性化形式满足 AR（1）

过程：$\hat{\mu}_t = \rho_\mu \hat{\mu}_{t-1} + \varepsilon_t^\mu$，$\rho_\mu$ 为收回抵押品概率的持续性系数，ε_t^μ 为收回抵押品概率冲击，也可以解释为金融冲击（范从来和高洁超，2018），其服从均值为 0、标准差为 σ_μ 的正态分布。根据厂商部门违约决定方程式（12.13）与生产函数式（12.9）得到厂商部门贷款违约门限值（即厂商部门有能力归还商业银行贷款的下限）$\varepsilon_t^{f,m}(i)$ 为：

$$\varepsilon_t^{f,m}(i) = \frac{r_{l,t}[w_t l_t(i) + r_t^k \varphi_t k_t(i)]}{\mu_t a_t [\varphi_t k_t(i)]^\alpha l_t(i)^{1-\alpha}} \tag{12.14}$$

厂商部门贷款违约概率为：

$$\Phi_t(i) = \int_{\underline{\varepsilon}^f}^{\varepsilon_t^{f,m}(i)} f[\varepsilon_t^f(i)] \mathrm{d}\varepsilon_t^f(i) = \frac{\varepsilon_t^{f,m}(i) - \underline{\varepsilon}^f}{\overline{\varepsilon}^f - \underline{\varepsilon}^f} \tag{12.15}$$

因为商业银行风险中性，这意味着商业银行的期望收益等于其机会成本（根据 Bernanke et al.，1999，商业银行的机会成本是无风险利率）：

$$\int_{\underline{\varepsilon}^f}^{\varepsilon_t^{f,m}(i)} \mu_t y_t(i) f[\varepsilon_t^f(i)] \mathrm{d}\varepsilon_t^f(i) + \int_{\varepsilon_t^{f,m}(i)}^{\overline{\varepsilon}^f} r_{l,t} loan_t(i) f[\varepsilon_t^f(i)] \mathrm{d}\varepsilon_t^f(i)$$
$$= r_{d,t} loan_t(i) \tag{12.16}$$

由式（12.9）、式（12.13）、式（12.14）以及式（12.16）得到实际贷款利率决定方程：

$$r_{l,t} = r_{d,t} + \frac{\mu_t a_t [\varphi_t k_t(i)]^\alpha l_t(i)^{1-\alpha} \int_{\underline{\varepsilon}^f}^{\varepsilon_t^{f,m}(i)} [\varepsilon_t^{f,m}(i) - \varepsilon_t^f(i)] f[\varepsilon_t^f(i)] \mathrm{d}\varepsilon_t^f(i)}{w_t l_t(i) + r_t^k \varphi_t k_t(i)}$$
$$\tag{12.17}$$

其中，$\dfrac{\mu_t a_t [\varphi_t k_t(i)]^\alpha l_t(i)^{1-\alpha} \int_{\underline{\varepsilon}^f}^{\varepsilon_t^{f,m}(i)} [\varepsilon_t^{f,m}(i) - \varepsilon_t^f(i)] f[\varepsilon_t^f(i)] \mathrm{d}\varepsilon_t^f(i)}{w_t l_t(i) + r_t^k \varphi_t k_t(i)}$

为风险溢价。由于异质性生产率服从 $(\underline{\varepsilon}^f, \overline{\varepsilon}^f)$ 上的均匀分布，加总后的实际贷款利率决定方程为：

$$r_{l,t} = r_{d,t} + \frac{\mu_t a_t (\varphi_t k_t)^\alpha l_t^{1-\alpha}}{w_t l_t + r_t^k \varphi_t k_t} \left(\frac{\overline{\varepsilon}^f - \underline{\varepsilon}^f}{2} \right) \Phi_t^2 \tag{12.18}$$

令 $\Delta r_t = r_{l,t} / r_{d,t}$ 为市场融资溢价。本章的实际贷款利率形成主要受到两个方面因素影响：一是受实体经济状况影响，表现为贷款违约概率 Φ_t 通过改变风险溢价进而影响实际贷款利率；二是受货币政策影响，货币当局通过调整政策利率 $r_{d,t}$ 改变实际存款利率，从而影响实际贷款利率。

（三）零售商

与 Bernanke 等（1999）、康立和龚六堂（2014）的设定一致，这里引入垄断竞争的零售商以生成价格粘性。零售商以中间品价格 $p_{m,t} = mc_t$ 从厂商部门购买中间品，并以无成本的方式对其差异化，然后将差异化的零售商品在垄断竞争的市场上以价格 p_t 出售。假设每期有 $1 - \theta$ 比例的零售商能够将价格调整为最优水平 $p_t^*(i)$，θ 比例的零售商保持价格水平不变（Calvo，1983；Yun，2004）。在需求约束下，代表性零售商的最优化问题为：

$$\max_{p_t^*(i)} E_t \sum_{\tau=0}^{\infty} \theta^\tau \Lambda_{t+\tau} y_{t+\tau}(i) \left[p_t^*(i) - p_{m,t+\tau}(i) \right] \qquad (12.19)$$

$$\text{s. t. } y_{t+\tau}(i) = \left[p_t^*(i) \right]^{-\upsilon} y_{t+\tau} \qquad (12.20)$$

其中，$\Lambda_{t+\tau}$ 为贴现因子。式（12.20）为零售商对中间品的需求函数，υ 为零售商品之间的替代弹性。上述最优化问题对应的一阶条件为：

$$p_t^*(i) = \frac{\upsilon}{\upsilon - 1} \frac{E_t \sum_{\tau=0}^{\infty} \theta^\tau \Lambda_{t+\tau} p_{m,t+\tau}(i) y_{t+\tau}(i)}{E_t \sum_{\tau=0}^{\infty} \theta^\tau \Lambda_{t+\tau} y_{t+\tau}(i)} \qquad (12.21)$$

与此同时，价格水平的运动方程表示为：

$$p_t = \left[(1-\theta)(p_t^*)^{1-\upsilon} + \theta(p_{t-1})^{1-\upsilon} \right]^{\frac{1}{1-\upsilon}} \qquad (12.22)$$

通过对式（12.21）和式（12.22）对数线性化，得到如下形式的凯恩斯菲利普斯曲线：

$$\hat{\pi}_t = \beta E_t \hat{\pi}_{t+1} + \frac{(1-\theta)(1-\beta\theta)}{\theta} \widehat{mc}_t \qquad (12.23)$$

其中，$\pi_t = p_t / p_{t-1}$ 为通胀水平。

（四）商业银行

这里在 Gertler 和 Karadi（2011）对商业银行的设定基础之上引入法定存款准备金。假设单个商业银行每期以概率 ϑ 存活到下期，并以 $1 - \vartheta$ 的概率退出市场，退出市场的商业银行转变为劳动供给方进行消费，同时新进入的商业银行使得市场上商业银行总数保持不变。单个商业银行的资产负债方程为：

$$loan_t(i) = n_t(i) + (1-\kappa)d_t(i) \qquad (12.24)$$

其中，$n_t(i)$ 为单个商业银行净资产，κ 为央行规定的商业银行法定存款准备金率。定义单个商业银行杠杆水平 ϕ_t 为总资产与净资产的比值①，即 $loan_t(i) = \phi_t n_t(i)$，商业银行资本充足率为 $\gamma_t = 1/\phi_t = n_t(i)/$

---

① 本章的杠杆水平为杠杆倍数（杠杆率的倒数）。杠杆率作为《巴塞尔协议Ⅲ》的监管指标，并采用百分率的形式，但研究中通常使用的是杠杆倍数。

$loan_t(i)$。单个商业银行净资产的积累方程为：

$$n_{t+1}(i) = r_{l,t} loan_t(i) - r'_{d,t} d_t(i) + \kappa r_r d_t(i) \quad (12.25)$$

结合式（12.24）、式（12.25）以及杠杆水平的定义进一步得到商业银行净资产的积累方程：

$$n_{t+1}(i) = \left[\left(r_{l,t} - \frac{r'_{d,t} - \kappa r_r}{1-\kappa} \right) \phi_t + \frac{r'_{d,t} - \kappa r_r}{1-\kappa} \right] n_t(i) \quad (12.26)$$

其中，r_r 为法定存款准备金的实际利率[①]，$r'_{d,t}$ 为商业银行实际融资利率。根据央行 MPA 考核的奖惩设计机制，我们假设宏观审慎监管政策依据商业银行资本充足率来差别性地调节商业银行的融资成本。央行 MPA 的考核机制中资本充足率指标包含总资本核心充足率、核心资本充足率、防护缓冲资本、反周期准备资本等，其中的核心资本充足率最为关键，也是我们模型中宏观审慎监管所盯住的核心目标。具体来讲，我们借鉴李天宇等（2017）引入如下的利率惩罚函数：

$$r'_{d,t} = r_{d,t} + v^a \exp\left[v^b \left(\frac{\gamma_t^p - \gamma_t}{\gamma} \right) \right] \quad (12.27)$$

其中，γ_t^p 为宏观审慎监管政策规定的商业银行资本充足率，γ 为稳态条件下的商业银行资本充足率，v^a 和 v^b 分别为惩罚函数的规模参数和尺度参数，如果商业银行资本充足率低于政策要求水平，其将面临一个更高的融资成本，$v^a = 0$ 代表无宏观审慎监管情形。参考方意（2016b）、李天宇等（2017）对政策资本充足率的设定形式：

$$\hat{\gamma}_t^p = \rho_p \hat{\gamma}_{t-1}^p + \upsilon_y \hat{y}_t + \upsilon_l \widehat{loan}_t \quad (12.28)$$

其中，ρ_p 为宏观审慎监管政策惯性，$\upsilon_y > 0$ 和 $\upsilon_l > 0$ 分别为政策资本充足率对产出和贷款总量的反应系数，其要求商业银行在经济繁荣与信贷规模上升期间提高资本充足率以控制杠杆水平。

单个商业银行的经营目标是选择贷款路径以最大化退出市场时的期望净资产 $v_t(i)$：

$$v_t(i) = \max E_t \sum_{\tau=0}^{\infty} (1-\vartheta) \vartheta^\tau \beta^\tau \Lambda_{t,t+1+\tau} n_{t+1+\tau}(i) \quad (12.29)$$

其中，$\beta^\tau \Lambda_{t,t+1+\tau} = \beta^\tau \lambda_{t+1+\tau} / \lambda_{t+\tau}$ 为 $t+\tau+1$ 期收益贴现到 t 期的贴现因子。由于存在道德风险，商业银行可以将总资产中的 w 部分带走而退出市场，因此，w 可以用于度量金融摩擦的大小。为了避免商业银行资金的

---

① 由于法定存款准备金率和法定存款准备金利率规则难以估计，参考陈小亮和马啸（2016）、林琳等（2016）、马骏等（2016）的做法，将两者设置为常数。

委托代理问题以及商业银行资产的无限扩张，需要保证商业银行的总资产满足激励相容约束：$v_t(i) \geq wloan_t(i)$。即在任何时期，商业银行履行合同并最终退出市场时的净资产收入都要大于不履行合约所能获得的收益。商业银行期望净资产是关于商业银行贷款总量和商业银行净资产的函数形式，参考 Gertler and Karadi（2011）将其表示为 $v_t(i) = u_{s,t}loan_t(i) + u_{n,t}n_t(i)$。单个商业银行的一阶条件为：

$$u_{s,t} = \beta E_t \Lambda_{t,t+1} \Big[(1-\vartheta)\Big(r_{l,t} - \frac{r'_{d,t} - \kappa r_r}{1-\kappa} \Big) + \vartheta x_{t+1} u_{s,t+1} \Big] \quad (12.30)$$

$$u_{n,t} = \beta E_t \Lambda_{t,t+1} \Big[(1-\vartheta)\Big(\frac{r'_{d,t} - \kappa r_r}{1-\kappa} \Big) + \vartheta z_{t+1} u_{n,t+1} \Big] \quad (12.31)$$

其中，$x_{t+1} = loan_{t+1}(i)/loan_t(i)$ 为单个商业银行信贷总增长率，$z_{t+1} = n_{t+1}(i)/n_t(i)$ 为单个商业银行净资产总增长率，$u_{s,t}$ 为单个商业银行贷款业务的边际收益，$u_{n,t}$ 为增加一单位商业银行净资产的收益①。根据式（12.25）可知，商业银行贷款业务对商业银行净资产增长的边际贡献随着商业银行杠杆水平的上升而放大，因此在没有任何约束的情况下，商业银行更趋向放贷。根据紧的激励相容约束 $wloan_t(i) = u_{s,t}loan_t(i) + u_{n,t}n_t(i)$ 得到：

$$\phi_t = loan_t(i)/n_t(i) = u_{n,t}/(w - u_{s,t}) \quad (12.32)$$

由式（12.30）可知，假设不存在激励相容约束，商业银行会一直放贷至贷款业务的边际收益趋近于零，此时的商业银行杠杆水平趋于无穷大。由单个商业银行净资产积累方程与商业银行杠杆水平的定义可以得到：

$$z_{t+1} = \Big(r_{l,t} - \frac{r'_{d,t} - \kappa r_r}{1-\kappa} \Big)\phi_t + \frac{r'_{d,t} - \kappa r_r}{1-\kappa} \quad (12.33)$$

$$x_{t+1} = (\phi_{t+1}/\phi_t)z_{t+1} \quad (12.34)$$

全社会商业银行净资产积累方程最终表示为：

$$n_t = \vartheta \Big[\Big(r_{l,t-1} - \frac{r'_{d,t-1} - \kappa r_r}{1-\kappa} \Big)\phi_{t-1} + \frac{r'_{d,t-1} - \kappa r_r}{1-\kappa} \Big]n_{t-1} + \zeta loan_{t-1}$$

$$(12.35)$$

其中，$(1-\vartheta)loan_{t-1}$ 为全社会退出商业银行的资产总值，$\zeta/(1-\vartheta)$ 为全社会新进入商业银行的资产总值占全社会退出商业银行资产总值的比重。由式（12.30）、式（12.31）和式（12.32）可以得到稳态下的商业

---

① 由于所有银行的决策是对称的，所以 $u_{s,t}$ 和 $u_{n,t}$ 可被视为加总变量。

银行杠杆水平决定方程①：

$$\left(r_l - \frac{r_d' - \kappa r_r}{1-\kappa}\right)w(1-\kappa)\beta\vartheta\phi^2 - \left[w(1-\kappa) - \frac{r_d' - \kappa r_r}{1-\kappa}w(1-\kappa)\beta\vartheta - \right.$$

$$\left. \beta(1-\kappa)(1-\vartheta)\left(r_l - \frac{r_d' - \kappa r_r}{1-\kappa}\right)\right]\phi + \beta(1-\vartheta)(r_d' - \kappa r_r) = 0 \quad (12.36)$$

根据式（12.36），在其他静态参数给定的情况下，商业银行稳态杠杆水平由实际存款利率、实际贷款利率、法定存款准备金实际利率与存款准备金率决定。

（五）广义政府

1. 财政政策规则

政府部门兼具央行的职能，即为广义政府（本章直接称之为政府部门）。政府部门通过向家庭部门发行债券、从商业银行吸收惩罚金与法定存款准备金收入为政府支出、债券利息与法定存款准备金利息融资，政府部门的实际预算约束为：

$$g_t = b_t - r_{d,t-1}b_{t-1} + \kappa d_t - r_r\kappa d_{t-1} + (r_{d,t}' - r_{d,t})d_t \quad (12.37)$$

其中，g_t 为政府购买性支出，参考郭长林（2016）的设定，假定对数线性化形式的政府购买性支出满足 AR（1）过程：$\hat{g}_t = \rho_g\hat{g}_{t-1} + \varepsilon_t^g$，$\rho_g$ 为政府购买性支出动态变化的持续性系数，ε_t^g 为政府支出冲击，其服从均值为 0、标准差为 σ_g 的正态分布。

2. 货币政策规则

本章的货币政策为标准泰勒规则：

$$\hat{r}_{n,t} = \rho_n\hat{r}_{n,t-1} + (1-\rho_n)\varphi_\pi\hat{\pi}_t + (1-\rho_n)\varphi_y\hat{y}_t + \varepsilon_t^n \quad (12.38)$$

其中，$r_{n,t} = r_{d,t}E_t\pi_{t+1}$ 为名义无风险利率，ρ_n 为名义无风险利率的平滑系数，φ_π 和 φ_y 分别为名义无风险利率对通胀和产出的反应系数。ε_t^n 是货币政策冲击，其服从均值为 0、标准差为 σ_n 的正态分布。

（六）均衡条件

本章模型包括了商品市场、资本市场、劳动市场、债券市场和信贷市场。模型构建过程中，资本市场和劳动市场通过家庭和厂商部门的设定达到均衡，债券市场和信贷市场通过家庭、厂商部门、商业银行和政府部门的设定达到均衡。商品市场满足均衡条件：

$$y_t = c_t + i_t + g_t \quad (12.39)$$

---

① 不带时间下标的变量表示该变量的稳态。

二、模型求解及拟合效果分析

(一) 对数线性化

DSGE 模型的一阶导条件构成了各个主体的均衡状态，求解的过程主要包括两个方面：一是方程系统的对数线性化，二是静态参数取值、动态参数先验分布以及相关变量稳态值的确定。本章的 DSGE 模型是一个由 29 个方程构成的系统，具体包括 11 个一阶导等式 [式（12.4）、式（12.5）、式（12.6）、式（12.7）、式（12.8）、式（12.10）、式（12.11）、式（12.18）、式（12.23）、式（12.30）、式（12.31）]、2 个约束方程 [式（12.32）、式（12.37）]、2 个市场出清条件 [式（12.24）、式（12.39）]、3 个政策方程 [式（12.27）、式（12.28）、式（12.40）]、7 个关系等式 [式（12.3）、式（12.9）、式（12.14）、式（12.15）、式（12.33）、式（12.34）、式（12.35）]、5 个外生冲击（资本质量冲击、金融冲击、政府支出冲击、技术冲击、货币政策冲击）。针对上述模型系统求解稳态关系，并在稳态附近对模型系统进行对数线性化，可以得到用以数值模拟分析的动态线性方程系统①。

(二) 数据说明

这里选用季度数据，数据来源于国家统计局网站与 Wind 数据库，时间跨度是 1996 年第 1 季度至 2018 年第 4 季度。参数校准部分，我们选取的观测变量包括产出、消费、投资、政府债务和政府支出，其分别对应数据库中的国内生产总值、全社会消费品零售总额、全社会固定资产投资、国内债务发行和财政支出。考虑到产出、消费、投资和政府支出存在极强的共线性，贝叶斯估计部分选取的观测变量包括产出、消费、投资与金融机构人民币存款余额。按照 Pfeifer（2014）方法，这里对观测数据取对数与季节调整后利用单边 HP 滤波（One–Sided HP-filters）去趋势，调整观测变量数据与模型变量口径一致。

(三) 校准依据和结果

参数和变量稳态值对 DSGE 模型的动态结果具有关键性作用，本模型按照季度频率对参数和变量稳态值进行校准（见表 12 – 1）。

---

① 模型对数线性化与稳态求解请参见本章附录。

表 12 - 1　　　　　　　　　　参数及稳态值校准

参数	说明	校准	参数	说明	校准
β	家庭主观贴现因子	0.99	κ	商业银行法定存款准备金率	0.15
σ_c	家庭相对风险厌恶系数	2	r_d	无风险真实总利率稳态	1.01
σ_l	家庭劳动供给弹性倒数	1.6	$r_l - r_d$	真实利差扭曲稳态	0.0025
α	资本投入份额	0.5	r_r	法定存款准备金真实总利率稳态	1.004
μ	商业银行收回抵押品概率稳态	0.97	v^a	宏观审慎监管规模参数	0.0015
$\bar{\varepsilon}^f$	异质性生产率分布上限	1.35	v^b	宏观审慎监管尺度参数	25
$\underline{\varepsilon}^f$	异质性生产率分布下限	1	ρ_p	宏观审慎监管政策惯性	0.9
Φ	稳态贷款违约概率	0.035	v_y	资本充足率对产出反应系数	0.5
υ	零售商品之间的替代弹性	6	v_l	资本充足率对贷款总量反应系数	0.5
θ	价格水平不变的零售商比率	0.75	φ_π	无风险利率对通货膨胀反应系数	1.5
δ	资本折旧率	0.025	φ_y	无风险利率对产出反应系数	0.5
η	投资调整成本参数	4.5	b/g	政府债务与支出比稳态	0.163
ϑ	商业银行每期存活概率	0.97	c/y	消费与产出比稳态	0.39
ζ	新进入商业银行资产社会占比	0.002	i/y	投资与产出比稳态	0.39
w	信贷供给摩擦参数	0.38	g/y	政府支出与产出比稳态	0.22

对于家庭部门参数。参考康立和龚六堂（2014）、金春雨等（2018）的做法，这里将家庭主观贴现因子 β 设定为 0.99，其对应的季度真实利率为 1%，故 $r_d = 1.01$。参考康立和龚六堂（2014），将相对风险厌恶系数 σ_c 设定为 2。参考庄子罐等（2012），将劳动供给对实际工资弹性的倒数 σ_l 设定为 1.6。参考大多数 DSGE 文献的做法，将季度资本折旧率 δ 设定为 0.025。参考陈小亮和马啸（2016），将投资调整成本参数 η 设定为 4.5。

对于厂商部门与零售商参数。参考马勇（2013）将资本投入份额 α 设定为 0.5。参考 Tayler 和 Zilberman（2016）、范从来和高洁超（2018），将商业银行收回抵押品概率的稳态值 μ 设定为 0.97。参考范从来和高洁超（2018），将异质性生产率 ε_t^f 的分布上限 $\bar{\varepsilon}^f$、分布下限 $\underline{\varepsilon}^f$ 和稳态贷款违约概率 Φ 分别设定为 1.35、1 和 0.035。参考大多数 DSGE 文献的做法，将价格水平不变的零售商比率 θ 设定为 0.75。参考马骏等（2016），将零售商品之间的替代弹性 v 设定为 6。

对于商业银行运营方面的参数。参考何国华等（2017），将商业银行每期存活概率 ϑ 和不存在宏观审慎监管下稳态的真实利差扭曲 $r_l - r_d$ 分别设定为 0.97 和 0.0025。道德风险（对应本章的信贷供给摩擦）限制了商业银行的杠杆水平，而商业银行的杠杆水平对商业银行的贷款供给非常关键，参考 Gertler 和 Karadi（2011）、康立和龚六堂（2014）、何国华等（2017）的设定，本章将信贷供给摩擦参数 w 设定为 0.38。

对于货币政策参数，自 2007 年以来，我国的法定存款准备金率一直处于历史高位，大型金融机构 1998～2017 年的法定存款准备金率均值为15.1%，因此，我们将商业银行法定存款准备金率 κ 设定为 0.15，这与陈小亮和马啸（2016）的校准结果是一致的。目前我国一年期法定存款准备金真实总利率 r_r 是 1.0162（季度值为 1.004）。参考马勇（2013），将无风险利率（存款利率）对通货膨胀的反应系数 φ_π 以及对产出的反应系数 φ_y 分别取 1.5 和 0.5。

对于宏观审慎监管政策，参考王爱俭和王璟怡（2014）将宏观审慎监管规模参数 v^a、宏观审慎监管尺度参数 v^b 和宏观审慎监管政策惯性 ρ_p 分别设定为 0.0015、25 和 0.9。参考李天宇等（2017）将政策资本充足率对产出的反应系数 v_y 以及对贷款总量的反应系数 v_q 均设定为 0.5。

另外，稳态的政府债务与支出比 b/g、稳态的消费产出比 c/y、稳态的投资产出比 i/y 根据样本数据的历史平均值进行校准。参数及稳态值校准的校准见表 12-1。

（四）模型拟合效果

本章将无宏观审慎政策的模型设定为基准模型。为了验证模型对实体经济的拟合效果，我们考察了基准模型一阶矩和二阶矩与实际经济的匹配，由于引入宏观审慎政策并不会影响模型的一阶矩，我们没有在引入宏观审慎政策的模型中重新匹配一阶矩。

一阶矩方面，这里将稳态下的产出标准化为 $y = 1$，模型一阶矩条件匹配和样本均值的数据如表 12-2 所示。其中，消费产出比（c/y）、资本产出比（k/y）、存款利率（r_d）、商业银行杠杆水平的稳态（ϕ）推导结果分别为 0.55、1.44、1.01 与 3.24，其对应的样本均值分别为 0.39、2.1、1.007 与 6.45。从一阶矩的表现来看，模型拟合出的商业银行杠杆水平较实际数据要低，这是由于模型中的银行主要对应的是杠杆率较低的国有和全国性股份制银行，而没有包含杠杆率较高的地方性城商行。整体来讲，我们认为校准后的模型对样本均值具有较好的拟合效果。

表 12 - 2   模型一阶矩条件匹配

变量	模型	样本均值	样本数据来源
c/y	0.55	0.39	Wind
k/y	1.44	2.1	IMF
r_d	1.01	1.007	SHIBOR：1 周（2006 年 10 月至 2019 年 12 月），Wind
ϕ	3.24	6.45	中国银行保险监督管理委员会

表 12 - 3 对模型经济模拟的二阶矩和实际经济数据的二阶矩进行了匹配。实际经济数据的二阶矩由 1996 年第 1 季度至 2018 年第 4 季度的样本数据得到，模拟经济数据的样本矩通过模型在外生冲击下的随机模拟得到。

表 12 - 3   模型二阶矩条件匹配

变量	实际经济			模拟经济					
				基准模型			引入宏观审慎监管政策		
	标准差	一阶自相关系数	与产出标准差比	标准差	一阶自相关系数	与产出标准差比	标准差	一阶自相关系数	与产出标准差比
y	0.042	0.897	1.000	0.041	0.684	1.000	0.032	0.715	1.000
c	0.051	0.896	1.214	0.060	0.649	1.463	0.059	0.767	1.844
i	0.070	0.715	1.667	0.056	0.830	1.366	0.028	0.842	0.875
d	0.057	0.882	1.36	1.54	0.346	37.56	0.127	0.345	3.97

比较实际经济与模拟经济数据得到，基准模型下产出（y）、消费（c）、投资（i）的标准差基本接近实际经济对应数据的标准差，模拟经济的投资波动小于实际经济的投资波动主要是因为本章模型中的投资为私人投资，其不包含实际经济中的政府投资。基准模型下金融机构人民币存款余额（d）的标准差为 1.54，明显大于实际经济的 0.057，这种偏差情况在引入宏观审慎监管政策后有所改善。另外，产出、消费、投资的一阶自相关系数均较为接近实际经济数据的一阶自相关系数。相比基准模型，产出、消费与投资的标准差在引入宏观审慎监管政策后均有所下降，而一阶自相关系数均有所上升。整体而言，从二阶矩的表现来看，本章构建的 DSGE 模型基本能够刻画中国宏观经济的主要特征。

（五）参数的贝叶斯估计

1995 年 3 月，我国颁布了《中国人民银行法》并予以施行，《中国人民银行法》赋予了中国人民银行对金融业实施监督管理的职责。本部分对无宏观审慎政策以及纳入宏观审慎监管政策两种情形下的参数进行贝叶斯估计，结果如表 12 - 4 所示。

表 12 - 4 参数估计结果

参数	先验分布	基准模型		引入宏观审慎监管政策	
		后验均值	90% 置信区间	后验均值	90% 置信区间
ρ_{φ}	$B(0.5, 0.1)$	0.4164	[0.2832, 0.5449]	0.9473	[0.9410, 0.9528]
ρ_a	$B(0.5, 0.1)$	0.5094	[0.3429, 0.6783]	0.5884	[0.5096, 0.6664]
ρ_{μ}	$B(0.5, 0.1)$	0.8791	[0.8394, 0.9202]	0.4669	[0.3231, 0.6360]
ρ_g	$B(0.5, 0.1)$	0.6781	[0.5879, 0.7775]	0.7164	[0.6256, 0.8028]
ρ_n	$B(0.5, 0.1)$	0.6940	[0.6148, 0.7726]	0.8796	[0.8751, 0.8855]
σ_{φ}	$IG(0.1, 2)$	0.0282	[0.0214, 0.0343]	0.0388	[0.0333, 0.0446]
σ_a	$IG(0.1, 2)$	0.0333	[0.0218, 0.0452]	0.0467	[0.0399, 0.0535]
σ_{μ}	$IG(0.1, 2)$	1.0971	[0.8175, 1.3782]	0.0483	[0.0260, 0.0709]
σ_g	$IG(0.1, 2)$	0.0764	[0.0672, 0.0853]	0.0768	[0.0670, 0.0853]
σ_n	$IG(0.1, 2)$	0.0201	[0.0158, 0.0246]	0.0151	[0.0134, 0.0168]

参考大多数 DSGE 文献的做法，我们将所有外生冲击自回归系数的先验分布设定为均值为 0.5，标准差为 0.1 的 Beta 形式，将所有外生冲击标准差的先验分布设定为均值为 0.1，标准差为 2 的逆 Gamma 形式。表 12 - 4 的结果表明，引入宏观审慎监管政策后，金融冲击持续性参数从基准模型的 0.8791 下降至 0.4669，金融冲击标准差的均值从 1.0971 下降至 0.0483，这表明宏观审慎监管政策下金融冲击的影响减弱。估计结果都在多数文献讨论区间内，没有出现特别异常值，这保证了估计结果的合理性与可信度。

（六）历史方差分解

在现实经济环境下，所有不可观测的外生冲击共同作用于实际观测结果，历史方差分解主要用于考察不同外生冲击对经济变量在历史上偏离稳态的贡献程度。

图 12 - 1 ~ 图 12 - 3 刻画了基准模型与引入宏观审慎监管政策后，样本期间内所有外生冲击对可观测变量（产出、消费和投资）动态演进的历

史贡献值。图中的黑线描述了内生变量的平滑值偏离稳态程度，柱状图表示每种外生冲击对偏离的贡献程度。

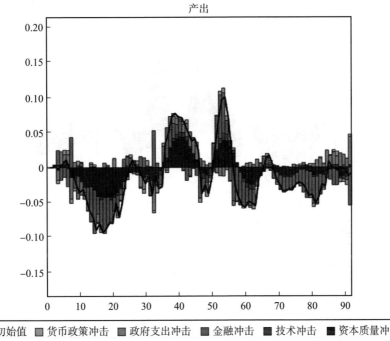

产出

■ 初始值 ■ 货币政策冲击 ■ 政府支出冲击 ■ 金融冲击 ■ 技术冲击 ■ 资本质量冲击

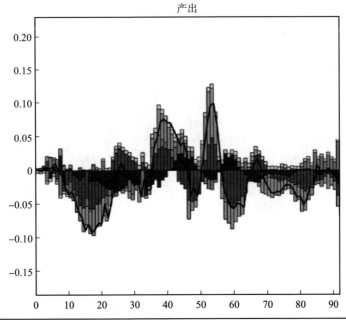

产出

■ 初始值 ■ 货币政策冲击 ■ 政府支出冲击 ■ 金融冲击 ■ 技术冲击 ■ 资本质量冲击

图 12 - 1 产出的历史方差分解（基准模型/引入宏观审慎监管政策）

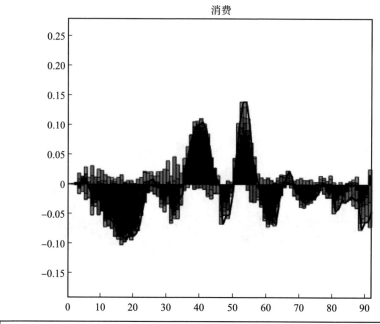

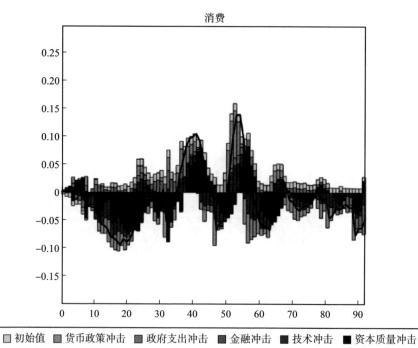

图 12-2　消费的历史方差分解（基准模型/引入宏观审慎监管政策）

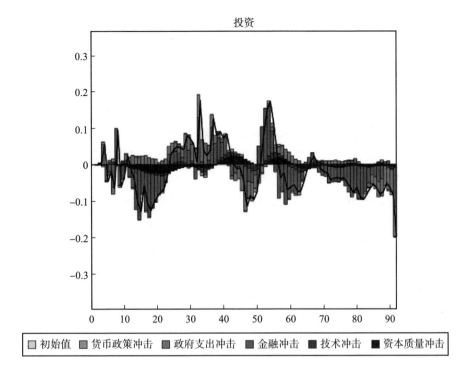

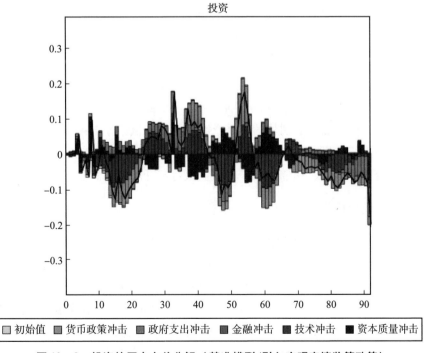

图 12 – 3　投资的历史方差分解（基准模型/引入宏观审慎监管政策）

基准模型下，产出方面，金融冲击与货币政策冲击对产出与投资偏离稳态的贡献最大，资本质量冲击与技术冲击对产出偏离稳态的贡献不如金融冲击；消费方面，货币政策冲击、金融冲击与政府支出冲击对消费偏离稳态的贡献较大，技术冲击与资本质量冲击的贡献较小；投资方面，金融冲击与政府支出冲击对投资偏离稳态的贡献最大，技术冲击与资本质量冲击对投资偏离稳态的贡献不如金融冲击；综上所述，金融冲击能够引起经济金融系统的剧烈波动，其对主要经济变量偏离稳态的贡献程度要大于技术冲击与资本质量冲击。

引入宏观审慎监管政策后，产出方面，货币政策冲击与政府支出冲击对产出偏离稳态的贡献最大，金融冲击的贡献最小；消费方面，除了金融冲击，其他四种冲击对消费偏离稳态均存在较大的贡献；投资方面，货币政策冲击、资本质量冲击与政府支出冲击对投资偏离稳态均存在较大的贡献，金融冲击对投资偏离稳态的贡献最小。

综上所述，相对基准模型，宏观审慎监管政策情形下金融冲击对主要经济变量的影响减弱。

第三节　系统性金融风险与宏观审慎政策调控的机制分析

我们在包含银行中介部门的新凯恩斯模型中植入了两种金融摩擦：信贷需求摩擦与信贷供给摩擦，分别来源于厂商部门的借贷约束和商业银行的道德风险。下面将分别从信贷需求摩擦与信贷供给摩擦两方面对模型的传导机制进行分析，选取的变量包括产出、消费、投资、市场融资溢价、通胀、贷款总量、宏观金融杠杆、商业银行杠杆水平和商业银行净资产。

一、模型机制分析

（一）信贷需求摩擦的机制分析

本章的金融冲击衡量了商业银行收回抵押品的概率，金融冲击越大代表商业银行从厂商收回抵押品的概率越小。图 12-4 刻画了无宏观审慎政策情形下一单位金融冲击以及金融冲击放大情形下的经济效应。根据式（12.14）、式（12.15），放大金融冲击会提高厂商部门贷款违约门限值，从而导致厂商违约概率增加。根据式（12.18），贷款违约概率通过改变风险溢价进而影响实际贷款利率，金融冲击与市场融资溢价成正比关系。市场融资溢价的上升首先打压厂商的贷款意愿，商业银行也因为厂商违约概率的上升而惜贷。前者对经济的影响表现为供给减少、物价上涨、消费与投资下降，后者对金融的影响表现为商业银行盈利空间压缩进而导致商业银行净资产下滑。按照本章的定义，商业银行杠杆为信贷总量与商业银行净资产的比例，宏观金融杠杆为信贷总量与产出的比例。根据图 12 - 4，由于商业银行信贷总量的下降幅度小于商业银行净资产的下降幅度而大于产出的下降幅度，商业银行杠杆水平上升，宏观金融杠杆下降。金融冲击对商业银行杠杆与宏观金融杠杆的影响随着冲击的增强而变大。而银行贷款违约概率的上升、市场融资溢价的上升和银行杠杆率的上升无疑增加了系统性金融风险。

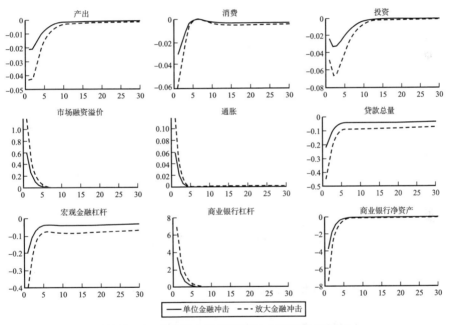

图 12 - 4　金融冲击的经济效应（信贷需求摩擦）

（二）信贷供给摩擦的机制分析

基准模型中，我们将信贷供给摩擦参数 w 设定为 0.38，根据式（12.36），此时对应的商业银行杠杆水平的稳态值为 $\phi = 3.24$，本部分放大金融摩擦参数将其设定为 0.76，即放大一倍，此时对应的商业银行杠杆水平稳态值为 $\phi = 1.47$，即金融摩擦参数越大的情况下商业银行杠杆水平稳态值越低。两种情况下的金融冲击效果如图 12 - 5 所示。根据图 12 - 5，随着商业银行杠杆水平稳态值的提高，金融冲击对贷款总量、宏观金融杠杆、商业银行杠杆水平以及商业银行净资产的影响增强，其对经济变量的影响基本保持不变。在信贷供给摩擦情景下，商业银行自身优化存在顺周期性，这些影响背后的传导渠道是金融冲击通过收紧商业银行激励相容约束（$v_t \geq wloan_t$），商业银行调整自身资产配置从而导致金融变量的反应程度发生变化，且这种反应程度随着商业银行杠杆水平稳态值的增加而有所放大。

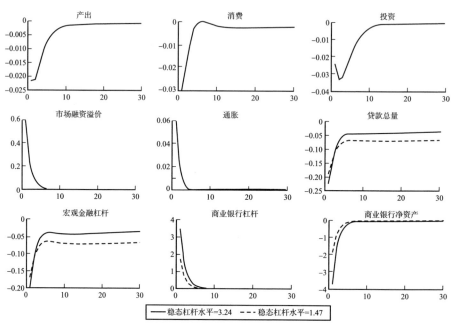

图 12 - 5　金融冲击的经济效应（信贷供给摩擦）

二、宏观审慎监管政策调控效果

关于外生冲击的选取，考虑到金融冲击是造成金融不稳定的主要原因、货币政策是政府宏观调控（包括金融稳定）的常用工具，以及近年来学术界认为金融"去杠杆"会对宏观经济的增长带来不利影响（马勇和陈雨露，2017），而技术进步是经济增长的主要推动力之一。因此，本部分选取的外生冲击包括一个标准差正向的技术冲击、负向金融冲击与紧缩性货币冲击（标准泰勒规则）。图 12 - 6、图 12 - 7 与图 12 - 8 分别模拟了基准模型与引入宏观审慎监管政策两种情形下技术冲击、金融冲击与货币政策冲击对产出、消费、投资、市场融资溢价、通胀、贷款总量、宏观金融杠杆、商业银行杠杆水平和商业银行净资产等经济变量的影响。

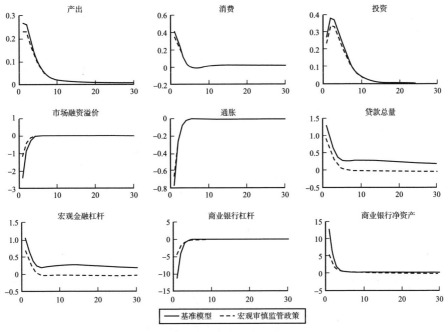

图 12-6　技术冲击的经济效应

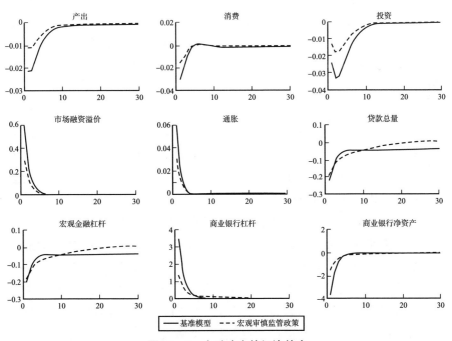

图 12-7　金融冲击的经济效应

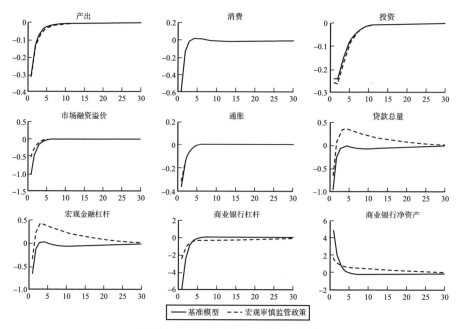

图 12 - 8 货币政策冲击的经济效应

图 12 - 6 刻画了一单位技术冲击的经济效应。正向的技术冲击使得生产率上升从而刺激厂商投资以及推动产出上升，商品供给的增加则导致通胀下降。根据式（12.18），产出上升导致市场融资溢价下降，生产率的提高刺激了厂商的信贷需求从而导致商业银行净资产的增加。由于商业银行信贷总量的上升幅度小于商业银行净资产的上升幅度而大于产出的上升幅度，根据商业银行杠杆水平的定义与宏观金融杠杆的定义，商业银行杠杆水平下降而宏观金融杠杆上升。商业银行杠杆与宏观金融杠杆在技术冲击下表现为反向波动。引入宏观审慎监管政策后，市场融资溢价收窄，技术冲击对上述经济变量的效果均有所减弱，这表明了宏观审慎监管政策能够抑制技术冲击带来的杠杆波动。

图 12 - 7 刻画了一单位金融冲击的经济效应。金融冲击通过提高厂商贷款违约概率从而推高市场融资溢价与厂商部门贷款成本并导致厂商部门生产成本的上升。厂商部门生产成本上升则推高了通胀水平。贷款利率上升同时导致厂商贷款总量下降，投资也相应下降，最后导致产出和消费下降。厂商贷款总量下降导致商业银行净资产下降，由于商业银行信贷总量的下降幅度小于商业银行净资产的下降幅度而大于产出的下降幅度，商业银行杠杆水平上升，宏观金融杠杆下降。因此，商业银行杠杆与宏观金融杠杆在金融冲击下表现为反向波动。宏观审慎监管政策下，由于监管者对

银行资本的动态管理，金融冲击对主要经济变量的影响减弱，但对贷款总量与宏观金融杠杆的调控效果具有一定的滞后性。通过图 12-5 发现，宏观审慎监管政策对金融变量的调控效果大于对宏观经济变量的调控效果。

图 12-8 刻画了一单位货币政策冲击的经济效应。正向的货币政策冲击直接导致名义无风险利率的上升与通胀的下降。由于存款的真实总利率上升，市场融资溢价下降。根据式（12.30）与式（12.31），名义无风险利率的上升导致商业单位银行净资产的收益大于商业银行贷款业务的边际收益，从而导致商业银行净资产的上升与信贷总量的下降，商业银行杠杆水平因此下降。厂商部门可贷资金量下降导致投资与产出下降，消费也随之下降。

另外，由于商业银行信贷总量的下降幅度大于产出的下降幅度，宏观金融杠杆因此下降。商业银行杠杆与宏观金融杠杆在货币政策冲击下表现为同向波动。引入宏观审慎监管政策后，市场融资溢价收窄，货币政策冲击对产出、消费、投资与通胀等宏观经济变量的影响较引入宏观审慎监管政策之前基本保持不变，其对市场融资溢价、贷款总量、宏观金融杠杆、商业银行杠杆水平与商业银行净资产的影响减弱。因此，宏观审慎监管政策能够削弱标准泰勒规则对金融系统的调控效果。

还可以发现，由于宏观审慎监管政策的调控工具为无风险利率，当其与货币政策工具"叠加"时，同一个方向上政策累加导致贷款总量与宏观金融杠杆出现非意愿的过度波动（马勇和陈雨露，2013），这在图 12-6 中表现为货币政策冲击对贷款总量的负向影响只持续 3 个季度左右即转为上升从而呈驼峰状。

第四节　系统性金融风险与宏观审慎政策的选择

由于前文的分析显示宏观审慎监管政策会削弱传统泰勒规则对金融系统的调控效果，本部分在传统货币政策中引入了一些重要的金融周期变量作为额外的政策目标，进而考察宏观审慎货币政策对社会福利、技术冲击、金融冲击的影响，以及对比宏观审慎货币政策与标准泰勒规则对经济金融变量的调控效果。

一、宏观审慎货币政策选择

借鉴宏观审慎货币政策文献的一般设定形式（马勇，2013；方意，

2016b；李天宇等，2017），我们在标准泰勒中盯住资本资产价格、市场融资溢价等反映金融周期的变量。由于宏观金融杠杆能够较好地反映金融系统脆弱性的积累情况（Drehmann et al.，2011）且更易于检测，本章的宏观审慎货币政策同时盯住了宏观金融杠杆。鉴于我国的货币政策与宏观审慎评估体系（MPA）形式上是明确分开的，这里的宏观审慎货币政策不考虑商业银行资本充足率。具体表示如下：

$$\hat{r}_{n,t} = (1-\rho_n)\varphi_\pi\hat{\pi}_t + (1-\rho_n)\varphi_y\hat{y}_t + (1-\rho_n)\varphi_q\hat{q}_t + (1-\rho_n)\varphi_r\widehat{\Delta r}_t$$
$$+ (1-\rho_n)\varphi_\chi\hat{\chi}_t + \varepsilon_t^n \tag{12.40}$$

其中，$\chi_t = loan_t/y_t$ 为商业银行信贷总额与产出比例，其常作为宏观金融杠杆的代理变量（马勇和陈雨露，2017）。φ_q、φ_r 和 φ_χ 分别为名义无风险利率对资本资产价格、市场融资溢价和宏观金融杠杆的反应系数。

（一）宏观审慎货币政策的选择：社会福利分析

参考 DSGE 文献的一般做法，我们采用社会福利损失函数作为宏观审慎货币政策的评价标准。考察两种社会福利函数，一种参考李天宇等（2017）的设定，选取资本充足率的方差作为金融稳定指标，选取信贷量的方差作为信贷市场波动性指标，我们将其命名为规则 1；另一种参考 Coibion et al.（2012）的设定，选取资本资产价格的方差作为金融稳定指标，将其命名为规则 2。每期的平均社会福利损失函数可以表述为：

$$wl = \alpha_\pi\mathrm{var}(\hat{\pi}_t) + \alpha_y\mathrm{var}(\hat{y}_t) + \alpha_\gamma\mathrm{var}(\hat{\gamma}_t) + \alpha_l\mathrm{var}(\widehat{loan}_t) + \alpha_q\mathrm{var}(\hat{q}_t)$$

$$\tag{12.41}$$

根据方程（12.41），每期的平均社会福利损失主要取决于通胀、产出、商业银行资本充足率、贷款总量与资本资产价格的波动，由此可以计算出不同情景下的社会福利损失。参考李天宇等（2017）的设定，令 $\alpha_\pi = \alpha_y = \alpha_l = 1$、$\alpha_\gamma = 0.1$、$\alpha_q = 0$，此时的社会福利损失函数为规则 1，对应的社会福利损失用 wl_1 表示。当 $\alpha_\pi = \alpha_y = 1$、$\alpha_q = 0.1$、$\alpha_\gamma = \alpha_l = 0$，此时的社会福利损失函数为规则 2，对应的社会福利损失用 wl_2 表示。

本部分考察：（1）标准泰勒规则盯住单一金融变量以及盯住程度的增加对社会福利的影响；（2）标准泰勒规则盯住双重金融变量以及盯住程度的增加对社会福利的影响；（3）标准泰勒规则盯住三重金融变量以及盯住程度的增加对社会福利的影响。参考马勇（2013）的做法，为对盯住不同金融变量的效果进行比较，产出和通胀的反应系数始终固定为标准泰勒规则（0.5 和 1.5），其他新进金融变量的反应系数分别固定在 0.5 或 1，该系数越大反映无风险利率对相应金融变量的盯住程度越高。

从表 12 - 5 的结果可以看出，规则 1 下最佳的宏观审慎货币政策为盯住市场融资溢价与宏观金融杠杆的双重目标规则，反应系数均为0.5，其对应的社会福利损失为16.875。规则2下的最佳的宏观审慎货币政策为盯住资本资产价格、市场融资溢价与宏观金融杠杆的三重目标规则，反应系数均为0.5，其对应的社会福利损失为1.368。

表 12 - 5　　　　　　　　宏观审慎货币政策的社会福利效应

政策组合	货币政策反应规则			主要经济变量波动（方差，%）					社会福利损失	
	φ_q	φ_r	φ_χ	π_t	y_t	γ_t	$loan_t$	q_t	wl_1	wl_2
标准泰勒规则	0	0	0	1.328	0.676	244.158	233.054	1.988	259.474	2.203
盯住单一目标	0.5	0	0	1.558	0.573	293.146	232.897	1.111	264.342	2.242
	1	0	0	1.751	0.523	334.645	233.874	0.713	269.611	2.344
	0	0.5	0	0.832	0.766	130.845	188.512	2.876	203.195	1.886
	0	1	0	0.618	0.852	87.637	156.826	3.774	167.060	1.848
	0	0	0.5	0.733	0.541	165.766	2.322	1.477	20.172	1.422
	0	0	1	2.037	0.405	467.101	2.460	1.632	51.612	2.605
盯住双重目标	0.5	0.5	0	0.999	0.654	167.850	188.150	1.859	206.589	1.840
	1	1	0	0.851	0.662	139.403	156.219	1.988	171.672	1.712
	0.5	0	0.5	0.824	0.491	188.360	1.974	0.983	22.126	1.414
	1	0	1	2.083	0.338	475.622	2.993	0.894	52.976	2.510
	0	0.5	0.5	0.572	0.624	122.402	3.440	2.264	16.875	1.422
	0	1	1	1.661	0.534	365.478	6.638	2.849	45.381	2.479
盯住三重目标	0.5	0.5	0.5	0.645	0.561	140.646	2.714	1.628	17.984	1.368
	1	1	1	1.723	0.441	379.127	6.298	1.820	46.374	2.345

（二）宏观审慎货币政策的经济效应

在上部分的分析基础之上，本部分考察盯住双重目标与盯住三重目标的宏观审慎货币政策对三种外生冲击的影响，结果如图 12 - 9、图 12 - 10 与图 12 - 11 所示。

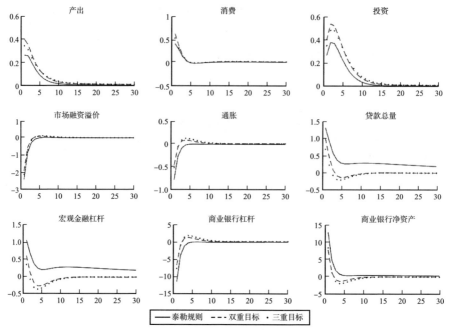

图 12 - 9　技术冲击的经济效应 1

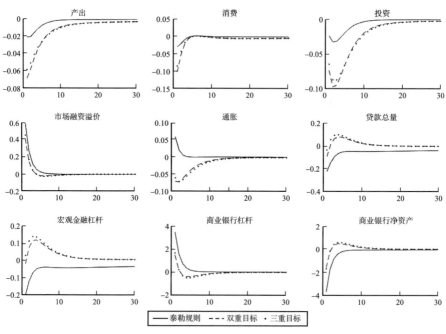

图 12 - 10　金融冲击的经济效应 1

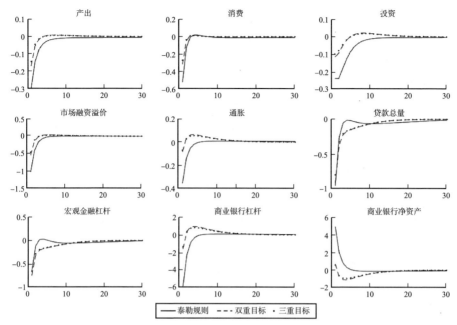

图 12 -11　货币政策冲击的经济效应 1

技术冲击方面（见图 12 -9），相对于标准泰勒规则，盯住双重目标与盯住三重目标的宏观审慎货币政策均放大了技术冲击对产出、消费、投资的影响，同时也缩小了技术冲击对市场融资溢价、通胀、贷款总量、宏观金融杠杆、商业银行杠杆水平与商业银行净资产的影响。盯住市场融资溢价与宏观金融杠杆的宏观审慎货币政策的经济机理表现为，当贷款利率或宏观金融杠杆偏离稳态时，相较于标准泰勒规则，货币当局会通过提高存款利率来压缩商业银行的利润空间从而保证金融市场的流动性，在双重目标规则中引入资本资产价格后，存款利率需要根据资本资产价格波动进行调整，从而导致盯住三重目标规则下正向的技术冲击对投资增长的刺激效果减弱，并最终导致正向的技术冲击对产出和消费的正向刺激效果减弱。因此，技术冲击下盯住市场融资溢价与宏观金融杠杆的宏观审慎货币政策表现更优。

金融冲击方面（见图 12 -10），相对于标准泰勒规则，盯住双重目标与盯住三重目标的宏观审慎货币政策均能够缓解金融冲击对市场融资溢价、通胀、贷款总量、宏观金融杠杆、商业银行杠杆水平与商业银行净资产的负面影响，同时也增强了金融冲击对产出、消费、投资的负面影响。这表明宏观审慎货币政策虽然能够缓解金融冲击对金融部门的负面影响，但同时也会加剧宏观经济波动。对两种宏观审慎货币政策进行对比发现，当标准泰勒规则盯住三重目标时，金融冲击对产出、消费与投资的负面影响相比标准泰勒规则盯住市场融资溢价时要小，金融冲击对金融变量的影响在两种情形下基本一致。因此，金融冲击下盯住资本资产价格、市场融资溢价与宏观金融杠杆的宏观审慎货币政策表现更优。

货币政策冲击方面（见图 12-11），相对于标准泰勒规则，盯住双重目标与盯住三重目标的宏观审慎货币政策均能够缓解货币政策冲击对产出、消费、投资、市场融资溢价、通胀、商业银行杠杆水平与商业银行净资产的影响，其对贷款总量与宏观金融杠杆的影响在短期基本保持不变，在长期有所增强。这表明标准泰勒规则中盯住双重目标与三重目标后，其对宏观经济的调控效果减弱，且两种规则在减弱货币政策对宏观经济的调控效果方面基本一致。

总结宏观审慎货币政策的经济效应可以发现，宏观审慎货币政策的调整与外生冲击的类型密切相关。因此，为了实现金融稳定目标，首先需要识别导致经济波动的驱动因素，然后在此基础上确定宏观审慎货币政策的规则与强度。

二、宏观审慎政策的组合效果

不同种类宏观审慎政策工具搭配的过程中可能存在"政策冲突"与"政策叠加"问题，因此宏观审慎政策组合对经济的调控效果也值得关注（马勇与陈雨露，2013）[①]。本部分进一步考察宏观审慎监管政策与两类宏观审慎货币政策组合的调控效果。

根据图 12-12，相对于宏观审慎监管政策，宏观审慎政策组合削弱了技术冲击对产出、消费与投资的正向影响，与此同时，宏观审慎政策组合推高了技术冲击对贷款总量、宏观金融杠杆、商业银行杠杆水平与商业银行净资产的影响。

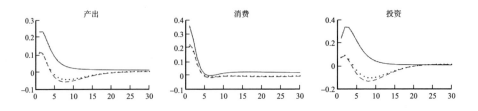

---

① 根据马勇与陈雨露（2013），宏观审慎政策的"政策冲突"指的是宏观审慎政策的搭配会削弱宏观审慎政策效果并增加政策实施成本，宏观审慎政策的"政策叠加"指的是宏观审慎政策的搭配会导致经济系统以一种非预期的方式进行调整。

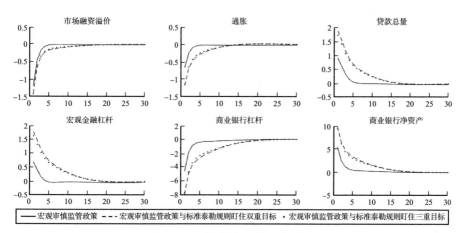

图 12 – 12　技术冲击的经济效应 2

根据图 12 – 13，相对于宏观审慎监管政策，宏观审慎政策组合放大了金融冲击对产出、消费与投资的负面影响，这表明宏观审慎政策组合推高了金融冲击对宏观经济的负向影响。金融变量方面，相对于宏观审慎监管政策，在宏观审慎政策组合下金融冲击对金融变量的影响大幅减弱。

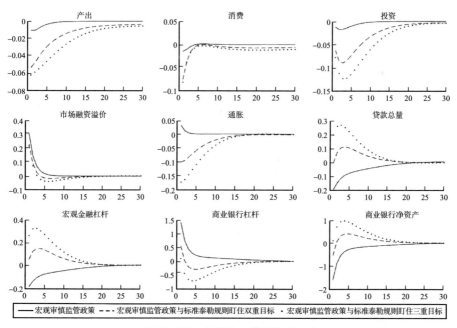

图 12 – 13　金融冲击的经济效应 2

通过图 12 – 13 还可以发现，通胀、贷款总量、宏观金融杠杆以一种非预期的方式进行调整。金融冲击下存在宏观审慎政策搭配的"政策叠加"现象，相比盯住双重目标的宏观审慎货币政策，当宏观审慎监管政策与盯住双重目标的宏观审慎货币政策组合时，这种"政策叠加"更加明显。

根据图 12 - 14，相对于宏观审慎监管政策，宏观审慎政策组合下货币政策冲击对主要宏观经济变量的调控效果大幅减弱，货币政策冲击对贷款总量与宏观金融杠杆的调控效果增强。产出、投资、市场融资溢价、通胀、商业银行杠杆水平与商业银行净资产以一种非预期的方式进行调整。货币政策冲击下存在宏观审慎政策搭配的"政策叠加"现象。与金融冲击类似，相比盯住双重目标的宏观审慎货币政策，当宏观审慎监管政策与盯住双重目标的宏观审慎货币政策组合时，这种"政策叠加"更加明显。

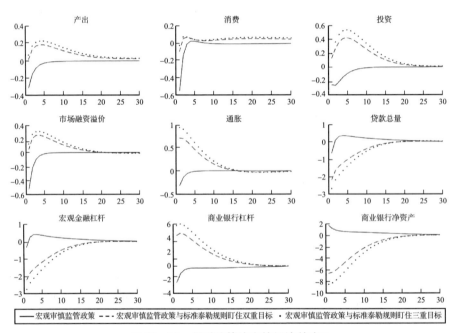

图 12 - 14　货币政策冲击的经济效应 2

上述结果均表明，当宏观审慎监管政策与宏观审慎货币政策组合时，其对宏观经济的调控效果减弱，且这种组合在金融冲击与货币政策冲击下存在"政策叠加"现象。

三、宏观审慎监管政策的进一步讨论

这里的宏观审慎监管政策主要包括四个重要参数，分别为：宏观审慎

监管规模参数 v^a、宏观审慎监管尺度参数 v^b、资本充足率对产出的反应系数 v_y、资本充足率对贷款总量的反应系数 v_l。在宏观审慎监管政策基准模型中我们分别将上述系数校准为 0.0015、25、0.5 与 0.5。宏观审慎监管规模参数与宏观审慎监管尺度参数度量了政府宏观审慎监管政策的严格程度，资本充足率对产出反应系数与资本充足率对贷款总量反应系数度量了政府在实施宏观审慎监管过程中对经济波动与金融稳定的偏好程度。本部分分析在其他参数保持不变的情形下提高一个参数的取值对结论的影响。

（一）宏观审慎监管参数的敏感性分析

在其他参数取值保持不变的情况下，本部分分别将宏观审慎监管规模参数 v^a 从 0.0015 提高到 0.003，以及将宏观审慎监管尺度参数 v^b 从 25 提高到 50 来考察不同宏观审慎监管情形下三种主要冲击对经济变量的影响。

技术冲击方面（见图 12-15），随着宏观审慎监管规模参数的提高，技术冲击对主要经济变量的影响相对基准模型有所增加。随着宏观审慎监管尺度参数的提高，技术冲击对产出、消费、投资、市场融资溢价、通胀的影响相对基准模型基本保持不变，贷款总量、宏观金融杠杆、商业银行杠杆与商业银行净资产相对基准模型虽有所增加，但增加程度不及提高宏观审慎监管规模参数的情形。

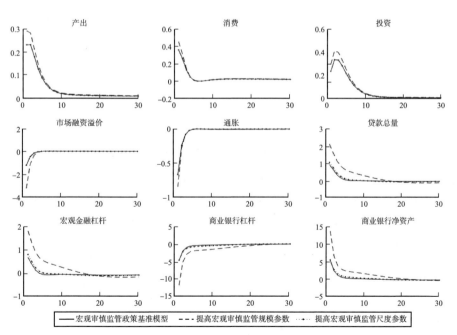

图 12-15 技术冲击的经济效应 3

金融冲击方面（见图 12 - 16），同技术冲击，随着宏观审慎监管规模参数的提高，金融冲击对主要经济变量的影响相对基准模型有所增加，而随着宏观审慎监管尺度的提高，金融冲击对产出、消费、投资、市场融资溢价、通胀的影响相对基准模型基本保持不变，贷款总量、宏观金融杠杆、商业银行杠杆与商业银行净资产相对基准模型能更快地回到稳态水平。

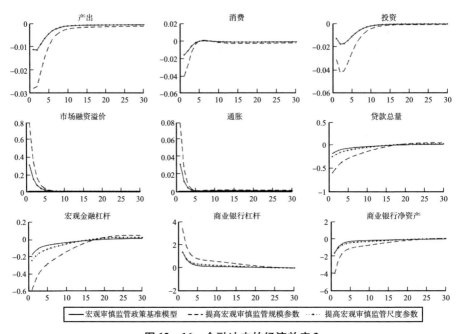

图 12 - 16　金融冲击的经济效应 3

货币政策冲击方面（见图 12 - 17），随着宏观审慎监管规模参数的提高，货币政策冲击对产出、消费和投资的影响相对基准模型有所减弱，对其他变量的影响相对基准模型有所增加。随着宏观审慎监管尺度的提高，货币政策冲击对产出、消费、投资、市场融资溢价、通胀的影响相对基准模型基本保持不变，贷款总量与宏观金融杠杆相对基准模型能更快地回到稳态水平，商业银行杠杆与商业银行净资产相对基准模型回到稳态水平的速度更慢。

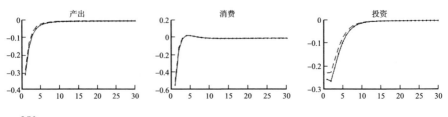

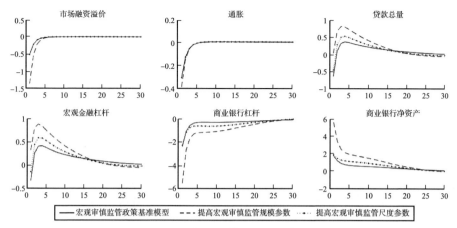

图 12-17　货币政策冲击的经济效应 3

上述结果表明，不同宏观审慎监管参数对本章的基本结论影响较小，这表明本章的结论是稳健的。

（二）政策资本充足率对产出与贷款总量反应的敏感性分析

在其他参数取值保持不变的情况下，本部分分别将政策资本充足率对产出的反应系数 v_y 从 0.5 提高到 1.5，以及将政策资本充足率对贷款总量的反应系数 v_l 从 0.5 提高到 1.5 来考察不同资本充足率政策下三种主要冲击对经济变量的影响。

技术冲击方面（见图 12-18），随着政策资本充足率对产出的盯住程度增加，技术冲击对产出、消费、投资、市场融资溢价、通胀的影响相对基准模型基本保持不变，贷款总量、宏观金融杠杆、商业银行杠杆与商业银行净资产相对基准模型更快地回到稳态水平；随着政策资本充足率对贷款总量的盯住程度增加，上述经济变量表现出同样的动态变化过程。

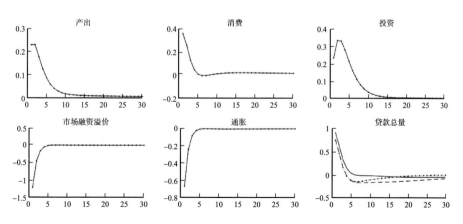

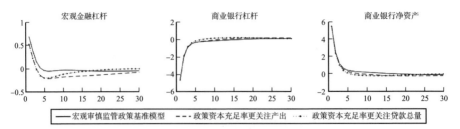

图 12 - 18　技术冲击的经济效应 4

金融冲击方面（见图 12 - 19），随着政策资本充足率对产出或者对贷款总量的盯住程度增加，金融冲击对产出、消费、投资、市场融资溢价、通胀的影响相对基准模型基本保持不变，贷款总量、宏观金融杠杆、商业银行杠杆与商业银行净资产相对基准模型更快地回到稳态水平，且政策资本充足率对贷款总量盯住程度增加情形下上述金融变量回到稳态更为迅速。

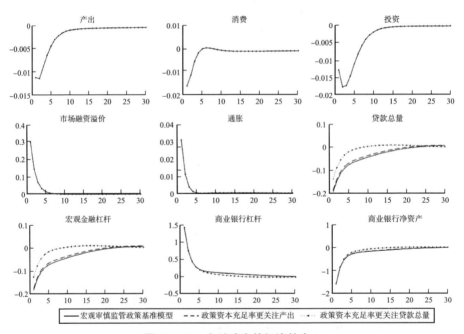

图 12 - 19　金融冲击的经济效应 4

货币政策冲击方面（见图 12 - 20），随着政策资本充足率对产出或者对贷款总量的盯住程度增加，货币政策冲击对产出、消费、投资、市场融资溢价、通胀的影响相对基准模型基本保持不变，但金融变量在两种情形下表现出不同的变化趋势，随着政策资本充足率对产出的盯住程度增加，贷款总量、宏观金融杠杆、商业银行杠杆与商业银行净资产相对基准模型更慢地回到稳态水平，但随着政策资本充足率对贷款总量的盯住程度增加，上述金融变量相对基准模型回到稳态水平的速度更快。上述结果表明，不同政策资本充足率对本章的基本结论影响较小，这表明本章的结论是稳健的。

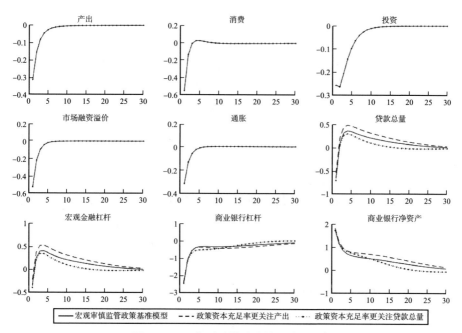

图12-20　货币政策冲击的经济效应4

第五节　气候转型风险与宏观审慎
政策调控的理论建模

气候变化相关的金融风险包括物理风险和转型风险，其中气候物理风险具有明显的非线性、随机性和长期性特征。转型风险则主要来源于为实现碳减排目标急剧调整气候政策带来的转型压力。目前气候风险已经成为影响系统性金融风险的重要因素，如何有效应对气候风险以维持宏观金融稳定引起了各国央行的广泛重视，各国监管当局亟须将气候风险因素纳入现有的宏观审慎监管框架，我国的气候风险管理体系仍处于初步探索阶段，可以考虑结合气候风险的特殊性，设计新型宏观审慎监管工具。本节将构建包含气候政策与宏观审慎政策的银行风险承担模型，分析如何通过宏观审慎政策调控应对气候转型风险。

一、气候转型风险与银行系统性风险承担

（一）模型设定

假设一个由政府、银行、企业和存款人构成的经济体。各经济主体的具体设定如下。

1. 政府

政府承担气候治理与宏观审慎监管的双重职能。就气候治理职能而言，政府确定气候治理政策强度 ϕ，气候政策强度取值越大，意味着气候政策力度越强。气候治理政策实施的目的是推进经济绿色转型，假设气候政策会对银行发放绿色贷款的行为提供政策优惠，而对银行发放棕色贷款的行为给予政策惩罚。政策优惠和政策惩罚会通过银行利润函数转化为对绿色贷款的利率优惠和对棕色贷款的利率惩罚，进而影响企业融资成本。

政府的宏观审慎监管职能是通过宏观审慎监管降低银行风险，维护金融稳定。宏观审慎监管工具包括现有宏观审慎监管工具（以资本充足率 ω 为代表）和新型宏观审慎监管工具（计算风险资产时设定"棕色惩罚因子"与"绿色支持因子"）。资本充足率为银行自有资金与风险加权资产的比值 $\omega_i = k_i L / \psi_i L$。其中，$\psi$ 为风险资产调整权重，L 为贷款总额，k 为银行自有资金占贷款总额的比例。现有的宏观审慎监管框架对于绿色风险资产与棕色风险资产施加相同的资本充足率要求 $\omega_b = \omega_g$。对于新型宏观审慎监管工具，监管部门要求在计算风险加权资产时对棕色风险资产设置"棕色惩罚因子"（ψ_b），对绿色风险资产设定"绿色支持因子"（ψ_g）。棕色惩罚因子是指在计算银行风险加权资产时，对棕色风险资产给予更高的风险权重；同样的绿色支持因子是指在计风险加权资产时，对绿色风险资产给予更低的风险权重。棕色信贷面临的资本充足率要求为 $\omega_b = k_b / \psi_b$，绿色信贷的资本充足率要求为 $\omega_g = k_g / \psi_g$，我们假设 $\psi_b > \psi > \psi_g > 0$。

2. 存款人

存款人基于基准利率和预期的银行风险承担水平来确定可接受的存款利率。存款人通过观察银行自有资金占比，预期银行对贷款的监督水平，并以此推测银行的风险水平。所以存款人要求的存款利率为 $r_D = r^* / E[q_i | k_i]$，其中，$E[q_i | k_i]$ 为存款人根据观察到银行 i 的自有资金占比 k_i 而预期的银行监督水平 q_i。存款人预期银行的监督水平越高，银行的违约风险就越小，存款人可接受的存款利率越低。

3. 企业

假设企业包括绿色企业（g）与棕色企业（b）两种类型，棕色企业的占比为 θ。企业部门获取银行贷款后进行投资，其中银行向绿色企业发放的贷款为绿色贷款，其利率为 r_g；银行向棕色企业发放的贷款为棕色贷款，其利率为 r_b。绿色与棕色贷款项目均可能失败，所以两类企业的贷款均存在违约的可能性，一旦企业违约就会转化为银行风险。

4. 银行

给定外生的政策环境，银行每期依据吸收的存款和自有资金为企业部门提供贷款。由于贷款存在违约风险，银行通过实施贷款监督来降低违约风险，但必须支付贷款监督成本。再进一步假设银行发放绿色贷款能够获得政策优惠，但发放棕色贷款需要承担政策惩罚。银行 i 的期望利润函数如式（12.42）所示：

$$\prod_i = \sum_{i \in \{g,b\}} \left\{ \lambda q_i [r_i - r_D(1-k_i)] - r_E k_i - \frac{1}{2}\eta_i q_i^2 \right\} L_i + f(\phi)L_g - f(\phi)L_b$$

$$(12.42)$$

其中，银行信贷资产包括绿色信贷（g）与棕色信贷（b）两类，即 $i \in \{g, b\}$。L_i 为贷款数量，r_b 为棕色贷款利率，r_g 为绿色贷款利率。$L_g = \theta_i L_i$，$L_b = (1-\theta_i)L_i$，θ_i 表示棕色贷款在银行贷款总规模中的占比，$1-\theta_i$ 为绿色贷款占比。贷款的资金来源中自有资金（资本）占比为 k_i，该比例由资本充足率要求决定，自有资金的成本为 r_E。存款占比为 $1-k_i$，r_D 为存款利率。另外银行贷款可能被违约，只有贷款得到如期偿付，银行才能通过利息收入支付存款利息。

银行的贷款违约概率为 $Risk_i = 1 - \lambda q_i$，其数值越大，代表银行违约风险越高。给定不违约概率参数（λ），银行的监督努力程度 q_i 越高，贷款企业的违约概率就越小，银行风险水平也就越低。假设贷款监督努力程度（q_i）通过改变银行贷款监督成本从而影响银行利润。假定每单位贷款的监督成本满足二次函数形式，$\eta_b q_b^2 L_b / 2$ 表示银行需要付出的棕色贷款监督成本，其中 η_b 为棕色贷款监督成本参数。$\eta_g q_g^2 L_g / 2$ 为银行需要付出的绿色贷款监督成本，η_g 为绿色贷款监督成本参数。在给定贷款监督成本参数 η_i 的情况下，贷款风险越高，银行为降低违约风险需要付出的贷款监督努力（q_i）越大，对应的贷款监督成本也随之提高。

（二）现有宏观审慎监管下气候政策对银行风险的影响分析

首先在现有的宏观审慎监管框架下（无差异的资本充足率监管），分析气候转型风险的产生机理以及宏观审慎监管应对气候转型风险的效果，后续再放松无差异资本充足率的假定，进一步考察新型宏观审慎监管的政策效果。假设设经济主体的决策次序与最优化决策包括以下几个步骤：

第一步，政府确定气候治理政策力度（ϕ）应对气候变化，并通过设定资本充足率要求（ω）进行宏观审慎监管。

第二步，存款人确定存款利率。在存款保险制度下存款人不要求银行进行额外的风险补偿，存款利率等于基准利率，即 $r_D = r^*$，其中基准利率给定外生。这说明存款保险制度的存在促使存款人预期银行实现了最大程度的贷款监督努力，即预期银行监督水平 $E[q_i | k_i]$ 为1。

第三步，在给定外部宏观审慎监管的约束、基准利率与存款利率的情况下，银行基于利润最大化问题进行贷款决策。银行基于利润函数选择最优的贷款监督努力程度。依据式（12.42），银行选择的最优棕色贷款监督努力程度和最优绿色贷款监督努力程度分别为 $q_b = \dfrac{\lambda}{\eta_b}[r_b - r^*(1 - k_b)]$、

$q_g = \dfrac{\lambda}{\eta_g}[r_g - r^*(1 - k_g)]$。根据 $q_b > q_g$ 可知，$\mu[r_b - r^*(1 - k_b)] > [r_g - r^*(1 - k_g)]$。

银行贷款监督努力程度 $q = \theta q_b + (1 - \theta) q_g$，所以 q 可以表示为方程（12.43）：

$$q = \frac{\lambda}{\phi}\{\mu\theta[r_b - r^*(1 - k_b)] + (1 - \theta)[r_g - r^*(1 - k_g)]\}$$

（12.43）

根据式（12.43）可知，$\dfrac{\partial q}{\partial \theta} = \dfrac{\lambda}{\phi}\{\mu[r_b - r^*(1 - k_b)] - [r_g - r^*(1 - k_g)]\} > 0$，即银行部门的最优贷款监督努力程度与棕色信贷占比成正比。因为在气候政策力度不断强化的背景下，银行的棕色信贷资产面临的搁浅风险不断上升。棕色信贷占比越高，银行为降低违约风险需要付出的贷款监督努力越大。

银行的贷款违约风险为 $Risk_i = 1 - \lambda q_i$，结合最优贷款监督努力程度的方程可知，银行棕色信贷面临的贷款违约风险为 $Risk_b = 1 - \lambda^2[r_b - r^*(1 - k_b)]/\eta_b$，银行绿色信贷面临的贷款违约风险为 $Risk_g = 1 - \lambda^2[r_g - r^*(1 - k_g)]/\eta_g$，依据 $\eta_g = \phi$ 和 $\eta_b = \phi/\mu (0 < \mu < 1)$ 的设定，银行部门面临的整体贷款违约风险如式（12.44）所示：

$$Risk = 1 - \frac{\lambda^2}{\phi}\{\mu\theta[r_b - r^*(1 - k_b)] + (1 - \theta)[r_g - r^*(1 - k_g)]\}$$

（12.44）

其中，$Risk$ 代表银行部门的整体违约风险。气候转型风险的高低体现为气候政策力度变动对银行贷款违约风险的影响程度，所以式（12.44）对气候政策力度求一阶偏导可以得到气候转型风险的决定方程，如式（12.45）所示：

$$TR = \frac{\lambda^2}{\phi^2}\{\mu\theta[r_b - r^*(1 - k_b)] + (1 - \theta)[r_g - r^*(1 - k_g)]\}$$

（12.45）

式（12.45）中，TR 取值越大表示气候转型风险越高。$TR = \partial Risk/\partial\phi > 0$，说明气候政策力度（$\phi$）增大将导致银行违约风险（$Risk$）增大。因此随着气候政策力度的增强，银行信贷违约风险增大，银行部门的气候转型风险上升。

气候政策力度的增强可能导致银行部门的气候转型风险上升，其经济学直观解释可以理解为：气候政策可以通过企业资产搁浅、企业融资成本以及市场预期等原因导致棕色企业还款压力与违约风险上升，还可能因为绿色信贷泡沫使得绿色企业的违约风险增大，最终转化为银行信贷违约风险上升。

（三）传统宏观审慎监管影响气候转型风险的机制分析

资本充足率等于银行自有资金与风险加权资产的比值，即 $\omega_i = k_i L/\psi_i L$。其中，$\omega$ 代表资本充足率，ψ 为风险资产调整权重，L 为贷款总额，k 为银行自有资金占贷款总额的比例。现有的宏观审慎监管框架尚未考虑气候风险因素，所以对于绿色风险信贷与棕色信贷施加相同的资本充足率要求，可得 $k_b = k_g = \omega\psi$。银行部门面临的整体贷款违约风险如式（12.46）所示：

$$Risk = 1 - \frac{\lambda^2}{\phi}[\mu\theta r_b + (1 - \theta)r_g - r^*(\mu\theta + 1 - \theta)(1 - \omega\psi)]$$

（12.46）

式（12.46）表明，$\dfrac{\partial Risk}{\partial\omega} = \dfrac{-\lambda^2 r^*(\mu\theta + 1 - \theta)\psi}{\phi} < 0$，即资本充足率 ω 越高，银行违约风险 $Risk$ 越低，说明资本充足率监管可以防范银行违约风险。结合式（12.46），可以得到气候转型风险如式（12.47）所示：

$$TR = \frac{\lambda^2}{\phi^2}[\mu\theta r_b + (1 - \theta)r_g - r^*(\mu\theta + 1 - \theta)(1 - \omega\psi)] \quad (12.47)$$

其中，$TR = \partial Risk/\partial\phi$，其大小表示气候转型风险的高低。式（12.47）对资本充足率（ω）求一阶偏导后得到式（12.48）：

$$\frac{\partial TR}{\partial \omega} = \frac{\lambda^2}{\phi^2} r^* (\mu\theta + 1 - \theta)\psi \qquad (12.48)$$

根据式（12.48）可以讨论资本充足率（ω）对银行气候转型风险（TR）的影响。可以发现，$\partial TR/\partial \omega > 0$，这意味着提高资本充足率会放大气候政策增大银行违约风险的效果，即资本充足率监管可能会进一步导致气候转型风险上升。

因此，提高资本充足率会进一步放大气候转型风险，可能的原因有：由于现行的宏观审慎政策对风险资产的界定标准并未考虑到资产绿色属性，忽略了经济绿色转型进程中绿色资产和棕色资产风险水平的差异性。某些绿色低碳资产可能因其流动性弱、投资回报周期长等特点被划分为传统宏观审慎政策下的高风险资产。部分绿色低碳资产风险权重较高，而一些具有潜在搁浅风险的棕色资产风险权重反而较低。

二、气候转型风险与宏观审慎监管

下面引入"棕色惩罚因子"和"绿色支持因子"进一步拓展理论模型，分析调整棕色惩罚因子与绿色支持因子对气候转型风险的影响。

对于新型宏观审慎监管工具，假设监管部门要求在计算风险加权资产时对棕色风险资产设置"棕色惩罚因子"（ψ_b），对绿色风险资产设定"绿色支持因子"（ψ_g），且 $\psi_b > \psi > \psi_g > 0$，新型宏观审慎监管下的资本充足率为 $k_i = \omega_i \psi_i$，$i \in \{g, b\}$。

大幅下调绿色支持因子会导致过少的银行资本支持过多的绿色贷款，从而引发绿色泡沫，从而增大银行贷款违约风险。而大幅上调棕色惩罚因子同样会显著提高棕色企业的违约压力，加剧转型风险。可见，在大幅度调整绿色支持因子与棕色惩罚因子的情况下，银行对于绿色贷款与棕色贷款的贷款监督成效会大打折扣，监督效率下降。设定银行的有效贷款监督为 q_i/σ_i，其中 σ_i 为棕色惩罚因子与绿色支持因子调整幅度的标准差。两类因子的调整幅度（σ_i）越大，银行的有效监督水平越低，银行需要付出更多的贷款监督努力来保证贷款监督效率，从而有效防范贷款违约风险。

根据以上设定，银行新的利润函数如式（12.49）所示：

$$\prod_i = \sum_{i \in \{g,b\}} \left\{ \frac{\lambda q_i}{\sigma_i} [r_i - r_D(1 - \omega_i \psi_i)] - r_E \omega_i \psi_i - \frac{1}{2\sigma_i^2} \eta_i q_i^2 \right\} L_i$$
$$+ f(\phi)L_g - f(\phi)L_b \qquad (12.49)$$

银行基于式（12.49）最优棕色贷款监管努力程度为 $q_b = \frac{\mu\lambda\sigma_b}{\phi}[r_b -$

$r^*(1 - \omega_b\psi_b)$）］，而最优绿色贷款监管努力程度为 $q_g = \dfrac{\lambda\sigma_g}{\phi}[r_g - r^*(1 - \omega_g\psi_g)]$。

（一）单独调整棕色惩罚因子或绿色支持因子的监管效果

假定两类因子调整幅度的方差相同，即 $\sigma_b^2 = \sigma_g^2 = \sigma^2$。可以得到银行面临的贷款违约风险如式（12.50）所示：

$$Risk = 1 - \frac{\lambda^2\sigma}{\phi}\{\mu\theta r_b + (1 - \theta)r_g - r^*(\mu\theta + 1 - \theta) \\ + r^*\omega[\mu\theta\psi_b + (1 - \theta)\psi_g]\} \tag{12.50}$$

根据式（12.50），银行违约风险对气候政策求一阶偏导得到气候转型风险的表达式，如式（12.51）所示：

$$TR = \frac{\lambda^2\sigma}{\phi^2}\{\mu\theta r_b + (1 - \theta)r_g - r^*(\mu\theta + 1 - \theta) + r^*\omega[\mu\theta\psi_b + (1 - \theta)\psi_g]\}$$
$$\tag{12.51}$$

1. 单独提高棕色惩罚因子对银行气候转型风险的影响

先讨论提高棕色惩罚因子（ψ_b）对银行气候转型风险的影响，式（12.51）对棕色惩罚因子（ψ_b）求偏导后得到式（12.52）：

$$\frac{\partial TR}{\partial \psi_b} = \frac{\lambda^2\sigma r^*\omega\mu\theta}{\phi^2} \tag{12.52}$$

式（12.52）表明，$\partial TR/\partial\psi_b > 0$，这表明在计算风险加权资产时提高棕色惩罚因子会进一步增大银行部门面临的气候转型风险。

因此，计算风险加权资产时提高棕色惩罚因子可能放大气候转型风险，这一结论经济学直觉的解释为：提高棕色惩罚因子来调整风险权重，将要求银行持有更多的资本来支撑向"棕色"部门的贷款，从而限制银行对棕色企业的贷款。银行大幅缩减对棕色企业的信贷以达到资本监管的硬性约束，导致棕色企业的融资难度加大，融资成本上升，贷款违约风险增大，传导至银行部门表现为银行面临的气候转型风险加剧。

2. 单独调整绿色支持因子对银行气候转型风险的影响

下面分析绿色支持因子（ψ_g）对银行气候转型风险的影响，式（12.51）对绿色支持因子（ψ_g）求偏导后得到式（12.53）：

$$\frac{\partial TR}{\partial \psi_g} = \frac{\lambda^2\sigma r^*\omega}{\phi^2}(1 - \theta) \tag{12.53}$$

根据 $\theta \in [0, 1]$ 可知，$\partial TR/\partial\psi_g \geqslant 0$。这说明下调绿色支持因子可以降低银行部门面临的气候转型风险。

计算风险加权资产时降低绿色支持因子能够降低气候转型风险，这一结论的可能的原因是，在计算风险加权资产时降低绿色支持因子，降低了对绿色部门信贷投放的资本要求，鼓励银行增加向绿色部门贷款。我国目前绿色金融资产质量整体良好，绿色贷款不良率明显低于全国商业银行不良贷款率，因此银行增大绿色信贷可以降低其整体违约风险。

（二）同时动态微调两类因子的新型宏观审慎监管策略

为了分析同时动态微调两类因子的监管效果，我们设定绿色支持因子相较于无差异的风险权重（ψ）下降了δ_g，即$\psi_g = \psi - \delta_g$，而棕色惩罚因子上升了δ_b，即$\psi_b = \psi + \delta_b$。结合式（12.52）和式（12.53），当同时下调1单位的绿色支持因子和上调1单位的棕色惩罚因子时，气候转型风险的净变动如式（12.54）所示：

$$\Delta TR = \frac{\lambda^2 \sigma r^* \omega}{\phi^2}[\delta_b \mu \theta - \delta_g(1 - \theta)] \tag{12.54}$$

其中，ΔTR表示同时调整棕色惩罚因子和绿色支持因子后气候转型风险的净变动。根据式（12.54）可知，只要绿色支持因子的下调幅度与棕色惩罚因子的上调幅度满足$[\delta_b \mu \theta - \delta_g(1 - \theta)] < 0$，可以在实现银行资产负债表绿化的同时降低银行部门面临的气候转型风险。但调整幅度（σ）过大将会造成ΔTR上升。由此我们可以得出结论：在一定条件下，同时渐进微调棕色惩罚因子和绿色支持因子可以在绿化银行资产负债表的同时，有效降低银行的气候转型风险。

综合以上分析，本节的主要结论有：（1）我国气候政策调控力度不断强化，气候政策的大幅调整可能会显著提高银行风险，增大银行部门面临的气候转型风险。（2）现有宏观审慎监管框架下，提高资本充足率等收紧宏观审慎政策的监管方式对降低银行气候转型风险比较有限。（3）计算风险加权资产时仅上调"棕色惩罚因子"可能会进一步放大气候转型风险。同时渐进上调"棕色惩罚因子"和下调"绿色支持因子"的动态审慎监管策略，能够较为有效地降低气候转型风险。

第六节 本章小结

本章首先在GK模型的基础上建立了一个商业银行杠杆水平内生的新凯恩斯DSGE模型，并以商业银行资本充足率作为宏观审慎监管目标从而引入利率惩罚机制，在这一框架下分别分析了技术冲击、金融冲击与货币政策冲击对金融稳定和宏观经济波动的影响。其次在标准泰勒规则中引入盯住市场融资溢价、市场融资溢价与宏观金融杠杆的宏观审慎货币政策，考察了宏观审慎货币政策对社会福利的影响，比较了宏观审慎监管政策、宏观审慎货币政策与两种政策组合的调控效果。最后讨论了面对气候转型风险的宏观审慎监管问题。

我们发现金融冲击是造成我国宏观经济波动的主要驱动因素，而宏观审慎监管和宏观审慎监管货币政策的设计需要考虑到不同的经济周期驱动因素。以商业银行资本充足率为核心目标的宏观审慎政策能够有效地稳定金融系统，但可能削弱传统货币政策对金融系统的调控效果。而非传统的宏观审慎货币政策应该选择盯住金融变量。最后，我们还发现宏观审慎监管政策与宏观审慎货币政策的组合调控效果存在"政策叠加"现象。

基于以上结论，我们提出以下政策建议：（1）由于金融"去杠杆"可能导致经济下滑，在实施宏观审慎监管政策时应控制好监管力度，既要控制金融系统中存在的风险，也要避免因为过度的监管带来的过度金融"去杠杆"问题；（2）虽然宏观审慎政策能够削弱外部不利冲击对经济金融系统的负面影响，当宏观审慎监管政策与宏观审慎货币政策组合时，其对宏观经济的调控效果减弱，因此，需要谨慎使用宏观审慎政策组合。

第七节　本　章　附　录

一、附录 A：加总后的对数线性化系统

本章不带时间下标的变量表示该变量的稳态，含符号"^"的动态变量表示其对数线性化形式。

家庭部门一阶条件：

$$\sigma_c \hat{c}_t + \hat{\lambda}_t = 0 \qquad \text{方程（4）}$$

$$\sigma_l \hat{l}_t = \hat{\lambda}_t + \hat{w}_t \qquad \text{方程（5）}$$

$$\hat{q}_t - \eta(\hat{i}_t - \hat{i}_{t-1}) + \eta\beta(\hat{i}_{t+1} - \hat{i}_t) = 0 \qquad \text{方程（6）}$$

$$\hat{\lambda}_t + \hat{q}_t = \beta(1-\delta)(\hat{\lambda}_{t+1} + \hat{\varphi}_{t+1} + \hat{q}_{t+1}) + \beta r^k(\hat{\lambda}_{t+1} + \hat{\varphi}_{t+1} + \hat{r}_{t+1}^k)$$

$$\text{方程（7）}$$

$$\hat{\lambda}_t = \hat{\lambda}_{t+1} + \hat{r}_{d,t} \qquad \text{方程（8）}$$

厂商部门一阶条件：

$$\hat{r}_{l,t} + \hat{w}_t + \hat{l}_t = \widehat{mc}_t + \hat{y}_t \qquad \text{方程（10）}$$

$$\hat{r}_{l,t} + \hat{r}_t^k + \hat{\varphi}_t + \hat{k}_t = \widehat{mc}_t + \hat{y}_t \qquad \text{方程 (11)}$$

$$r_l\hat{r}_{l,t} = r_d\hat{r}_{d,t} + (r_l - r_d)\left[\hat{\mu}_t + \hat{a}_t + (\alpha - 1)\hat{w}_t - \alpha\hat{r}_t^k + 2\hat{\Phi}_t\right]$$
$$\text{方程 (18)}$$

零售商一阶条件:

$$\hat{\pi}_t = \beta E_t\hat{\pi}_{t+1} + \frac{(1-\theta)(1-\beta\theta)}{\theta}\widehat{mc}_t \qquad \text{方程 (23)}$$

商业银行一阶条件:

$$(1-\kappa)u_s\hat{u}_{s,t} = \beta(1-\vartheta)(1-\kappa)r_l(\hat{\Lambda}_{t,t+1} + \hat{r}_{l,t}) + \beta(1-\vartheta)\kappa r_r\hat{\Lambda}_{t,t+1}$$
$$-\beta(1-\vartheta)r_d'(\hat{\Lambda}_{t,t+1} + \hat{r}_{d,t}') + \beta\vartheta(1-\kappa)xu_s(\hat{\Lambda}_{t,t+1}$$
$$+\hat{x}_{t,t+1} + \hat{u}_{s,t+1}) \qquad \text{方程 (30)}$$

$$(1-\kappa)u_n\hat{u}_{n,t} = \beta(1-\vartheta)r_d'(\hat{\Lambda}_{t,t+1} + \hat{r}_{d,t}') - \beta(1-\vartheta)\kappa r_r\hat{\Lambda}_{t,t+1}$$
$$+\beta\vartheta(1-\kappa)zu_n(\hat{\Lambda}_{t,t+1} + \hat{z}_{t+1} + \hat{u}_{n,t+1}) \qquad \text{方程 (31)}$$

厂商部门贷款违约门限值:

由于 $r_{l,t}(w_t l_t + r_t^k \varphi_t k_t) = mc_t y_t$, 所以有:

$$\hat{\varepsilon}_t^{f,m} = \widehat{mc}_t + \hat{y}_t - \hat{\mu}_t - \hat{a}_t - \alpha(\hat{\varphi}_t + \hat{k}_t) - (1-\alpha)\hat{l}_t \qquad \text{方程 (14)}$$

厂商部门贷款违约概率:

$$\hat{\Phi}_t = \frac{\varepsilon^{f,m}}{\varepsilon^{f,m} - \underline{\varepsilon}^f}\hat{\varepsilon}_t^{f,m} \qquad \text{方程 (15)}$$

激励相容约束:

$$w\widehat{loan}_t - u_s(\hat{u}_{s,t} + \widehat{loan}_t) = (w - u_s)(\hat{u}_{n,t} + \hat{n}_t) \qquad \text{方程 (32)}$$

商业银行净资产积累方程与商业银行杠杆水平关系式:

$$(1-\kappa)z\hat{z}_{t+1} = (1-\kappa)r_l\phi(\hat{r}_{l,t} + \hat{\phi}_t) + \kappa r_r\phi\hat{\phi}_t - r_d'\phi(\hat{r}_{d,t}' + \hat{\phi}_t) + r_d'\hat{r}_{d,t}$$
$$\text{方程 (33)}$$

商业银行净资产积累方程:

$$\hat{n}_t = \vartheta z(\hat{z}_t + \hat{n}_{t-1}) + (1-\vartheta z)\widehat{loan}_{t-1} \qquad \text{方程 (35)}$$

家庭部门资本积累方程:

$$\hat{k}_{t+1} = (1-\delta)(\hat{\varphi}_t + \hat{k}_t) + \delta\hat{i}_t \qquad \text{方程 (3)}$$

政府部门:

$$\hat{g}_t = \frac{b}{g}\hat{b}_t - r_d\frac{b}{g}(\hat{r}_{d,t} + \hat{b}_{t-1}) + \kappa\frac{\phi-1}{1-\kappa}\frac{1 - \dfrac{b}{g} + r_d\dfrac{b}{g}}{(\kappa - r_r\kappa + r_d' - r_d)\dfrac{\phi-1}{1-\kappa}}(\hat{d}_t - r_r\hat{d}_{t-1})$$

$$+\frac{\phi-1}{1-\kappa}\frac{1 - \dfrac{b}{g} + r_d\dfrac{b}{g}}{(\kappa - r_r\kappa + r_d' - r_d)\dfrac{\phi-1}{1-\kappa}}\left[r_d'(\hat{r}_{d,t}' + \hat{d}_{t-1}) - r_d(\hat{r}_{d,t} + \hat{d}_{t-1})\right]$$

$$\text{方程 (37)}$$

生产函数：

$$\hat{y}_t = \hat{a}_t + \alpha(\hat{\varphi}_t + \hat{k}_t) + (1-\alpha)\hat{l}_t \qquad \text{方程（9）}$$

市场出清条件。

本章模型包括了商品市场、资本市场、劳动市场、债券市场和信贷市场。模型构建过程中，资本市场和劳动市场通过家庭和厂商部门的设定达到均衡，债券市场通过家庭与政府部门的设定达到均衡。此处仅列出商品市场出清条件与信贷市场出清条件。

商品市场出清：

$$\hat{y}_t = \frac{c}{y}\hat{c}_t + \frac{i}{y}\hat{i}_t + \frac{g}{y}\hat{g}_t \qquad \text{方程（39）}$$

信贷市场出清：

$$\frac{\phi}{\phi-1}(\hat{\phi}_t + \hat{n}_t) - \frac{1}{\phi-1}\hat{n}_t = \hat{d}_t \qquad \text{方程（24）}$$

政策方程。

宏观审慎监管政策：

$$r'_d \hat{r}'_{d,t} = r_d \hat{r}_{d,t} + v^a v^b (\hat{\gamma}^p_t - \hat{\gamma}_t) \qquad \text{方程（27）}$$

$$\hat{\gamma}^p_t = \rho_p \hat{\gamma}^p_{t-1} + v_y \hat{y}_t + v_l \widehat{loan}_t \qquad \text{方程（28）}$$

标准泰勒规则：

$$\hat{r}_{n,t} = \rho_n \hat{r}_{n,t-1} + (1-\rho_n)\varphi_\pi \hat{\pi}_t + (1-\rho_n)\varphi_y \hat{y}_t + \varepsilon^n_t \quad \varepsilon^n_t \sim N(0, \sigma^2_n)$$
$$\text{方程（38）}$$

宏观审慎货币政策：

$$\hat{r}_{n,t} = \rho_n \hat{r}_{n,t-1} + (1-\rho_n)\varphi_\pi \hat{\pi}_t + (1-\rho_n)\varphi_y \hat{y}_t + (1-\rho_n)\varphi_q \hat{q}_t$$
$$+ (1-\rho_n)\varphi_r \widehat{\Delta r}_t + (1-\rho_n)\varphi_\chi \hat{\chi}_t + \varepsilon^n_t \qquad \text{方程（40）}$$

外生冲击。

资本质量冲击：$\hat{\varphi}_t = \rho_\varphi \hat{\varphi}_{t-1} + \varepsilon^\varphi_t \qquad \varepsilon^\varphi_t \sim N(0, \sigma^2_\varphi)$

金融冲击：$\hat{\mu}_t = \rho_\mu \hat{\mu}_{t-1} + \varepsilon^\mu_t \qquad \varepsilon^\mu_t \sim N(0, \sigma^2_\mu)$

政府支出冲击：$\hat{g}_t = \rho_g \hat{g}_{t-1} + \varepsilon^g_t \qquad \varepsilon^g_t \sim N(0, \sigma^2_g)$

技术冲击：$\hat{a}_t = \rho_a \hat{a}_{t-1} + \varepsilon^a_t \qquad \varepsilon^a_t \sim N(0, \sigma^2_a)$

二、附录 B：稳态系统的等式关系

（1）由方程（3）得到 $i = \delta k$。

（2）由方程（6）得到 $q = 1$。

（3）由方程（7）得到 $r^k = 1/\beta - (1-\delta)$。

（4）由方程（8）得到 $r_d = 1/\beta$。

（5）厂商部门贷款违约门限值 $\varepsilon^{f,m}$：

根据方程（15）得到：$\varepsilon^{f,m} = \Phi(\overline{\varepsilon}^f - \underline{\varepsilon}^f) + \underline{\varepsilon}^f$。原文参考范从来和高洁超（2018），将异质性生产率 ε_t^f 的分布上限 $\overline{\varepsilon}^f$、分布下限 $\underline{\varepsilon}^f$ 和稳态贷款违约概率 Φ 分别设定为 1.35、1 和 0.035。

（6）由方程（30）、方程（31）和方程（32）得到稳态下的商业银行杠杆水平（ϕ）决定方程：

$$\left(r_l - \frac{r_d' - \kappa r_r}{1-\kappa}\right)w(1-\kappa)\beta\vartheta\phi^2 - \left[w(1-\kappa) - \frac{r_d' - \kappa r_r}{1-\kappa}w(1-\kappa)\beta\vartheta\right.$$

$$\left. - \beta(1-\kappa)(1-\vartheta)\left(r_l - \frac{r_d' - \kappa r_r}{1-\kappa}\right)\right]\phi + \beta(1-\vartheta)(r_d' - \kappa r_r) = 0$$

（7）由方程（32）得到 $w = u_n/\phi + u_s$。

（8）稳态下的惩罚存款利率 r_d'：

根据方程（27）$r_{d,t}' = r_{d,t} + v^a \exp\left[v^b\left(\frac{\gamma_t^p - \gamma_t}{\gamma}\right)\right]$，本章假定稳态时 $\gamma^p = \gamma$，因此稳态时有 $r_d' = r_d + v^a$。

（9）由方程（30）$u_{s,t} = \beta E_t \Lambda_{t,t+1}\left[(1-\vartheta)\left(r_{l,t} - \frac{r_{d,t}' - \kappa r_r}{1-\kappa}\right) + \vartheta x_{t+1} u_{s,t+1}\right]$ 得到：

$$u_s = \beta(1-\vartheta)\left(r_l - \frac{r_d' - \kappa r_r}{1-\kappa}\right)/(1-\beta\vartheta x)$$

（10）由方程（31）$u_{n,t} = \beta E_t \Lambda_{t,t+1}\left[(1-\vartheta)\left(\frac{r_{d,t}' - \kappa r_r}{1-\kappa}\right) + \vartheta z_{t+1} u_{n,t+1}\right]$ 得到：

$$u_n = \beta(1-\vartheta)(r_d' - \kappa r_r)/[(1-\kappa)(1-\beta\vartheta z)]$$

（11）由方程（33）$z_{t+1} = \left(r_{l,t} - \frac{r_{d,t}' - \kappa r_r}{1-\kappa}\right)\phi_t + \frac{r_{d,t}' - \kappa r_r}{1-\kappa}$ 得到：

$$z = \left(r_l - \frac{r_d' - \kappa r_r}{1-\kappa}\right)\phi + \frac{r_d' - \kappa r_r}{1-\kappa}$$

（12）由方程（34）$x_{t+1} = (\phi_{t+1}/\phi_t)z_{t+1}$ 得到：

$$z = x$$

第十三章　主要结论和政策建议

第一节　主要结论

本书探讨政策环境如何影响到系统性金融风险、系统性金融风险与宏观经济波动之间的关系，以及如何通过宏观经济政策调控来防范和化解系统性风险和减少宏观经济波动。首先分析了政策环境与系统性金融风险之间的关系，探讨宽松政策环境（货币政策环境和监管环境）如何影响到银行的风险承担行为、房地产市场和股票市场上投资者投机行为，进而引发和加剧银行和资产系统性金融风险，以及银行和房地产市场跨部门风险传染；其次研究了系统性金融与宏观经济波动之间的关系，基于我国资本市场数据，构建我国系统性金融风险的综合指标，检验系统性金融风险指标对我国宏观经济波动（宏观经济下行）的预测预警作用；最后讨论了如何通过宏观经济调控政策（包括财政政策、货币政策和宏观审慎政策）来应对系统性金融风险冲击，减少宏观经济波动，保持我国宏观经济的稳定发展。主要结论如下。

一、政策环境与银行系统性风险承担关系

第一，关于货币政策环境与银行系统性风险承担关系。过度宽松的货币政策（低政策利率、低存款准备金率、高货币增速）会显著提高银行系统性风险承担；政策利率、M2 同比增长率以及准备金政策均与系统性风险呈现非线性关系，过度宽松的货币政策会提高银行系统性风险承担，并且在非危机时期下的效应更强；危机时期的高银行杠杆驱动了系统性风险，利率政策、准备金政策都会通过银行杠杆的中介效应间接影响银行系统性风险。

因此，区别于传统文献中货币政策与系统性风险之间的线性关系，我

们的研究发现货币政策系统性风险承担的"U"形曲线关系说明货币政策在合理与非合理范围内对金融稳定和银行系统性风险水平的影响有很大不同，其中货币政策系统性风险承担的中介渠道是多种多样的，我们的证据严格证实了银行杠杆是众多中介变量中的重要部分。

第二，关于监管政策环境与银行系统性风险承担关系。通过在道德风险理论模型中考虑银行风险的关联性特征，加入套利投资和透明度设定，探讨其对银行系统性风险的影响。并且基于资产透明度和系统性风险的测度指标进行了实证检验。

主要的研究结论有：资产的不透明、监管套利的上升会提高银行的系统性风险水平，使用 SRISK 和 MES 测度指标和不同的监管套利、资产透明度计算方法，结论仍然一致；对透明度、监管套利的调节作用及二者分别与审慎监管的协调作用进行研究，发现监管套利弱化了资产透明度（存款市场监督）、审慎资本监管对银行系统性风险的约束作用。资产透明度与资本监管在约束系统性风险上协调作用不明显；债务银行和债权银行间存在异质性风险传染，以大银行为主的债权银行受到同业套利的影响更显著，而债务方的中小银行受到资产透明度的约束可能更明显。

二、资产泡沫和投资者泡沫骑乘行为

第一，关于银行信贷驱动、投资者泡沫骑乘和资本市场泡沫。信贷—房价正反馈、投资者向银行的风险转移动机、市场主体异质信念、利率环境和宏观审慎信贷监管是影响投资者博傻投机和骑乘房价泡沫的主要因素；家庭部门信贷—房价正反馈会显著增加房价泡沫的发生概率，对房价泡沫具有较好的预测能力；相对于经济萧条时期，这一效应在经济繁荣时期尤为明显；市场主体（投资者）的异质信念对房价泡沫存在正向影响；紧缩性利率政策和宏观审慎监管均有助于抑制房价泡沫。

特别地，上调贷款利率和宏观审慎监管可分别通过遏制房价过快上涨和调节家庭部门信贷扩张起到抑制房价泡沫的效果；投资者信念越分散、异质性越强，资产泡沫发生的概率越大。紧缩性货币政策和宏观审慎监管政策可分别通过遏制资产价格过快上涨和调节信贷扩张来抑制资产泡沫。因此，货币政策和宏观审慎监管政策作为"双支柱"对于抑制泡沫的生成和膨胀，对于防范和化解由此带来的系统性金融风险都是有效的，但是作用的机制并不相同。

第二，关于机构投资者信息优势、抱团行为和资产泡沫。作为理性和成熟投资者的代表，机构投资者面对股价高估并未进行反向套利，消除错误定价，而是顺势而为、骑乘泡沫，表现为机构投资者会持续增持泡沫型股票，在泡沫破裂之前精准减持，并且能够从中获得较高的超额收益；内幕信息与机构"抱团"均是影响机构投资者理性泡沫骑乘的重要动因：机构投资者拥有的内幕信息越多以及机构投资者所在团体的投机交易倾向越强，机构投资者也越倾向于骑乘泡沫，而且当机构投资者拥有的内幕信息越少时，受所在机构团体投机行为的影响越严重；经济政策不确定性上升将增加泡沫骑乘的风险，抑制机构投资者的泡沫骑乘，而投资者情绪高涨将进一步加剧机构投资者的泡沫骑乘；融资融券标的股票的平均股价暴跌概率要高于非融资融券标的，而且机构持有越多融资融券标的股票，其投机交易倾向也越高。

三、系统性金融风险跨部门传染

由于资产负债的高度关联，系统性风险在银行部门和房地产部门两部门之间存在双向的传染效应，特别是在极端经济冲击下即金融危机的样本区间内，系统性风险传染更强、显著水平更高，不同部门之间的网络联结度也更紧密，且存在加速效应。具体而言，银行部门的风险指标违约距离对于金融冲击的反应较为敏感，可以较好地捕捉到我国的系统性风险水平，而对房地产部门的捕捉能力相对较差；银行部门和房地产部门系统性风险存在双向传染效应。银行部门不管在传染效应上还是联结性上都起到主导作用，房地产部门对银行部门的反馈相对较弱；动态传染效应的分析中，不同观测区间样本下风险传染强度及其显著水平和网络联结度均存在明显差异。包含金融危机的样本区间内，系统性风险传染更强、显著水平更高，网络联结度也更紧密，且存在加速效应。银行部门在风险传染和联结度上可能存在棘轮效应，银行部门对外部金融环境的敏感程度也更高。

四、系统性金融风险与宏观经济增长冲击

第一，系统性金融风险与宏观经济增长冲击线性关系。我们将 Devpura et al.（2019）提出的带有结构突变的预测模型（FQGLS）引入宏观经济预测模型中。该模型可以有效地解决内生性、持续性、异方差以及结构突变等问题。实证检验表明系统性风险衡量指标的确表现出显著的异方差、内生性和持续性等特征。宏观经济波动否定了"无 ARCH 效应"的原假设。此外，我们在宏观经济波动和系统性风险衡量指标中都发现了重大的结构突变。

因此，含结构突变的预测模型更适用于分析系统性风险衡量指标对宏

观经济波动的影响。利用含结构突变的预测模型（FQGLS），进行了基于系统性风险衡量指标的宏观经济波动的样本外预测，结果发现在线性框架下，系统性风险对宏观经济波动的外溢效应不明显，仅在经济危机时期对宏观经济波动具有显著的样本外预测能力。需要重视研究系统性金融风险对宏观经济波动的非线性影响。

第二，系统性金融风险与宏观经济增长冲击非线性关系。多数系统性金融风险衡量指标包含了关于宏观经济两侧尾部风险的预测信息，而对宏观经济波动的中心趋势变化没有显著的预测能力；在对左侧尾部风险的预测中，系统性金融风险衡量指标的预测能力集中于对重度衰退风险的预测，而对中度衰退风险的预测能力较弱。

此外，系统性金融风险对宏观经济重度衰退风险的影响也要大于对中度衰退风险的影响。即系统性金融风险的负向外溢效应主要是系统性金融风险爆发对宏观经济产生的灾难性冲击，当系统性金融风险爆发时，违约激增、资产价格大幅波动等问题会增强金融体系的加速作用，导致经济增长持续螺旋式下降，使经济从衰退中复苏变得更加困难；单个系统性金融风险衡量指标的预测能力不同，且随着预测的分位数而变化，因而很难选出最优的预测指标。

将单个预测按其近三期的预测精度加权组合后得到宏观经济波动的复合预测，相比于单个预测，复合预测显著提高了波动的样本外预测质量；基于系统性金融风险的宏观经济波动分布条件预测比无条件预测更为准确，系统性金融风险在经济衰退、复苏等转折点上均可提供有效的预警信号。当经济向好时，经济波动的预测分布右移；当经济趋冷时，经济波动的预测分布左移且通常伴随明显的左偏，即极端下行风险大幅度增加；当经济处于平稳期，经济波动的预测分布趋于对称，且方差减小。

五、系统性金融风险与宏观经济政策调控

第一，灾难冲击、金融风险与宏观经济政策调控。灾难冲击对中国经济与金融市场的影响主要分为三个阶段：第一阶段直接导致居民有效消费与企业生产下行和企业贷款违约概率上升，第二阶段通过信贷业务传递至商业银行内部导致商业银行杠杆上升，第三阶段商业银行被迫提高贷款成本从而导致企业经营成本上升并最终波及实体经济。

需求是经济增长的核心驱动力，当灾难冲击对商品需求侧的影响大于对商品供给侧的影响时，灾难冲击会导致经济波动加剧以及金融风险水平的上升，这说明相对于商品供给侧的不足，防范商品需求侧的不利冲击更

为重要；随着灾难冲击持续性参数的增加，居民有效消费相对产出波动率、市场融资溢价相对产出波动率以及商业银行杠杆相对产出波动率持续下降，而投资相对产出波动率持续增加，这表明相对居民与商业银行，企业对灾难冲击的反应更敏感；从波动幅度来看，尽管预期灾难冲击短期内的负面效果不及已实现的灾难冲击，但导致经济变量与金融变量更大幅度的波动。

第二，灾难冲击的跨国传染和宏观经济政策调控。两国 TFP 灾难冲击对各国经济均造成负面影响，即 TFP 灾难冲击具有跨国传导效应；历史方差分解表明，尽管政策冲击是造成中国宏观经济波动的主要因素，但外国 TFP 灾难冲击对中国经济的影响同样不容忽视。

通过对两国不同贸易开放度与中国不同资本账户开放度下 TFP 灾难冲击的跨国传导效应进行研究发现，两国贸易开放度的下降不能缓解灾难冲击对两国经济的负面影响，不利于中国贸易条件的改善；社会福利分析表明，应对外部的灾难冲击时降低两国贸易开放度会导致两国社会福利水平下降，而适当的中国资本账户管制可以提高中国社会福利水平，两国宽松的货币政策会放大两国社会福利损失；两国货币政策调控方面，本国的宽松的货币政策能够缓解 TFP 灾难冲击对本国经济的负面影响，在中国不采取宽松货币政策的前提下，外国宽松货币政策会放大外国 TFP 灾难冲击对中国产出的负面影响。

第三，系统性金融风险与宏观审慎监管政策调控。主要结论有：金融冲击是造成我国宏观经济波动的主要驱动因素，而宏观审慎监管和宏观审慎监管货币政策的设计需要考虑到不同的经济周期驱动因素。以商业银行资本充足率为核心目标的宏观审慎政策能够有效地稳定金融系统，但可能削弱传统货币政策对金融系统的调控效果。而非传统的宏观审慎货币政策应该选择盯住金融变量。最后，我们还发现宏观审慎监管政策与宏观审慎货币政策的组合调控效果存在"政策叠加"现象。

六、不同宏观经济政策之间的相互关联和协调配合

在防范化解系统性金融风险，保证我国经济平稳健康发展过程中，不同的宏观经济政策存在着密切的关联性，不同宏观经济政策的协调配合能够取得更好的政策效果。

第一，货币政策和宏观审慎政策的相互关联和协调配合。货币政策和宏观审慎政策通常被称为"双支柱"政策，宽松的货币政策和宏观审慎政策都会助长银行的系统性金融风险承担行为，两个政策效果是相互增强

的。与此相一致，为了抑制资产泡沫（特别是房地产市场泡沫），同时使用货币政策（如利率政策）和宏观审慎监管政策可以取得更好的政策效果。

第二，货币政策和财政政策的相互关联和协调配合。为了应对极端系统性金融风险冲击（灾难冲击）对宏观经济稳定的影响，不论是财政政策或货币政策都在一定程度上有效，从社会福利损失角度分析，下调利率和下调企业所得税的财政货币政策组合要优于下调利率和增加政府支出的政策组合，因为主要从供给侧缓解了企业资产负债表压力对经济长期刺激效果更好，而后者主要是刺激短期居民的消费需求。

第三，宏观审慎监管政策和宏观审慎货币政策的相互关联和协调配合。以商业银行资本充足率为核心的宏观审慎政策能够有效缓解系统性金融风险，但可能削弱传统货币政策对金融风险进行调控的效果，非传统宏观审慎货币政策盯住金融变量的社会福利损失最小。宏观审慎监管政策和宏观审慎货币政策的组合调控可以取得"政策叠加"的效果。

第二节　政　策　建　议

基于以上研究结论，我们提出以下政策建议。

第一，密切关注政策环境对系统性金融风险的影响，特别是宽松政策环境下银行等金融中介机构风险承担行为对系统性金融风险的影响。考虑到过度宽松的货币政策环境（如低利率政策和低存款准备金政策环境）会增加银行的风险承担行为，增加银行的系统性风险，在正常经济状态下建议实行稳健货币政策。而宽松监管政策环境下银行的监管套利弱化资本充足率监管对银行系统性风险承担行为的约束，银行资产透明度越低，银行套利空间就可能越大，以大银行为主的债权银行在同业市场上的监管套利行为就可能越多，需要加强银行借同业通道规避监管和同业套利的行为；设定更高金融机构的信息披露标准、提高银行投资透明度以减少银行的风险积累；注意规范银行间市场债务债权方的投融资行为；对不同重要性银行的监管应当建立更加灵活动态的差异化监管，积极探索建立适合我国金融体系的有效风险监管框架。

第二，密切关注政策环境对系统性金融风险的影响，特别是宽松政策环境下房地产市场和股票市场投资者投机行为对系统性金融风险的影响。防范银行信贷驱动对投资者投机行为（包括泡沫骑乘行为）的影响，要特别警惕低利率和宽松信贷监管下信贷驱动—资产价格上升螺旋机制对房地产泡沫和股市泡沫形成、膨胀和破灭最终导致系统性金融风险爆发的不利影响。

第三，注重货币政策和宏观审慎监管政策"双支柱"政策的协调配合，更好防范化解系统性金融风险，保证我国经济运行的稳定增长。货币政策和宏观审慎监管政策往往具有政策叠加的效果，两者的协调配合往往比单独使用货币政策或者宏观审慎政策取得更好的政策效果，同时两者的政策着力点又有区别，比如在抑制房地产市场泡沫的政策调控中，货币政策（利率工具）和宏观审慎监管的配合使用能够起到政策叠加的效果，货币政策（利率工具）的政策着力点主要是直接影响到房地产价格，而宏观审慎监管工具的政策着力点主要是对家庭部门信贷调控。

第四，注重财政政策和货币政策协调配合，更好防范化解系统性金融风险，保证我国经济运行的稳定增长。系统性金融风险对宏观经济波动（宏观经济下行）的影响是非线性的，需要极端的系统性金融风险（包括更广义的灾难风险）对宏观经济下行的影响。过度依赖货币政策对企业资产负债表修复的功能有限，而财政政策更有利于通过缓解企业债务压力修复资产负债表。财政政策和货币政策协调配合可以取得更好的效果。财政政策包括企业所得税和财政支出，下调利率水平和降低企业所得税的政策组合主要从供给侧缓解企业资产负债表压力，而降低利率和增加政府支出的政策组合，主要从需求侧刺激居民有效消费。因此，对于短期刺激消费的宏观经济调控，建议更多采用货币政策和扩大财政开支的政策组合，对于长期供给侧调控，建议更多采用货币政策和企业所得税政策组合。

第五，注重宏观审慎监管政策和宏观审慎货币政策的协调配合，更好防范化解系统性金融风险，保证我国经济运行的稳定增长。考虑到金融冲击是造成我国宏观经济波动的主要驱动因素，而宏观审慎监管政策和宏观审慎货币政策的设计需要考虑到不同的经济周期驱动因素。以商业银行资本充足率为核心目标的宏观审慎政策能够有效地稳定金融系统，但可能削弱传统货币政策对金融系统的调控效果。由于金融"去杠杆"可能导致经济下滑，在实施宏观审慎监管政策时应控制好监管力度，既要控制金融系统中存在的风险，也要避免因为过度的监管带来的过度金融"去杠杆"问题。非传统宏观审慎货币政策盯住金融变量的社会福利损失最小。宏观审慎监管政策和宏观审慎货币政策的组合调控可以取得"政策叠加"的效果。

参 考 文 献

［1］包全永：《银行系统性风险的传染模型研究》，载于《金融研究》2005年第8期。

［2］蔡昉、张丹丹、刘雅玄：《新冠肺炎疫情对中国劳动力市场的影响——基于个体追踪调查的全面分析》，载于《经济研究》2021年第2期。

［3］陈国进、张贻军、刘淳：《机构投资者是股市暴涨暴跌的助推器吗？——来自上海A股市场的经验证据》，载于《金融研究》2010年第11期。

［4］陈国进、晁江锋、武晓利、赵向琴：《罕见灾难风险和中国宏观经济波动》，载于《经济研究》2014年第8期。

［5］陈国进、陈凌凌、赵向琴：《信贷驱动、博傻投机与房价泡沫骑乘》，载于《管理科学学报》2021年第9期。

［6］陈国进、蒋晓宇、赵向琴：《货币政策、宏观审慎监管与银行系统性风险承担》，载于《系统工程理论与实践》2020年第6期。

［7］陈国进、杨翱、赵向琴：《不同资本账户开放程度下的中国财政货币政策效果分析》，载于《数量经济技术经济研究》2018年第3期。

［8］陈国进、张润泽、谢沛霖、赵向琴：《知情交易、信息不确定性与股票风险溢价》，载于《管理科学学报》2019年第4期。

［9］陈国进、张贻军、刘淳：《机构投资者是股市暴涨暴跌的助推器吗？——来自上海A股市场的经验证据》，载于《金融研究》2010年第11期。

［10］陈国进、张贻军、王景：《再售期权、通胀幻觉与中国股市泡沫的影响因素分析》，载于《经济研究》2009年第5期。

［11］陈海强、方颖、王方舟：《融资融券制度对尾部系统风险的非对称影响——基于A股市场极值相关性的研究》，载于《管理科学学报》2019年第5期。

［12］陈守东、王妍：《金融压力指数与工业一致合成指数的动态关联研究》，载于《财经问题研究》2011 年第 10 期。

［13］陈湘鹏、周皓、金涛、王正位：《微观层面系统性金融风险指标的比较与适用性分析——基于中国金融系统的研究》，载于《金融研究》2019 年第 5 期。

［14］陈小亮、马啸：《"债务—通缩"风险与货币政策财政政策协调》，载于《经济研究》2016 年第 8 期。

［15］陈彦斌、霍震、陈军：《灾难风险与中国城镇居民财产分布》，载于《经济研究》2009 年第 11 期。

［16］迟国泰、冯雪、赵志宏：《商业银行经营风险预警模型及其实证研究》，载于《系统工程学报》2009 年第 24 期。

［17］褚剑、方军雄：《中国式融资融券制度安排与股价崩盘风险的恶化》，载于《经济研究》2016 年第 5 期。

［18］邓创、吴超、赵珂：《重大危机事件下的不确定性冲击、传导机制与政策协同应对》，载于《国际金融研究》2022 年第 2 期。

［19］邓向荣、张嘉明：《货币政策、银行风险承担与银行流动性创造》，载于《世界经济》2018 年第 4 期。

［20］丁志帆、孔存玉：《灾难风险冲击与结构性财政政策的收入分配效应研究》，载于《财贸经济》2020 年第 12 期。

［21］范爱军、卞学字：《美元定价约束下通货膨胀目标冲击的国际传导与福利效应》，载于《世界经济》2018 年第 2 期。

［22］范从来、高洁超：《银行资本监管与货币政策的最优配合：基于异质性金融冲击视角》，载于《管理世界》2018 年第 1 期。

［23］范小云、方意、王道平：《我国银行系统性风险的动态特征及系统重要性银行甄别——基于 CCA 与 DAG 相结合的分析》，载于《金融研究》2013 年第 11 期。

［24］方意：《货币政策与房地产价格冲击下的银行风险承担分析》，载于《世界经济》2015 年第 7 期。

［25］方意：《系统性风险的传染渠道与度量研究——兼论宏观审慎政策实施》，载于《管理世界》2016 年第 8 期。

［26］方意：《宏观审慎政策有效性研究》，载于《世界经济》2016 年第 8 期。

［27］方意：《系统性风险的传染渠道与度量研究——兼论宏观审慎政策实施》，载于《管理世界》2016 年第 8 期。

［28］方意、赵胜民、谢晓闻：《货币政策的银行风险承担分析——兼论货币政策与宏观审慎政策协调问题》，载于《管理世界》2012 年第 11 期。

［29］盖曦、乔龙威：《基于主成分分析法的我国商业银行系统性风险的度量》，载于《长沙大学学报》2013 年第 5 期。

［30］高波、王辉龙、李伟军：《预期、投机与中国城市房价泡沫》，载于《金融研究》2014 年第 2 期。

［31］高昊宇、杨晓光、叶彦艺：《机构投资者对暴涨暴跌的抑制作用：基于中国市场的实证》，载于《金融研究》2017 年第 2 期。

［32］宫晓琳：《宏观金融风险联动综合传染机制》，载于《金融研究》2012 年第 5 期。

［33］宫晓琳：《未定权益分析方法与中国宏观金融风险的测度分析》，载于《经济研究》2012 年第 3 期。

［34］苟文均、袁鹰、漆鑫：《债务杠杆与系统性风险传染机制——基于 CCA 模型的分析》，载于《金融研究》2016 年第 3 期。

［35］顾洪梅、汪蓉：《我国金融压力与工业增长关系的实证研究》，载于《吉林大学社会科学学报》2016 年第 3 期。

［36］郭栋：《灾难风险经济冲击效应与货币政策机制选择研究——基于 DSGE 模型的新冠肺炎疫情经济模拟》，载于《国际金融研究》2020 年第 8 期。

［37］郭建伟：《混频数据与中国宏观经济周期测定》，载于《中央财经大学学报》2018 年第 10 期。

［38］郭晔、赵静：《存款保险制度、银行异质性与银行个体风险》，载于《经济研究》2017 年第 12 期。

［39］郭晔、赵静：《存款竞争、影子银行与银行系统风险——基于中国上市银行微观数据的实证研究》，载于《金融研究》2017 年第 6 期。

［40］郭长林：《积极财政政策、金融市场扭曲与居民消费》，载于《世界经济》2016 年第 10 期。

［41］何国华、李洁、刘岩：《金融稳定政策的设计：基于利差扭曲的风险成因考察》，载于《中国工业经济》2017 年第 8 期。

［42］何青、钱宗鑫、刘伟：《中国系统性金融风险的度量——基于实体经济的视角》，载于《金融研究》2018 年第 4 期。

［43］侯成琪、龚六堂：《货币政策应该对住房价格波动作出反应吗——基于两部门动态随机一般均衡模型的分析》，载于《金融研究》

2014 年第 10 期。

[44] 侯成琪、罗青天、吴桐：《PPI 和 CPI：持续背离与货币政策的选择》，载于《世界经济》2018 年第 7 期。

[45] 胡滨、范云朋、郑联盛：《"新冠"疫情、经济冲击与政府干预》，载于《数量经济技术经济研究》2020 年第 9 期。

[46] 胡小文：《汇率市场化对货币政策有效性与独立性的影响研究——基于 NOEM—DSGE 模型的模拟》，载于《国际贸易问题》2017 年第 5 期。

[47] 黄晓薇、郭敏、李莹华：《利率市场化进程中银行业竞争与风险的动态相关性研究》，载于《数量经济技术经济研究》2016 年第 1 期。

[48] 黄赜琳、朱保华：《中国的实际经济周期与税收政策效应》，载于《经济研究》2015 年第 3 期。

[49] 黄志刚、郭桂霞：《资本账户开放与利率市场化次序对宏观经济稳定性的影响》，载于《世界经济》2016 年第 9 期。

[50] 贾俊雪、郭庆旺：《财政支出类型、财政政策作用机理与最优财政货币政策规则》，载于《世界经济》2012 年第 11 期。

[51] 金春雨、张龙、贾鹏飞：《货币政策规则、政策空间与政策效果》，载于《经济研究》2018 年第 7 期。

[52] 金鹏辉、张翔、高峰：《银行过度风险承担及货币政策与逆周期资本调节的配合》，载于《经济研究》2014 年第 6 期。

[53] 康立、龚六堂：《金融摩擦、银行净资产与国际经济危机传导——基于多部门 DSGE 模型分析》，载于《经济研究》2014 年第 5 期。

[54] 康立、龚六堂、陈永伟：《金融摩擦、银行净资产与经济波动的行业间传导》，载于《金融研究》2013 年第 5 期。

[55] 况伟大：《中国住房市场存在泡沫吗》，载于《世界经济》2008 年第 12 期。

[56] 李健、邓瑛：《推动房价上涨的货币因素研究——基于美国、日本、中国泡沫积聚时期的实证比较分析》，载于《金融研究》2011 年第 6 期。

[57] 李科、徐龙炳、朱伟骅：《卖空限制与股票错误定价——融资融券制度的证据》，载于《经济研究》2014 年第 10 期。

[58] 李天宇、张屹山、张鹤：《我国宏观审慎政策规则确立与传导路径研究——基于内生银行破产机制的 BGG - DSGE 模型》，载于《管理世界》2017 年第 10 期。

［59］李政、朱明皓、温博慧：《经济政策不确定性的跨国溢出效应及其形成机理》，载于《财贸经济》2021年第1期。

［60］李志辉、王近、李源：《银行信贷、资产价格与债务负担》，载于《国际金融研究》2016年第9期。

［61］李志生、陈晨、林秉旋：《卖空机制提高了中国股票市场的定价效率吗？——基于自然实验的证据》，载于《经济研究》2015年第4期。

［62］梁琪、李政、郝项超：《我国系统重要性金融机构的识别与监管——基于系统性风险指数SRISK方法的分析》，载于《金融研究》2013年第9期。

［63］林琳、曹勇、肖寒：《中国式影子银行下的金融系统脆弱性》，载于《经济学》（季刊）2016年第3期。

［64］林秀梅、李青召、历姿彤：《基于马尔可夫机制转换动态因子模型对我国经济周期拐点的识别》，载于《数量经济研究》2018年第1期。

［65］刘海云、吕龙：《城市房价泡沫及其传染的"波纹"效应》，载于《中国工业经济》2018年第12期。

［66］刘京军、刘彦初、熊和平：《基金竞争与泡沫资产配置的模仿行为研究》，载于《管理科学学报》2018年第2期。

［67］刘莉亚、黄叶苨、周边：《监管套利、信息透明度与银行的影子——基于中国商业银行理财产品业务的角度》，载于《经济学》（季刊）2019年第3期。

［68］刘鹏、鄢莉莉：《银行体系、技术冲击与中国宏观经济波动》，载于《国际金融研究》2012年第3期。

［69］刘瑞兴：《金融压力对中国实体经济冲击研究》，载于《数量经济技术经济研究》2015年第6期。

［70］刘世锦、刘培林、何建武：《我国未来生产率提升潜力与经济增长前景》，载于《管理世界》2015年第3期。

［71］陆铭、欧海军、陈斌开：《理性还是泡沫：对城市化、移民和房价的经验研究》，载于《世界经济》2014年第1期。

［72］陆蓉、孙欣钰：《机构投资者概念股偏好与股市泡沫骑乘》，载于《中国工业经济》2021年第3期。

［73］吕江林：《我国城市住房市场泡沫水平的度量》，载于《经济研究》2010年第6期。

［74］马君潞、范小云、曹元涛：《中国银行间市场双边传染的风险估测及其系统性特征分析》，载于《经济研究》2007 年第 1 期。

［75］马骏、施康、王红林、王立升：《利率传导机制的动态研究》，载于《金融研究》2016 年第 1 期。

［76］马理、文程浩：《美国利率调整和税率调整的影响与我国应对措施研究》，载于《经济研究》2021 年第 1 期。

［77］马勇：《植入金融因素的 DSGE 模型与宏观审慎货币政策规则》，载于《世界经济》2013 年第 7 期。

［78］马勇、陈雨露：《宏观审慎政策的协调与搭配：基于中国的模拟分析》，载于《金融研究》2013 年第 8 期。

［79］马勇、陈雨露：《金融杠杆、杠杆波动与经济增长》，载于《经济研究》2017 年第 6 期。

［80］梅冬州、龚六堂：《新兴市场经济国家的汇率制度选择》，载于《经济研究》2011 年第 11 期。

［81］梅冬州、龚六堂：《经常账户调整的福利损失——基于两国模型的分析》，载于《管理世界》2012 年第 4 期。

［82］孟庆斌、荣晨：《中国房地产价格泡沫研究——基于马氏域变模型的实证分析》，载于《金融研究》2017 年第 2 期。

［83］孟宪春、张屹山、李天宇：《中国经济"脱实向虚"背景下最优货币政策规则研究》，载于《世界经济》2019 年第 5 期。

［84］潘敏、张新平：《新冠疫情、宏观经济稳定与财政政策选择——基于动态随机一般均衡模型的研究》，载于《财政研究》2021 年第 5 期。

［85］彭红枫、肖祖沔、祝小全：《汇率市场化与资本账户开放的路径选择》，载于《世界经济》2018 年第 8 期。

［86］邱晗、黄益平、纪洋：《金融科技对传统银行行为的影响——基于互联网理财的视角》，载于《金融研究》2018 年第 11 期。

［87］沈悦、逯仙茹：《系统性金融风险：来源、最新研究进展及方向》，载于《金融发展研究》2013 年第 8 期。

［88］司登奎、葛新宇、曾涛、李小林：《房价波动、金融稳定与最优宏观审慎政策》，载于《金融研究》2016 年第 11 期。

［89］谭中明、夏琦：《我国系统性金融风险与宏观经济波动关系：指标度量与动态影响研究》，载于《金融理论与实践》2020 年第 3 期。

［90］唐琳、王云清、胡海鸥：《开放经济下中国汇率政策的选择——基于 Bayesian DSGE 模型的分析》，载于《数量经济技术经济研究》2016

年第 2 期。

[91] 唐文进、苏帆:《极端金融事件对系统性风险的影响分析——以中国银行部门为例》,载于《经济研究》2017 年第 4 期。

[92] 万阳松、陈忠、陈晓荣:《复杂银行网络的宏观结构模型及其分析》,载于《上海交通大学学报》2007 年第 7 期。

[93] 汪莉:《隐性存保、"顺周期"杠杆与银行风险承担》,载于《经济研究》2017 年第 10 期。

[94] 王爱俭、王璟怡:《宏观审慎政策效应及其与货币政策关系研究》,载于《经济研究》2014 年第 4 期。

[95] 王博、李力、郝大鹏:《货币政策不确定性、违约风险与宏观经济波动》,载于《经济研究》2019 年第 3 期。

[96] 王博、齐炎龙:《宏观金融风险测度:方法、争论与前沿进展》,载于《经济学动态》2015 年第 4 期。

[97] 王博、徐飘洋:《碳定价、双重金融摩擦与"双支柱"调控》,载于《金融研究》2021 年第 12 期。

[98] 王晋斌、李博:《中国货币政策对商业银行风险承担行为的影响研究》,载于《世界经济》2017 年第 1 期。

[99] 王晓枫、廖凯亮、徐金池:《复杂网络视角下银行同业间市场风险传染效应研究》,载于《经济学动态》2015 年第 3 期。

[100] 王妍、陈守东:《2012 年中国金融压力分析与预测》,载于《经济蓝皮书春季号》2012 年第 7 期。

[101] 王永钦、包特:《异质交易者、房地产泡沫与房地产政策》,载于《世界经济》2011 年第 11 期。

[102] 魏金明:《系统性金融风险的测度及影响因素研究》,载于《商业研究》2016 年第 2 期。

[103] 魏星集、夏维力、孙彤彤:《基于 BW 模型的 A 股市场投资者情绪测度研究》,载于《管理观察》2014 年第 33 期。

[104] 吴恒煜、胡锡亮、吕江林:《我国银行业系统性风险研究——基于拓展的未定权益分析法》,载于《国际金融研究》2013 年第 7 期。

[105] 吴健生、牛妍、彭建、王政、黄秀兰:《基于 DMSP/OLS 夜间灯光数据的 1995~2009 年中国地级市能源消费动态》,载于《地理研究》2014 年第 4 期。

[106] 吴晓晖、郭晓冬、乔政:《机构投资者抱团与股价崩盘风险》,载于《中国工业经济》2019 年第 2 期。

［107］徐明东、陈学彬：《货币环境、资本充足率与商业银行风险承担》，载于《金融研究》2012 年第 7 期。

［108］许涤龙、陈双莲：《基于金融压力指数的系统性金融风险测度研究》，载于《经济学动态》2015 年第 4 期。

［109］许红伟、陈欣：《我国推出融资融券交易促进了标的股票的定价效率吗？——基于双重差分模型的实证研究》，载于《管理世界》2012 年第 5 期。

［110］许年行、于上尧、伊志宏：《机构投资者羊群行为与股价崩盘风险》，载于《管理世界》2013 年第 7 期。

［111］许志伟、王文甫：《经济政策不确定性对宏观经济的影响——基于实证与理论的动态分析》，载于《经济学》（季刊）2018 年第 4 期。

［112］杨子晖、陈里漩、陈雨恬：《经济政策不确定性与系统性金融风险的跨市场传染——基于非线性网络关联的研究》，载于《经济研究》2020 年第 1 期。

［113］杨子晖、周颖刚：《全球系统性金融风险溢出与外部冲击》，载于《中国社会科学》2018 年第 12 期。

［114］殷兴山、易振华、项燕彪：《总量型和结构型货币政策工具的选择与搭配——基于结构性去杠杆视角下的分析》，载于《金融研究》2020 年第 6 期。

［115］袁礼、欧阳峣：《发展中大国提升全要素生产率的关键》，载于《中国工业经济》2018 年第 6 期。

［116］袁志刚、樊潇彦：《房地产市场理性泡沫分析》，载于《经济研究》2003 年第 3 期。

［117］翟金林：《银行系统性风险研究》，南开大学博士学位论文，2001 年。

［118］战明华、李帅、姚耀军、吴周恒：《投资潮涌、双重金融摩擦与货币政策传导——转型时期货币政策的结构调控功能探究》，载于《金融研究》2021 年第 3 期。

［119］张川川、贾珅、杨汝岱：《"鬼城"下的蜗居：收入不平等与房地产泡沫》，载于《世界经济》2016 年第 2 期。

［120］张乾、薛健：《不进则退：基金锦标赛中基金经理的选股信息来源》，载于《投资研究》2019 年第 10 期。

［121］张晓晶、刘磊：《宏观分析新范式下的金融风险与经济增长——兼论新型冠状病毒肺炎疫情冲击与在险增长》，载于《经济研究》

2020 年第 6 期。

　　[122] 张晓朴：《系统性金融风险研究：演进、成因与监管》，载于《国际金融研究》2010 年第 7 期。

　　[123] 张云、李俊青、张四灿：《双重金融摩擦、企业目标转换与中国经济波动》，载于《经济研究》2020 年第 1 期。

　　[124] 赵向琴、袁婧、陈国进：《灾难冲击与我国最优财政货币政策选择》，载于《经济研究》2017 年第 4 期。

　　[125] 赵向琴、袁靖：《罕见灾难风险与中国股权溢价》，载于《系统工程理论与实践》2016 年第 11 期。

　　[126] 仲文娜、朱保华：《中国金融体系压力指数构建及有效性检验》，载于《上海金融》2018 年第 9 期。

　　[127] 周京奎：《信念、反馈效应与博弈均衡：房地产投机泡沫形成的一个博弈论解释》，载于《世界经济》2005 年第 5 期。

　　[128] 周梅芳、刘宇、张金珠、崔琦：《新冠肺炎疫情的宏观经济效应及其应对政策有效性研究》，载于《数量经济技术经济研究》2020 年第 8 期。

　　[129] 周为：《机构投资者行为与中国股票市场泡沫》，载于《经济学报》2019 年第 2 期。

　　[130] 朱军、李建强、张淑翠：《一种策略博弈式 DSGE 模型的设计及其应用》，载于《数量经济技术经济研究》2019 年第 9 期。

　　[131] 朱孟楠、徐云娇：《关税冲击、汇率波动与最优汇率制度安排》，载于《国际贸易问题》2021 年第 8 期。

　　[132] 朱莎、裴沛：《新时期中国金融市场风险状态甄别和政策冲击研究》，载于《中央财经大学学报》2018 年第 11 期。

　　[133] 祝梓翔、高然、邓翔：《内生不确定性、货币政策与中国经济波动》，载于《中国工业经济》2020 年第 2 期。

　　[134] 庄子罐、崔小勇、龚六堂、邹恒甫：《预期与经济波动——预期冲击是驱动中国经济波动的主要力量吗?》，载于《经济研究》2012 年第 6 期。

　　[135] 庄子罐、邹金部、刘鼎铭：《金融冲击、去杠杆与中国宏观经济波动》，载于《财贸经济》2022 年第 1 期。

　　[136] 卓志、段胜：《防减灾投资支出、灾害控制与经济增长——经济学解析与中国实证》，载于《管理世界》2012 年第 4 期。

　　[137] Abildgren K., 2012, "Business Cycles, Monetary Transmission

and Shocks to Financial Stability – Empirical Evidence from a New Set of Danish Quarterly National Accounts 1948 – 2010", *SSRN Working Paper*.

[138] Aboura S. , van Roye B. 2017, "Financial Stress and Economic dynamics: The Case of France", *International Economics*, 149, 57 – 73.

[139] Abreu D. , and Brunnermeier M. K. , 2003, "Bubbles and Crashes", *Econometrica*, 71 (1), 173 – 204.

[140] Acemoglu D. , Ozdaglar A. , Tahbaz – Salehi A. , 2015, "Systemic Risk and Stability in Financial Networks", *American Economic Review*, 105 (2), 564 – 608.

[141] Acharya V. V. , 2009, "A Theory of Systemic Risk and Design of Prudential Bank Regulation", *Journal of Financial Stability*, 5 (3): 224 – 255.

[142] Acharya V. V. , Ryan S. G. , 2016, "Banks' Financial Reporting and Financial System Stability", *Journal of Accounting Research*, 54 (2), 277 – 340.

[143] Acharya V. V. , Viswanathan S. , 2011, "Leverage, Moral Hazard, and Liquidity", *Journal of Finance*, 66 (1), 99 – 138.

[144] Acharya V. V. , Yorulmazer T. , 2008, "Information Contagion and Bank Herding", *Journal of Money, Credit and Banking*, 40 (1), 215 – 231.

[145] Acharya V. V. , Pedersen L. H. , Philippon T. , and Richardson M. , 2017, "Measuring Systemic Risk", *Review of Financial Studies*, 30 (1), 2 – 47.

[146] Acharya V. , Drechsler I. , Schnabl P. , 2014, "A Pyrrhic Victory? Bank Bailouts and Sovereign Credit Risk", *The Journal of Finance*, 69 (6), 2689 – 2739.

[147] Adler N. , N. Volta, 2016, "Accounting for Externalities and Disposability: A Directional Economic Environmental Distance Function", *European Journal of Operational Research*, 250 (1), 314 – 327.

[148] Adrian T. , Brunnermeier M. K. , 2016, "CoVaR", *American Economic Review*, 106 (7): 1705 – 1741.

[149] Adrian T. , Boyarchenko N. , 2012, "Intermediary Leverage Cycles and Financial Stability", *FRB of New York Staff Report*, (567).

[150] Adrian T. , Shin H. S. , 2009, "Money, Liquidity, and Mone-

tary Policy", *American Economic Review*, 99 (2): 600 – 605.

[151] Adrian T. , Shin H. S. , 2010, "Financial Intermediaries and Monetary Economics", *Handbook of Monetary Economics*, Vol. 3. Elsevier, 601 – 650.

[152] Adrian T. , Boyarchenko N. , Giannone D. , 2019, "Vulnerable Growth", *American Economic Review*, 109 (4), 1263 – 1289.

[153] Adrian, Tobias, Adam B. Ashcraft, 2016, "Shadow Banking: A Review of the Literature", *Banking crises*, 282 – 315.

[154] Agbloyor E. K. , Abor J. Y. , Adjasi C. K. D. , Yawson A. , 2014, "Private Capital Flows and Economic Growth in Africa: The Role of Domestic Financial Markets", *Journal of International Financial Markets, Institutions and Money*, 30, 137 – 152.

[155] Aizenman J. , Chinn M. D. , Ito H. , 2013, "The 'Impossible Trinity' Hypothesis in an Era of Global Imbalances: Measurement and testing", *Review of International Economics*, 21 (3), 447 – 458.

[156] Akhter S. , Daly K. , 2017, "Contagion Risk for Australian Banks from Global Systemically Important Banks: Evidence from Extreme Events", *Economic Modelling*, 63 (6), 191 – 205.

[157] Alessandri P. , 2006, "Bubbles and Fads in the Stock Market: Another Look at the Experience of the US", *International Journal of Finance and Economics*, 11 (3), 195 – 203.

[158] Alessi L. , 2011, "The Real Effects of Financial Shocks: Evidence from a Structural Factor Model", *Mimeo*.

[159] Alessi L. , Ghysels E. , Onorante L. , Peach R. , Potter S. , 2014, "Central Bank Macroeconomic Forecasting during The Global Financial Crisis: The European Central Bank and Federal Reserve Bank of New York Experiences", *Journal of Business & Economic Statistics*, 32 (4), 483 – 500.

[160] Allen F. , Carletti E. , Marquez R. , 2011, "Credit Market Competition and Capital Regulation", *Review of Financial Studies*, 24 (4), 983 – 1018.

[161] Allen F. , Gale D. , 2000, "Bubbles and Crises", *Economic Journal*, 110 (460), 236 – 255.

[162] Allen F. , Gorton G. , 1993, "Churning Bubbles", *Review of Economic Studies*, 60 (4), 813 – 836.

[163] Allen L. , Bali T. G. , Tang Y. , 2012, "Does Systemic Risk in the Financial Sector Predict Future Moderate Downturn Risks?", *Review of Financial Studies*, 25 (10), 3000 –3036.

[164] Alter A. , Schüler Y. S. , 2012, "Credit Spread Interdependencies of European States and Banks During the Financial Crisis", *Journal of Banking & Finance*, 36 (12), 3444 –3468.

[165] Andreou E. , Osborn D. R. , Sensier M. , 2000, "A Comparison of the Statistical Properties of Financial Variables in the USA, UK and Germany over the Business Cycle", *The Manchester School*, 68 (4), 396 –418.

[166] Anginer D. , Demirguc – Kunt A. , Zhu M. , 2014, "How Does Competition Affect Bank Systemic Risk?", *Journal of Financial Intermediation*, 23 (1), 1 –26.

[167] Anundsen A. K. , Gerdrup K. , Hansen F. , Kragh – Sørensen K. , 2016, "Bubbles and Crises: The Role of House Prices and Credit", *Journal of Applied Econometrics*, 31 (7), 1291 –1311.

[168] Aoki K. , Nikolov K. , 2015, "Bubbles, Banks and Financial Stability", *Journal of Monetary Economics*, 74, 33 –51.

[169] Arellano C. , Bai Y. , Kehoe P. J. , 2019, "Financial frictions and fluctuations in volatility", *Journal of Political Economy*, 127 (5), 2049 – 2103.

[170] Bai J. , Philippon T. , Savov A. , 2016, "Have Financial Markets Become More Informative?", *Journal of Financial Economics*, 122 (3), 625 –654.

[171] Banegas M. A. , 2011, "Essays on Predictability of Emerging Markets Growth and Financial Performance", *Doctoral dissertation*, *UC San Diego*.

[172] Bansal R. , Yaron A. 2004, "Risks for the Long Run: A Potential Resolution of Asset Pricing Puzzles", *The Journal of Finance*, 59 (4), 1481 – 1509.

[173] Barlevy G. , 2014, "A Leverage-based Model of Speculative Bubbles", *Journal of Economic Theory*, 153, 459 –505.

[174] Barlevy G. , 2015, "Bubbles and Fools", *Economic Perspectives*, 39 (2), 54 –77.

[175] Baron M. , Verner E. , Xiong W. , 2021, "Banking Crises With-

out Panics", *The Quarterly Journal of Economics*, 136 (1), 51 – 113.

[176] Baron M. , Xiong W. , "Credit Expansion and Neglected Crash Risk", *The Quarterly Journal of Economics*, 2017, 132 (2): 713 – 764.

[177] Barro R. J. , 2006, "Rare Disasters and Asset Markets in the Twentieth Century", *Quarterly Journal of Economics*, 121 (3), 823 – 866.

[178] Barro M. , E. Verner, and W. Xiong, 2021, "Banking Crises Without Panics", *The Quarterly Journal of Economics*, 136 (1), 51 – 113.

[179] Barro R. J. , 2006, "Rare Disasters and Asset Markets in the Twentieth Century", *Quarterly Journal of Economics*, 121 (3), 823 – 866.

[180] Barro R. J. , 2009, "Rare Disasters, Asset Prices, and Welfare Costs", *American Economic Review*, 99 (1), 243 – 264.

[181] Barroso J. B. R. B. , de Souza S. R. S. , Guerra S. M. , 2016, "Systemic Risk – Taking Channel of Domestic and Foreign Monetary Policy", *Central Bank of Brazil*, *Research Department*, *Working Paper*, *No.* 412.

[182] Barrow D. K. , Crone S. F. , 2016, "A Comparison of AdaBoost Algorithms for Time Series Forecast Combination", *International Journal of Forecasting*, 32 (4), 1103 – 1119.

[183] Barrow D. K. , Kourentzes N. , 2016, "Distributions of Forecasting Errors of Forecast Combinations: Implications for Inventory Management", *International Journal of Production Economics*, 177, 24 – 33.

[184] Bates J. M. , Granger C. M. W. , 1969, "The Combination of Forecasts", *The Journal of the Operational Research Society*, 20 (4), 451 – 468.

[185] Battiston S. , Puliga M. , Kaushik R. , Tasca P. , Caldarelli G. , 2012, "Debtrank: Too Central to Fail? Financial Networks, the Fed and Systemic Risk", *Scientific Reports*, 2 (1), 1 – 6.

[186] Bauer M. D. , Mertens T. M. , 2018, "Economic Forecasts with the Yield Curve", *FRBSF Economic Letter*, 7, 8 – 07.

[187] Benoit S. , Colliard J. E. , Hurlin C. , Pérignon C. , 2017, "Where the Risks Lie: A Survey on Systemic Risk", *Review of Finance*, 21 (1), 109 – 152.

[188] Bernanke B. S. , 2009, "Essays on the Great Depression", *Princeton University Press*.

[189] Bernanke B. S. , Gertler M. , Gilchrist S. , 1999, "The Finan-

cial Accelerator in A Quantitative Business Cycle Framework", *Handbook of Macroeconomics*, 1, 1342 – 1385.

［190］Bernanke, Ben S. , Michael T. Kiley, and John M. Roberts, 2019, "Monetary Policy Strategies for a Low-rate Environment", *AEA Papers and Proceedings*, Vol. 109.

［191］Besanko D. , Kanatas G. , 1993, "Credit Market Equilibrium with Bank Monitoring and Moral Hazard", *The Review of Financial Studies*, 6 (1), 213 – 232.

［192］Betz F. , Oprică S. , Peltonen T. A. , Sarlin P. , 2014, "Predicting Distress in European Banks", *Journal of Banking & Finance*, 45, 225 – 241.

［193］Billio M. , Caporin M. , Panzica R. , Pelizzon L. , 2015, "Network Connectivity and Systematic Risk", *Technical Report Working Paper*.

［194］Billio M. , Lo A. , Getmansky M. , Pelizzon L. , 2012, "Econometric Measures of Connectedness and Systemic Risk in the Finance and Insurance Sectors", *Journal of Financial Economics*, 104 (3), 535 – 559.

［195］Bisias D. , Flood M. , Lo A. W. , Valavanis S. , 2012, "A Survey of Systemic Risk Analytics", *Annual Review of Financial Economics*, 4 (76), 119 – 131.

［196］Blanc S. M. , Setzer T. , 2016, "When to Choose the Simple Average in Forecast Combination", *Journal of Business Research*, 69 (10), 3951 – 3962.

［197］Bleaney M. , Mizen P. , Veleanu V. , 2016, "Bond Spreads and Economic Activity in Eight European Economies", *The Economic Journal*, 126 (598), 2257 – 2291.

［198］Bloom N. , 2009, "The Impact of Uncertainty Shocks", *Econometrica*, 77 (3), 623 – 685.

［199］Boissay F. , 2011, "Financial Imbalances and Financial Fragility", Available at SSRN, 1731570.

［200］Boissay F. , Collard F. , Smets F. , 2016, "Booms and Banking Crises", *Journal of Political Economy*, 124 (2), 489 – 538.

［201］Boissel C. , François D. , Evren O. , David T. , 2017, "Systemic Risk in Clearing Houses: Evidence from the European Repo Market", *Journal of Financial Economics*, 125 (3), 511 – 536.

[202] Bolton, Patrick, Tano S. , Jose A. S. , 2011, "Outside and Inside Liquidity", *Quarterly Journal of Economics*, 126 (1), 259 –321.

[203] Boot A. , Greenbaum, 1993, "Bank Regulation, Reputation and Rents: Theory and Policy Implications. In C. Mayer and X. Vives (eds.)", *Capital Markets and Financial Intermediation*, 262 –292.

[204] Boot A. , Thakor, 2000, "Can Relationship Banking Survive Competition?", *Journal of Finance*, 55, 679 –713.

[205] Bordalo P. , Gennaioli N. , Shleifer A. , et al. Real Credit Cycles. National Bureau of Economic Research Working paper No. 28416, 2021.

[206] Bordalo P. , Gennaioli N. , Shleifer A. . Diagnostic expectations and credit cycles [J]. The Journal of Finance, 2018, 73 (1): 199 –227.

[207] Bordo M. D. , Haubrich J. G. , 2004, "The Yield Curve, Recessions and the Credibility of the Monetary Regime: Long Run Evidence 1875 – 1997", *NBER Working Papers*.

[208] Borio C. E. , Lowe P. W. , 2002, "Asset Prices, Financial and Monetary Stability: Exploring the Nexus", *BIS Working Paper*, No. 114.

[209] Borio C. , 2009, "The Macroprudential Approach to Regulation and Supervision", *Post – Crisis Banking Regulation*, 23.

[210] Borio C. , Zhu H. , 2012, "Capital Regulation, Risk-taking and Monetary Policy: A Missing Link in the Transmission Mechanism?", *Journal of Financial Stability*, 8 (4), 236 –251.

[211] Boyarchenko N. , Fuster A. , Lucca D. O. , 2019, "Understanding Mortgage Spreads", *The Review of Financial Studies*, 32 (10), 3799 – 3850.

[212] Boyer B. , Mitton T. , Vorkink K. , 2010, "Expected Idiosyncratic Skewness", *The Review of Financial Studies*, 23 (1), 169 –202.

[213] Bradfield D. , Hendricks D. , 2014, "Monitoring Market Fragility Using the Absorption Ratio", *Journal for Studies in Economics and Econometrics*, 38 (2), 33 –46.

[214] Brown G. , Wyatt J. , Harris R. , Yao X. , 2005, "Diversity Creation Methods: A Survey and Categorisation", *Information Fusion*, 6 (1), 5 –20.

[215] Brownlees C. , Engle R. F. , 2017, "SRISK: A Conditional Capital Shortfall Measure of Systemic Risk", *The Review of Financial Studies*, 30

(1), 48 – 79.

[216] Brunnermeier M. K. , Julliard C. , 2008, "Money Illusion and Housing Frenzies", *The Review of Financial Studies*, 21 (1), 135 – 180.

[217] Brunnermeier M. K. , Pedersen L. H. , 2009, "Market Liquidity and Funding Liquidity", *The Review of Financial Studies*, 22 (6), 2201 – 2238.

[218] Brunnermeier M. K. , S. Nagel. , 2004, "Hedge Funds and the Technology Bubble", *Journal of Finance*, 59 (5), 2013 – 2040.

[219] Brunnermeier M. K. , Sannikov Y. , 2014, "A Macroeconomic Model with a Financial Sector", *American Economic Review*, 104 (2), 379 – 421.

[220] Brunnermeier M. K. , Dong G. N. , Palia D. , 2019, "Banks' Non-interest Income and Systemic Risk", *Working Paper*.

[221] Brunnermeier M. K. , Dong G. N. , Palia D. , 2020b, "Banks' Noninterest Income and Systemic Risk", *The Review of Corporate Finance Studies*, 9 (2), 229 – 255.

[222] Brunnermeier M. , Nagel S. , 2004, "Hedge Funds and the Technology Bubble", *The Journal of Finance*, 59 (5), 2013 – 2040.

[223] Brunnermeier M. , Rother S. , Schnabel I. , 2020a, "Asset Price Bubbles and Systemic Risk", *The Review of Financial Studies*, 33 (9), 4272 – 4317.

[224] Brunnermeier, Markus K. , Yuliy Sannikov, 2016, "On the Optimal Inflation Rate", *American Economic Review*, 106 (5), 484 – 489.

[225] Buchak G. , Matvos G. , Piskorski T. , Seru A. , 2018, "Fintech, Regulatory Arbitrage, and the Rise of Shadow Banks", *Journal of Financial Economics*, 130 (3), 453 – 483.

[226] Bushman R. M. , Williams C. D. , 2015, "Delayed Expected Loss Recognition and the Risk Profile of Banks", *Journal of Accounting Research*, 53 (3), 511 – 553.

[227] Caballero R. J. , Krishnamurthy A. , 2006, "Bubbles and Capital Flow Volatility: Causes and Risk Management", *Journal of Monetary Economics*, 53 (1), 35 – 53.

[228] Cai Z. , Xu X. , 2009, "Nonparametric Quantile Estimations for Dynamic Smooth Coefficient Models", *Journal of the American Statistical Associ-*

ation, 104 (485), 371 – 383.

[229] Calvo G. A. , 1983, "Staggered Prices in a Utility – Maximizing Framework", *Journal of Monetary Economics*, 12 (3), 383 – 398.

[230] Campbell J. Y. , Yogo M. , 2006, "Efficient Tests of Stock Return Predictability", *Journal of Financial Economics*, 81 (1), 27 – 60.

[231] Carletti E. , 2004, "The Structure of Relationship Lending, Endogenous Monitoring and Loan Rates", *Journal of Financial Intermediation*, 13, 58 – 86.

[232] Case K. E. , Shiller R. J. , 2003, "Is There a Bubble in the Housing Market?", *Brookings Papers on Economic Activity*, 34 (2), 299 – 362.

[233] Case K. E. , Shiller R. J. , Thompson A. K. , 2012, "What Have They Been Thinking? Homebuyer Behavior in Hot and Cold Markets", *NBER Working Paper*.

[234] Cecchetti S. G. , H. Genberg, S. Wadhwani, 2002, " Asset Prices in a Flexible Inflation Targeting framework", *NBER Working Paper*.

[235] Cerutti E. , Claessens S. , Laeven L. , 2017, "The Use and Effectiveness of Macroprudential Policies: New Evidence", *Journal of Financial Stability*, 28, 203 – 224.

[236] Chang C. , Z. Liu, M. M. Spiegel, 2015, "Capital Controls and Optimal Chinese Monetary Policy", *Journal of Monetary Economics*, 74, 1 – 15.

[237] Chang P. C. , Jia C. , Wang Z. , 2010, "Bank Fund Reallocation and Economic Growth: Evidence from China", *Journal of Banking & Finance*, 34 (11), 2753 – 2766.

[238] Chari V. V. , Kehoe P. J. , 2003, "Hot money", *Journal of Political Economy*, 111 (6): 1262 – 1292.

[239] Chen J. , Hong H. , Stein J. C. , 2001, "Forecasting Crashes: Trading Volume, Past Returns, and Conditional Skewness in Stock Prices", *Journal of Financial Economics*, 61 (3), 345 – 381.

[240] Chen Q. , Goldstein I. , Jiang W. , 2007, "Price Informativeness and Investment Sensitivity to Stock Price", *Review of Financial Studies*, 20 (3), 619 – 650.

[241] Chen S. , Ranciere R. , 2019, "Financial Information and Macroeconomic Forecasts", *International Journal of Forecasting*, 35 (3), 1160 –

1174.

［242］Chen Z. , M. E. Kahn, Y. Liu, Z. Wang, 2018, "The Conse-quences of Spatially Differentiated Water Pollution Regulation in China", *Journal of Environmental Economics and Management*, 88, 468 - 485.

［243］Choi N. , H. Skiba, 2015, "Institutional Herding in International Markets", *Journal of Banking & Finance*, 55, 246 - 259.

［244］Choudhry T. , Papadimitriou F. I. , Shabi S. , 2016, "Stock Market Volatility and Business Cycle: Evidence from Linear and Nonlinear Cau-sality Tests", *Journal of Banking & Finance*, 66, 89 - 101.

［245］Christiano L. J. , Motto R. , Rostagno M. , 2014, "Risk shocks", *American Economic Review*, 104 (1), 27 - 65.

［246］Christiano L. , R. Motto, M. Rostagno, 2003, "The Great De-pression and the Friedman - Schwartz Hypothesis", *Journal of Money Credit & Banking*, 35 (6), 1119 - 1197.

［247］Christiansen C. , 2013, "Predicting Severe Simultaneous Reces-sions Using Yield Spreads as Leading Indicators", *Journal of International Mon-ey & Finance*, 32 (2), 1032 - 1043.

［248］Chung Y. H. , R. Färe, S. Grosskopf, 1997, "Productivity and Undesirable Outputs: A Directional Distance Function Approach", *Journal of Environmental Management*, 51 (3), 229 - 240.

［249］Civitarese J. , 2016, "Volatility and Correlation-based Systemic Risk Measures in the US Market", *Physica A: Statistical Mechanics & Its Appli-cations*, 459, 55 - 67.

［250］Clark T. E. , Mccracken M. W. , 2009, "Improving Forecast Ac-curacy by Combining Recursive and Rolling Forecast", *International Economic Review*, 50 (2), 363 - 395.

［251］Clark T. E. , West K. D. , 2007, "Approximately Normal Tests for Equal Predictive Accuracy in Nested Models", *Journal of Econometrics*, 138 (1), 291 - 311.

［252］Coibion O. , Y. Gorodnichenko, J. Wieland, 2012, "The Opti-mal Inflation Rate in New Keynesian Models: Should Central Banks Raise Their Inflation Targets in Light of the Zero Lower Bound?", *The Review of Economic Studies*, 79 (4), 1371 - 1406.

［253］Cole H. L. , Kehoe T. J. , 2000, "Self-fulfilling debt crises", *The*

Review of Economic Studies, 67 (1): 91 –116.

[254] Colletaz G. , Levieuge G. , Popescu A. , 2018, "Monetary Policy and Long – Run Systemic Risk – Taking", *Journal of Economic Dynamics & Control*, 86, 165 – 184.

[255] Conlon J. R. , 2004, "Simple Finite Horizon Bubbles Robust to Higher Order Knowledge", *Econometrica*, 72 (3), 927 – 936.

[256] Conrad J. , Kapadia N. , Xing Y. , 2014, "Death and Jackpot: Why Do Individual Investors Hold Overpriced Stocks?", *Journal of Financial Economics*, 113 (3), 455 – 475.

[257] Copeland A. , Antoine M. , Michael W. , 2014, "Repo Runs: Evidence from the Triparty Repo Market", *Journal of Finance*, 69, 2343 – 2380.

[258] Cordella T. , Dell'Ariccia G. , Marquez R. , 2018, "Government Guarantees, Transparency, and Bank Risk-taking", *IMF Economic Review*, 66 (1), 116 – 143.

[259] Cover, Thomas M. , Joy A. Thomas, 2001, "Inequalities in Information theory", *Elements of information theory. John Wiley & Sons, Ltd*, 482 – 509.

[260] Crane A. D. , A. Koch, S. Michenaud, 2019, "Institutional Investor Cliques and Governance", *Journal of Financial Economics*, 133 (1), 175 – 197.

[261] Cremers M. , A. Pareek, 2016, "Patient Capital Outperformance: The Investment Skill of High Active Share Managers Who Trade Infrequently", *Journal of Financial Economics*, 122 (2), 288 – 306.

[262] Crosbie P. , Bohn J. , 2003, "Modeling Default Risk", Moody's KMV Company Technical Paper.

[263] Cúrdia V. , M. Woodford, 2016, "Credit Frictions and Optimal Monetary Policy", *Journal of Monetary Economics*, 84, 30 – 65.

[264] Dang T. V. , Gorton G. , Holmström B. , and Ordonez, G. , 2017, "Banks as Secret Keepers", *American Economic Review*, 107 (4), 1005 – 1029.

[265] Davig T. A. , Hakkio C. S. , 2010, "What is the Effect of Financial Stress on Economic Activity?", *Economic Review*, 95, 35 – 62.

[266] De Bandt O. , Hartmann P. , 2000, "Systemic Risk: a Survey",

SSRN Working Paper.

[267] De Bruyckere V. , Gerhardt M. , Schepens G. , Vander Vennet R. , 2013, "Bank/Sovereign Risk Spillovers in the European Debt Crisis", *Journal of Banking & Finance*, 37 (12), 4793 – 4809.

[268] De Long J. B. , Shleifer A. , Summers L. H. , Waldmann R. J. , 1990, "Positive Feedback Investment Strategies and Destabilizing Rational Speculation", *The Journal of Finance*, 45 (2), 379 – 395.

[269] De Long J. B. , Shleifer A. , Summers L. H. , Waldmann R. J. , 1990a, "Noise Trader Risk in Financial Markets", *Journal of Political Economy*, 98 (4), 703 – 738.

[270] De Long J. B. , Shleifer A. , Summers L. H. , Waldmann R. J. , 1990b, "Positive Feedback Investment Strategies and Destabilizing Rational Speculation", *The Journal of Finance*, 45 (2), 379 – 395.

[271] De Menezes L. M. , Bunn D. W. , 1998, "The Persistence of Specification Problems in the Distribution of Combined Forecast Errors", *International Journal of Forecasting*, 14 (3), 415 – 426.

[272] De Nicolò G. , Lucchetta M. , 2013, "3. Systemic Risks and the Macroeconomy", *University of Chicago Press*, 113 – 154.

[273] De Nicolò G. , Dell'Ariccia G. , Laeven L. , Valencia F. , 2010, "Monetary Policy and Bank Risk Taking", *Available at SSRN*, 1654582.

[274] De Polis A. , Delle Monache D. , Petrella I. , 2020, "Modeling and Forecasting Macroeconomic Downside Risk", *Working Paper*.

[275] Delis, Manthos D. , Georgios P. Kouretas, 2011, "Interest Rates and Bank Risk – Taking", *Journal of Banking & Finance*, 35 (4), 840 – 855.

[276] Dell'Ariccia G. , Marquez R. , 2006, "Competition among Regulators and Credit Market Integration", *Journal of Financial Economics*, 79 (2), 401 – 430.

[277] Dell'Ariccia G. , Ratnovski L. , 2019, "Bailouts and Systemic Insurance", *Journal of Banking and Finance*, 105 (8), 166 – 177.

[278] Dell'Ariccia G. , Laeven L. , Marquez R. , 2014, "Real Interest Rates, Leverage, and Bank Risk-taking", *Journal of Economic Theory*, 149 (149), 65 – 99.

[279] Dell'Ariccia, Giovanni, Luc Laeven, Gustavo A. Suarez, 2017,

"Bank Leverage and Monetary Policy's Risk-Taking Channel: Evidence from the United States", *The Journal of Finance*, 72 (2), 613 – 654.

[280] Dell Ariccia, Giovanni, Luc Laeven, and Robert Marquez, 2014, "Real interest rates, leverage, and bank risk-taking", *Journal of Economic Theory*, 149, 65 – 99.

[281] Demyanyk Y. , Loutskina E. , 2016, "Mortgage Companies and Regulatory Arbitrage", *Journal of Financial Economics*, 122 (2), 328 – 351.

[282] Deschamps B. , Ioannidis C. , Ka K. , 2020, "High-frequency Credit Spread Information and Macroeconomic Forecast Revision", *International Journal of Forecasting*, 36 (2), 358 – 372.

[283] Devereux M. , Yu C. , 2020, "International Financial Integration and Crisis Contagion", *Review of Economic Studies*, 87, 1174 – 1212.

[284] Devpura N. , Narayan P. K. , Sharma S. S. , Mathur I. , Neely C. J. , 2019, "Structural Instability and Predictability", *Journal of International Financial Markets Institutions and Money*, 63, 101145.

[285] Diallo B. , 2017, "Corporate Governance, Bank Concentration and Economic Growth", *Emerging Markets Review*, 32, 28 – 37.

[286] Diamond D. W. , Dybvig P. H. , 1983, "Bank Runs, Deposit Insurance, and Liquidity", *Journal of Political Economy*, 91 (3), 401 – 419.

[287] Diamond D. W. , Rajan R. G. , 2001, "Liquidity Risk, Liquidity Creation, and Financial Fragility: A Theory of Banking", *Journal of Political Economy*, 109 (2), 287 – 327.

[288] Diamond D. W. , Rajan R. G. , 2009, "The Credit Crisis: Conjectures About Causes and Remedies", *NBER Working Papers*, 99 (2), 606 – 610.

[289] Diebold F. X. , Yılmaz K. , 2014, "On the Network Topology of Variance Decompositions: Measuring the Connectedness of Financial Firms", *Journal of Econometrics*, 182 (1), 119 – 134.

[290] Dietrich D. , Hauck A. , 2019, "Interbank Borrowing and Lending Between Financially Constrained Banks", *Economic Theory*, 1 – 39.

[291] Doblas – Madrid A. , 2012, "A Robust Model of Bubbles With Multidimensional Uncertainty", *Econometrica*, 80 (5), 1845 – 1893.

[292] Doblas – Madrid A. , 2016, "A Finite Model of Riding Bubbles", *Journal of Mathematical Economics*, 65, 154 – 162.

[293] Dokko J. , Doyle B. M. , Kiley M. T. , Kim J. , Sherlund S. , Sim J. , Van den Heuvel S. , 2011, "Monetary Policy and the Global Housing Bubble", *Economic Policy*, 26 (66), 237 –287.

[294] Dow J. , Gorton G. , 1994, "Arbitrage Chains", *The Journal of Finance*, 49 (3), 819 –849.

[295] Dreger C. , Zhang Y. , 2013, "Is There a Bubble in the Chinese Housing Market?", *Urban Policy and Research*, 31 (1), 27 –39.

[296] Drehmann M. , Tarashev N. , 2013, "Measuring the Systemic Importance of Interconnected Banks", *Journal of Financial Intermediation*, 22 (4), 586 –607.

[297] Drehmann M. , C. E. V. Borio, K. Tsatsaronis, 2011, "Anchoring Countercyclical Capital Buffers: The Role of Credit Aggregates", *Bis Working Papers*, 7 (4), 189 –240.

[298] Easley D. , M. M. López de Prado, M. O'Hara, 2012, "Flow Toxicity and Liquidity in a High – Frequency World", *Review of Financial Studies*, 25 (5), 1457 –1493.

[299] Eggertsson G. B. , Krugman P. , 2012, "Debt, Deleveraging, and the Liquidity Trap: A Fisher – Minsky – Koo Approach", *The Quarterly Journal of Economics*, 127 (3): 1469 –1513.

[300] Elliott G. , Timmermann A. , 2008, "Economic Forecasting", *Journal of Economic Literature*, 46 (1), 3 –56.

[301] Ellis L. , Haldane A. , Mcandrews J. , Moshirian F. , 2014, "Liquidity Shocks, Governance, Systemic Risk and Financial Stability", *Journal of Banking and Finance*, 45 (8), 171 –174.

[302] Engel, Eduardo, Ronald Fischer, Alexander Galetovic, 2014, "Finance and Public-Private Partnerships", *Financial flows and infrastructure financing*, 193 –223.

[303] Faia E, Karau S. , 2017, "Banks' Systemic Risk and Monetary Policy", Available at SSRN 3212873.

[304] Faia E. , Monacelli T. , 2007, "Optimal Interest Rate Rules, Asset Prices, and Credit Frictions", *Journal of Economic Dynamics and Control*, 31 (10), 3228 –3254.

[305] Fama E. F. , 1965, "The Behavior of Stock-Market Prices", *Journal of Business*, 38 (1), 34 –105.

[306] Fama E. F., 1985, "What's Different about Banks?", *Journal of Monetary Economics*, 15 (1), 29 – 39.

[307] Fang Y., 2003, "Forecasting Combination and Encompassing Tests", *International Journal of Forecasting*, 19 (1), 87 – 94.

[308] Farhi E., Tirole J., 2011, "Bubbly Liquidity", *The Review of Economic Studies*, 79 (2), 678 – 706.

[309] Farhi E., Tirole J., 2012, "Collective Moral Hazard, Maturity Mismatch, and Systemic Bailouts", *American Economic Review*, 102 (1), 60 – 93.

[310] Farhi E., X. Gabaix, 2016, "Rare Disasters and Exchange Rates", *The Quarterly Journal of Economics*, 131 (1), 1 – 52.

[311] Faust J., Gilchrist S., Wright J. H., Zakrajšek E., 2013, "Credit Spreads as Predictors of Real-time Economic Activity: A Bayesian Model – Averaging Approach", *Review of Economics and Statistics*, 95 (5), 1501 – 1519.

[312] Figueres J. M., Jarociński M., 2019, "Vulnerable Growth in the Euro Area: Measuring the Financial Conditions", *Working Paper*, 191.

[313] Fornari F., Mele A., 2013, "Financial Volatility and Economic Activity", *Journal of Financial Management, Markets and Institutions*, 1, 155 – 198.

[314] Fornari F., Stracca L., 2012, "What Does a Financial Shock Do? First International Evidence", *Economic Policy*, 27 (71), 407 – 445.

[315] Frankel J. A., Rose A. K., 1996, "Currency Crashes in Emerging Markets: An Empirical Treatment", *Journal of International Economics*, 41 (3 – 4), 351 – 366.

[316] Frédéric B., Collard F., Smets F., 2016, "Booms and Banking Crises", *Journal of Political Economy*, 124 (2), 489 – 538.

[317] FSB, IMF, and BIS, 2011, "Macroprudential Policy Tools and Frameworks", *Progress Report to G20*.

[318] Gali J., Monacelli T., 2005, "Monetary Policy And Exchange Rate Volatility In A Small Open Economy", *The Review of Economic Studies*, 72 (3), 707 – 734.

[319] Galí, Jordi, 2014, "Monetary Policy and Rational Asset Price Bubbles", *American Economic Review*, 104 (3), 721 – 752.

[320] Gao M., J. Huang, 2016, "Capitalizing on Capitol Hill: Informed Trading by Hedge Fund Managers", *Journal of Financial Economics*, 121 (3), 521 – 545.

[321] Gennaioli N., Shleifer A., 2018, *A Crisis of Beliefs: Investor Psychology and Financial Fragility*, Princeton University Press.

[322] Gerali A., S. Neri., L. Sessa, F. M. Signoretti, 2010, "Credit and Banking in a DSGE Model of the Euro Area", *Journal of Money, Credit and Banking*, 42, 107 – 141.

[323] Gerlach S., Stuart R., 2018, "The Slope of the Term Structure and Recessions: The Pre – Fed Evidence, 1857 – 1913", *CEPR Discussion Papers*.

[324] Gertler M., Karadi P., 2011, "A Model of Unconventional Monetary Policy", *Journal of Monetary Economics*, 58 (1), 17 – 34.

[325] Gertler M., Kiyotaki N., Prestipino A., 2020, "A Macroeconomic Model with Financial Panics", *The Review of Economic Studies*, 87 (1), 240 – 288.

[326] Giglio S., Kelly B., Pruitt S., 2016, "Systemic Risk and the Macroeconomy: An Empirical Evaluation", *Journal of Financial Economics*, 119, 457 – 471.

[327] Gilchrist S., Zakrajšek E., 2012, "Credit Spreads and Business Cycle Fluctuations", *The American Economic Review*, 102 (4), 1692 – 1720.

[328] Gilchrist S., Yankov V., Zakrajšek E., 2009, "Credit Market Shocks and Economic Fluctuations: Evidence from Corporate Bond and Stock Markets", *Journal of Monetary Economics*, 56 (4), 471 – 493.

[329] Glaeser E. L., Gyourko J., Saiz A., 2008, "Housing Supply and Housing Bubbles", *Journal of Urban Economics*, 64 (2), 198 – 217.

[330] Gordon G., Tallman E. W., 2016, "Too Big to Fail Before the Fed", *American Economic Review*, 106 (5), 528 – 532.

[331] Gordon L. R., 2015, "The Absorption Ratio as an Indicator for Macro – Prudential Monitoring in Jamaica", *Bank of Jamaica Working Paper*.

[332] Gorton G. Misunderstanding Financial Crises: Why We Don't See Them Coming [M]. Oxford University Press, USA, 2012.

[333] Gorton, Gary, Andrew Metrick, 2012, "Securitized Banking and the Run on Repo", *Journal of Financial Economics*, 104, 425 – 451.

［334］Gourio F., 2012, "Disasters Risk and Business Cycles", *The American Economic Review*, 102 (6), 2734 – 2766.

［335］Gourio F., M. Siemer, A. Verdelhan, 2013, "International Shock Cycles", *Journal of International Economics*, 89 (2), 471 – 484.

［336］Gozgor G., Demir E., Belas J., Yesilyurt S., 2019, "Does Economic Uncertainty Affect Domestic Credits? An Empirical Investigation", *Journal of International Financial Markets Institutions and Money*, 63, 101147.

［337］Graefe A., Küchenhoff H., Stierle V., Riedl B., 2015, "Limitations of Ensemble Bayesian Model Averaging for Forecasting Social Science Problems", *International Journal of Forecasting*, 31 (3), 943 – 951.

［338］Granja J., 2018, "Disclosure Regulation in the Commercial Banking Industry: Lessons from the National Banking Era", *Journal of Accounting Research*, 56 (1), 173 – 216.

［339］Gray D. F., 2010, "Quantifying Systemic Risk and Reconceptualizing the Role of Finance for Economic Growth", *Journal of Investment Management*, Second Quarter.

［340］Gray D. F., Bodie Z., Merton R. C., 2007, "New Framework for Measuring and Managing Macrofinancial Risk and Financial Stability", *NBER Working Paper*.

［341］Greenwood R., Hanson S. G., Jin L. J., 2019, Reflexivity in credit markets. National Bureau of Economic Research Working Paper No. 25747.

［342］Greenwood R., Hanson S. G., 2013, "Issuer quality and corporate bond returns", *The Review of Financial Studies*, 26 (6): 1483 – 1525.

［343］Greenwood R., S. Nagel, 2009, "Inexperienced Investors and Bubbles", *Journal of Financial Economics*, 93 (2), 239 – 258.

［344］Griffin J. M., Harris J. H., Shu T., 2011, "Who Drove and Burst the Tech Bubble?", *The Journal of Finance*, 66 (4), 1251 – 1290.

［345］Guarda P., Jeanfils P., 2012, "Macro – Financial Linkages: Evidence from Country-specific VARs". *Banque centrale du Luxembourg Working Paper*.

［346］Guerrieri V., Lorenzoni G., 2017, "Credit Crises, Precautionary Savings, and the Liquidity Trap", *The Quarterly Journal of Economics*, 132 (3): 1427 – 1467.

［347］Hachem K., M. Z. Song, 2017, "Liquidity Rules and Credit

Booms", *NBER Working Paper.*

[348] Hakkio C. S. , Keeton W. R. , 2009, "Financial stress: What is it, how can it be measured, and why does it matter", *Economic Review*, 94 (2), 5 – 50.

[349] Hall R. E. , 2011, "The High Sensitivity of Economic Activity to Financial Frictions", *The Economic Journal*, 121 (552): 351 – 378.

[350] Hamilton J. D. , Kim D. H. , 2002, "A Reexamination of the Predictability of Economic Activity Using the Yield Spread", *Journal of Money, Credit and Banking*, 34 (2), 340 – 360.

[351] Hansen, Lars Peter, José A. Scheinkman, 2012, "Pricing growth-rate risk", *Finance and Stochastics*, 16 (1), 1 – 15.

[352] Hanson S. G. , A. K. Kashyap, J. C. Stein, 2011, "A Macroprudential Approach to Financial Regulation", *Journal of Economic Perspectives*, 25 (1), 3 – 28.

[353] Hao Y. , Wang L. O. , Lee C. C. , 2018, "Financial Development, Energy Consumption and China's Economic Growth: New Evidence from Provincial Panel Data", *International Review of Economics and Finance*, 69, 1132 – 1151.

[354] Harrison J. M. , Kreps D. M. , 1978, "Speculative Investor Behavior in a Stock Market with Heterogeneous Expectations", *The Quarterly Journal of Economics*, 92 (2), 323 – 336.

[355] Hartmann P. , Hubrich K. , Kremer M. , Tetlow R. J. , 2012, "Melting Down: Systemic Financial Instability and the Macroeconomy", *ECB Working Paper.*

[356] Harvey D. I. , Newbold P. , 2005, "Forecast Encompassing and Parameter Estimation", *Oxford Bulletin of Economics and Statistics*, 67, 815 – 835.

[357] Hasan I. , Wachtel P. , Zhou M. , 2009, "Institutional Development, Financial Deepening and Economic Growth: Evidence from China", *Journal of Banking and Finance*, 33 (1), 157 – 170.

[358] He Z. , Krishnamurthy A. , 2019, "A Macroeconomic Framework for Quantifying Systemic Risk", *American Economic Journal: Macroeconomics*, 11 (4), 1 – 37.

[359] Hellmann T. F. , Murdock K. C. , Stiglitz J. E. , 2000, "Liberal-

ization, Moral Hazard in Banking, and Prudential Regulation: Are Capital Requirements Enough?", *American Economic Review*, 90 (1), 147 - 165.

[360] Himmelberg C. , Mayer C. , Sinai T. , 2005, "Assessing High House Prices: Bubbles, Fundamentals and Misperceptions", *Journal of Economic Perspectives*, 19 (4), 67 - 92.

[361] Hong H. , Stein J. C. , 2003, "Differences of Opinion, Short-sales Constraints, and Market Crashes", *The Review of Financial Studies*, 16 (2), 487 - 525.

[362] Hott C. , Monnin P. , 2008, "Fundamental Real Estate Prices: An Empirical Estimation with International Data", *The Journal of Real Estate Finance and Economics*, 36, 427 - 450.

[363] Houston J. F. , C. Lin, Y. Ma, 2012, "Regulatory Arbitrage and International Bank Flows", *Journal of Finance*, 67 (5), 1845 - 1895.

[364] Hovakimian, Armen, Ekkachai Saenyasiri. , 2014, "US Analyst Regulation and the Earnings Forecast Bias around the World", *European Financial Management*, 20 (3), 435 - 461.

[365] Hsiao C. , Wan S. K. , 2014, "Is There an Optimal Forecast Combination?", *Journal of Econometrics*, 178, 294 - 309.

[366] Huang X. , Zhou H. , Zhu H. , 2009, "A Framework for Assessing the Systemic Risk of Major Financial Institutions", *Journal of Banking and Finance*, 33 (11), 2036 - 2049.

[367] Hubrich K. , Tetlow R. J. , 2015, "Financial Stress and Economic Dynamics: The Transmission of Crises", *Journal of Monetary Economics*, 70, 100 - 115.

[368] Ihlanfeldt K. , Mayock T. , 2014, "Housing Bubbles and Busts: the Role of Supply Elasticity", *Land Economics*, 90 (1), 79 - 99.

[369] Illing M. , Liu Y. , 2006, "Measuring Financial Stress in a Developed Country: An Application to Canada", *Journal of Financial Stability*, 2 (3), 243 - 265.

[370] IMF/BIS/FSB. 2009. "Report to G20 Finance Ministers and Governors. Guidance to Assess the Systemic Importance of Financial Institutions, Markets and Instruments: Initial Considerations. "

[371] Inoue A. , Jin L. , Rossi B. , 2017, "Rolling Window Selection for Out-of-sample Forecasting with Time-varying Parameters", *Journal of Econo-*

metrics, 196 (1), 55 – 67.

[372] Iyer R. , M. Puri, N. Ryan, 2016, "A Tale of Two Runs: Depositor Responses to Bank Solvency Risk", *Journal of Finance*, 71 (6), 2687 – 2726.

[373] Iyer R. , T. L. Jensen, N. Johannesen, et al. , 2019, "The Distortive Effects of Too Big To Fail: Evidence from the Danish Market for Retail Deposits", *Review of Financial Studies*, 32 (12), 4653 – 4695.

[374] Jang J. , Kang J. , 2019, "Probability of Price Crashes, Rational Speculative Bubbles, and the Cross-section of Stock Returns", *Journal of Financial Economics*, 132 (1), 222 – 247.

[375] Jordà Ò. , Schularick M. , Taylor A. M. , 2015, "Leveraged Bubbles", *Journal of Monetary Economics*, 76, 1 – 20.

[376] Juhro S. M. , Narayan P. K. , Iyke B. N. , Trisnanto B. , 2020, "Is There a Role for Islamic Finance and R&D in Endogenous Growth Models in the Case of Indonesia?", *Pacific – Basin Finance Journal*, 62, 101297.

[377] Kacperczyk M. , C. Sialm, L. Zheng, 2005, "On the Industry Concentration of Actively Managed Equity Mutual Funds", *Journal of Finance*, 60 (4), 1983 – 2011.

[378] Kaminsky G. L. , Reinhart C. M. , 1999, "The Twin Crises: The Causes of Banking and Balance-of-payments Problems", *American Economic Review*, 89 (3): 473 – 500.

[379] Kaminsky G. , Lizondo S. , Reinhart C. M. , 1998, "Leading Indicators of Currency Crises", *Staff Papers*, 45 (1), 1 – 48.

[380] Karolyi G. A. , A. G. Taboada, 2015, "Regulatory Arbitrage and Cross-border Bank Acquisitions", *Journal of Finance*, 70 (6), 2395 – 2450.

[381] Karolyi G. A. , Sedunov J. , Taboada A. G. , 2017, "Cross – Border Bank Flows and Systemic Risk", *Social Science Electronic Publishing*.

[382] Kaufman G. G. , Scott K. E. , 2003, "What is Systemic Risk, and do Bank Regulators Retard or Contribute to It?", *The Independent Review*, 7 (3), 371 – 391.

[383] Kindleberger, Charles P. , 1978, Manias, Panics and Crashes, Basic Books, New York, NY.

[384] Kiyotaki N. , J. Moore, 1997, "Credit Cycles", *Journal of Political Economy*, 105 (2), 211 – 248.

[385] Kleinow J. , Moreira F. , Strobl S. , Vhmaa S. , 2017, "Measuring Systemic Risk: A Comparison of Alternative Market – Based Approaches", *Finance Research Letters*, 21, 40 – 46.

[386] Kolasa M. , M. Rubaszek, 2015, "Forecasting Using DSGE Models with Financial Frictions", *International Journal of Forecasting*, 31 (1), 1 – 19.

[387] Korinek A, Simsek A, 2016, "Liquidity trap and excessive leverage", *American Economic Review*, 2016, 106 (3): 699 – 738.

[388] Kourentzes N. , Barrow D. , Petropoulos F. , 2019, "Another Look at Forecast Selection and Combination: Evidence from Forecast Pooling", *International Journal of Production Economics*, 209, 226 – 235.

[389] Kremer M. , 2016, "Macroeconomic Effects of Financial Stress and the Role of Monetary Policy: A VAR Analysis for the Euro Area", *International Economics and Economic Policy*, 13 (1), 105 – 138.

[390] Krishnamurthy A. , Li W. , 2020, Dissecting mechanisms of financial crises: Intermediation and sentiment, *National Bureau of Economic Research Working Paper*, No. 27088.

[391] Krishnamurthy A. , Muir T. , 2017, How credit cycles across a financial crisis, *National Bureau of Economic Research Working Paper*, No. 23850.

[392] Krishnamurthy A. , Muir T. , 2016, "Credit Spreads and the Severity of Financial Crises", *Working Paper, Stanford University*.

[393] Krishnamurthy, Arvind, Stefan N. , Dmitry O. , 2014, "Sizing Up Repo", *Journal of Finance*, 69, 2381 – 2417.

[394] Kritzman M. , Li Y. , 2010, "Skulls, Financial Turbulence, and Risk Management", *Financial Analysts Journal*, 66 (5), 30 – 41.

[395] Kritzman M. , Li Y. , Page S. , Rigobon R. , 2011, "Principal Component as a Measure of Systemic Risk", *Journal of Portfolio Management*, 37 (4), 112 – 126.

[396] Kupiec P. , Nickerson D. , 2004, "Assessing Systemic Risk Exposure from Banks and GSEs Under Alternative Approaches to Capital Regulation", *The Journal of Real Estate Finance and Economics*, 28 (2), 123 – 145.

[397] Laeven, Luc, Ross Levine, 2009, "Bank Governance, Regulation, and Risk Taking", *Journal of Financial Economics*, 93 (2), 259 – 275.

[398] Lai V. S. , Ye X. , Zhao L. , 2019, "Are Market Views on Banking Industry Useful for Forecasting Economic Growth?", *Pacific – Basin Finance Journal*, 57, 101082.

[399] Lanfear M. G. , Lioui A. , Siebert M. G. , 2019, "Market Anomalies and Disaster Risk: Evidence from Extreme Weather Events", *Journal of Financial Markets*, 46, 100 – 477.

[400] Lanne M. , 2002, "Testing the Predictability of Stock Returns", *The Review of Economics and Statistics*, 84, 407 – 415.

[401] Lemke C. , Gabrys B. , 2010, "Meta-learning for Time Series Forecasting and Forecast Combination", *Neurocomputing*, 73 (10 – 12), 2006 – 2016.

[402] Lewellen J. , 2004, "Predicting Returns with Financial Ratios", *Journal of Financial Economics*, 74 (2), 209 – 235.

[403] Li L. , Tang Y. , Xiang J. , 2020, "Measuring China's monetary policy uncertainty and its impact on the real economy", *Emerging Markets Review*, 44, 100714.

[404] Lin C. B. , R. K. Chou, G. H. Wang, 2018, "Investor Sentiment and Price Discovery: Evidence from the Pricing Dynamics between the Futures and Spot Markets", *Journal of Banking & Finance*, 90, 17 – 31.

[405] Liu G. , Zhang C. , 2020, "Does Financial Structure Matter for Economic Growth in China", *China Economic Review*, 61, 101194.

[406] López – Salido D. , Stein J. C. , Zakrajšek E. , 2017, "Credit-market sentiment and the business cycle", *The Quarterly Journal of Economics*, 132 (3): 1373 – 1426.

[407] Loria F. , Matthes C. , Zhang D. , 2019, "Assessing Macroeconomic Tail Risk", *SSRN Working Paper*.

[408] Lowe P. , Borio C. , 2002, Asset Prices, Financial and Monetary Stability: Exploring the Nexus, Bank for International Settlements, Working paper Series No. 114.

[409] Lubik T. , Schorfheide F. , 2005, "A Bayesian Look At New Open Economy Macroeconomics", *NBER Macroeconomics Annual*, 20, 313 – 382.

[410] Mancini, Loriano, Angelo R. , Jan W. , 2015, "The Euro Interbank Repo Market", *Review of Financial Studies*, 29, 1747 – 1779.

[411] Martinez – Miera D. , Repullo R. 2017, "Search for Yield", *Econometrica*, 85 (2), 351 –378.

[412] Martinez – Miera D. , Suarez J. , 2014, "Banks' Endogenous Systemic Risk Taking", *CEMFI Working Paper*.

[413] Maxted P. , 2023, "A Macro-finance Model with Sentiment", *Review of Economic Studies*, rdad023.

[414] Mayordomo S. , Rodriguez – Moreno M. , Pena J. I. , 2014, "Derivatives Holdings and Systemic Risk in the US Banking Sector", *Journal of Banking Finance*, 45, 84 – 104.

[415] Meh C. A. , Moran K. , 2010, "The Role of Bank Capital in the Propagation of Shocks", *Journal of Economic Dynamics and Control*, 34 (3), 555 – 576.

[416] Mehra R. , E. C. Prescott, 1985, "The Equity Premium: A Puzzle", *Journal of Monetary Economics*, 15 (2), 145 – 161.

[417] Mian A. , Sufi A. , Verner E. , 2017, "Household Debt and Business Cycles Worldwide", *The Quarterly Journal of Economics*, 132 (4): 1755 – 1817.

[418] Mian A. , Sufi A. , 2018, "Finance and Business Cycles: The Credit-driven Household Demand Channel", *Journal of Economic Perspectives*, 32 (3), 31 – 58.

[419] Mian A. R. , Sufi A. , 2018b, "Credit Supply and Housing Speculation", *NBER Working Paper*, No. w24322.

[420] Miao J. , Wang P. , Zhou J. , 2015, "Asset Bubbles, Bollateral, and Policy Analysis", *Journal of Monetary Economics*, 76, S57 – S70.

[421] Miles W. , 2016, "Contagion, Interdependence and Diversification across Regional UK Housing Markets", *The International Real Estate Review*, 19 (3), 327 – 351.

[422] Miller E. M. , 1977, "Risk, Uncertainty, and Divergence of Opinion", *The Journal of Finance*, 32 (4), 1151 – 1168.

[423] Minsky H. P. , 1977, "The Financial Instability Hypothesis: An Interpretation of Keynes and An alternative to 'standard' theory", *Challenge*, 20 (1): 20 – 27.

[424] Minsky H. , 1982, "The Financial Fragility Hypothesis: Capitalist Process and the Behavior of the Economy", *Financial Crises: Theory History*

and Policy.

[425] Minsky, Hyman, 1986, *Stabilizing an Unstable Economy*, Yale University Press, New Haven, CT.

[426] Mishkin F. S. , 1996, "Understanding Financial Crises: A Developing Country Perspective", *NBER Working Paper.*

[427] Mishra S. , Narayan P. K. , 2015, "A Nonparametric Model of Financial System and Economic Growth", *International Review of Economics and Finance*, 39, 175 – 191.

[428] Mistrulli P. E. , 2011, "Assessing Financial Contagion in the Interbank Market: Maximum Entropy versus Observed Interbank Lending Patterns", *Journal of Banking and Finance*, 35 (5), 1114 – 1127.

[429] Mody A. , Taylor M. P. , 2004, "Financial Predictors of Real Activity and the Financial Accelerator", *Economics Letters*, 82 (2), 167 – 172.

[430] Narayan P. K. , Bannigidadmath D. , 2015, "Are Indian Stock Returns Predictable?", *Journal of Banking and Finance*, 58, 506 – 531.

[431] Narayan P. K. , Narayan S. , 2013, "The Short-run Relationship Between the Financial System and Economic Growth: New Evidence from Regional Panels", *International Review of Financial Analysis*, 29, 70 – 78.

[432] Narayan P. K. , Popp S. , 2013, "Size and Power Properties of Structural Break Unit Root Tests", *Applied Economics*, 45 (6), 721 – 728.

[433] Niemann S. , Pichler P. , 2011, "Optimal Fiscal and Monetary Policies in the Face of Rare Disasters", *European Economic Review*, 55 (1), 75 – 92.

[434] Obstfeld M. , Rogoff K. , 1995, "Exchange Rate Dynamics Redux", *Journal of Political Economy*, 103 (3), 624 – 660.

[435] Odhiambo N. M. , 2014, "Financial Systems and Economic Growth in South Africa: A Dynamic Complementarity Test", *International Review of Applied Economics*, 28, 83 – 101.

[436] Oet M. V. , Dooley J. M. , Ong S. J. , 2015, "The Financial Stress Index: Identification of Systemic Risk Conditions", *Risks*, 3 (3), 420 – 444.

[437] Perignon, Christophe, David T, Guillaume V. , 2017, "Wholesale Funding Dry – Ups", *Journal of Finance*, 73 (2), 575 – 617.

[438] Pesaran M. H. , Timmermann A. , 2007, "Selection of Estimation

Window in the Presence of Breaks", *Journal of Econometrics*, 137 (1), 134 – 161.

[439] Petropoulos F. , Hyndman R. J. , Bergmeir C. , 2018, "Exploring the Sources of Uncertainty: Why does Bagging for Time Series Forecasting Work?", *European Journal of Operational Research*, 268 (2), 545 – 554.

[440] Pfeifer J. , 2014, "A Guide to Specifying Observation Equations for the Estimation of DSGE Models", *University of Mannheim*.

[441] Phan D. H. B. , Sharma S. S. , Narayan P. K. , 2015, "Stock Return Forecasting: Some New Evidence", *International Review of Financial Analysis*, 40, 38 – 51.

[442] Phillips P. C. , Shi S. , Yu J. , 2015, "Testing for Multiple Bubbles: Historical Episodes of Exuberance and Collapse in the S&P 500", *International Economic Review*, 56 (4), 1043 – 1078.

[443] Pusinskaite R. , 2013, "Early Bank Deposit Withdrawals in Business Cycle Analysis", *Lietuvos bankas Working Paper*.

[444] Qu Z. , 2008, "Testing for Structural Change in Regression Quantiles", *Journal of Econometrics*, 146 (1), 170 – 184.

[445] Rajan R. G. , 2005, "Has Financial Development Made the World Riskier?", *Social Science Electronic Publishing*, (11728): 371 – 379.

[446] Ranciere R. , Tornell A. , Vamvakidis A. , 2010, "Currency Mismatch, Systemic Risk and Growth in Emerging Europe", *Economic Policy*, 25 (64), 597 – 658.

[447] Ranciere R. , Tornell A. , Westermann F. , 2008, "Systemic Crises and Growth", *The Quarterly Journal of Economics*, 123 (1), 359 – 406.

[448] Ratnovski L. , 2013, "Liquidity and Transparency in Bank Risk Management", *Journal of Financial Intermediation*, 22 (3), 422 – 439.

[449] Ratto M. , Iskrev N. , 2012, "Estimation and Inference in DSGE Models Using Derivatives of the Likelihood", *Joint Research Centre Working Paper*.

[450] Reinhart C. M. , S. R. Kenneth, 2014, "Recovery from Financial Crises: Evidence from 100 Episodes", *American Economic Review*, 104 (5), 50 – 55.

[451] Richter B. , Schularick M. , Wachtel P. , 2021, "When to Lean

against the Wind", *Journal of Money, Credit and Banking*, 2021, 53 (1):
5 – 39.

[452] Rodríguez – Moreno M. , Peña J. I. , 2013, "Systemic Risk Measures: The Simpler the Better", *Journal of Banking and Finance*, 37 (6), 1817 – 1831.

[453] Roye B. V. , 2014, "Financial Stress and Economic Activity in Germany", *Empirica*, 41 (1), 101 – 126.

[454] Saar D. , Yagil Y. , 2015, "Forecasting Growth and Stock Performance Using Government and Corporate Yield Curves: Evidence from the European and Asian Markets", *Journal of International Financial Markets Institutions and Money*, 37 (Jul.), 27 – 41.

[455] Sachs J. D. , Tornell A. , Velasco A. , Calvo G. A. , Cooper R. N. , 1996, "Financial Crises in Emerging Markets: The Lessons from 1995", *Brookings Papers on Economic Activity*, (1), 147 – 215.

[456] Sánchez I. , 2008, "Adaptive Combination of Forecasts with Application to Wind Energy", *International Journal of Forecasting*, 24 (4), 679 – 693.

[457] Sato Y. , 2016, "Fund Tournaments and Asset Bubbles", *Review of Finance*, 20 (4), 1383 – 1426.

[458] Scheinkman J. , Xiong W. , 2003, "Overconfidence and Speculative Bubbles", *Journal of Political Economy*, 111 (6), 1183 – 1219.

[459] Schularick M. , Taylor A. M. , 2012, "Credit Booms Gone Bust: Monetary Policy, Leverage Cycles, and Financial Crises, 1870 – 2008 ", *American Economic Review*, 102 (2): 1029 – 1061.

[460] Sedunov J. , 2016, "What is the Systemic Risk Exposure of Financial Institutions", *Journal of Financial Stability*, 24 (C), 71 – 87.

[461] Shleifer A. , Vishny R. W. , 1997, "The Limits of Arbitrage", *The Journal of Finance*, 52 (1), 35 – 55.

[462] Sias R. W. , 2004, "Institutional Herding", *Review of Financial Studies*, 17 (1), 165 – 206.

[463] Smimou K. , Khallouli W. , 2015, "Does the Euro Affect the Dynamic Relation Between Stock Market Liquidity and the Business Cycle?", *Emerging Markets Review*, 25 (Dec.), 125 – 153.

[464] Song M. Z. , W. Xiong, 2018, "Risks in China's Financial Sys-

tem", *Annual Review of Financial Economics*, 10 (2), 261 – 286.

[465] Sotes – Paladino J. , F. Zapatero, 2019, "Riding the Bubble with Convex Incentives", *Review of Financial Studies*, 32 (4): 1416 – 1456.

[466] Stein J. C. , 2014, "Incorporating Financial Stability Considerations into a Monetary Policy Framework", *a speech at the International Research Forum on Monetary Policy, Washington, D. C.*.

[467] Suh H. , 2012, "Macroprudential Policy: Its Effects and Relationship to Monetary Policy", *FRB of Philadelphia Working Paper*.

[468] Tabak B. M. , Fazio D. M. , Cajueiro D. O. , 2013, "Systemically Important Banks and Financial Stability: the Case of Latin America", *Journal of Banking and Finance*, 37 (10), 3855 – 3866.

[469] Tamási B. , Világi B. , 2011, "Identification of Credit Supply Shocks in a Bayesian SVAR Model of the Hungarian Economy", *Central Bank of Hungary Working Papers*.

[470] Tapio P. , 2005, "Towards a Theory of Decoupling: Degrees of Decoupling in the EU and the Case of Road Traffic in Finland between 1970 and 2001", *Transport Policy*, 12 (2), 137 – 151.

[471] Tayler W. J. , R. Zilberman, 2016, "Macroprudential Regulation, Credit Spreads and the Role of Monetary Policy", *Journal of Financial Stability*, 26, 144 – 158.

[472] Temin P. , Voth H. J. , 2004, "Riding the South Sea Bubble", *American Economic Review*, 94 (5), 1654 – 1668.

[473] Timmermann A. , 2006, "Forecast Combinations", *Handbook of Economic Forecasting*, (1), 135 – 196.

[474] Tirole J. , 1985, "Asset Bubbles and Overlapping Generations", *Econometrica: Journal of the Econometric Society*, 53 (6), 1499 – 1528.

[475] Tobias A. , Brunnermeier M. K. , 2016, "CoVaR", *The American Economic Review*, 106 (7), 1705.

[476] Torous W. , Valkanov R. , Yan S. , 2004, "On Predicting Stock Returns with Nearly Integrated Explanatory Variables", *Journal of Business*, 77, 937 – 966.

[477] Trichet J. , 2011, "Intellectual Challenges to Financial Stability Analysis in the Era of Macroprudential Oversight", *Financial Stability Review*, 15, 139 – 149.

[478] Tyler M. , 2017, "Financial Crises and Risk Premia", *The Quarterly Journal of Economics*, 132 (2), 765 –809.

[479] Valencia F. , 2014, "Monetary Policy, Bank Leverage, and Financial Stability", *Journal of Economic Dynamics and Control*, 47 (244), 20 –38.

[480] Vasco M. C. , N. Makoto, U. S. Yukiko, T. Alireza, 2021, "Supply Chain Disruptions: Evidence from the Great East Japan Earthquake", *The Quarterly Journal of Economics*, 136 (2), 1255 –1321.

[481] Veldkamp, Laura, L. , 2011, "Information Choice in Macroeconomics and Finance", *Princeton University Press*.

[482] Wagner W. , 2010, "Diversification at Financial Institutions and Systemic Crises", *Journal of Financial Intermediation*, 19 (3), 373 –386.

[483] Wang L. , Li S. , Wang J. , Meng Y. , 2020, Real Estate Bubbles in a Bank-real Estate Loan Network Model Integrating Economic Cycle and Macro-prudential Stress Testing, Physica A, 542, 122576.

[484] Wang J. , Li X. , Hong T. , Wang S. , 2018, "A Semi-heterogeneous Approach to Combining Crude Oil Price Forecasts", *Information Sciences*, 460, 279 –292.

[485] Wang P. , Wen Y. , 2012, "Speculative Bubbles and Financial Crises", *American Economic Journal: Macroeconomics*, 4 (3), 184 –221.

[486] Wei B G. N. F. , Bostandzic D. , Neumann S. , 2014, "What Factors Drive Systemic Risk during International Financial Crises?" *Journal of Banking Finance*, 41, 78 –96.

[487] Westerlund J. , Narayan P. K. , 2012, "Does the Choice of Estimator Matter When Forecasting Returns?", *Journal of Banking and Finance*, 36 (9), 2632 –2640.

[488] Westerlund J. , Narayan P. K. , 2015, "Testing for Predictability in Conditionally Heteroskedastic Stock Returns", *Journal of Financial Econometrics*, 13 (2), 342 –375.

[489] Woodford M. , 2003, *Interest and Prices: Foundation of a Theory of Monetary Policy*, Princeton University Press.

[490] Woodford M. , 2012, "Inflation Targeting and Financial Stability", *Nber Working Papers*, 52 (35), 171 –192.

[491] Wooldridge J. M. , 2010, *Econometric Analysis of Cross Section*

and Panel Data, MIT Press.

[492] Yang F. , 2019, "The Impact of Financial Development on Economic Growth in Middle – Income Countries", *Journal of International Financial Markets, Institutions and Money*, 59, 74 – 89.

[493] Yun T. , 2004, "Nominal Price Rigidity, Money Supply Endogeneity, and Business Cycles", *Journal of Monetary Economics*, 37 (2), 345 – 370.

[494] Zhang Y. J. , Yao T. , He L. Y. , 2018, "Forecasting Crude Oil Market Volatility: Can the Regime Switching GARCH Model Beat the Single-regime GARCH Models?", *International Review of Economics and Finance*, 59 (1), 302 – 317.